戦国人

―上州の150傑―

はじめに

本書は群馬県立歴史博物館の事業として、平成三十(二〇一八)年度から実施しているモーニング講座「上州の戦国人」がベースになっています。この講座は戦国時代に活躍した人物を毎回一人ずつ取り上げ、その魅力やエピソードを紹介するものです。平日の、しかも午前中という限定された開催にもかかわらず、おかげさまで、時には会場に入りきらないほど多くの県民の皆さまにご来館いただき、好評を博しています。

本講座の講師には、これからの群馬県の中世史研究に大きな役割を果たすであろうベテランから若手まで、群馬県内外で活躍する多くの研究者にご協力いただいています。当館としても開館四十周年の節目に本講座の成果をさらに多くの県民に知ってもらいたいと考えていたところ、上毛新聞社出版部さまから本趣旨をご理解いただき、出版の機会を与えていただきました。

そのため、この講座での発表内容をさらに充実させ、当館の常設展示室の内容も写真でなるべく掲載する方向で、講師を中心に改めて執筆をお願いしました。従来の研究書では時系列あるいは地域ごとに出来事の関連を述べるものが多かったのですが、本書では上州の戦国史をかたちづくってきた一五〇の人や集団に焦点を当てたことが特徴です。戦国武将、文化人、僧侶、さらに女傑といわれるユニークな人々が織りなす戦国上州の壮観さは、現代に生きるわれわれも親近感を覚え、また、五～六百年前の戦国時代が身近なものとして迫ってくる歴史の醍醐味を与えてくれることでしょう。

実は上毛新聞社出版部からは、平成二十三(二〇一一)年に『戦国史―上州の一五〇年戦争―』が出版されており、本書はその姉妹編という位置付けでもあります。『戦国史』では上州の戦国時代は応仁の乱より前の享徳《きょうとく》の乱（一四五五〜八二）に始まり、小田原合戦（一五九〇）で豊臣秀吉が勝利するまで約一五〇年間続いたとし、戦国時代を分かりやすく概観しました。本書ではそこで活躍した上州の個性的な一五〇の人や集団に焦点を当てていますので、ぜひ併せてご覧になっていただければと思います。

最後になりましたが、写真や図版の掲載をご許可いただいた皆さま、本書をご執筆いただいた皆さま、本書の発刊に当たり、編集制作や会議などでお世話になりました上毛新聞社出版部の皆さまに謝意を表します。

令和二年十二月吉日

群馬県立歴史博物館　特別館長　右島　和夫

目次

第9章　利根・沼田地域の戦国人

第10章　伊勢崎・佐波地域の戦国人

※掲載写真に☆マークの付いているものは群馬県立歴史博物館の常設展示室で展示している。

序章　『戦国人―上州の一五〇傑―』の読み方

『黄金の日日』の戦国人たち　―読み方①―

　大河ドラマ『黄金の日日』は秀逸であった。城山三郎原作、市川森一脚本で、主演は市川染五郎、現在の二代目松本白《はく》鸚《おう》であった。染五郎が演じるのは、戦国末期の堺の商人納屋助左衛門《なやすけざえもん》である。今井宗久《そうきゅう》の奉公人の助左衛門が、さまざまな「歴史の現場」(教科書の年表に出てくるような)に遭遇しながら、ついに念願の船主となってルソンとの通商航路を開拓するという壮大なスケールの娯楽物語であった。

　大河ドラマの中で戦国ものは特に人気だが、「あきんど」がセンターを務めたことなど、後にも先にも本作だけだろう。それだけではない。助左衛門の脇を固めるのが、盗賊の石川五右衛門《ごえもん》(根津甚八)、山伏《やまぶし》で鉄砲鍛冶の杉谷善住坊《すぎたにぜんじゅぼう》(川谷拓三《かわたにたくぞう》)、灯籠守のお仙(李麗仙《りれいせん》)である。まだある。かつて海で遭難した助左衛門の父が海賊の頭目、高砂甚兵衛《たかさごじんべえ》(初代松本白鸚《はくおう》。ちなみに現松本幸四郎も最終回に出演しており、本作で高麗屋《こうらいや》三代の競演が実現している。)として登場したり、安土城の青瓦を焼く明の瓦師一観との交流があったりと、とにかくさまざまな職能民が登場するのだ。もちろん、信長も秀吉も家康も出てくるのだが、『黄金の日日』の中の武士は、数ある生業《なりわい》の一つにしか過ぎなかった。

　今思うことだが、私の「戦国人ワールド」の原点の一つがここにあるような気がする。ただし、歴史小説や歴史ドラマは「歴史上の人物に演じさせる現代劇」であるということを知った上で楽しまないと道を踏み外す恐れがある。数百年前の人々の心性や感性に、何のフィルターも持たずにいとも簡単に現代人が共感できるはずがないのだ。

　本書は小説ではなく歴史書である。アカデミズムの訓練を受けた十四人のヒストリアン(歴史研究者)が「歴史の作《さく》法《ほう》」に則って叙述している。もちろん、ガチガチの文体もあれば、ちょっと悪ふざけの文章もある。すべて記名であるから、誰の文章がお好みか意識しながらお読みいただくのも一興。これが第一の読み方である。

「上州戦国マンダラ」の世界を解く　―読み方②―

　「上州戦国マンダラ」とは、私が作成した上州の戦国社会を構成する人々をシマ(階層)と系統で表した概念図である。そこには本書掲載の戦国人一五〇人の苗字、または個人名・集団名をすべてではないが、おおかた入れ込んである。よって、上州戦国人のインデックスとして活用することができるので、適宜参照していただきたい。この概念図は上州の戦国社会だけでなく、日本の戦国社会全般に普遍的に当てはまる「真理」の可能性がある。だからマンダラと名付けたのである。

　ここでお気付きいただきたいことがある。意外に思われるかもしれないが、乱世といわれる戦国時代が実はかなり秩序立った社会であったということだ。戦国時代は決して混沌となどしていない。かくも整然と秩序立っているのだ。混沌としていると考えられたこともあったが、それは単なる歴史家の努力不足であった。豊臣秀吉も徳川家康もみなこの秩序の中で、イレギュラーではあるが、お行儀よく出世していったのだ。上州にだって秀吉や家康と同じような運動をした戦国人は何人もいる。それを探すのも本書の楽しみであり、これが第二の読み方である。

　さて、「上州戦国マンダラ」の世界は、「武士と領主の社会」「百姓と庶民の社会」「僧侶・神官・聖《ひじり》の社会」の三つの社会で成り立っている。今からその読み方を簡単に解説しよう。

　まずは、「武士と領主の社会」である。この社会に属す戦国人を「武家領主」と呼ぶことにしよう。人口に占める割合は最も少ない社会勢力のはずなのに、一五〇人中一一〇人、本書全体の七三パーセントが武士で、絶対多数派である。いくら戦国時代といえども、四人に三人が武士であったはずはない。おおかたの読者の期待には応えているとは思うが、同時に本書の欠点でもあるということを強くお伝えしておきたい。

戦国領主（国衆）の時代

　上州の武家社会の中軸を担うのは「戦国領主（国衆《くにしゅう》）」と括られた人々である。本書では八一人がエントリーしており、規模の大小によってマンダラでは灰色と黒色の二つのシマに分けられている。そして、次に多い勢力が戦国領主（国衆）の家臣になる人々で、マンダラでは「戦国領主家臣」というシマに入っている。ここまでを含めて戦国領主（国衆）勢力となる。

　戦国領主（国衆）とは戦国時代に出現した勢力である。かつては国人領主と呼ばれた。国衆とも呼ばれているが、群馬県立歴史博物館の常設展示に合わせて、ここでは戦国領主の用語を用いる。戦国領主（国衆）は本来幕府から安堵された地頭職などの権限に基づく領主であったが、将軍・古《こ》河《が》公方《くぼう》や守護が弱体化し、その権威を低下させていくと、新たな権威を求めて所領支配の安定を図りつつ、一方で権威によらないで地域を統治し得る方法、自立した実力を備える方法を模索し始める。新たな権威というのがマンダラ上の「戦国大名」である。戦国領主（国衆）は戦国大名に一定

上州戦国マンダラ

―戦国時代末期の上州の社会構造のイメージ―

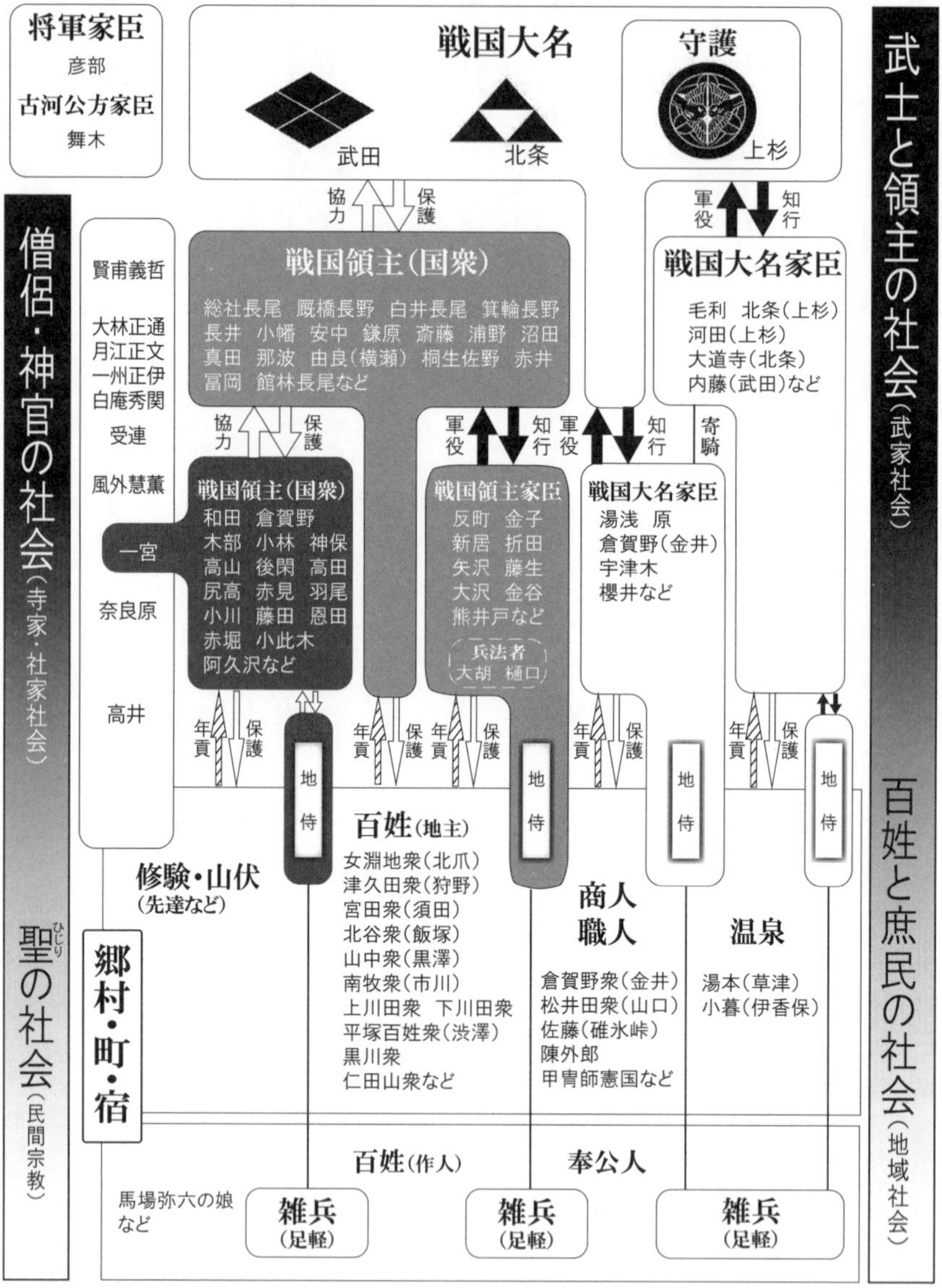

将軍家臣
彦部
古河公方家臣
舞木
戦国大名
武田
北条
守護
上杉
武士と領主の社会（武家社会）
協力
保護
軍役
知行
戦国領主（国衆）
総社長尾　厩橋長野　白井長尾　箕輪長野
長井　小幡　安中　鎌原　斎藤　浦野　沼田
真田　那波　由良（横瀬）　桐生佐野　赤井
冨岡　館林長尾など
戦国大名家臣
毛利　北条（上杉）
河田（上杉）
大道寺（北条）
内藤（武田）など
僧侶・神官の社会（寺家・社家社会）
賢甫義哲
大林正通
月江正文
一州正伊
白庵秀関
受連
風外慧薫
一宮
奈良原
高井
協力
保護
軍役
知行
軍役
知行
寄騎
戦国領主（国衆）
和田　倉賀野
木部　小林　神保
高山　後閑　高田
尻高　赤見　羽尾
小川　藤田　恩田
赤堀　小此木
阿久沢など
戦国領主家臣
反町　金子
新居　折田
矢沢　藤生
大沢　金谷
熊井戸など
兵法者
大胡　樋口
戦国大名家臣
湯浅　原
倉賀野（金井）
宇津木
櫻井など
年貢
保護
地侍
百姓（地主）
女淵地衆（北爪）
津久田衆（狩野）
宮田衆（須田）
北谷衆（飯塚）
山中衆（黒澤）
南牧衆（市川）
上川田衆　下川田衆
平塚百姓衆（渋澤）
黒川衆
仁田山衆など
修験・山伏
（先達など）
商人
職人
倉賀野衆（金井）
松井田衆（山口）
佐藤（碓氷峠）
陳外郎
甲冑師憲国など
温泉
湯本（草津）
小暮（伊香保）
聖《ひじり》の社会（民間宗教）
郷村・町・宿
百姓と庶民の社会（地域社会）
百姓（作人）
奉公人
馬場弥六の娘
など
雑兵
（足軽）
雑兵
（足軽）
雑兵
（足軽）

の軍事的負担を約束することで、自立を認めてもらいながら、その安全保障の傘下に入るのである。つまり、実力差のある盟約関係である。その契約は起請文《きしょうもん》(誓約書)や人質の提出によって担保された。

その一方で、自立が高じると、近在の戦国領主(国衆)と連携したり、従属させたりして、自らがその盟主となることで、戦国領主(国衆)自身が新たな公権力である戦国大名に変貌することがある。越後《えちご》の長尾景虎《かげとら》(上杉謙信)や伊豆《いず》・相模《さがみ》の北条《ほうじょう》氏がそうだ。しかし、上野国《こうずけのくに》ではそうした自前の運動よりも、他国の戦国大名を誘致することで社会の安定を実現しようとしたのだ。

戦国領主(国衆)の系譜や規模はさまざまで、一郡規模に満たない数郷程度のものもある。こうした小域戦国領主(国衆)―マンダラの黒色のシマ―は、周辺の有力戦国領主(国衆)―マンダラの灰色のシマ―の傘下に入って辛うじて自立を保ったり、「戦国大名家臣」になることで自立と引き換えに家を存続させたりするのである。

戦国大名とその家臣

戦国時代の主役は「戦国大名」ではないのか。そういう見方もできなくはないが、彼らは江戸時代が始まるまでの数十年間しか日本列島に存在しなかった恐竜のような存在で、江戸時代まで生き残るのは、もっと小さく、身軽な連中だ。そもそも上州の戦国大名は上州人ではないのだ。越後と甲斐《かい》と相模で成長した別々の戦国大名を、地域ごとの戦国領主(国衆)が勝手に呼び込んできたのだ。そのため、上州には常に複数の戦国大名が居座ることになった。もちろん彼らは平和的に同居しているわけではなく、上州で戦争をしているのだ。それを上州の戦国時代の主役にするわけにはいくまい。

それなのに、越後の上杉謙信が本書にエントリーされているのはなぜだろう。謙信は生粋の越後人に違いないのだが、関東の山内《やまのうち》上杉家を継承したことで最後の関東管領《かんとうかんれい》と、恐らく上野国の守護にもなったのだ。謙信は毎年のように関東に越山《おっざん》して来たが、そうせざるを得なかったのは、義父憲政《のりまさ》からもらった「上杉本国=上州」の防衛戦争を仕方なくしなくてはならなかったからだ。だから謙信を「義の武将」と呼ぶ人がいるらしい。上州人にとっては迷惑な話だが、謙信ファンに免じて、本書には「義理」で登場していただくことにした。

上州で戦国領主(国衆)に次いで大きな勢力なのが、彼らに従ってやって来た人々である。マンダラの「戦国大名家臣」のシマである。ここには、戦国大名が自国から連れてきた出張組と、上野の戦国領主(国衆)から採用された現地採用組とがある。もちろん戦争のたびに他国から多くの家臣が出張して来るのだが、他国出身の家臣であっても上野に恒常的に拠点を定めて長期滞在した人物は、特別に本書の「上州人」として認証することにした。

このシマには便宜上、「兵法者《ひょうほうしゃ》」と呼ばれる武芸の達人も置いた。武士というのは身分でもあるが、同時に職能でもある。武芸を行使することを生業とする職能民である。その武芸を指南するのが兵法者の役割である。

守護と御屋形様

上野国の守護は南北朝時代に足利尊氏の伯父上杉憲房《のりふさ》が任命されて以来、その子憲顕《のりあき》から十三代二〇〇年余りにわたって一貫して山内上杉氏が継承してきた。上野国が「上杉本国」と認識されるのはそのためである。山内上杉氏は関東管領でもあり、伊豆や武蔵《むさし》の守護も兼帯していたことから鎌倉にあり、戦国時代以前に上野国に恒常的な拠点が築かれることはなかった。本書では享徳の乱の緒戦まで存命した上杉憲実《のりざね》・憲忠《のりただ》から謙信までの九代を取り上げている。その間、上州の国務や守護領経営は重臣で守護代の長尾氏が入国し、総社《そうじゃ》(前橋市)や白井《しろい》(渋川市)、緑埜《みどの》郡(藤岡市)周辺に拠点を構え、時には代官を置いて支配した。その間、長尾氏と国内地域領主との関係も築かれた。そして、この長尾氏もやがて戦国領主(国衆)として自立を志向していくことになる。

山内上杉氏が恒常的に上野国に拠点を定めたのは永正の乱が収束した後に、緑埜群の平井館を居所とした憲房《のりふさ》・憲《のり》寛《ひろ》・憲政《のりまさ》三代である。室町時代の守護は一国を統べる国主と見なされ、「公方様《くぼうさま》」や「御屋形様《おやかたさま》」などと呼ばれたが、この時代になると、他国では幕府や守護の権威によらず、実力で守護以上の国主に変化した新しいタイプの「御屋形様」が出現するようになる。これが戦国大名である。もちろん、守護のまま戦国大名化する者も少なくない。

戦国武家社会の「社長と社員」

ここまで説明したところでお分かりだろう。戦国時代末期の上州の武家社会は戦国領主(国衆)と戦国大名家臣、この二つの勢力で成り立っているのだ。実は両者は決定的に異質な存在なのだが、大河ドラマなどを「ぼーっ」と見ているだけでは、その違いが分からないことが多い。そこで、両者の違いを現代社会になぞらえて分かりやすく説明しておこう。

「戦国領主(国衆)」というのは群馬県に拠点を置く会社の社長だと思っていただきたい。それも県内ではかなりメジャーな企業である。一方の「戦国大名」は他県に拠点を置く大企業の社長である。ここでいう社長とは、人(主君)に雇われない、自立した会社(家と所領)の経営者という意味である。その意味において、戦国領主(国衆)も戦国大名も経営規模が違うだけで実は同質の勢力なのだ。マンダラでは戦国領主(国衆)を、おおむね一郡から数郡程度の中企業の社長(灰色のシマ)と、数郷から半郡程度の小企業の社長(黒色のシマ)に分けている。そして、戦国大名は一国から数国規模の大企業の社長ということになる。

ではもう一方の勢力、「戦国大名家臣」とはいったい何だろう。マンダラでは戦国領主(国衆)と同じ階層にいる。しかし、両者の性質はまったく違う。両者の違いは戦国大名との関係でより鮮明に分かる。戦国領主(国衆)と戦国大名はお互い社長同士であるから、例えば「事業提携をして、ウィンウィンの関係を築きましょう」などと連携をし合う関係にある。その時、資金力と市場の小さな戦国領主(国衆)は「御社のブランド名と資金をお貸しいただければ、弊社が独占している技術を提供しましょう」などと、戦国大名と契約を結ぶのだ。これに対して、戦国大名家臣の方は戦国大名という大企業で働く社員である。こちらは、戦国大名から賃金・報酬(知行《ちぎょう》・所領)を給与され、養われている存在である。主君(社長)である戦国大名から命じられた軍《ぐん》役《やく》・諸役《しょやく》(業務)をこなすまでだが、役員(重臣)になれば会社の経営に携わることができる。この点、いくら有能でも経営に関われない戦国領主(国衆)は、「外様」と認識されることになる。

注意が必要なのはここからだ。実は戦国領主(国衆)と戦国大名家臣の地位はまだまだ固定的でない。出たり入ったりすることが多い。戦国大名は戦国領主(国衆)を戦国大名家臣にしてしまいたいといつも思っているのだ。その反対に、戦国大名家臣の中には、起業して自由な戦国領主(国衆)になりたいと思っている人もいる。それを実行して成功すればヒーローだし、一歩間違えば、下剋上とか謀反とかいわれ、一気に悪者にされてしまう。大河ドラマ最大の見せ場である。ただしそれを現代劇風に描かなければ面白くない。残念ながら「歴史の作法《さくほう》」に脚本家はいないのだ。

戦国大名と戦国領主(国衆)のような自立勢力は江戸時代の幕藩体制のもとでは許されない存在なので、それまでには絶滅し、すべての武家領主は将軍の直接・間接的な家臣へと再編成されていくことになる。

上州の「黄金の日日」——読み方③——

次に「百姓と庶民の社会」に目を転じよう。ここは村や町を基盤とする社会である。戦国時代は領主も自立したが、民衆も自立した時代である。民衆が自立するために結集した場所が村や町である。彼らは中世の身分では百姓である。それが農民であれば、領主から耕作を請け負って年貢を納めることで生産活動に専念でき、生存が保証されたのである。

零細な百姓の年貢を肩代わりするなどして土地を買い集めたのが地主である。地主になるのは有力百姓であったり、商人であったり、温泉の源泉をもっていたり、鉱山をもっていたり、はたまた領主の代官であったりする。彼らは自分の権益を守るために自ら武装して武士化する。そして村の指導者となって村の自立と連携を推進するのだ。こうした武装した百姓、百姓化した武士を地侍《じざむらい》という。百姓と武士、町人と武士の両方の身分と職能を併せ持った新たな社会勢力である。地侍が本書には三〇組(人と衆)エントリーしており、戦国上州の一大勢力を誇っている。

地侍は村や町の上層の住人である。独自の武力と経済力を保持して村や町を主導している。郷士《ごうし》などとも呼ばれる。身分は本来的に年貢や棟別銭《むなべつせん》などを納める百姓・商人であるから、領主層の集団である武家社会の一員ではない。しかし、地侍は戦国時代の社会には広範に存在し、戦国大名や戦国領主(国衆)も村や町の実力を掌握するには、地侍の協力が不可欠であり、大きな社会勢力であった。戦国大名や戦国領主(国衆)を支える基盤的な勢力である。

江戸時代の国家は、自立した村と町を基盤としている。その江戸時代の村と町をつくったのが戦国時代の地侍層であり、江戸時代には名主として村政を請け負うのである。マンダラの中の「地侍」のシマが置かれた領主と百姓の境界領域に注目していただきたい。江戸時代の名主層がこの境《さかい》目《め》あたりにすでに活発に活動しているのである。従来、地侍のような存在は近世の身分統制の前に絶滅したと見なされてきたが、現在ではその見方は修正され、近世社会が「戦国人」を広範に生存させている、緩やかな身分制の社会であったことが明らかになっている。

多彩で多能な人がいるのも、「百姓と庶民の社会」の特色である。例えば、緑埜《みどの》郡三波川北谷《さんばがわきたやつ》の地侍飯塚氏は、年貢として漆と真綿と黄金を納めていたのだ。まさに『黄金の日日』の世界である。そこで、ぜひこのシマの三十組に注目してほしい。戦国時代随一のマジョリティー集団は武士ではなく、やはり百姓や商人・職人なのだ。甲冑師《かっちゅうし》、温泉経営者、山伏など、本書の一番おいしいエキスが詰まった「戦国鍋」の煮凝《にこご》りのような部分なのだ。これが本書の第三の読み方だ。

とはいえ、我々ヒストリアンが「歴史の作法《さくほう》」に則って甦らせることができるのは、それなりの確かな情報（古文書・古記録）を持っている人だけである。それを持っているのは圧倒的に武家領主である。武士だけが戦国時代を生きたわけではもちろんない。むしろ武士は人口比からいえば社会的マイノリティーなのだが、多くの戦国ファンはそうは思っていない。これは歴史学の最大の弱点であるが、現状ではやむを得ない。

第三の戦国社会

「僧侶・神官・聖の社会」はどうか。中世は仏教が各地域や庶民に浸透した時代で、戦国時代は特にそれが著しく進行した時代である。いわゆる鎌倉新仏教（浄土信仰や禅）と呼ばれる信仰も、実際にはこの時代に広く深く普及していることから、むしろ「戦国仏教」と言い換えたほうが適切だという主張もある。「僧侶・神官・聖の社会」はそれだけでは存在せず、「武士と領主の社会」との関係を重視する人たちと、「百姓と庶民の社会」との関係を重視する人たちとに分けてみると理解しやすい。

「僧侶・神官・聖の社会」の中でも特に「武士と領主の社会」との関係を重視したのが、禅宗に帰依《きえ》する人々である。鎌倉時代の初めに栄西《えいさい》と道元《どうげん》によって中国から日本にもたらされた禅宗は、坐禅の行《ぎょう》によって瞑想《めいそう》することを重視する教えであり、武士の精神風土とマッチしたのである。まず幕府が帰依した臨済宗が盛んとなり、世良田《せらだ》長楽寺（太田市）や川場吉祥寺《きちじょうじ》（川場村）、那波泉龍寺《なわせんりゅうじ》（伊勢崎市）などが開かれ、幕府や戦国領主によって保護された。ところが、戦国時代になると大林正通《だいりんしょうつう》の館林茂林寺《もりんじ》を皮切りに、上州の戦国社会では特に曹洞宗が優勢となった。その傾向は現代の群馬県の宗教地図にも受け継がれている。

中世の上野国では府中（中世の国府）に国内諸神を勧請した「総社」が設けられ、そこで国衙《こくが》としての祭祀が行われた。また、有力神祇の序列が定められ、上野国では一宮が抜鉾《ぬきほこ》明神（富岡市）、二宮が赤城明神（前橋市）、三宮が伊香保明神（渋川市）で、それぞれ守護上杉氏はもちろん、北条、武田といった外来の戦国大名もあつく保護しており、やはり武家社会と一体で発展した宗教勢力である。

また、こうした有力寺社は同時に領主でもあることから、寺家・社家とも呼ばれた。さらに、例えば甘楽郡の一宮氏のように、一宮抜鉾明神の宮司でありながら、武士として戦国大名に従って戦場に赴く者もあった。他国では信濃国《しなののくに》(長野県)の諏訪氏や下野国《しもつけのくに》(栃木県)の宇都宮氏もそうだ。神官領主は意外と多い。また、武田晴信が出家して信玄となり、上杉輝虎《てるとら》が出家して謙信となってもなお戦場に赴いたことを考えれば、戦国人にとって戦争をすることと神仏を敬うことは密接不可分の関係にあった。

一方、「僧侶・神官・聖の社会」と「百姓と庶民の社会」を最も強くつないだのが聖と呼ばれる宗教者である。戦国時代には伊勢信仰や熊野信仰、富士浅間《ふじせんげん》信仰が盛んであった。その信仰の最もオーソドックスな形が熊野三山や富士山の霊場を参拝することであった。こうした信仰を広め、仲介したのは諸国の霊場を自由に往来することができる聖(修験・山伏)と呼ばれる宗教者だった。彼らは地域に修験道《しゅげんどう》場を構え、御師《おし》(霊場の山伏)と連携しながら先達《せんだつ》(地域の山伏)として信者を集め、霊場に案内するのだ。中世社会において神と仏は一体(神仏習合)のもので、仏こそが神の本性である(本地垂迹《ほんじすいじゃく》)と考えられていたからだ。これは中世・近世社会では地域や生活の中に深く浸透し、日本人の思想風土の土台となった思想である。

このシマに入る人はまだまだいる。そして実に多様である。例えば、天台宗や真言宗といった密教は中近世を通じて仏教界の中軸であるが、本書ではそれを捉えることができなかった。この社会の戦国人の面々については次の機会を期待していただきたい。

上州の戦国ジェンダー　—読み方④—

本書では、天下人を相手に二人の息子を守った金山城の御老母妙印尼《みょういんに》と、人買いに売られて三十年ぶりに故郷に戻った世良田の馬場弥六《やろく》の娘の二人をエントリーしている。ほかにも、箕輪《みのわ》城長野氏が築き上げた関東姫君ネットワーク、伝説の小幡のお菊、真田信之《のぶゆき》の妻小松殿、伊勢崎の女城主赤堀上野守の娘などをコラムとして取り上げている。

夫婦別姓問題であったり、土俵が女性禁制であるといわれたり、これまであたかも日本の伝統などと言い聞かされてきたことが、実は明治時代につくられたまったく新しいルールや習慣であると知らされることが少なくない。本書の女性たちの情報は決して多くはないが、ここから戦国社会特有の文化的性差、いわゆるジェンダーを思い描いていただきたい。これが第四の読み方である。

「上州戦国マンダラ」では救えないこと

戦国時代は決して無法の世ではない。大河ドラマ『独眼竜政宗』の梵天丸《ぼんてんまる》(藤間遼太演じる幼少期の伊達正宗)が「梵天丸もかくありたい」と言ったか言わなかったかはともかく、こうあるべしという思想や理念はあった。やっていいことと悪いことは厳然とあった。相対的な正義と悪もあった。それでも紛争と戦争は絶えなかった。なぜか。それは誰が正しくて、誰が悪いのかをジャッジするのが当事者同士だったからだ。あるいは、しかるべき公権力(公儀《こうぎ》・公方)に公正にジャッジしてもらうにしても、そこまでもっていくのは当事者の実力次第であるから、力(政治力・経済力・軍事力)の大きな方に有利に働いた。これを「自力救済《じりききゅうさい》」という。公儀・公方と呼ばれた将軍や守護は本来紛争を調停する立場にあるのだが、つい紛争の当事者になってしまう。「上州戦国マンダラ」は一見秩序だって見えるようでも、実はこればかりは救えない、最大の欠点である。

地域の人物史の意義　―読み方⑤―

現代の日本人が学校教育の中で歴史を学ぼうとすると、小学校と中学では社会科の一分野として、社会のつながりや、それを支える技術や知識が時代とともに「変化」していることを第一義に学習することになる。ところが、大学で歴史学を専攻しようとするとどうだろう。歴史学は社会科学(法学・政治学・経済学・社会学など)ではなく、人文学の中の文学の中に位置付けられている。このギャップは実に大きい。つまり、歴史とは本来は公民や政治経済よりも、国語の方に近しい科目だったのだ。確かに、歴史学は過去に記された文字を基礎資料にしているのだから当然である。このことを教師はどれほど意識しているだろうか。

高等学校では地理歴史科として公民科とは分けられたものの、実態としてはどうなのだろうか。国語の授業でするように漢和辞典や古語辞典を使って丁寧に史料を調べるだろうか、社会の成り立ちを人の言葉や認識のありようから問題にするだろうか。地域の先人を、仮面を被った歴史上の社会の構成員としてではなく、そうかといって決して「偉人」として顕彰するのでもなく、なるべく顔の見える、個性豊かな個人として捉えたい。それが本書「戦国人」のねらいの一つである。これが第五の読み方である。

そのために、本書はさまざまな職能と緩やかな身分、この二つの観点から上州の戦国人ワールドを再現しようとしたものである。しかし、ふたを開けてみると、やはりほぼ武将列伝に近いものになってしまった。それは、古文書や古記録の中に「しっかり登場する人物」しか対象にできないからだ。そうなると、圧倒的に武士が多くなってしまう。喜んでくれる人は多いだろうが、個人的には物足りない。戦国時代だからといって武士だけで社会が回っていたはずはないのだ。どうしたら人物から地域史の実像を捉え、文字として書き起こすことができるのだろうか。地域ヒストリアンの見識と腕前が問われている。

（群馬県立女子大学准教授・簗瀬　大輔）

第1章 戦国時代の関東管領

上野国における山内上杉氏の主な所領と拠点

山内上杉氏の時代

　戦国時代に詳しい多くの方々にとって、戦国時代とは織田信長や明智光秀、武田信玄といった武将が活躍する華々しい時代であろう。しかしながら、大河ドラマなどで取り上げられることの多いそうした武将が活躍するのは戦国時代の後半であって、それ以前から戦国時代は始まっていた。東国では十五世紀半ばに起こった享徳の乱から広い意味での戦国時代が始まると考えられており、十六世紀末までの約一五〇年間続いた。そして、その多くを占める十五世紀半ばから十六世紀半ばまでの約一〇〇年間には、実は上野国《こうずけのくに》（群馬県）の統治者として山内上杉氏《やまのうちうえすぎ》が君臨していた。

　上杉氏と聞いてすぐさま思い浮かべるのは、上杉謙信らの越後国《えちごのくに》（新潟県）に関わりの深い武士ではないだろうか。しかしながら、この山内上杉氏は越後よりも関東、中でも上野国と関わりの深い上杉一族であった。その点を理解するためにはややさかのぼって室町時代の東国について知る必要があるので、簡単に述べておきたい。

　室町時代の東国には、鎌倉府《かまくらふ》と呼ばれる統治機構が存在した。鎌倉府は関八州（現在の関東地方）に伊豆国《いずのくに》（静岡県）や甲斐国《かいのくに》（山梨県）を加えた広大な地域を管轄しており、そのためにかなり専制的な統治が行われていた。鎌倉府のトップは鎌倉公方《かまくらくぼう》と呼ばれ、京都の室町幕府将軍の一族である足利氏が代々世襲した。鎌倉公方は幕府将軍の兄弟のような関係であり、両者は「両公方」「都鄙《とひ》の両公方」とも称され、支配構造の最上位に位置した。鎌倉公方を補佐したのが関東管領《かんとうかんれい》であり、室町時代には上杉氏が同職を独占して務めていった。

　こうして上杉氏は鎌倉時代に幕府将軍を支えた北条得宗《とくそう》家の政治的立場を継承し、東国では上野《こうずけ》・武蔵《むさし》・相模《さがみ》・伊豆・越後・上総《かずさ》などの守護となってこの地域を権力基盤とした。また、上杉氏は数多くの家に分立し、その中で嫡流《ちゃくりゅう》の系統となっていったのが憲顕《のりあき》を祖とする山内家であった。同家は上総国（千葉県）などを守護分国とした犬懸《いぬかけ》家と当初は交替で関東管領を務めたが、十五世紀初頭には同職を独占し、家職としていった。併せて上野国・武蔵国（埼玉県など）・伊豆国などの守護職をほぼ独占的に世襲するようになり、とりわけ上野国は山内上杉氏にとって本国として重要な役割を果たしていった。その後の戦国時代には山内上杉氏は次第に勢力を縮小していくことになるのだが、それでも最後まで死守しようとしたのが上野国であり、上野国と山内家とは深い関わりがあったのである。

「山内」の読みは「やまのうち」であり、鎌倉府体制下で同家が鎌倉の屋敷地とした地名の「山内」から名付けられた。一族の「犬懸」や「扇谷《おうぎがやつ》」「宅間《たくま》」も同様に鎌倉の地名であり、もともと鎌倉との結び付きが強かった。名字の前にこうした地名を冠して一族の系統を呼称していたのであり、それだけ上杉一族が多くの家に分かれて権勢を誇っていたことがうかがえよう。

上杉氏の中には越後上杉氏や京都上杉氏と呼ばれる系統もあり、それぞれがさらに複数の家に分かれていた。そうした中で山内家ととりわけ深い関係にあったのが、越後守護家であった。なぜならば、そもそも越後守護家は、山内家の祖となる憲顕の息子から始まったという経緯があったからだ。そのため、室町期から山内家と越後守護家では養子縁組などにより家督を相互に継承し、両家は政治的に緊密な関係にあった。

さて、都鄙の両公方（鎌倉公方と幕府の将軍）についての話に戻ると、両者にはそれぞれの管轄地域を統治するための強力な権限があり、いずれも貴種の身分であったことから、しばしば対立した。都鄙の両公方の対立あるいは協調が室町時代の東国政治史に大きな影響を与えており、その際に両者を仲介する役割も関東管領は果たしていた。したがって、室町時代に関東管領を務めた山内上杉氏の立場を簡潔にまとめると、「東国のナンバー2にして、都鄙の両公方のバランサー」と表現することができよう。

室町時代にこのような立場にあった山内上杉氏の戦国時代の動向について、次に述べたい。

広い意味での東国の戦国時代の始まりである享徳の乱（一四五四～八二）以降、鎌倉公方は本拠地を鎌倉から下総国古河《しもうさのくにこが》（茨城県古河市）に移し、古河公方《こがくぼう》と呼ばれた。幕府の支援を受けた関東管領方とは対立したり、時には協調しながら、依然として東国の政治に大きな影響を与えた。

享徳の乱から長享の乱（一四八七～一五〇五）にかけての戦乱を乗り越えて実力を高めていったのが、関東管領の山内上杉顕定《あきさだ》である。顕定は越後守護家からの養嗣子《ようしし》であり、越後上杉氏と密接に連携した伝統的なありようを示す最後の関東管領であった。

ところが、長享の乱で勝利した顕定は古河公方家の家督争いに端を発した十六世紀初頭の永正の乱に際して、永正七（一五一〇）年に越後で戦死してしまった。そのため、顕定の跡継ぎを巡って争いが生じ、越後上杉氏との関係も悪化していった。以降の顕実《あきざね》・憲房《のりふさ》・憲寛《のりひろ》・憲政《のりまさ》の十六世紀前半は山内上杉氏の衰退期であり、関東では山内上杉氏に代わって小田原北条氏が勢力を伸ばしていった。

　こうした歴史的背景を有している山内上杉氏の歴代当主の中で、いわゆる大河ドラマのような歴史物語においてほぼ唯一登場するのが、十六世紀後半の憲政である。物語における憲政の人物造形は、実力の不足した武将という紋切り型であることが多いのではなかろうか。これは、おそらく戦国大名と呼ばれる武田信玄や上杉謙信、北条氏康《うじやす》が登場するのと入れ替わるように憲政は歴史の表舞台から消えていくためであり、この時期のみを切り取れば、確かにそうした憲政のキャラクター設定にも説得力はある。

　しかしながら、もう少し広く戦国時代を捉える、あるいは室町時代までも含めると、山内上杉氏は歴史的に大いに活躍していた。そのため、戦国時代後半にどうして山内上杉氏が衰退していくのかといった点も含めて、本章を通じてより広い時期設定と視野によって山内上杉氏について捉えていきたい。

（森田　真一）

平井城跡（藤岡市）

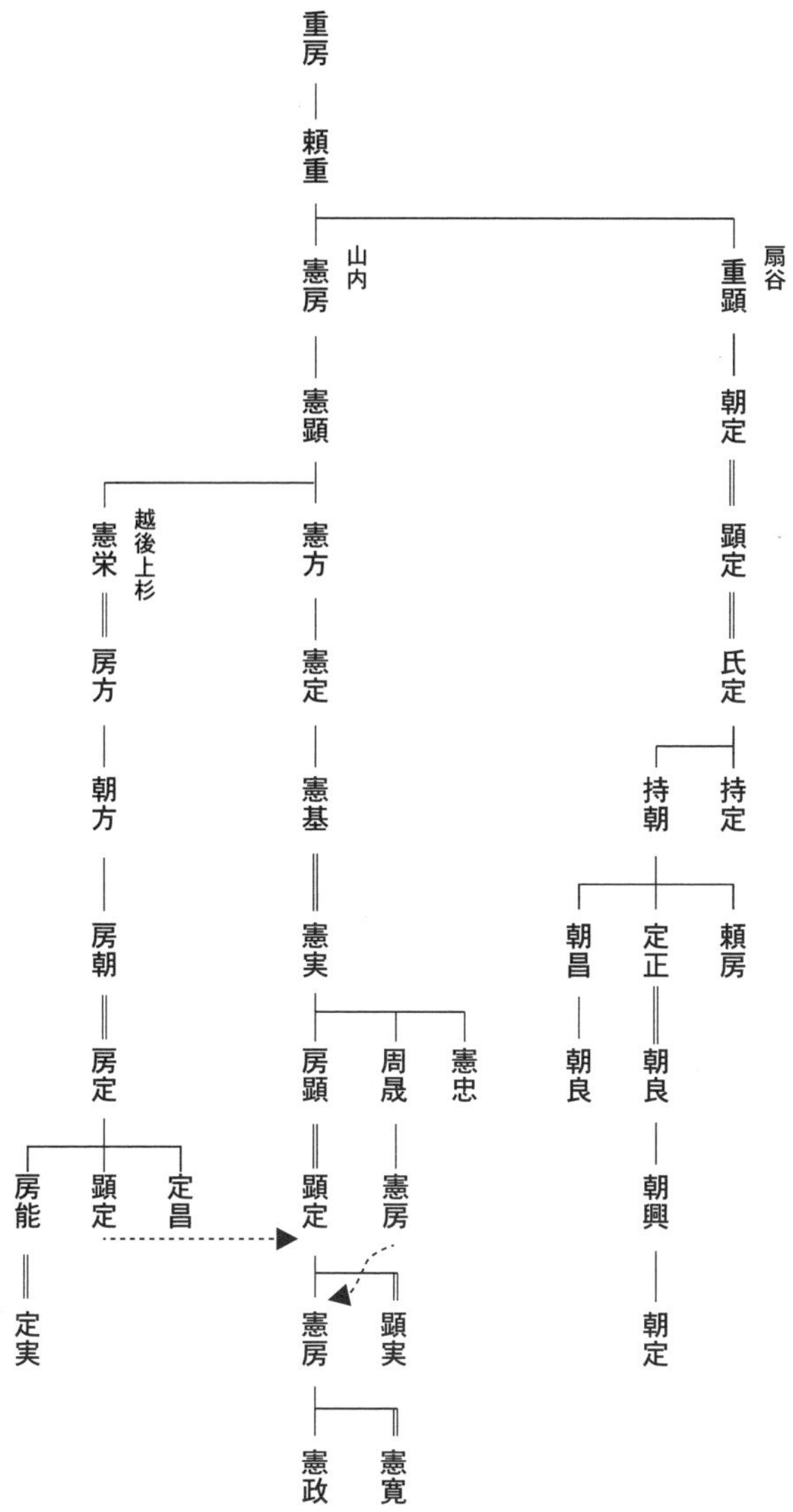

上杉氏系図（山内・扇谷・越後）

上杉《うえすぎ》 憲実《のりざね》

息子が享徳の乱の総大将に
一四一〇(応永十七)〜一四六六(文正元)

越後守護上杉房方《ふさまさ》の息子として、応永十七(一四一〇)年に誕生した。父の房方が守護として在京していたため、おそらく生誕地は京都であろう。その後、同二十五年正月に関東管領であった山内上杉憲基《のりもと》が死去した後、わずか九歳で鎌倉に入って山内家の養嗣子《ようしし》となった。幼名を孔雀丸といった。越後守護家や山内家の家督継承者としては、幼名に「龍」字が用いられず、これは異例なことであった。もともと三男でもあったらしいので、憲実は後年に華々しく活躍することを当初から期待されていたわけではないようだ。

その後、元服して実力を付けていった憲実は、関東管領として室町幕府将軍の足利義教《よしのり》と鎌倉公方足利持氏《もちうじ》の間にあって、この都鄙《とひ》の両公方の連絡・調整に力を入れた。例えば永享四(一四三二)年には義教の富士遊覧が持氏を刺激するので延期を嘆願したり、同八年には持氏が幕府管轄国の信濃国(長野県)へ出兵することを諫《いさ》めている。しかしながら、最終的には同十年に勃発した永享の乱によって両者は激突し、翌年に憲実は足利持氏を鎌倉の永安寺《ようあんじ》に攻めて自害に追い込んだ。

持氏が自害した同十一年、憲実三十歳となるこの年に出家したようだ。憲実が政界の第一線から退いて死去するまでの期間が、実は彼の人生の大半を占める。

上杉憲実の花押

この間に長男の憲忠《のりただ》が憲実の意に反して山内家の家督となり、享徳三(一四五四)年十二月に勃発した享徳の乱に際して謀殺されている。憲忠の跡を継いだのは次男の房顕《ふさあき》であるが、そうした差配を憲実がどのように思ったのであろうか。その後、文正元(一四六六)年に長門国大寧寺《ながとのくにたいねいじ》(山口県長門市)において五十七歳で死去している。

憲実が足利学校に寄進した漢籍などが、現在、国宝に指定されている。憲実と学問との関わりを考える上で興味深い。

（森田　真一）

訪ねてみよう

足利学校(栃木県足利市昌平町2338)…国指定史跡で日本遺産。憲実が深く関与した板東の大学。

上杉《うえすぎ》憲忠《のりただ》

享徳の乱勃発の当事者
一四三三(永享五)〜一四五四(享徳三)

永享五(一四三三)年、関東管領上杉憲実《のりざね》の息子として生まれた。幼名は龍忠であり、弟には二歳年少の房顕《ふさあき》がいた。

父憲実は同十一年に後事を実弟の上条《じょうじょう》上杉清方《きよまさ》に託して出家した。翌十二年に鎌倉公方であった足利持氏《もちうじ》の遺児が擁立されて結城合戦が起こると、それらを鎮圧する総大将として清方は活躍した。

ところが、文安元(一四四四)年八月以前に清方は死去したらしく、憲忠の人生は大きく変わっていった。すなわち、関東管領不在という事態を憂慮した重臣の長尾氏らによって、憲忠は山内家の家督として擁立されたのである。父憲実の反発があったものの、十五歳で元服する年に当たる同四年、憲忠は天皇の綸旨《りんじ》によって関東管領に任命された。

同じ時期、東国では新たな鎌倉公方を擁立して鎌倉府を再興する動きが起きており、宝徳元(一四四九)年、足利持氏の遺児であった成氏《しげうじ》が鎌倉公方として復帰した。

これにより鎌倉府は再興されたものの、若年の憲忠を差し置いて上杉氏の重臣の長尾・太田両氏が実権を握っており、成氏は思うように政治ができなかった。そのため、翌二年四月、長尾・太田氏との争い(江の島合戦)が生じている。この間、憲忠は鎌倉から脱して相模国七沢《ななさわ》(神奈川県厚木市)に拠っており、鎌倉に戻るのは十月になってからであった。

そのわずか前に成氏も鎌倉西御門《にしみかど》に移り、鎌倉府の機能は徐々に回復していった。しかしながら、背後に重臣の長尾氏、さらには幕府の影響力のある憲忠の補佐は、自立の志がある成氏から反発された。

享徳三(一四五四)年十二月、成氏の鎌倉西御門の屋敷に呼び出された憲忠は謀殺された。これにより、東国では成氏方と上杉方とに分かれて争う享徳の乱が勃発し、戦乱は三十年近く続くことになる。

(森田　真一)

上杉憲忠の花押

訪ねてみよう

七沢城跡の碑(神奈川県厚木市七沢1304)…一時期、憲忠が拠った城の碑。後に扇谷上杉氏が拠る。

コラム●足利成氏の古河動座

享徳三(一四五四)年に勃発した享徳の乱に際して、東国を利根川で二分して上杉氏が西関東を勢力圏にした。これに対して、東関東を勢力圏にしたのが古河公方足利氏である。古河公方はこの後、五代にわたって戦国末期まで継承されていくが、その初代に当たるのが成氏《しげうじ》である。

成氏は永享三(一四三一)年に鎌倉公方足利持氏の息子として誕生した。同十年に勃発した永享の乱によって父持氏が殺害されると、幼名を万寿王丸《まんじゅおうまる》と称した成氏は信濃(長野県)の大井氏のもとに預けられたようだ。それから雌伏の時期を過ごしたが、東国の領主からの鎌倉府再興の要請を受けて、文安四(一四四七)年に鎌倉公方足利家の名跡を継承して、関東管領上杉憲忠《のりただ》とともに鎌倉府を再興した。

しかしながら、成氏・憲忠ともに若年であり、上杉方の実権は重臣の長尾・太田両氏が掌握していたため、成氏は思うように政治が行えなかったようだ。そのため、宝徳二(一四五〇)年には早くも長尾氏らと激突し(江の島合戦)、憲忠は後に扇谷上杉氏の拠点となる相模国七沢《ななさわ》(神奈川県厚木市)に逃れた。

近年に指摘されたように、これ以前に成氏は江の島に居所を移しており(江の島府)、江の島合戦後に憲忠が七沢に逃れた後は、七沢に程近い津久井桐谷府(相模原市)にさらに居所を移した。したがって、成氏は長尾氏らとは対立していたが、憲忠には近付こうとしたらしい。成氏は最終的には古河へ動座《どうざ》することになるが、それ以前に頻繁に居所を替えていたことになる。

享徳三(一四五四)年十二月、成氏は近付こうとしてかなわなかった憲忠を鎌倉西御門《にしみかど》の居所に招いて殺害し、享徳の乱が勃発した。その後、成氏は鎌倉を離れ、下総国の古河(茨城県古河市)に移った。古河公方の誕生である。これ以降、幕府の援護を受けた上杉方は北武蔵の五十子《いかっこ》(埼玉県本庄市)に総本陣を設営し、成氏の拠った古河との間で激烈な合戦が展開された。

(森田　真一)

上杉《うえすぎ》 房顕《ふさあき》

若くして陣没した関東管領
一四三四(永享六)～一四六六(文正元)

関東管領上杉憲実《のりざね》の息子として、永享六(一四三四)年に生まれた。幼名は龍春と言い、兄には二歳年長の憲忠《のりただ》がいた。

父の憲実は永享の乱で主君の鎌倉公方の足利持氏を討った後に政務に嫌気が差したようで、永享十一(一四三九)年に出家してしまう。その後の嘉吉元(一四四一)年、憲実は房顕を京都で将軍に奉公させることを決めている。これ以降、房顕は憲実の所領を譲渡され、京都の室町幕府へ奉公していたようだ。

憲実から房顕への一連の譲状の中で、文安元(一四四四)年と推測される次の手紙は興味深い。

長い間在京しての辛労を推察します。ただし、私のような老人が子息の中で汝《なんじ》を一人だけ出家させなかったのだから、苦労をしても仕方がないのです。世のならわしは昔も今もこのようなものであるから、決して辛労と思ってはいけません。

このように遁世の気風があった憲実の意向によって、房顕は在京奉公をするように決められていた。しかしながら、享徳の乱勃発(一四五四年)に際して関東管領であった兄の憲忠が殺害されたため、父憲実の意に反して房顕が関東管領に擁立された。

上杉房顕の花押

翌年、房顕は越後守護上杉房定《ふささだ》とともに京都から関東に入り、三宮原《さんのみやはら》合戦(吉岡町)で古河公方足利成氏方と戦った。房顕の下向後、上杉方は総本陣として北武蔵に五十子《いかっこ》陣(埼玉県本庄市)を設営する。これにより、古河を拠点とした成氏方と五十子を拠点とした上杉方は北関東を舞台に激戦を繰り広げた。

この後、房顕は幕府へ関東管領職の辞職を願い出たものの慰留されており、体調を崩していたようだ。そして、文正元(一四六六)年二月、三十二歳の若さで五十子陣において没した。

(森田　真一)

訪ねてみよう

羽継原合戦供養碑(館林市羽附町557　宝秀寺)…同合戦で戦死した人を弔うために建立。

上杉《うえすぎ》 顕定《あきさだ》

越後上杉氏出身の関東管領
一四五四（享徳三）～一五一〇（永正七）

享徳三（一四五四）年、東国の戦国時代の開始を告げる享徳の乱が勃発したこの年に、越後守護上杉房定《ふささだ》の息子として誕生した。後に関東管領職を世襲していた山内家の養嗣子となるが、当初は越後府中（新潟県上越市）で生まれ育ったのだろう。

同時代の顕定の肖像画などは残されていないため、その花押《かおう》（サイン）から顕定の人となりの一端をうかがってみよう。すると、顕定の花押は三種類あり、その使用時期が関東の三つの争乱ともおおむね一致し、それによって生涯を区分することができる。

第一期は、養父の立場に当たる山内上杉房顕《ふさあき》と大まかに類似した花押を用いた時期である。政治史では、関東の広範囲を二分して争われた享徳の乱（一四五四～八二）の頃に該当する。当初、龍若という幼名であったが元服して四郎顕定と称し、重臣の長尾氏や実父の房定の助力を得ながら享徳の乱を乗り越えた。

第二期は、三代前の関東管領であった憲実《のりざね》に類似する花押を用いた時期である。政治史では、山内・扇谷両上杉氏の争いである長享の乱（一四八七～一五〇五）の頃に該当する。政治的な理念としては憲実を意識しつつ、同族の扇谷上杉氏と争いながら、政治的な力量を高めていった。

☆伝上杉顕定所用の碁盤（藤岡市第66区蔵）

上杉顕定の花押

第三期は、実父房定に酷似する花押を用いた時期である。政治史では、古河公方家や関東管領家（越後上杉氏も含む）の争いが同時に進行した永正の乱（一五〇六～一二）の頃に該当する。関東管領であるとともに、上杉一族の惣領ということを意識して顕定は行動した。

次に顕定の人物像を政治的に理解しようとする場合、二つの側面があったことが分かる。一つは、関東管領としての側面である。享徳の乱では古河公方の足利成氏と全面的に対立していたものの、長享の乱では

訪ねてみよう

鉢形城跡（埼玉県寄居町鉢形2496-2他）…国指定史跡。顕定が武蔵の拠点として重視した城郭。

明応三(一四九四)年十一月以降、古河公方足利政氏《まさうじ》は扇谷方から山内方に転じており、以降、顕定・政氏は政治的に密接な関係にあった。さらに永正の乱では、古河公方家の政氏・高基《たかもと》の抗争に際して、顕定は出家して可諄《かじゅん》と称するほどに政治生命を賭して、両者の調停に尽力した。

もう一つの側面は、上杉一族の惣領という立場である。長享の乱では一族の扇谷上杉氏と争うことになるが、同乱は関東上杉氏一族の中での主導権争いと捉えることもできる。その後、同年十月の実父房定の死後は越後守護の後継者の房能《ふさよし》が顕定よりも年下ということもあり、一族の実質的な惣領として振る舞ったようだ。

この上杉一族の惣領という立場で行動し、結果的に戦死することになるのが、永正の乱の一環である永正六(一五〇九)年の顕定の越後介入である。

さかのぼる同四年八月、越後守護の上杉房能は守護代の長尾為景《ためかげ》に殺害された。その背景には、十五世紀末から京都の八条房孝《ふさたか》ら八条上杉氏一族が越後に下向して政治的な立場を大きくしていたことがあった。そのため、八条上杉氏を政治的に排除するために長尾為景によって断行されたのが、永正四年の政変であった。さらに翌五年にも為景により八条上杉氏の殺害が続いたことを受け、翌六年に顕定は越後に軍事介入したのであった。

当初、顕定方は優勢であったが、翌七年四月に越後方が佐渡島から蒲原津《かんばらのつ》(新潟市)に上陸するに及び、事態は暗転する。府中に対抗しうる重要拠点の蒲原津が奪取された後の六月、顕定は長森原(新潟県南魚沼市)において敗れて自害した。五十七歳であった。

さて、最後に顕定の信仰や文芸について見ておこう。顕定は山内家の養嗣子として関東に赴いた後も、少なくとも三度、実父や実母の仏事を守護所のあった板鼻(安中市)で行っている。法名の可諄皓峯《かじゅんこうほう》の「皓」字は実母の月山妙皓《がっさんみょうこう》からの一字であると推測され、政治的思惑もあろうが、実母への思慕を読み取ってもよいだろう。また、連歌会《れんがえ》を繰り返し板鼻で行っており、こちらも政治と無縁ではあり得ないが、京都下りの実父房定らの指導のもと、顕定は文芸にも通じていたとみてよい。

室町時代～戦国時代前期においては、山内上杉氏は関東管領を務めつつ、越後上杉氏との良好な関係を前提に家督を迎え入れ、東国の鎌倉公方(古河公方)勢力と一定の政治的距離を保つことが重要であった。このような段階の最後の関東管領が上杉顕定であった。

(森田　真一)

訪ねてみよう

管領塚史跡公園(新潟県南魚沼市下原新田)…顕定の墓を整備公園化した場所。

コラム●上杉定昌と白井

文正元(一四六六)年に山内上杉家の養嗣子となって関東管領職を継承した顕定《あきさだ》は、もともとは越後守護上杉房定《ふささだ》の息子であった。その房定の長男で顕定の兄に当たるのが定昌《さだまさ》である。定昌は享徳の乱の途中から父に代わって関東に出兵し、主に白井《しろい》(渋川市)を拠点にしながら弟の顕定をよく助けた。

連歌師の宗祇《そうぎ》の発句集、初編本『老葉《わくらば》』に収載された定昌の句によって、応仁元(一四六七)年頃に定昌は白井を拠点としていたことがうかがえる。したがって、顕定の山内家への入嗣とほぼ同時期に定昌は白井に赴いていたことになり、これにより越後上杉氏の関東への政治関与が高まったと考えられる。

定昌の白井派遣に際して関東で続いていた争乱が、享徳の乱である。同乱において定昌は顕定や扇谷上杉氏と並んで三大将と称され、上杉方の中枢として活躍した。享徳の乱終結後には、再編本『老葉』に収載された句によって、定昌は引き続いて白井で活動していたことが知られる。また、文明十八(一四八六)年九月に歌僧の堯恵《ぎょうえ》が上野国(群馬県)にやって来た際には白井で歌会を行っていて、定昌は連歌のみでなく和歌にも通じていた。

定昌の家臣には飯沼氏や宇佐美氏の一族、越後国魚沼郡薮《やぶ》神《かみ》(新潟県魚沼市)の発智《はっち》氏などがいた。応仁元(一四六七)年以降、定昌は死去する長享二(一四八八)年までの約二十年間にわたって白井を拠点に活動し、上野国北部から越後国魚沼郡にかけて政治的な影響力があったようだ

長享元(一四八七)年以降、山内・扇谷両上杉氏の争いである長享の乱が勃発した。下野方面の山内・越後両上杉氏の軍事活動は、赤城山南麓の勢多郡鳥取陣(前橋市)を拠点に定昌が中心となって行われたようである。ところが、山内・越後両上杉氏方が優勢であったにもかかわらず、翌二年三月に定昌は白井で謎の自殺を遂げている。まだ三十六歳の若さであった。

(森田　真一)

上杉《うえすぎ》 顕実《あきざね》

古河公方家出身の関東管領
?～一五一五(永正十二)

顕実はもともと古河公方足利政氏《まさうじ》の息子であり、後に関東管領の山内上杉顕定の養子となった。入嗣後の仮名《けみょう》は、山内家の家督としてふさわしい四郎であった。当時、東国では古河公方と関東管領が対立しながらも権力を行使する公方─管領体制と呼ばれる政治体制が機能しており、そのような協調体制のもとで顕実は山内家に養子に入ったのであろう。

ところが、永正七(一五一〇)年六月に養父の顕定が越後で戦死して以降、顕実の人生の歯車が狂い始める。顕定の死後、その後継を巡って顕実と憲房《のりふさ》が争うことになるのである。従来は両者ともに顕定の養子で後継者候補と考えられていた。しかしながら、近年では憲房は山内家の庶流の立場にあったとも考えられてきた。よって、本来であれば顕実が顕定の後継者とみなされていたにもかかわらず、憲房が対抗馬として現れたことになる。

古河公方館跡と御所沼(古河市総合公園)

このように推移した背景として、当時、古河公方家において当主の政氏と子息の高基《たかもと》とが対立する永正の乱が起きていたことがある。上野国北部を権力基盤とした憲房がそうした情勢を機敏に捉えて足利高基と結び、それに対抗して武蔵国鉢形《はちがた》城(埼玉県寄居町)に拠った顕実は足利政氏と結んだのである。しかしながら、先例として山内家が養嗣子を他家から迎え入れる際は越後上杉氏などの上杉一族であり、顕実のような古河公方家ではなかった。そのため、従来からの権益や利権も絡み、先例に反した顕実の入嗣は地域社会からも反発され、そうした勢力が憲房方に付いたのであろう。

同九年六月、憲房方の足利長尾景長《かげなが》・横瀬《よこぜ》景繁《かげしげ》らは鉢形城を攻めて落城させ、顕実は古河に逃れたようだ。こうして顕実の関東管領としての活動は、短命に終わった。

(森田　真一)

訪ねてみよう

古河公方《こがくぼう》館跡(茨城県古河市鴻巣399-1 古河公方公園内)…公園として整備されている。

上杉《うえすぎ》憲房《のりふさ》

山内家庶流からの関東管領
一四六七(応仁元)～一五二五(大永五)

　京都で応仁の乱が勃発して全国的に戦国の様相を呈してくる応仁元(一四六七)年、憲房は産声を上げた。実父は山内家の憲忠《のりただ》や房顕《ふさあき》の兄弟である僧侶の周晟蔵主《しゅうせいぞうしゅ》であり、後に顕《あき》定《さだ》の養子になったと考えられてきた。しかしながら、近年、次のような歴史的事実が明らかになり、従来の見方が修正されつつある。

　すなわち、享徳の乱の最中の文明十三(一四八一)年、おそらく元服直後であった憲房は下野国鑁阿寺《ばんなじ》(足利市)へ合戦の戦勝祈願を依頼していた。当時、人智の及ぶ範囲は限られていると強く認識されており、神仏への祈祷は問題解決のための有効な手段であった。憲房とともに白井《しろい》長尾《ながお》景春《かげはる》もこの祈祷に関わっており、憲房の重臣の役割を果たしていた。この頃は同八年以来の長尾景春の乱がひとまず収束した直後であり、景春は古河公方のもとへ没落したとこれまで考えられていた。しかしながら、景春は顕定ではなく元服直後の憲房を主君として擁立しながら行動していた。

　こうした歴史的事実により、憲房は顕定の養子であったというよりも、山内家に次ぐ庶流の立場にあったと考えられるようになってきている。そもそも、これまで養父とされてきた顕定の生まれは享徳三(一四五四)年であるから、憲房との年齢差はわずか十歳程度であり、親子というよりも従兄《いとこ》や兄弟の関係に近かったのである。

　憲房の顕定からの独立性とともに、憲房が白井(渋川市)などの上野国(群馬県)北部から越後国(新潟県)魚沼郡にかけて政治的関わりが深かった点も明らかになってきた。憲房に先行して同地域を権力基盤としていたのは顕定の実兄である越後上杉定昌《さだまさ》であり、享徳の乱の最中の応仁元(一四六七)年以降に父の房定《ふささだ》に代わって白井に派

☆上栗須寺前遺跡出土品(群馬県蔵)

上杉憲房の花押

訪ねてみよう

白井城跡(渋川市白井)…市指定史跡。上杉憲房や定昌、白井長尾氏と関わりの深い城郭。

遣されていた。したがって、憲房は定昌の立場を継承したのだろう。

さて、この後に憲房が史料で確認されるのは、古河公方家の足利政氏《まさうじ》と高基《たかもと》との抗争を軸に、越後でも政変が起きた永正の乱においてである。越後守護家での権力闘争を収めるため、永正六(一五〇九)年七月、顕定・憲房は越後へ軍事介入を始めた。この戦乱の最中、越後国魚沼郡の薮神《やぶかみ》発智《ほっち》氏は月岡分の所領の件で、しきりに顕定や憲房に所領保証の文書を求めていた。この件は最終的には憲房らによって所領の保証が完結しており、魚沼郡においては顕定よりも憲房の方が公権力として期待されていたことがうかがえる。

さらに、この永正六年の越後介入の前後において、憲房は花押《かおう》を改判しており、所領問題を解決する強い意欲があったようだ。また、この越後介入は翌七年六月の顕定の戦死で失敗するのだが、敗れて上野国に退去した憲房は白井城で越後勢を食い止めようと奮戦していた。以上から、憲房は白井を拠点に上野国北部から越後国魚沼郡にかけて権力基盤としていたことがうかがえる。

顕定の死後、憲房と顕実は山内家の家督を巡って争いを始めた。しかしながら、そもそも憲房は山内家の庶流の立場にあり、顕実は古河公方家から山内家の養嗣子となった人物であったのだから、顕実が跡を継ぐのが順当であった。顕実の仮名《けみょう》が山内家の家督が代々受け継ぐ四郎であった点もそれを裏付ける。そのような状況であったにもかかわらず、憲房は顕実を拠点の鉢形《はちがた》城(埼玉県寄居町)から追いやって、同九年六月に山内家の家督を継承した。

ようやく家督を継承した憲房であったが、この後の上野国内の情勢は、決して平穏ではなかった。拠点の平井城(藤岡市)から直線距離で約三《キロメートル》の仁叟寺《じんそうじ》(高崎市)には、大永二(一五二二)年の禁制《きんぜい》が複数残されている。禁制とは戦乱からの被害を逃れるために、寺社などが権力者のもとに赴いて危害を加えられないように保証してもらうものである。したがって、禁制が存在するということは、紛争が起きていたことを意味する。同年には室田の長年寺《ちょうねんじ》(高崎市)にも禁制が発給されており、西上野が広く戦乱状況にあったようだ。

同じ頃、小田原の北条氏綱《うじつな》の武蔵への進出が本格的になり、南関東を支配していた扇谷上杉朝興《ともおき》は圧迫された。そのため、大永四(一五二四)年に朝興は憲房と和睦し、憲房は朝興に援軍を出している。翌五年、憲房は平井城において五十九歳で死去した。

(森田　真一)

訪ねてみよう

仁叟寺(高崎市吉井町神保1295)…憲房ら複数の武将が出した禁制を所蔵する禅宗寺院。

コラム●落合氏と関東管領

歴史を考える上で基本となるのは、史料である。史料の中でも重要なのは、当時のことを記した一次史料となる古文書である。しかしながら、近世(江戸時代)以降はともかく、中世以前の古文書となると、新出の史料が現れることはほとんどない。残存している数量が少ないためと考えられる。

ところが、近年になって、寺尾氏あるいは落合氏が受け取った落合文書と呼ばれる古文書が長野市立博物館の所蔵になった。寺尾は現在の高崎市寺尾町、落合は現在の藤岡市上落合に関わりが深いと考えられる。寺尾氏についてはこれまでも知られていたが、落合氏については従来の史料では確認できなかったので、研究者の間で注目されている。

寺尾氏は室町・戦国時代に関東管領山内上杉氏の重臣であり、伊豆国(静岡県)の守護代を務めたこともあった。その寺尾氏の中の庶流の系統が落合の地に土着し、落合を名乗るようになった可能性がある。その後、落合氏は戦国時代を経て近世には松代藩《まつしろはん》(長野県長野市)の真田家に仕え、近世の落合文書も長野市立博物館の所蔵になっている。

この落合文書が貴重である理由はいくつかあるが、一つには数量の少ない十六世紀前半の史料が複数あるということにある。十六世紀前半はその前後の時期に比べて史料があまり残っておらず、上野国(群馬県)に関しては、特にそれが当てはまる印象を受ける。この時期には権力の再編が進み、熾烈な権力闘争が行われたためであると推定されている。

(森田　真一)

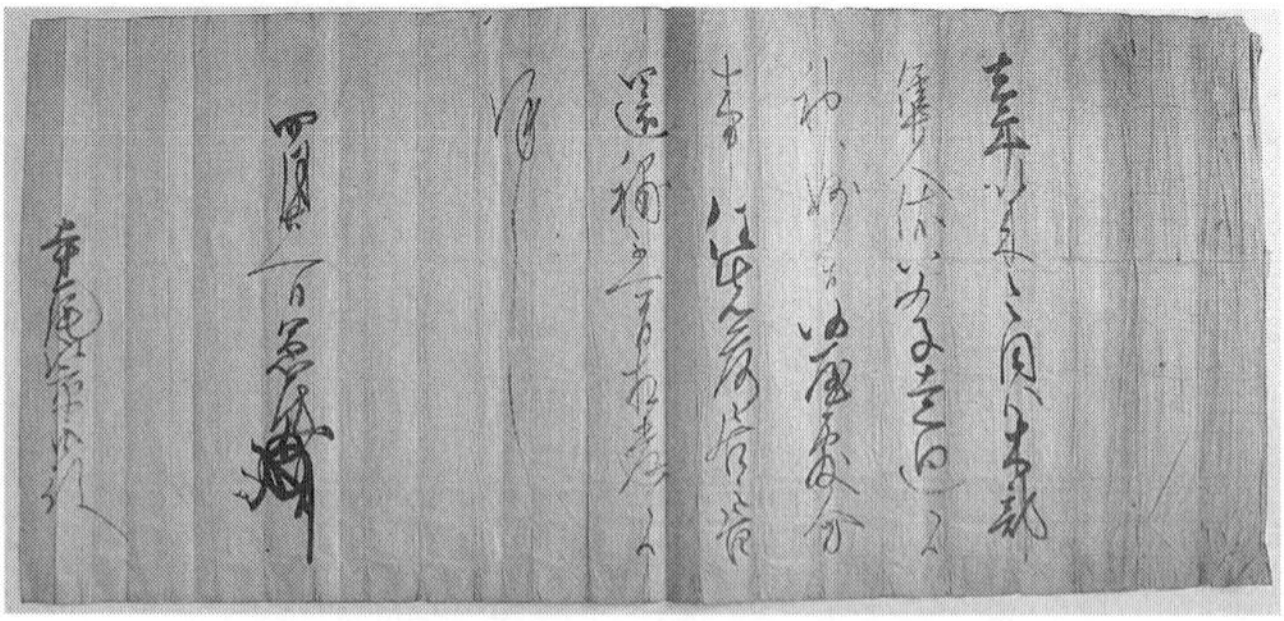

上杉憲房判物(落合文書　長野市立博物館蔵)

上杉《うえすぎ》憲寛《のりひろ》

二代続いた古河公方家出身
生没年未詳

憲寛はもともと古河公方足利高基《たかもと》の息子であり、後に関東管領の山内上杉憲房《のりふさ》の養子となった。こうした入嗣が行われた背景として、永正の乱において養父の憲房が高基と結び付いて山内家の家督争いに勝利したことがあった。この協力関係を背景に、憲房が家督を継承した永正九(一五一二)年前後に憲寛の山内家への養子入りが実現したようだ。入嗣後の憲寛の仮名《けみょう》は、山内家の家督が代々名乗る四郎であった。

養父の憲房が没する直前の大永五(一五二五)年三月、憲寛は菖蒲城《しょうぶ》(埼玉県久喜市)を攻めた。城主の金田氏が古河公方の奉公衆《ほうこうしゅう》から北条方に転じたためであり、憲寛は憲房の代理として実家の古河公方家を助けるために参戦したようだ。

その直後に憲房が没し、憲寛が家督を継承した。翌六年九月、憲寛は牛頭天王《ごずてんのう》社《しゃ》(現在の雄進神社《すさのお》)の神官の高井氏に書状を送り、戦勝祈願の巻数《かんず》が到来したことを感謝している。当時、南武蔵では小田原北条氏と扇谷上杉朝興《ともおき》とが対立しており、憲寛の出陣は朝興を援護するためであった。

そのわずか三年後の享禄二(一五二九)年、憲寛方とその弟の憲政《のりまさ》方とに分かれて権力闘争が起こった。そして、同四年には憲政方によって憲寛は上総国(千葉県)に追いやられ、山内家の家督を奪われてしまった。

このように憲寛が山内家の家督であった時期は極めて短かく、顕実《あきざね》・憲寛と古河公方家から山内家への養嗣子の擁立は、続けて失敗した。山内上杉氏は伝統的に越後上杉氏から養子を迎え入れてきており、古河公方家から迎え入れるのは実は十六世紀初頭以降の新しい試みであった。やはり、越後や地元の上野国から山内家の家督が擁立された方が、権益を享受できる領主が上野国内には多かったのであろう。

（森田　真一）

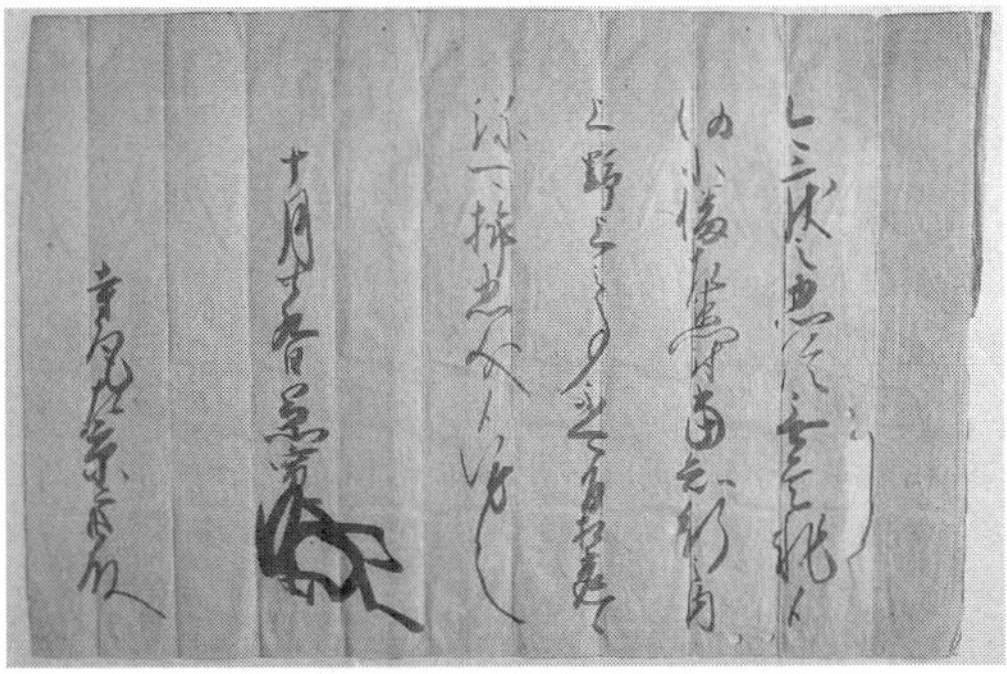

上杉憲寛判物(落合文書　長野市立博物館蔵)

訪ねてみよう

雄進神社(高崎市柴崎町801)…憲寛が出陣祈祷を依頼した、かつての牛頭天王社。

上《うえ》杉《すぎ》 憲《のり》政《まさ》

上野国出身の最後の関東管領
一五二三(大永三)〜一五七九(天正七)

　大永三(一五二三)年、上杉憲房《のりふさ》の息子として憲政は誕生した。憲房が五十歳を過ぎてからの子どもであったらしく、それ以前に古河公方家の足利高基《たかもと》から養嗣子として憲寛《のりひろ》が迎え入れられていたようだ。兄となる憲寛の仮名《けみょう》は山内家の家督が代々受け継ぐ四郎であり、一方の憲政は五郎であった。したがって、当初の憲政は山内家の後継者とは位置付けられていなかった。

　その二年後の同五年、父の憲房が平井(藤岡市)で死去した。憲政はいまだ幼少でもあり、憲寛が順当に山内家の家督を継いだ。しかしながら、そのわずか四年後の享禄二(一五二九)年、上野(群馬)国内を巻き込んで憲寛方と憲政方とに分かれて権力闘争が起こる。そして、同四年、憲政は憲寛を上総国(千葉県)に追いやって、山内家の当主となった。この間、憲政は元服前であったので、この家督の交代劇を主体的に進めたのは憲政方の在地の領主層であった。これ以降、長尾・長野・小幡・安中などの地域に根差した戦国領主の情勢によって、山内上杉氏の動向は大きく左右されていった。

　天文十(一五四一)年以降、信濃国(長野県)佐久郡に勢力を伸ばした甲斐の武田晴信《はるのぶ》(後の信玄)と憲政は対立していった。さらに、関東に勢力を伸ばしていた小田原の北条氏康とも対立しており、同十五年四月には河越《かわごえ》合戦(埼玉県川越市)で敗れている。同年十月には碓氷峠《うすいとうげ》で武田晴信と戦い、この戦いでも憲政は敗れた。

　このように憲政が家督を継承して後、とりわけ一五四一年以降に戦果を挙げることができなかった理由を、憲政の資質にのみ求めるのは酷であろう。その背景として、①十六世紀初頭の上杉顕定《あきさだ》の急死後、憲房・顕実《あきざね》の争い、憲寛《のりひろ》・憲政の争いと山内上杉氏では家督争いを繰り返した、②同時期に越後上杉氏から養嗣子を迎えられず、政治関係も悪化した、③甲斐武田氏あるい

上杉憲政像(建明寺蔵)

上杉憲政の花押

訪ねてみよう
平井城跡(藤岡市西平井239他)…県指定史跡。山内上杉氏が拠点とした城郭で、公園として整備。

は小田原北条氏と提携関係を結べなかった、④上野国内の戦国領主をまとめることができなかった、などが考えられる。

同二十一年春、北条氏康は勢力を北上させ、三月までには北武蔵の御嶽城《みたけじょう》（埼玉県神川町）を陥落させて憲政の本拠の平井城（藤岡市）に迫った。そのため、上野国内の領主の中にも北条方となる者が現れ、憲政も平井城に戻れずに上野国内を転々とした。由良《ゆら》氏や足利長尾氏を頼ったが受け入れられず、最終的には越後国（新潟県）の長尾景虎を頼って上野国を去った。この前後に出家して成悦《せいえつ》と号し、永禄三（一五六〇）年四月以降に光哲《こうてつ》と称し、翌年十二月以降に光徹《こうてつ》と改名した。憲政は微妙な変化も含めて生涯で十種類の花押《かおう》を用いており、頻繁に改名や改判を行ったことから、激変期の憲政の心情をうかがえよう。

同三年八月、越後守護代の長尾景虎に奉じられて、憲政は関東に越山《えつざん》した。憲政・景虎は上野国をはじめ東国の多くの領主を従わせ、翌年二月には北条氏の小田原城を囲んだ。その後、鎌倉の鶴岡八幡宮において、憲政は山内上杉家の名跡と関東管領職を景虎に譲った。この後、長尾景虎改め上杉政虎《まさとら》（後に輝虎《てるとら》、謙信）が上杉氏を継承して大いに活躍するのとは対照的に、憲政は政治の第一線からは身を引いた。そして、越後に戻った憲政は、府中の御館《おたて》（新潟県上越市）を居所としたらしい。

時は流れて天正六（一五七八）年、越後国を統治していた上杉謙信が跡継ぎを決めないまま死去し、その後継を巡って養子の景勝《かげかつ》と景虎が争いを始めた。越後を二分して争われたこの争乱は御館の乱と呼ばれているが、それは景虎が憲政の居館であった御館を拠点としたためであった。御館の乱は実質的には謙信の跡継ぎ候補となった二人の争いであったものの、跡継ぎ候補として無縁ではない越後上杉一族の上条《じょうじょう》・山浦・十郎・山本寺《さんぽうじ》の各家も合戦において重要な役割を果たした。そして、その上杉一族のいわば象徴的な立場にもあったのが、憲政であった。そのため、春日山《かすがやま》城《じょう》（新潟県上越市）を奪取された景虎が対抗できうる場は、憲政の居館の御館以外にはなかったのであろう。

上杉一族の分裂といった様相も呈した御館の乱の末期である翌七年三月、憲政は景勝方によって殺害され、その後に景虎も鮫ケ尾城《さめがおじょう》（新潟県妙高市）で自害した。御館の乱に勝利するために景勝は、その間に甲斐国（山梨県）の武田勝頼《かつより》と結び、東上野《ひがしこうずけ》の割譲を約束していた。これにより景勝にとって関東管領職や関東の領土を重視する必要はなくなり、憲政の存在も不要になったのであった。（森田　真一）

訪ねてみよう

御館公園（新潟県上越市五智1-23-11）…越後府中において憲政の拠った館跡。御館の乱の舞台となる。

上杉《うえすぎ》 謙信《けんしん》

関東管領となった越後国の武将
一五三〇（享禄三）〜一五七八（天正六）

越後国（新潟県）の戦国武将として著名な謙信は、享禄三（一五三〇）年に越後守護代の長尾為景《ためかげ》の息子として誕生した。したがって、元々の名字は長尾であった。幼名は虎千代《とらちよ》と伝わり、後に平三景虎《へいぞうかげとら》と名乗った。

父の死後に越後が乱れると、天文十二（一五四三）年に兄の晴景《はるかげ》の命によって栃尾《とちお》城（新潟県長岡市）に入り、黒田氏を討って混乱を鎮めた。同十七年には晴景が病弱であったために越後守護代職を譲られたとされてきたが、晴景・景虎間で熾烈な権力闘争があったのは間違いないだろう。したがって、享禄四（一五三一）年に山内上杉氏では家督を巡って憲寛《のりひろ》・憲政《のりまさ》の権力闘争があったが、同時期の越後においても家督を巡る長尾一族の争いがあった。

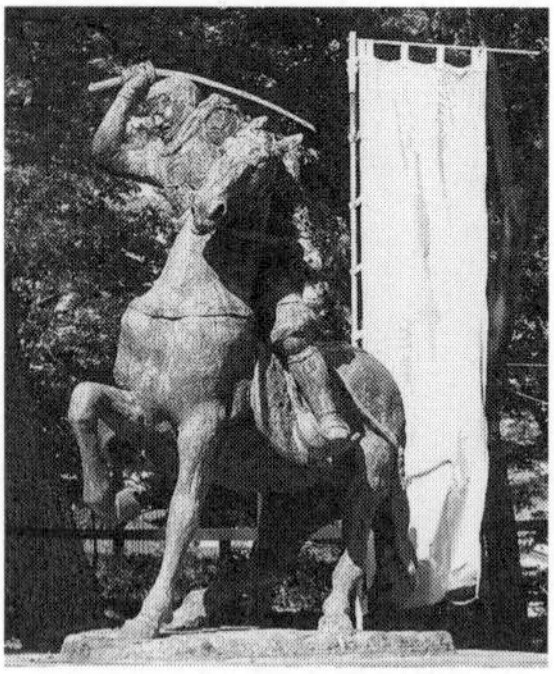

上杉謙信像（川中島古戦場）

上杉謙信の花押

景虎が守護代職を継承して春日山城（新潟県上越市）に登城した二年後の同十九年、越後守護の上杉定実《さだざね》が死去した。定実には後継者がいなかったとされ、守護代であった景虎が越後国を実質的に統治した。これ以降、永禄三（一五六〇）年に関東に出兵するまでの約十年間、越後国内の領主をまとめながら信濃などに出兵しつつ、上洛して将軍に謁見して長尾家の家格を高めていった。すなわち、天文二十一（一五五二）年、景虎は弾正少弼《だんじょうしょうひつ》に任じられたことを受けて翌年には上洛して参内《さんだい》し、将軍足利義輝《よしてる》にも謁見した。永禄二（一五五九）年には二度目の上洛をして相伴衆《しょうばんしゅう》という格式を得た。

この間、天文二十一年に上野国（群馬県）では関東管領であった上杉憲政が北条氏康に敗れたため、景虎を頼って越後国へ逃れてきた。そのために景虎は、永禄三（一五六〇）年に憲政を奉じて関東へ出兵し、翌年の閏三月には憲政から関東管領職と山内上杉氏の名跡を譲られた。このような経緯

訪ねてみよう

春日山城跡（新潟県上越市大字中屋敷他）…国指定史跡。守護代の長尾氏や謙信が拠点とした。

があるため、謙信は越後の長尾家出身でありながら、越後上杉氏ではなく、関東の山内上杉氏の系統を引き継いで関東管領になった。そのため、本書でも取り上げている。

同年秋、ライバルと評される武田信玄と著名な信州川中島合戦(長野県長野市)を行っているが、数回にわたる同合戦の中でも今回の戦いは激戦であったと伝えられる。関東管領として山内上杉氏の名跡を継いだばかりであり、北信濃を分国と認識した謙信は将軍や信濃守護であった小笠原氏とも提携していたことが背景にあるようだ。

これ以降、上野国の沼田城(沼田市)や厩橋《まやばし》城(前橋市)などを拠点に連年のように関東へ出兵する。数え方は諸説あるが、十七回というのが一般的であり、信濃の五回、北陸の十一回と比較しても回数が突出している。謙信の国外への出兵については近年に研究が進んでおり、収穫のための出来稼ぎ戦争であったとする認識は後背に退き、あえてリスクを犯してまで冬に出陣せざるを得なかった実態が明らかにされている。

確かに謙信にとって、山内上杉家の名跡と関東管領職は自らを権威化するために大きな役割を果たした。しかしながら、そうして手に入れた権威を維持するために、多大な労力を費やしたのである。そのため、永禄九(一五六六)年、甲斐(山梨)の武田信玄が箕輪《みのわ》城(高崎市)を攻略し、厩橋城に派遣した北条高広《きたじょうたかひろ》が離反すると謙信は激怒している。続いて同十一年には越後阿賀北《あがきた》の本庄氏が反発して挙兵、武田氏と後北条氏の同盟崩壊もあって、翌年に後北条氏と越相《えっそう》同盟を結んだ。この同盟もわずか二年で破綻し、以降は再び後北条氏や武田氏と対立することになる。

結局、謙信は関東管領になったものの関東では上野国の厩橋領と沼田領に影響力があった程度で、確固とした権力基盤を築くことはできなかった。むしろ、晩年の天正四～五(一五七六～七七)年に越中国《えっちゅうのくに》(富山県)や能登国《のとのくに》(石川県)を平定しており、同地域に分国法を制定し河田長親《ながちか》などの寵臣を代官にするなど、先進的な統治を行った。従来からのしがらみのない新征服地においてこそ実現しえた謙信の施策であり、本国の越後や山内上杉氏と関わりの深い関東では既存の権威が逆に足かせになったともいえよう。

天正六(一五七八)年三月、関東越山を控えながら越後で急死した(四十九歳)。法名は不識院真光謙信《ふしきいんしんこうけんしん》。謙信は密教や禅に帰依するとともに、現在ではあまり知られていない飯縄《いいづな》大明神や刀八毘沙門天《とうはちびしゃもんてん》などの異形の神々をも信仰した。謙信一人が信仰したわけではないが、戦国時代の状況を反映しているようで興味深い。

（森田　真一）

訪ねてみよう

川中島古戦場(長野県長野市小島田町1384-1 川中島古戦場史跡公園)…川中島合戦の跡地が公園として整備。

コラム●上杉謙信と田中角栄の越山

戦後日本の内閣総理大臣の中で代表的な人物の一人が、田中角栄《かくえい》である。新潟県出身の田中は、「金権政治」「日本列島改造」あるいは「ロッキード事件」などとともに語られるが、田中の政治団体の「越山会《えつざんかい》」についてはあまり知られていないようだ。その前身は田中の後援会で、この命名に田中は深く関わり、東京に行くために上・越の山を越えて行くというニュアンスが「越山」には込められていたようである。

もっとも、越山という用語は田中によって、歴史的に初めて用いられたのではなかった。実は戦国時代に、国境（現在の県境）を越えて軍勢などが移動することを越山《えつざん》と記した。したがって、上杉謙信が越後国（新潟県）から関東へ派兵する際にも史料上には越山と記されている。謙信ばかりが越山していたわけではないが、謙信自身も越山すると記しているように、謙信を象徴する用語になっているともいえる。

では、上杉謙信は関東にどのくらい越山したのだろうか。数え方は諸説あるようだが、天文二十一年及び永禄三年～天正四年までの合わせて十七年間に十七回、越山したようだ。したがって、平均すると毎年一回は関東に越山していたことになる。この十七回という回数は、信濃国（長野県）の五回、北陸の十一回と比較しても突出している。

以上のように、田中角栄が新潟から東京の国政の場へ赴こうとする際、あるいは上杉謙信が越後から関東へ出兵する際の意識が共通して「越山」と表現されていることは、歴史的に興味深いのではなかろうか。

（森田　真一）

三国峠から上州へ至る道
（上毛新聞社刊「上州風」31号から）

第2章　前橋地域の戦国人

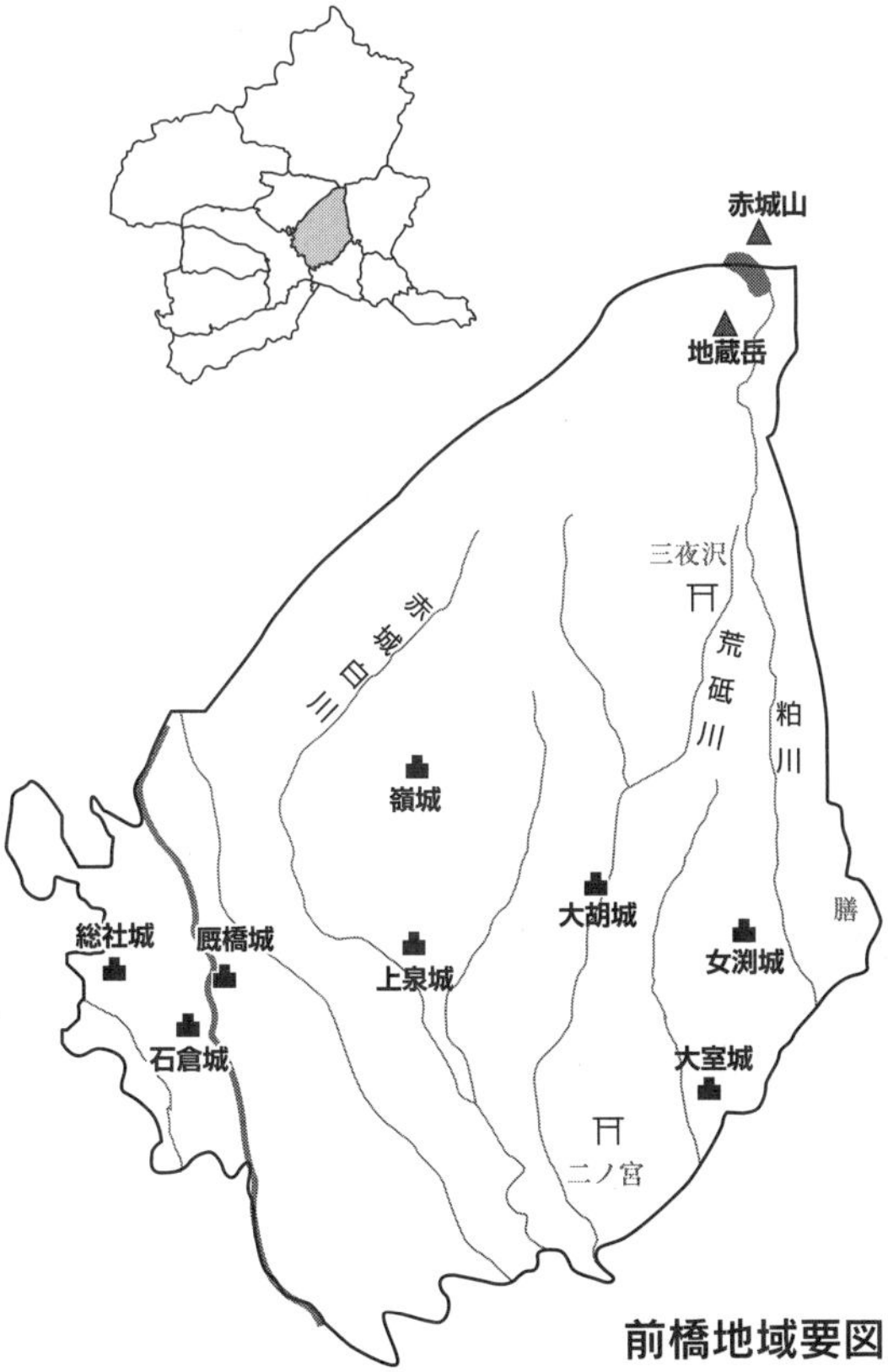

前橋地域要図

戦国時代の前橋地域

現在の前橋市の範囲は、戦国時代に成立した総社領《そうじゃ》（元総社・総社・東《あづま》地区など）の一部、厩橋領《まやばし》（天川《あまがわ》・南橘《なんきつ》・下《しも》川淵《かわふち》地区など）、大胡《おおご》領（桂萱《かいがや》・永明《えいめい》・大胡・宮城地区など）、大室《おおむろ》（城南地区）、女淵五郷《おなぶちごごう》（粕川・宮城地区の一部）の五つの領域から成り立っている。室町時代の初めまで利根川は現在の広瀬・桃ノ木川の流路を主流にしていたが、応永三十四（一四二七）年の洪水を最大の契機にして、文明九（一四七七）年頃までに、前橋台地の風呂川流路に遷移した（利根川西遷《せいせん》）。そのため、台地の中央に「平野の峡谷」と呼ばれる長大な崖が形成され、群馬郡の東部が前橋台地上で東西に分断されてしまったのだ。

「平野の峡谷」の西岸、総社城（蒼海城《おうみ》）を中心とする政治領域が総社領である。その範囲は、中世の上野《こうずけ》（群馬県）国府と総社神社を中心に形成された「府中」（元総社・総社・東から旧群馬町を含む）という領域に相当する。室町時代に府中に拠点を置いたのは山内《やまのうち》上杉氏の家宰《かさい》長尾忠房《ただふさ》で、この家系が戦国時代に蒼海城を構え、府中を総社領に再編することで、総社長尾氏と呼ばれる国衆に成長していく。

「平野の峡谷」の東岸、厩橋城を中心にした政治領域が厩橋領である。厩橋城は大永四（一五二四）年に厩橋賢忠《けんちゅう》が総社長尾顕景《あきかげ》の蒼海城（総社城）を攻めた時の「要害《ようがい》」として初めて登場する。厩橋城は利根川対岸の総社城を意識して、この頃厩橋長野氏によって構築されたと考えられる。厩橋長野氏は群馬郡の長野氏の一族で、利根川西遷によって往来が容易になった群馬郡東部（桃井《もものい》・天川地区など）と勢多郡南西部の青柳《あおやぎ》・細井御厨《みくりや》（南橘地区）や那波《なわ》郡西部（下川淵地区）の一円支配を進め、国衆化していく。戦国時代の厩橋には清浄光寺《しょうじょうこうじ》（神奈川県藤沢市）の体光上人《たいこうしょうにん》（二十九世他阿《たあ》上人）がたびたび訪れ、連歌会《れんがえ》を催すなど、関東有数の〝連歌のまち〟であった。そして、厩橋連歌の中心となったのが厩橋長野氏であった。ちなみに、厩橋氏は当時「まへはし殿」「まやはし殿」と呼ばれていた。

大胡領は勢多郡南部の広瀬川低地から赤城山南麓にかけての広大な範囲で、大胡城を中心とする領域である。秀郷《ひでさと》流大胡氏が鎌倉時代以来領有していた大胡郷が基礎になっている。永正の乱(一五〇七～一五)の頃に群馬郡の長野氏が進出し、東方の新田横瀬《よこぜ》氏や桐生佐野氏と対峙した。大胡領の東、荒砥《あらと》川と粕《かす》川に挟まれた領域は、上野国二宮《にのみや》の赤城神社(前橋市三夜沢《みよさわ》・二之宮町)と長尾氏の由緒地である。その北寄りが足利・館林長尾氏の所領女淵《おなぶち》五郷で、南寄りは白井《しろい》長尾氏が領有を主張する大室である。この領域には厩橋と両毛地域をつなぐ東西道路が走るため、戦国大名上杉・武田・北条氏の軍勢が活発に往来し、深刻な「境目《さかいめ》」地域となった(五八頁・地図参照)。

　永禄三(一五六〇)年に上杉謙信が越山《えつざん》すると、厩橋・大胡長野氏はこれに従うが、厩橋城と大胡城は没収されてしまった。翌年、謙信は山内《やまのうち》上杉氏を継承し、関東管領《かんれい》に就任する。謙信は沼田・厩橋・佐野を関東攻略の重要拠点に定め、厩橋城を重臣毛利北条《きたじょう》高広に任せた。以後、謙信が死去する天正六(一五七八)年までの十八年間、厩橋城は「上杉本国」の居城、「関東管領の城」として関東諸将の結集の象徴となった。総社長尾景総《かげふさ》も謙信に従ったが、永禄六年に武田信玄に滅ぼされた。以後、同七年に毛利北条高広が武田勝頼《かつより》に従属し、「関東管領の城」が武田陣営に属するまでの十六年間、厩橋・総社間の利根川は上杉・武田がにらみ合う「関東の川中島」の様相を呈した。

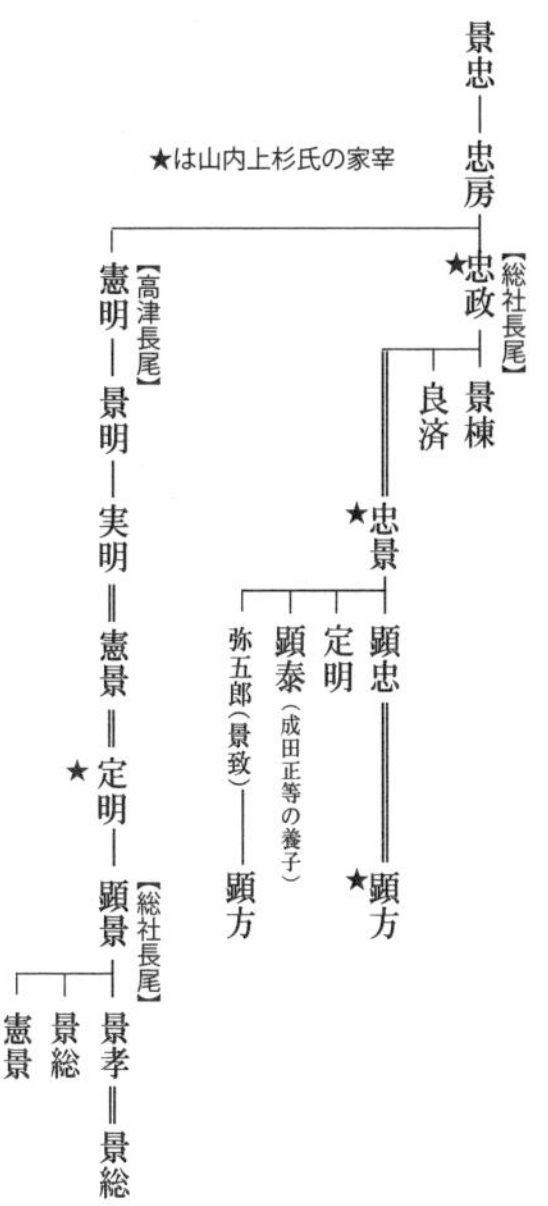

総社長尾氏略系図

　同十年三月、武田勝頼が織田信長に滅ぼされ、信長の宿老滝川一益《かずます》が「関東八州の御警固《ごけいご》」「東国の取次《とりつぎ》」として、自身が「とね《（利根）》川と云《い》うはた《（端）》」と呼ぶ厩橋城に四月三日までに入った。これにより、今度は織田信長が「関東管領の城」を制圧し、ここから「東国御一統《ごいっとう》」(惣無事《そうぶじ》)を号令した。六月の本能寺の変のあと一益は撤退し、毛利北条高広が復帰したが、翌年に小田原北条氏の総攻撃を受けて開城する。

　天正十一年の厩橋開城戦の時、北条氏邦《うじくに》は大渡《おおわたり》から侵入し、天川(いずれも前橋市)までの通路を制圧している。この道は上野の東西、関東の東西を結ぶ主要道路の一部で、これに沿ってのちに前橋の町が発達することになる。どうやら、近世の前橋城下町、近現代の県都前橋の歴史語りは戦国時代から始める必要がありそうだ。

（簗瀬　大輔）

長尾《ながお》忠景《ただかげ》

長尾一族間闘争に勝利した実力者
?～一五〇一（文亀元）

享徳三（一四五四）年に勃発した享徳の乱は、古河公方足利成氏《しげうじ》と関東管領上杉氏との対立であった。長禄三（一四五九）年の太田庄合戦では、総社長尾忠景が戦功を挙げて将軍足利義政《よしまさ》から賞賛されており、父景仲《かげなか》や兄景信《かげのぶ》とともに、本陣の五十子《いかっこ》（埼玉県本庄市）から出陣していた。忠景はこの頃、すでに武蔵国守護代の地位にあった。文明三（一四七一）年の館林城（館林市）攻めでも戦功を挙げ、将軍義政から賞賛されている。その際には、兄の白井長尾景信が山内上杉家の家宰《かさい》として、嫡子景春《かげはる》とともに上杉軍を率いており、忠景はそれに継ぐ地位にあった。

同五年に兄の景信が死去すると、総社長尾家の忠景が山内上杉家の家宰に就任することとなった。これは管領上杉顕定《あきさだ》が宿老の寺尾礼春《らいしゅん》、海野佐渡守《うんのさどのかみ》と相談した結果であった。これを不服としたのが景信の嫡子景春であり、同調して忠景に憤っている武蔵（埼玉県）・上野（群馬県）・相模（神奈川県）の武士は二、三千人に上ったという。忠景の家宰就任は、長尾一族で当時長老の立場にあり、父景仲以前の家宰が総社長尾忠政《ただまさ》であったことや、武蔵国守護代の立場にあったことからも当然の流れであった。一方、景信の勢力が強大化したため、その嫡子景春を家宰に就かせることに脅威を感じたという面も指摘されている。忠景の不人気は、山内上杉家の家宰の立場を白井長尾氏から総社長尾氏へ移すことに伴い、権益が失われる勢力の反抗であった。景春らは管領方へ反乱を起こし、五十子陣に出入りする商人の通行を妨げ、管領方は兵糧に窮したという。

景春の反乱に対して、和解を図ったのは扇谷上杉家の家宰で景春の縁戚につながる太田道灌であった。道灌は景春から管領顕定らを討伐する意思を伝えられるが、これ

☆総社長尾憲明寄進梵鐘の銘の一部（個人蔵）

長尾忠景の花押

訪ねてみよう

円覚寺雲頂菴《えんがくじうんちょうあん》（神奈川県鎌倉市山ノ内479）…忠景が中興開基となり、関連する文書も多数所蔵。

に応じず五十子陣に参陣した。道灌は増長していく景春を見込んで、早期に討つことを進言したが、忠景とは意見が合わなかった。忠景と道灌の仲はあまり良好ではなく、道灌の働きをよそに、全く連絡を取ってこない忠景に、道灌はかえって恨みを感じるほどであった。

同九年正月、景春は五十子陣を攻撃し、同陣は崩壊した。いわゆる長尾景春の乱の始まりである。管領方は利根川を越えて上野国に逃れ、管領顕定軍は阿内《あうち》(前橋市)に陣を張ったため、忠景も同行した。五月に用土原《ようどはら》(埼玉県寄居町)・針谷原《はりがやはら》(同深谷市)で景春軍と決戦に及んだ際には、当初、道灌の戦略に忠景は難色を示すなど、足並みは揃わなかったが、景春軍に勝利した。次いで、夏までに古河公方足利成氏が景春方として滝・島名(高崎市)に進軍したため、忠景ら管領軍は白井《しろい》(渋川市)に在陣した。九月末に道灌が赤城山南麓で陽動作戦に出た際には、公方方の下野軍と景春軍の侵攻を道灌は引田《ひきた》(前橋市)で待ち受けたが好機を逃し、細井(前橋市)では忠景の着到が遅れ、公方方を取り逃がしたとされる。十二月に広馬場《ひろばば》(榛東村)で管領方と公方方が決戦に臨んだが、大雪のため和談となった。

近年新たに紹介された落合文書により、この頃の上野国内での忠景の動向が明らかとなった。忠景は山内上杉氏に造反していた藤岡地域の武士落合氏が、長野左衛門五郎《さえもんごろう》の配下となって再び山内上杉氏に属したことを管領顕定に報告している。長野氏の一族である為業《ためなり》は、長尾景春に従った上州中一揆の旗頭であり、同九年に針谷原(深谷市)で討ち死にした。長野左衛門五郎はその一族であり、立場を変えて管領方として忠景に従い、造反勢力である落合氏を味方に引き入れたこととなる。長尾景春の乱当初に管領に造反した上野国内の勢力も相当数いたとみられるが、徐々に管領方に復していったことがこの事例で分かる。上野国守護でもあった管領顕定が徐々に上野国内での支持を取り戻したことが、その後の政治的な安定をもたらしたのであり、それを推し進めたのが家宰忠景であったといえる。

同十二年の景春の乱収束後、忠景の活躍は知られなくなり、やがて嫡子顕忠《あきただ》に家督を譲り隠居した。忠景はとにかく地味な人物との印象を受ける。しかし、景春の乱という一族の造反に対して、家宰として山内上杉家を守り抜いた功績は大きく評価できる。このため、忠景以後、嫡子顕忠、次いで顕方まで、総社長尾氏嫡流の勢力は維持されていった。

(飯森　康広)

訪ねてみよう

妙見寺《みょうけんじ》(高崎市引間町213)…同族の総社長尾憲明が梵鐘を寄進した寺院。妙見菩薩を祀っている。

長《なが》尾《お》 顕《あき》忠《ただ》

文芸に通じる山内上杉家家宰
?～一五〇九（永正六）

関東管領山内上杉家の家宰。総社長尾氏嫡流（忠政《ただまさ》家）の忠景《ただかげ》嫡子として文安年間（一四四四～四九）頃に生まれた。文明十二（一四八〇）年六月に上杉軍が武蔵国秩父郡（埼玉県秩父市周辺）に進軍する際、その家臣の一人として名前が初見される。

長享元（一四八七）年に山内・扇谷両上杉氏間の争いである長享の乱が起こると、山内上杉方として参陣している。

明応七（一四九八）年四月には、父忠景の菩提寺である鎌倉雲頂庵《うんちょうあん》からの求めに応じ、寺領である武蔵国児玉郡太駄《おおだ》村（埼玉県本庄市）の竹木・山野・薪《たきぎ》などを保護する禁制《きんぜい》を与えている。このほかに雲頂庵に対しては、福田浄営《じょうえい》父子が免除を求めていた金銭を同庵が取り立てることを認めている。顕忠はさまざまなかたちで菩提寺を保護していた。

長尾顕忠の花押

顕忠の活動で注目できるものに、山内上杉家の家宰としての務めと、和歌への造詣の深さがある。

まず家宰としての務めだが、古河公方足利政氏《まさうじ》が関東管領上杉顕定《あきさだ》に対し、鎌倉明月院《めいげついん》への所領返還を指示した際、顕定はそれを顕忠に厳重に命じている。また、顕忠は小磯《こいそ》遠江守《とおとうみのかみ》跡の当知行《とうちぎょう》について詳しく報告するようにとの顕定の命令を、波多野次郎左衛門尉《はたのじろうさえもんのじょう》という人物に伝えている。

このような行為は山内上杉家の家宰職に基づくもので、父忠景から継承したものとされる。

他方で顕忠は、文芸面にも関心を寄せていた。歌僧万里集九《ばんりしゅうく》や連歌師猪苗代兼載《いなわしろけんさい》の来訪を受けたり、永正二（一五〇五）年二月四日には、京都の公家三条西実隆《さんじょうにしさねたか》に和歌の添削を依頼している。こうした文芸活動は総社長尾氏の中でも際立っている。特に和歌の添削まで依頼している例は珍しく、顕忠の文化人としての側面を表しているといえよう。

（新保　稔）

訪ねてみよう

明月院（神奈川県鎌倉市山ノ内189）…国指定史跡。顕忠が政務で関与した鎌倉の禅宗寺院。

長《なが》尾《お》　顕《あき》景《かげ》

離反するも長尾為景に救援要請
生没年未詳

総社長尾氏（庶流高津長尾氏）当主。初見は、永正七（一五一〇）年、上杉顕定《あきさだ》の軍勢に見える「平五郎」。顕景の段階から、総社長尾氏は総社の蒼海《おうみ》城（前橋市）を本拠とした。

顕景の動向で特に興味深いのは、大永四（一五二四）年に越後国（新潟県）の長尾為景《ためかげ》へ救援を要請したことである。

このとき、新興勢力である小田原（神奈川県小田原市）の北条氏綱が山内・扇谷両上杉氏の領国に侵攻中であった。同年以前、顕景は山内上杉氏のもとから離反し、北条方に付いていた。

自らの立場が不利になりつつあった顕景は、白井《しろい》長尾景誠《かげしげ》を通じて山内家に帰参しようとした。しかし、山内方の箕輪《みのわ》長野方業《まさなり》などは顕景を滅ぼすことを企て、顕景の蒼海城内に内通者を仕立てた。ところが、長野方業と内通者とのやり取りの密書が顕景方に見つかったことで、内通者は殺害される。

☆蒼海城跡出土品（前橋市教育委員会蔵）

顕景は、証拠の密書を越後の長尾為景に送り、山内家への帰参の交渉の最中にこのような事件が起きるほど、自らが滅亡の危機にあると強調している。

去る秋から北条方も当てにならなくなったと述べ、「ひたすらにあなたをお頼りするほかありません」として、足軽派遣を求めている。為景はこれ以前に「三国一の名湯」草津温泉（草津町）で顕景方の使僧と会い、顕景を援助する約束をしていたらしい。顕景は、「このようにくどくどと繰り返し述べたてて申し入れてもご納得いただけなければ、いっそ少しでも早く見捨てられて滅亡するか、そうでなければ、命が惜しい場合、上方《かみがた》（京都など）行脚《あんぎゃ》をするほかありません」と記しており、その焦燥感と切実さが伝わってくる。

その後の状況は詳しく分からないが、結果的に顕景は山内家への帰参が認められたようで、享禄四（一五三一）年頃までその活動が確認できる。

（新保　稔）

訪ねてみよう

草津温泉（草津町草津）…古くから日本を代表する名湯として名高く、多くの戦国武将も訪れる。

長野《ながの》 方業《まさなり》

内通者を仕立てる策略家
生没年未詳

箕輪《みのわ》長野氏当主。方業は同族の厩橋《まやばし》長野氏出身である可能性が指摘される人物である。

大永四(一五二四)年、山内上杉家から離れて小田原北条氏と結んでいた総社《そうじゃ》長尾顕景《あきかげ》が、白井《しろい》長尾景誠《かげしげ》を通じて山内家に帰参しようとした。これに対して、山内方の方業は顕景を滅ぼそうと企てる。

方業は、総社長尾顕景に従う徳雲軒《とくうんけん》性福《しょうふく》を自身への内通者に仕立て、密書のやり取りを行った。だが、結果的にその密書が顕景方に発見されて性福が殺害されたため、方業の企ては失敗に終わる。現在、裏切りの証拠となった文書のうち二通の内容が確認できる。

一通は正文《しょうもん》(正式の文書)で、方業から性福に宛てられた書状である。その内容から、性福の側から裏切りに関する「御覚悟」が方業に伝えられたことが分かる。方業は、総社の顕景と白井の景誠の進退、さらにその方面の所領のことは任せる、と誓約をした起請文《きしょうもん》を性福に送っていたらしい。性福から方業方の八木《やぎ》駿河《するが》入道《にゅうどう》へも起請文が送られたが、方業自身にも直接送ってほしいと方業は性福に求めている。

長野方業の花押

もう一通は逆に性福から方業に出された八カ条の文書の写で、冒頭に「その夜にご命令いただきたい事」とある。性福が裏切って蒼海《おうみ》城(総社城、前橋市)内に長野の軍勢を引き入れる際の、長野方の指示に関するものである。そこには、曲輪《くるわ》へ軍勢を引き入れる時には略奪をしないでほしいこと、こちらの指図に従うこと、軍勢の合言葉のこと、西南で火の手を上げるのはこちらと同時にしてほしいことなどが記されている。

結局、方業らの計画は失敗に終わるが、この二通の古文書によって、戦国期の裏切りと攻城戦の様子を生き生きと蘇らせることができる。

(新保　稔)

訪ねてみよう

蒼海城跡(前橋市元総社町)…総社長尾氏の居城で総社城とも呼ばれ、貴重な青磁が出土。

長野《なが の》賢忠《けんちゅう》

年老いても現役で活躍
生没年未詳

厩橋《まやばし》長野氏当主。賢忠の先代は長野顕憲《あきのり》（法名は聖仲《せいちゅう》）で、賢忠の初見である永正三（一五〇六）年の橋林寺《きょうりんじ》（前橋市、写真）への寺領寄進状では、「聖仲」の菩提のために寄進を行っている。聖仲から賢忠への代替わりに伴い、寺領が寄進されたようだ。この初見の段階ですでに出家して「賢忠」を名乗っていることが注目される。

大永四（一五二四）年、小田原北条氏と結んでいた総社《そうじゃ》長尾顕景《あきかげ》がかつての主君山内上杉氏のもとに帰参しようと交渉を行っていた際、箕輪《みのわ》長野方業《まさなり》は顕景を滅ぼそうと企てた。その方業と共に顕景と敵対していた人物が厩橋（前橋）の長野宮内大輔賢忠《くないのたいふけんちゅう》である。賢忠は総社長尾顕景の蒼海《おうみ》城（総社城、前橋市）に対峙するため、日夜、要害を準備することに励んでいた。箕輪・厩橋の両長野氏は総社長尾氏を挟むように所領を持っていたため、両長野氏と総社長尾氏には日常的な対立があったようだ。

橋林寺（前橋市住吉町）

賢忠の終見は、天文十（一五四一）年である。金山城（太田市）の由良氏は、その頃、三代にわたって中毛の善《ぜん》氏・山上《やまがみ》氏を同心として従えていた。しかし、同年秋、庁鼻和《こばなわ》上杉乗賢《のりかた》（憲賢）・那波宗俊《なわむねとし》・成田下総守《しもうさのかみ》・佐野周防守《すおうのかみ》、そして厩橋長野賢忠らが相談して、由良泰繁《やすしげ》を攻めた。その際、善氏・山上氏は長野賢忠へ心替わりをしたという。それ以来、両氏は厩橋長野方であったようだが、永禄三（一五六〇）年には再び由良氏に従属した。同年に越後国（新潟県）の長尾景虎（上杉謙信）が関東に越山《えつざん》をしたためであろう。厩橋長野氏は、この年に景虎によって滅ぼされている。

賢忠は、すでに永正三年には出家しており、天文十年まで四十年にわたり活動していた。そのため、賢忠は七十歳を超えるかなりの長命であったと考えられている。

（新保　稔）

訪ねてみよう

橋林寺（前橋市住吉町1-13-32）…厩橋長野氏が創立したと伝わる禅宗寺院。

大胡《おおご》 修茂《のりしげ》

連歌寄合集《れんがよりあい》を独自に編さん
生没年未詳

大胡氏は、上野国勢多郡大胡郷（前橋市）の在地領主で、十二世紀中頃までには成立していた秀郷《ひでさと》流藤原氏の氏族である。大胡修茂は、その一族と考えられている。修茂の活動は、文芸関係の史料に確認できる。

連歌師宗祇《そうぎ》ら編『新撰菟玖波集《しんせんつくば》』において、藤原修茂として五句入選している。同集の大永本《だいえい》には「藤原修茂　上野国住人　大胡新左衛門尉《しんざえもんのじょう》」とあり、上野国（群馬県）の住人で、通称が新左衛門尉であったことが分かる。また、青山本・伝宗《でんそう》鑑《かん》本には「ノリシケ」と注記が付されている。

同集に選ばれた修茂の句は、「おも影《（面影）》のくるれはむかふ《（向かう）》真木《まき》の戸に　恋のみちこそまよひ《（迷い）》とはなれ《（離れ）》」や、「たれ《（誰）》かきて《（来て）》しはし《（しばし）》親子となりぬらん　このこゝろ《（心）》こそほとけ《（仏）》なりけれ」といったものであった。

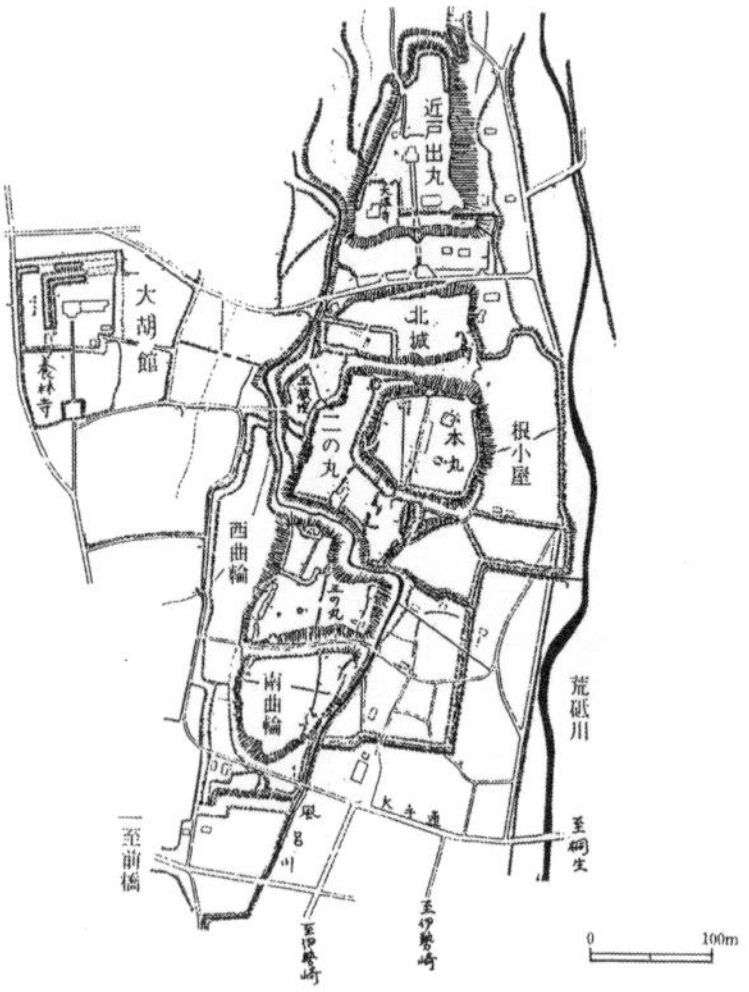

大胡城縄張図（群馬県教育委員会編『群馬県の中世城館跡』より）

また、修茂は、文明二（一四七〇）年正月十日に、太田道《どう》真《しん》（道灌の父）が主催した河越（山田）千句に心敬《しんけい》・宗祇とともに参加し、八十句を詠んでいる。文明前半期に行われた太田道灌などの歌合《うたあわせ》にも修茂の参加が確認できる。

さらに、修茂は、『大胡修茂寄合（連歌作法）』という連歌寄合集の編さんを行っている。諸本の一つの奥書には「文明四年八月一日」とあり、成立時期とされる。同集は、心敬・宗祇の句が数多く引用されていることが特徴である。修茂は河越千句などで心敬・宗祇と同席する機会があった。また、両者から直接の指導を受けていたことも分かっている。修茂は心敬・宗祇に傾倒し、熱心に文芸活動を行っていたようである。

大胡修茂の名は、現在一般にはほとんど知られていない。しかし、地方の武士が連歌寄合集を独自に編さんしている例は、全国的にみても非常に珍しい。上州の文化人として注目すべき人物といえる。（新保　稔）

訪ねてみよう

大胡城跡（前橋市河原浜町660-1他）…県指定史跡。大胡氏の居城で本丸跡が整備されている。

コラム● 体光上人と厩橋句会

体光《たいこう》は、諸国を遍歴して歌を詠んだ遊行僧《ゆぎょうそう》である。文亀元（一五〇一）年、陸奥国《むつのくに》二本松（福島県二本松市）に生まれ、十歳で出家する。天文二十一（一五五二）年には二十九代遊行《ゆぎょう》上人《しょうにん》を相続し、永禄五（一五六二）年に出羽国大宝寺《だいほうじ》村（山形県鶴岡市）で入寂《にゅうじゃく》（死去）した。

時宗遊行派《じしゅうゆぎょうは》の本寺である清浄光寺《しょうじょうこうじ》（神奈川県藤沢市）は、永正十（一五一三）年に伊勢宗瑞《そうずい》と三浦道寸《どうすん》との戦争によって焼失し、江戸初期まで百年近く再建されずにいた。そうした中で、体光は清浄光寺の寺領保護運動を行ったことで知られている。

永禄元（一五五八）年、北条氏康は清浄光寺の寺領を買得《ばいとく》しようとした。しかし、体光は、玉縄《たまなわ》城主（神奈川県鎌倉市）北条綱成《つなしげ》に対し、約束に基づいて寺を再興するので買得を止めてほしい、と要求する。結果的に、この土地の一部は買得を免れ、寺領として残ることとなる。これは、清浄光寺再興への道のりの一歩といえる。

そのような体光が、弘治三（一五五七）年以前の五年間、関東各地を巡り、修行をしたことがあった。その際に詠んだ連歌が体光自筆の連歌句集『石苔《いしごけ》』として残っている。

体光は、廃墟となった清浄光寺を訪れているほか、何度か上野国（群馬県）にも来ていることが分かる。韮塚《にらづか》（伊勢崎市）や岩松（太田市）等には一回ずつ訪れているが、最も目を引くのは、計七回訪れている厩橋《まやばし》（前橋市）での句会である。

まず、「厩橋千句第一」として「ことの葉もさそな神代《かみよ》の春の花」とある。また、「厩橋上泉興行《こうぎょう》」には「山は秋柳さくらの雲ゐ《（雲井）》かな」、「厩橋にて長野弾正少弼興行《だんじょうしょうひつこうぎょう》」には「松の葉のみとりも秋の千種《ちくさ》かな」と詠んでいる。このほか、厩橋の光明寺《こうみょうじ》などでも歌を詠んでいることが確認できる。

戦国時代の厩橋では、武家領主や寺院が盛んに句会を催していたといえる。そこに、本寺再興の困難を背負った遊行僧がたびたび招かれ、歌を詠んでいたのである。　（新保　稔）

北条《きたじょう》 高広《たかひろ》

河田長親に並ぶ重臣、厩橋城代
生没年未詳

「北条」の読みは「ほうじょう」であることが一般的であるが、高広の場合は「きたじょう」と読む。越後国佐橋荘北条《さはしのしょうきたじょう》（新潟県柏崎市）を本貫地とした。先祖をさかのぼると鎌倉幕府の創設に尽力した大江広元《おおえひろもと》にたどり着き、その後には相模国毛利荘《もうりのしょう》の地名である毛利あるいは大江を本姓とした。

高広は地元の北条に所在する神社の古文書において、天文三（一五三四）年に歴史上初めて登場する。その後、永禄二～三（一五五九～六〇）年にかけて、当時、越後国で実権を握っていた守護代の長尾景虎（後の上杉謙信）の意を奉じた奉書《ほうしょ》を発給している。守護代長尾家という公的な奉書の発給に携わっていることから、高広は景虎の政治の中枢にあったと考えられる。

この間、天文二十一（一五五二）年頃に関東管領の上杉憲政が上野国（群馬県）から越後国に逃れており、永禄三年には長尾景虎は憲政を奉じて関東に越山した。この越山には高広も参陣しており、そのまま関東に残ったようだ。その後、厩橋《まやばし》城（前橋）が上杉方の重要な拠点となり、当初は謙信の寵愛を受けた河田長親《ながちか》が城代となった。その後、同五年頃に長親に代わって、高広が厩橋城の城代となる。

これ以降、高広は死去するまで基本的に上野国で活躍していった。すなわち、もともと厩橋領・大胡領と呼ばれる地域を支配していた厩橋長野氏の統治範囲を引き継ぐように、高広は前橋八幡宮（写真）・三夜沢《みよさわ》赤城神社・善勝寺《ぜんしょうじ》（いずれも前橋市）から制《せい》札《さつ》や所領保証の文書を求められ、発給している。したがって、高広はこれらの寺社から公権力者として認められていたことになる。

さらに興味深いのは、高広が一貫して上杉方であったわけではなく、くみする立場を変えながら、自立して活動していた点に

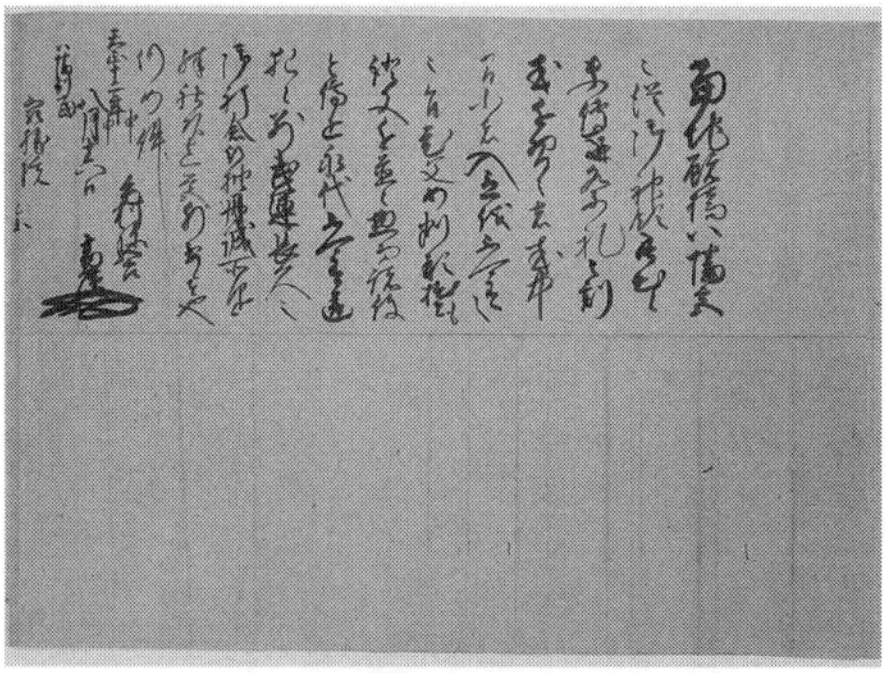

北条高広判物（前橋八幡宮蔵）

訪ねてみよう

北条城跡（新潟県柏崎市北条）…市指定史跡。北条氏が越後国で拠点とした巨大城郭。

ある。例えば、同九年に甲斐国（山梨県）の武田信玄が西上野に勢力を伸ばすと、同年末には高広は上杉方から小田原北条・武田方に立場を変えている。これに対して謙信は「妻子を捨てて敵方についた」と記して、激怒している。

ところが、同十二年に上杉方と小田原北条方の同盟である越相《えっそう》同盟が成立すると、高広は再び上杉方となる。続いて天正六（一五七八）年に謙信が死去して家督を巡って養子の景勝《かげかつ》と景虎《かげとら》が争う御館《おたて》の乱が始まると、高広は景虎方となって再び小田原北条氏と協調する。そして、最終的には翌十一年に小田原北条氏と対立して、厩橋城を追われている。それでも、高広は戦国末期の約二十年間を自立した領主として振る舞うことができた。

では、どうして高広はこのように自立して行動できたのだろうか。そもそも前提として、上杉・武田・後北条などのいわゆる戦国大名は、戦国時代に独裁的な統治を行っていたわけではなかった。高広のような戦国領主とか国衆と呼ばれるような、一郡から数郡規模の統治を行った領主との協調の上で、彼らは権力を行使できたのである。高広はもともと北条を拠点に独自の軍隊を持ち、佐橋荘を中心に刈羽《かりわ》郡一帯を自立して支配する領主であった。

その一方で、高広は謙信によって厩橋城の城代を任せられたわけであるから、謙信から上杉家の公権を与えられて、それが高広の勢力伸長の際に重要な役割を果たしたと想定することもできよう。実際、近年になって謙信が支配地域の管轄者ごとに黒印を与えていたことが明らかになっている。では、どうして謙信から与えられたことが分かるかというと、例えば高広が用いた黒印の印文は「藤原」であり、北条氏の本姓の「大江」あるいは「毛利」とは異なり、これは上杉氏の本姓であったからである。

高広以外に単独で黒印状を発給した人物を謙信期と続く景勝期において確認すると、常陸国（茨城県）・越中国（富山県）の河田長親、越中国・信濃国（長野県）の須田満親《みつちか》、出羽国（山形県）の甘粕景継《あまかすかげつぐ》である。したがって、上杉氏の支配地域を管轄する代官クラスの者のみが黒印を使用できた。高広は上野国を管轄する代官として上杉家の公権を有した黒印状を発給し、ほかの武将とは別格の立場にあったのである。

以上のように、北条高広はもともと越後国において自立した戦国領主であり、守護代の長尾家という公的な奉書の発給に関与し、上杉家の黒印状の発給という公権に携わることで、権力を拡大した。

（森田　真一）

訪ねてみよう

厩橋城跡（前橋市大手町1-1-1他）…高広が拠点とした城郭で、本丸跡には群馬県庁が立っている。

上泉《かみいずみ》信綱《のぶつな》

新陰流《しんかげりゅう》の開祖、剣聖《けんせい》
一五〇八（永正五）?～一五七七（天正五）?

上泉氏はもともと大胡郷（前橋市）を支配した大胡氏の一族であり、分かれて上泉（前橋市）を称するようになったと考えられている。上泉信綱は後世に剣聖とうたわれるためにさまざまな伝説に彩られているが、実在の人物である。

信綱について記された信頼できる史料は、公家の山科《やましな》言継《ときつぐ》の日記『言継卿記《ときつぐきょうき》』である。信綱はしばしば言継邸を訪れて言継と面談し、永禄十二（一五六九）年から元亀二（一五七一）年まで在京していた。この間、元亀元年六月には信綱の兵法が正親町《おおぎまち》天皇の上覧に供せられ、新陰流《しんかげりゅう》の秘技を見せたという。この功績により、信綱は従四位下という破格の位階を授けられたと記されている。

在京以前の信綱の状況については、もともと上野国（群馬県）の長野業政《なりまさ》に仕え、永禄九（一五六六）年の箕輪《みのわ》城（高崎市）の落城後に上野国を出奔したなどと伝わるが、伝承の域を出ない。

それよりも、大胡氏の中から信綱のような人物が輩出された歴史的背景が重要であろう。さかのぼって鎌倉時代には、大胡実秀《さねひで》が浄土宗の開祖である法然《ほうねん》に帰依しており、仏教を通じて畿内とつながりが深かった。続いて文明四（一四七二）年には、大胡修茂《のりしげ》が連歌師の宗祇《そうぎ》の指導を受けながら寄合書『連歌作法』を編纂し、明応四（一四九五）年に成立した准勅撰連歌撰集《じゅんちょくせんれんがせんしゅう》の『新撰菟玖波集《しんせんつくばしゅう》』に五句入集している。

上泉信綱像（上泉公民館）

上杉氏や長尾氏のような権力者ではないにもかかわらず、多数の句が同書に入集し、独自に連歌の書物を著すなど、修茂の文化水準の高さは目をみはるものがある。おそらく、こうした京都とのつながりを背景とした大胡氏の文化遺産を素地としながら、十六世紀後半に信綱が登場したのであろう。

（森田　真一）

訪ねてみよう

上泉城跡（前橋市上泉町1168他）…上泉氏の拠点の城跡で、現在は信綱像が建立されている。

北爪《きたづめ》 右馬助《うまのすけ》

三十九個の首を取った地侍《じざむらい》の就活
生没年未詳

北爪右馬助（初め大学助《だいがくのすけ》）は女淵《おなぶち》地衆《じしゅう》北爪氏の一族であるが、その中でも百姓から武士への転身を顕著に成し遂げた一人である。その過程が「北爪右馬助軍功書出《ぐんこうかきだし》」（酒井家史料）に遺されている。これは、天正二（一五七四）年から慶長五（一六〇〇）年までの二十六回の歴戦の数々を書き連ねた「武士の履歴書」である。そのいくつかを紹介しよう。

一、武蔵羽生《はにゅう》城（埼玉県羽生市）が北条に落とされ、城主菅原為繁《すがわらためしげ》殿が女淵城（前橋市粕川町）に移って来ました〈天正二年、第三次関宿合戦〉。追撃を受ける中、手薄になった飯野（板倉町）の小屋に、御屋形様（上杉謙信）と女淵城主の後藤勝元殿が取って返された時、御屋形様の目の前で「采配《さいはい》もち」の首を取ったので、褒美《ほうび》として羽織を一つ拝領しました。今は佐野信吉様家中の「市川人や」が証人です。

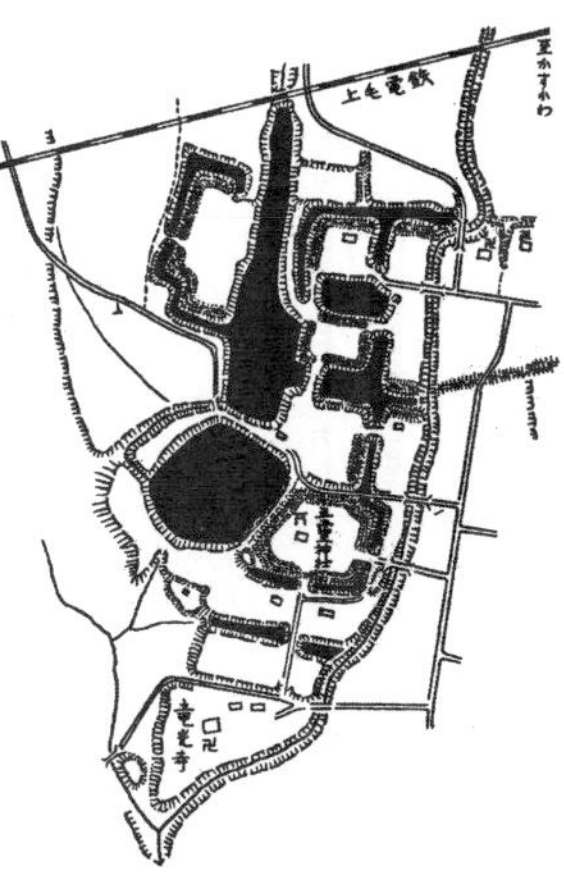

女淵城縄張図（群馬県教育委員会編『群馬県の中世城館跡』より）

一、北条に従って越後の三郎様（北条氏康の子で上杉謙信の養子となった景虎）の救援に出た時（天正六年、御《お》館《たて》の乱）、越後上田荘《うえだのしょう》（新潟県南魚沼市）の戦いで一日に首二つを取る働きをしました。今は前橋家中の綿貫甚内《じんない》が証人です。その褒美として毛利北条《きたじょう》高広様より馬を頂きました。米沢上杉家の毛利北条能登守《のとのかみ》殿が証人です。

一、小田原勢が前橋城を攻めた時（天正十一年）、北下町で敵一人を討ち捕りました。しかし、自身も「死《し》骸《がい》同《どう》然《ぜん》」の傷を負ったので、首を捨て撤退しました。毛利北条能登守殿が証人です。

右馬助は二十六回の戦いで、三十九個の首を取ったという。「軍功書出」では申告内容が検証できるように、戦場で一緒にいた者の名を明示する必要があった。右馬助は後日、エントリーした陸奥南部藩（岩手県）にこの履歴書を提出し、そして見事に家臣として採用されたのである。

（簗瀬　大輔）

訪ねてみよう
女淵城跡（前橋市粕川町女渕1221-1他）…市指定史跡。現況の水堀から郭の形状が分かる。

北爪助八《きたづめすけはち》と女淵地衆《おなぶちじしゅう》

赤城南麓の武装する百姓集団
生没年未詳

永禄六（一五六三）年のある日、勢多郡女淵郷の地侍北爪助八は、館林城主長尾景長《かげなが》から「手柄次第で城と所領を与える」と約束され、十月に手勢を率いて小泉領（邑楽郡西部）に侵入し、石打城（邑楽町）を制圧した。景長からは約束どおり、石打郷・狸塚《むじなづか》郷・篠塚《しのづか》郷内（いずれも邑楽町）に計三十貫文《かんもん》の地を拝領したが、小泉城主冨岡秀《ひで》信《のぶ》がこれを上杉謙信に訴えたため、翌年三月、謙信は翻意し、三郷を冨岡氏に返還するよう命じたのである。助八の軍功と恩賞があえなく露と消えた瞬間であった。

女淵郷の北爪氏には新八郎家、将監《しょうげん》家、大学助《だいがくのすけ》（右馬助《うまのすけ》）家があって、助八は惣領的な新八郎家の当主であった。女淵郷は館林長尾氏の所領で、それを承認したのは上杉謙信である。大胡・女淵・膳《ぜん》・山上を東西に貫く赤城南麓道は、謙信が関東攻略の拠点とした厩橋《まやばし》と佐野を往来する時の「高速路」として機能した。そのため、戦略上の生命線となり、上杉・武田・北条の「戦争の道」と化した。

長尾氏はここに女淵城を構え、家臣新居長重《ながしげ》を置いた。しかし、長尾氏はその時々の情勢により、上杉氏に従ったり、小田原北条氏に従ったりした。よって、女淵の領主と城主も幾度となく変遷することになった。当時このような地域を「境目《さかいめ》」と呼んだ。境目の百姓の有力な者は自力救《じりききゅう》済《さい》の習いから、生産活動に専念する権利を犠牲にして武装し、村々を越えて連携することで自らの生命と財産を守らざるを得なかったのである。長尾氏は北爪助八ら地侍に所領を与えて軍役《ぐんやく》（軍備や従軍）を課し、城主新居氏の寄騎《よりき》としてその指揮下に置いたのである。当時、女淵郷は周辺の友成・深津・苗ヶ島《なえがしま》・鼻毛石《はなげいし》と一体となって「女淵五郷《ごごう》」と呼ばれていた。女淵五郷は北爪氏を筆頭に、吉田・磯角《いそかど》・岡田・大塚といっ

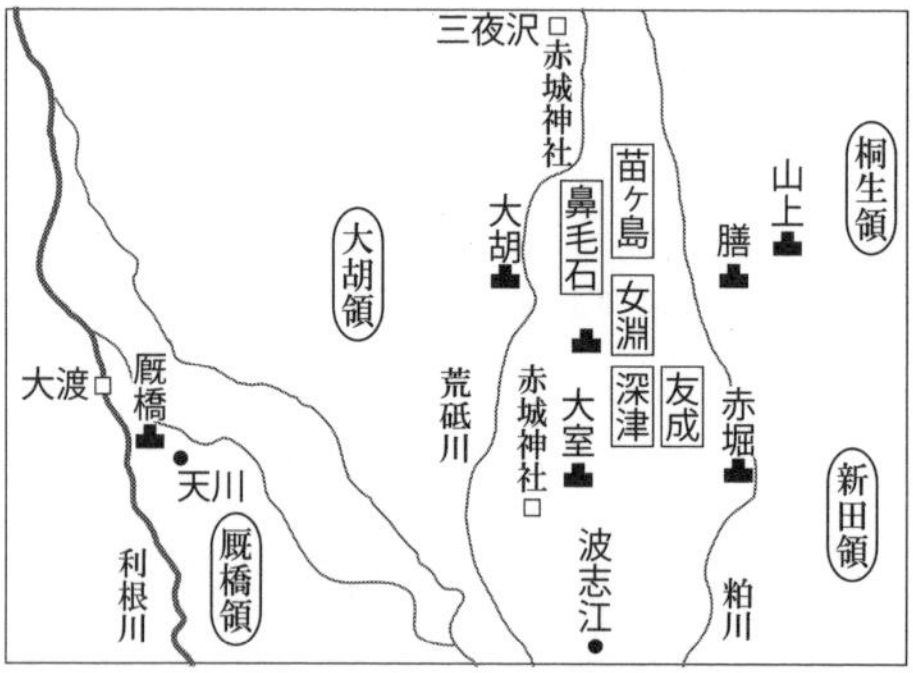

赤城山南麓の「境目」地域

訪ねてみよう
山上城跡（桐生市新里町山上282他）…県指定史跡。攻防の舞台となった赤城山南麓の城。

た有力百姓「女淵地衆」が主導する地域社会であった。地衆には他に清水・茂木・下田・石川・武《たけ》・黒沢・渋沢など十五氏ほどが知られている。

天正六（一五七八）年に上杉謙信が死去し、甲越《こうえつ》同盟が成立すると、女淵城は小田原北条氏邦《うじくに》に制圧され、地衆は厩橋の毛利北条《きたじょう》氏に従った。ところが、それを見た武田勝頼は厩橋城の北条高広を味方に付け、同八年二月にこの地に猛攻をかけて来た。『甲陽軍鑑《こうようぐんかん》』に描かれた、いわゆる勝頼の膳城（前橋市粕川町）「素肌《すはだ》攻め」とはこの時のことである。山上《やまがみ》城（桐生市新里町）の戦いでは北爪将監が武田勢を迎え撃ち、北条氏邦から賞されている。氏邦は、甲越同盟に対抗するためには新田由良国繁《ゆらくにしげ》・館林長尾顕長《あきなが》（景長の子）兄弟との協調が重要であるとし、女淵城を長尾氏に返還することにした。この時に氏邦は「女淵地衆・大小衆中《だいしょうしゅうちゅう》」に宛て、「長尾家に取り立てられず浪々するようなことがあれば、きっと大途《だいと》（北条氏の当主氏直《うじなお》）が扶助するだろう。その時は鉢形《はちがた》（埼玉県寄居町）に来なさい」とねぎらった。

同十年に武田・織田氏が相次いで滅ぶと、翌年、小田原北条氏は上野（群馬県）への侵攻を開始し、厩橋城に猛攻を加えて奪取した。以後、女淵五郷は北条氏の直轄領となった。同十七年、女淵五郷で北条氏による検地が実施された。その結果、北爪新八郎は友成に十貫文、深津に五貫文、苗ヶ島に五貫文の計二十貫文の給田《きゅうでん》を支給されることになった。同十八年二月には、鼻毛石・苗ヶ島・友成・深津の四郷において、二十六人の地衆に対して計一四二貫文の給田が支給されている。その明細が記された一冊の帳面には、「給田としてそれぞれに支給するものであるから、軍役《ぐんやく》を厳密に務めなさい」とある。給田とは、百姓である地衆が地主として納めてきた年貢を免除する代わりに、それを軍役（軍備や従軍）に振り替るための戦時下の特例措置である。

では、北条氏はいったいなぜ百姓に軍役をかけたのだろう。前年の十一月、北条氏は豊臣秀吉の裁定を破り、真田氏の名胡桃《なぐるみ》城（みなかみ町）を奪取した。このため秀吉が北条氏に出兵を通告していたのである。絶体絶命となった北条氏は、分国《ぶんこく》中に掟《おきて》を発し、百姓であっても参陣すれば「大途の被官《ひかん》」（北条氏当主の家来）として認める。さらに手柄次第では恩賞として所領を宛行《あてが》い、正規の武士に取り立てようと約束し、村々から兵力と軍事費を調達しようとしたのだ。地衆にとって「大途の被官」は地域社会での威信を保つ上で大いに魅力的だったので、これに応じた。そして、気が付いてみれば、戦国人女淵地衆は北条氏の分国総動員体制のただ中にいたのである。

（簗瀬　大輔）

訪ねてみよう

膳城跡（前橋市粕川町膳83-2他）…県指定史跡。武田勝頼の素肌攻めで著名な城郭。

奈良原《ならはら》 紀伊守《きいのかみ》

神威を武器に戦国を闘う神官領主
生没年未詳

永禄十二(一五六九)年閏五月、赤城山に怪異が起こった。三夜沢《みよさわ》赤城神社(前橋市)の神官奈良原紀伊守がこれを占ったところ、「駿河《するが》の浅間大菩薩《せんげんだいぼさつ》(富士山の神)が小路嶽《おろだけ》(荒山)に飛来したぞ」という赤城大明神の神託《しんたく》があった。この噂はたちまち広まり、上野周辺の富士浅間信仰の信者たちが、三夜沢に列をなして押し寄せたのだ。

奈良原氏は勢多郡三夜沢の赤城神社の社家《しゃけ》(神官領主)である。中世の赤城神社は大沼《だいどう》(大洞)を千手観音菩薩《せんじゅかんのんぼさつ》、小沼を虚《こ》空蔵《くぞう》菩薩《ぼさつ》、地蔵岳を地蔵菩薩の垂迹《すいじゃく》(仮の姿)とする三所明神《さんじょみょうじん》として信仰され、小路嶽の麓の三夜沢に、地蔵菩薩を祀《まつ》る東宮《ひがしみや》と虚空蔵菩薩を祀る西宮《にしみや》が置かれた。これが中世の赤城神社の形である。そして、東宮を奈良原氏が、西宮を真隅《ます》田《だ》氏が奉祀していた。

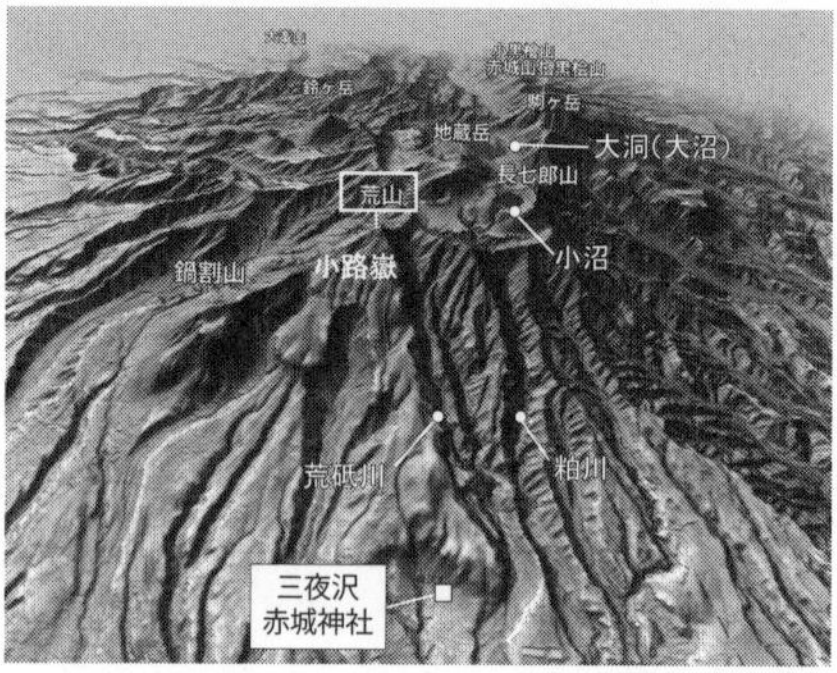

赤城山の霊峰小路嶽(カシミール3Dに加筆)

赤城神社は上野国の二宮《にのみや》の社格であり、国司や守護、国衆のあつい信仰に支えられ、中世を通じて政治的・経済的に保護されてきた。戦国時代には、上杉氏や小田原北条氏の戦勝と安寧を祈願することで巧みにその地位を保った。特に厩橋《まやばし》城主毛利北条《きたじょう》氏の崇敬があつく、所領の寄進、社殿の修造などの支援を受けていた。

さて、同十二年の小路嶽の怪異の半年前、駿河に武田信玄が侵攻し、同盟者今川氏真《うじざね》を追放してしまった。その結果、武田・北条・今川の三国同盟(環富士山同盟)が崩壊。窮地に立った北条氏康と今川氏真は上杉謙信に越相《えっそう》同盟の締結を持ちかけて、信玄を封じ込めようとしたのだ。それを仲介したのが毛利北条高広と由良成繁であった。しかし、上野は長らく越相戦争の最前線にあり、国衆社会は分断されていた。そこで紀伊守が冒頭の「国威発揚の神託」を発したのではないだろうか。戦国人多しといえども、奈良原紀伊守にしかできない軍功である。

(簗瀬　大輔)

訪ねてみよう
三夜沢赤城神社(前橋市三夜沢町114)…中世に奈良原氏が神官を務めた、赤城信仰の中心の社。

滝川《たきがわ》一益《かずます》

織田信長の代官として前橋へ入部
一五二五（大永五）～一五八六（天正一四）

織田信長の配下で活躍した武将。滝川資清《すけきよ》の子として生まれて織田信長に仕え、北伊勢（三重県）五郡の支配を任された。天正八（一五八〇）年三月に小田原北条氏の使者が織田氏との交渉のために上洛した際には、織田方の取次《とりつぎ》として活躍し、これ以後も北条氏との取次役を務めた。

同十年に織田方が甲斐国（山梨県）の武田氏を滅ぼすと、その際の戦功によって、一益は信長から上野国（群馬県）と信濃国小県《ちいさがた》郡・佐久《さく》郡の支配のほか、東国の支配を任された。碓氷峠を越えて上野国に入った一益は最初に箕輪《みのわ》城（高崎市）に入り、四月には厩橋《まやばし》城（前橋市）に移って上野国と信濃国小県郡・佐久郡の支配の拠点とした。これにより、上野国は織田信長の分国支配に入り、一益は信長の権威を背景に東国における織田氏の支配を進めた。

四月には一益は三国一太郎五郎に書状を送り、「とね川と云はた《（端）》に居住」と当時の状況を記している。また、五月上旬には厩橋城で能を興行しており、その中で自ら能『玉鬘《たまかづら》』を舞い、嫡子・於長が小鼓を、岡田太郎右衛門《うえもん》が大鼓を打った。六月十一日には前橋の長昌寺において再び能を興行しており、能舞台を造った上での本格的な内容であった。同じ頃に小泉城（大泉町）の冨岡氏から本能寺の変後の京都の様子について問い合わせがあり、一益が上野国内の領主を束ねる立場にあったことをうかがわせる。

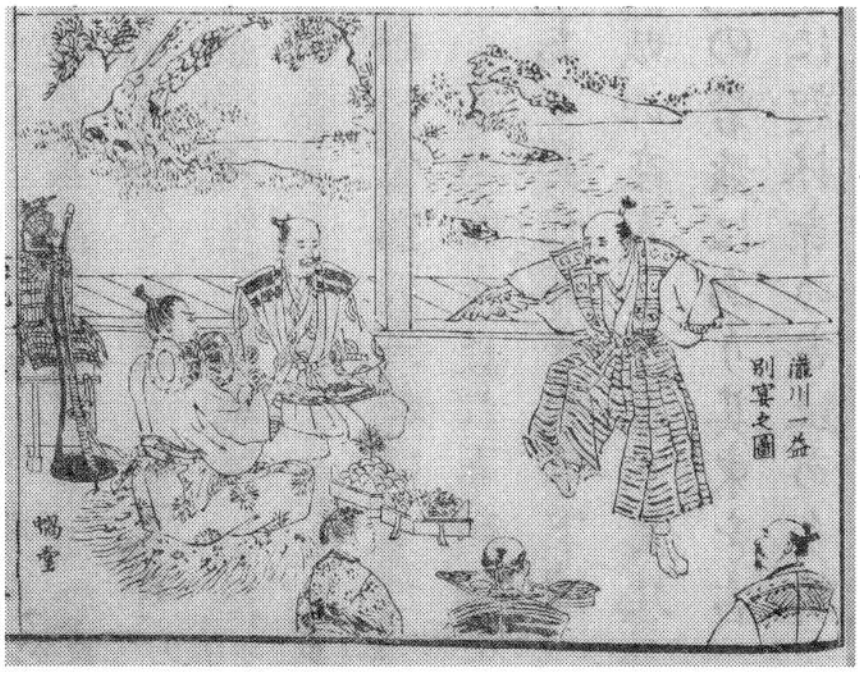

『上野史談』（群馬県立歴史博物館蔵）

しかしながら、六月二日に起きた本能寺の変によって信長が死去すると、北上する小田原北条氏と激突した。この神流川《かんながわ》合戦（六月十八・十九日）に敗れてしまい、一益は伊勢国に敗走する。そのため、一益の上野統治はわずか三カ月余りであった。その後、同十四年九月に越前国において六十二歳で死去している。

（森田　真一）

訪ねてみよう

長昌寺（前橋市紅雲町1-9-14）…一益が能を興業した寺院で、本県で最初の演能とされる。

コラム●厩橋城の戦国風流人―近衛前久と滝川一益―

戦国時代の厩橋《まやばし》（前橋）は周辺戦国大名が何度も来襲し、「戦争のまち」となった。その一方で、連歌師《れんがし》や大名御用商人が行き交う「平和のまち」でもあった。そこに上方《かみがた》（京・堺）の風を運んでくる戦国人があった。

関白近衛前久《このえさきひさ》（一五三六〜一六一二）である。前久（当時は前嗣《さきつぐ》）は永禄二（一五五九）年に上杉謙信（当時は長尾景虎）と盟約し、翌年の関東越山《えつざん》に帯同した。同四年六月、謙信（当時は政虎《まさとら》）が信濃出馬（第四次川中島合戦）のため帰国した後は「政虎留守中の事は我らに申しつけよ」と表明し、古河城（茨城県古河市）と厩橋城に留まり動いた。謙信は年内に再び越山し、翌年二月に館林城を落としたが、逆に厩橋城が北条氏《うじ》康《やす》に猛攻され、前久はやむなく毛利北条《きたじょう》高広に城を託し、帰京したのだ。それから二十五年を経た天正十五（一五八七）年、前久が草津湯を訪れている。この時五十二歳の前久は、龍山の名で「むすふてふこの谷かけの出湯こそむへも老せぬくすり成けれ」など十首を詠んでいる。

もう一人は、織田信長の宿老滝川一益（一五二五〜八六）である。一益は天正十年三月の武田氏滅亡から、六月の本能寺の変、神流川《かんながわ》合戦までの三カ月間、「関東八州の御警固《ごけいご》」「東国の取次《とりつぎ》」として厩橋城（初め箕輪《みのわ》城）にあり、ここから「東国御《ご》一統《いっとう》」を発した。しかし、その心中は沈んでいた。茶湯《ちゃのゆ》の師太郎五郎に宛てた四月三日の書状で一益は、「いま利根川の端におりますが、前代未聞の地獄であります。あらゆる振る舞いがなっていない国です。水はあるものの、炭は摂津ほどの上品は無く、釜に至っては一つもありません。（そもそも上様には褒美《ほうび》に茶入《ちゃいれ》「小茄子《こなすび》」を所望したのに）このような遠国《おんごく》に押しやられるとは、茶の湯冥利《みょうり》も尽き果てました」と嘆いた。

かたや血気盛んな青年関白近衛前久、かたや人生も斜陽の老将滝川一益、ともに関東の秩序回復を監視するために、「関東管領の城」に在城した戦国風流人であったが、心の内は実に対照的であった。

（簗瀬　大輔）

厩橋城跡（前橋城跡　前橋市大手町）

第3章　渋川・北群馬地域の戦国人

渋川・北群馬地域要図

戦国時代の渋川・北群馬地域

群馬県の中央部に位置し、榛名山の東麓ならびに赤城山の西麓を占めている。地勢は東側へ緩傾斜し、二大河川の利根川と吾妻川《あがつまがわ》が中央部で合流している。こうした地形であるため、三国街道・吾妻道が通るなど、古くから交通の要衝であった。越後国《えちごのくに》（新潟県）や信濃国《しなののくに》（長野県）にアクセスするための玄関口であり、十五世紀には越後上杉氏や白井《しろい》長尾氏との関わりで白井（渋川市）が重視され、十六世紀には不動山城《ふどうやま》（同市）や八崎城《はっさき》（同市）が上杉方の城として拠点化した。

享徳三（一四五四）年に始まった享徳の乱は、関東の戦国時代の幕開けとなった。上野国《こうずけ》内の合戦では、しばしば白井城（渋川市）が関東管領《かんれい》方の城として使用され、特に越後上杉氏が駐留した。白井城は後に白井長尾氏の居城となるが、この頃は同氏が所領を持つ程度であった。管領山内《やまのうち》上杉氏の家宰《かさい》として絶大な権力を持った長尾景仲《かげなか》やその子景《かげ》信《のぶ》は鎌倉に拠点を有しており、享徳の乱では管領に随行して各地を転戦した。さらに管領上杉顕定《あきさだ》に対して反乱を起こした長尾景春《かげはる》も秩父（埼玉県）とのつながりが強く、白井に居住した可能性は低い。直接的に拠点としたのは、その子景英《かげひで》の頃からであろう。ただし、景仲は双林寺《そうりんじ》（渋川市）を開基し、白井城下に白井聖堂を開いた智将として名高い。

白井と総社《そうじゃ》（前橋市）の間には、鎌倉街道が通じていた。このため、中間付近は合戦場となることが多く、享徳四（一四五五）年には三宮原《さんのみやはら》（吉岡町）で管領軍と古河公方《こがくぼう》軍が戦った。文明十（一四七八）年の広馬場《ひろばば》合戦（榛東村）の折には、管領軍が白井城から漆原《うるしばら》（吉岡町）へ進軍している。漆原は利根川の渡河点でもあり、県中央部を結ぶ十字路として、交通の要所であった。こうした立地のためか、漆原周辺に箕輪《みのわ》長野氏の勢力が進出した。永禄四（一五六一）年頃には、一族と思われる八木原氏や羽田氏が渋川南部地域を抑え、漆原には有力な家来である漆原氏や長塩《ながしお》氏が居住して屋敷地を構えた。翌五年、武田氏が浦野新八郎に与えた箕輪の中の半田跡とは、羽田氏の領地であろう。

同十年、武田信玄は白井城、蒼海城《おうみ》（総社城）を攻略し、利根川以西地域を領国化した。白井城を追われた長尾憲景《のりかげ》は一時上野国外に退去した。漆原には武田家臣の原孫次郎が置かれ、利根川対岸の上杉領国内の交通路遮断を試みた。同十二年、上杉氏と北条氏が同盟を結ぶと（越相《えっそう》同盟）、上杉氏の勢力が盛り返し、上杉謙信は長尾憲景を不動山城に復帰させ、やがて憲景は八崎城を新造して拠点とした。不動山城には家臣牧和泉守《もくいずみのかみ》が入城した。

天正六（一五七八）年に上杉謙信が急死すると、謙信の後継を巡って養子の景勝《かげかつ》と景虎《かげとら》が争い、八崎の長尾憲景は北条氏に服属した。翌年に上杉景勝の勝利でこの御館《おたて》の乱が終わると、北条氏は上野北部地域の戦後処理を進め、不動山城を河田重親《しげちか》に与えた。しかし、翌八年に河田氏は武田氏に服属した。

同十年三月に武田氏が織田軍侵攻によって滅亡すると、長尾憲景は白井城復帰を果たしたが、上野国は全体として織田領国となった。しかし、同年六月に織田信長が本能寺で討たれると、神流川《かんながわ》合戦で織田家臣の滝川一益《かずます》が敗れて逃走した。北条氏はこれを追って信濃国へ入国したが、兵を分けて白井・川島・祖母島《うばしま》（渋川市）を抑えた。同じ頃、真田昌幸《まさゆき》は岩櫃《いわびつ》城（東吾妻町）を奪い返し、両勢力の境目が形成されていった。

同年末、北条氏邦《うじくに》は長尾憲景の進言を受けて、中山城（高山村）を攻略し、以後、名胡桃《なぐるみ》城（みなかみ町）攻略を目指した。利根川東岸では津久田城（渋川市）に狩野氏ら津久田《つくだ》衆が在城して、真田勢の来攻を防いだ。その後、長井坂《ながいざか》城（渋川市・昭和村）が北条氏により築城され、津久田衆が在番した。同十三年には森下城（昭和村）が北条氏により攻略され、沼田城攻略へ向けた戦線は北上した。

長尾憲景の次代輝景《てるかげ》は、木暮存真《こぐれぞんしん》を通じて、当時にぎわっていた伊香保を支配した。上野国内では北条氏が主要な城郭を直轄化しており、城持は白井長尾氏が希少な国衆となっていた。同十八年の小田原合戦に際して、長尾輝景は居城白井城で籠城を命ぜられ、長井坂城も管轄するよう指示された。上野国内では多くの国衆が小田原城の在城を命ぜられる中、居城で豊臣軍を迎撃したのは、北条氏から信頼されていたことを示すだろう。輝景は合戦後に上杉氏に仕え、柏崎（新潟県）に領地を得た。

（飯森　康広）

景仲─┬─景信─景春─景英─景誠……憲景─┬─輝景
　　　└─（総社長尾）忠景　　　　　　　　　└─（景広）政景

白井長尾氏略系図

長尾《ながお》 景仲《かげなか》

鎌倉府復活の立役者
?～一四六三（寛正四）

永享十（一四三八）年に起こった永享の乱によって、鎌倉公方足利持氏が自害すると、関東管領上杉憲実《のりざね》も管領職を辞し、隠遁生活に入った。そのため、鎌倉府による関東支配は、混乱の時代を迎えることとなる。この頃に登場した長尾景仲は、次第に頭角を現すようになっていった。

同十二年に、持氏の遺児安王丸と春王丸が旧持氏方に擁立され、結城《ゆうき》城（茨城県結城市）に入城したが、翌年結城城は落城し両名は討たれた。その後、上杉憲実の代理として政務を行っていた上杉清方《きよまさ》が死去すると、後継者をめぐる問題が発生した。その背景には、次の関東管領就任について前管領上杉憲実と景仲の意見対立があったらしく、結果として景仲が擁立した上杉憲忠《のりただ》（憲実次男）が文安四（一四四七）年に管領になった。また、すでに同年三月、足利持氏の遺児成氏《しげうじ》が鎌倉公方に決まっていたので、ようやく鎌倉府体制が再興されることとなった。景仲が翌年に長尾芳伝《ほうでん》（忠政《ただまさ》）の地位を受け継いで、山内上杉家の家宰となったのは、上杉憲忠擁立の功績によるところが大きいだろう。

双林寺（渋川市中郷）

長尾景仲木像（双林寺蔵）

しかし、再興された鎌倉府体制では、旧持氏方と上杉方の対立が続き、政治情勢は安定しなかった。宝徳二（一四五〇）年、両者間の対立が軍事衝突に発展し、江の島合戦（神奈川県藤沢市）が起こった。危険を避けて鎌倉御所から成氏が江の島へ逃れたのに応じ、景仲と扇谷上杉家の家宰太田道真《どうしん》が同調して軍勢を差し向けた。これに対して、下総（千葉県）の千葉氏、常陸（茨城県）の小田氏、下野（栃木県）の宇都宮氏ら有力武士が成氏方として応戦したため、景仲らは敗れた。停戦後は、景仲が首謀者として山内上杉家の家宰を辞任することで決着となった。新たな家宰には、長尾氏惣領家の

訪ねてみよう

双林寺（渋川市中郷2399）…景仲が創建して一州正伊が初代住持となった禅宗寺院。

実景《さねかげ》（景仲義弟）が就任した。

鎌倉府内の対立は、新たな惨劇を引き起こした。享徳三（一四五四）年十二月、成氏によって御所に呼ばれた管領憲忠が謀殺されたのである。その際には、同行していた家宰長尾実景とその嫡子も討たれた。これにより、関東の戦国時代の幕開けとなる享徳の乱が始まった。空席となった山内上杉家の家宰には、再び景仲が就いた。

緒戦から上杉方は苦戦を強いられた。翌年正月、分倍河原《ぶばいがわら》（東京都府中市）での合戦では大敗を喫し、大将の庁鼻和《こばなわ》上杉性順《しょうじゅん》が討ち死に、扇谷上杉顕房《あきふさ》も負傷し自害した。景仲は敗走し、三月には小栗《おぐり》城（茨城県筑西市）に籠城した。一方、幕府は上杉方として成氏追討を決め、同月に新たな関東管領として上杉房顕《ふさあき》（憲忠の弟）が京都から下向した。ただし、『松陰私語《しょういんしご》』によれば、景仲は関東御再興について長野入道宿所で岩松家純《いえずみ》に申し出を行ったという。景仲は新たな関東管領擁立へ向けて、越後上杉房定《ふささだ》の子竜若丸（顕定《あきさだ》）を招こうとしたが実現しなかったらしい。

五月、小栗城が落城し、景仲は敗走して天命《てんみょう》（栃木県佐野市）・只木山《ただきやま》（同足利市）に籠もった。六月には越後勢を伴った管領上杉房顕が三宮原《さんのみやはら》合戦（吉岡町）で成氏方に勝利したが、景仲の窮地は変わらず、年末には天命・只木山も追われ、騎西《きさい》城（埼玉県加須市）へ籠城した。この頃から、成氏は古河（茨城県古河市）を本拠としたため古河公方と呼ばれるが、上杉方は利根川を挟んだ五十子《いかっこ》（埼玉県本庄市）に本陣を構えて対陣するようになり、景仲も同陣した。

長禄三（一四五九）年十月、上杉方による古河への侵攻が進められ、海老瀬口《えびせぐち》（埼玉県加須市付近）、次いで羽継原《はねつぐはら》（館林市）で大規模な合戦が行われた。結果は上杉方の敗戦に終わったが、戦功により幕府将軍の足利義政から賞された人物の中に景仲の嫡子景信がおり、景仲の参陣は確認できない。その後、寛正二（一四六一）年四月までに山内上杉家の家宰も景信が就いており、景仲はその二年後に死去した。

景仲の人格を伝える史料に、双林寺《そうりんじ》（渋川市、写真）に伝わる『御影之記《みえいのき》』がある。景仲は京都から儒者藤原清範《きよのり》を招いて、領地の白井《しろい》（渋川市）に聖堂を建立した。ひと月に六日、家臣を集めて聖人の道を学ばせたという。この白井聖堂の位置は不明となっている。また、百姓を慈しみ、戦場へ出る際は「新給」と名付けて兵力に加え、三度戦功のあった者には褒美を与え、侍大将に取り立てたという。景仲の武人としての優れた素養を称えている。

（飯森　康広）

訪ねてみよう

三宮神社（吉岡町大久保1）…近くを鎌倉街道が通り、三宮原合戦が近辺で行われた。

長《なが》尾《お》景《かげ》信《のぶ》

揺るぎない上杉家家宰後継者
一四一三(応永二十)～一四七三(文明五)

永享十(一四三八)年、鎌倉公方足利持氏の自害に終わった永享の乱によって、関東管領上杉氏と共に行われていた鎌倉府による政治体制は混乱した。文安四(一四四七)年、鎌倉公方に足利成氏、関東管領に山内上杉憲忠の就任が決まり、ようやく鎌倉府が再興された。しかし、両勢力の対立は解消されておらず、享徳三(一四五四)年、成氏の御所で管領上杉憲忠、同家の家宰長尾実景《さねかげ》らが暗殺されてしまい、享徳の乱が始まった。

この戦乱で主導的な役割を果たしたのが、景信の父で再度山内上杉家の家宰となった長尾景仲《かげなか》であった。緒戦から苦戦を強いられた景仲は、小栗《おぐり》城(茨城県筑西市)、天命《てんみょう》(栃木県佐野市)・只木山《ただきやま》(同足利市)、騎西《きさい》城(埼玉県加須市)と転戦しており、おそらく景信も同行したものと思われる。

景信の参戦が史料上初めて確認できるのは、長禄三(一四五九)年の海老瀬口《えびせぐち》(埼玉県加須市付近)・羽継原《はねつぐはら》(館林市)合戦からである。海老瀬合戦場近くに御壇《おだん》塚《づか》(写真)が残っている。景仲・景信は、当時上杉方が本陣としていた五十子《いかっこ》陣(埼玉県本庄市)に同陣しており、そこから古河(茨城県古河市)に本拠を移した足利成氏を攻めた。結果は上杉方の敗戦に終わったが、戦功により将軍足利義政から御内書《ごないしょ》を受けた中に景信がおり、初めて一軍を率いたことが確認できる。その後、寛正二(一四六一)年四月までに、景信が山内上杉家の家宰に就いており、景仲はその二年後に死去した。

御壇塚(埼玉県加須市)

文正元(一四六六)年、管領上杉房顕《ふさあき》が五十子陣で死去した。景信は越後上杉氏と懇意の岩松氏を介して、越後上杉房定《ふささだ》の次男(顕定《あきさだ》)を山内家に迎えようと図った。これは以前に父景仲が長野入道の宿所で画策した案であり、景信は再度、岩松家純《いえずみ》に要請して顕定を擁立し、応仁元(一四六七)年に顕定が関東管領に就任した。顕定は当時十四歳であり、山内上杉家の実権は景信が握っていたといえる。

訪ねてみよう

御壇塚(埼玉県加須市小野袋)…景信も参陣した海老瀬口合戦跡と考えられている。

文明三(一四七一)年になると戦局が大きく変化する。上杉方は一挙に古河攻めを目指し、景信を主将にして同年四月に赤見城(栃木県佐野市)、樺崎《かばさき》城(同足利市)を陥れた。五月には成氏方の高《こう》氏と赤井氏が籠る館林城(館林市、写真)を攻めた。館林城の存在が判明するのは、この時が初めてであり、先の長禄三年の羽継原《はねつぐはら》合戦の体験から、成氏方が新たに防御上優れた館林城を築城したのである。

館林城の攻め手は、景信と嫡子景春《かげはる》、景信の弟忠景《ただかげ》、太田道灌ら六千騎であった。館林城は城沼に半島状に突き出した城であり、三方を湖水が廻《まわ》り、攻め口は一方であったが、古河方が沼側から補給を行ったので、籠城は長期化した。このため、城の西面に位置する篠崎という陸地に毎夜番兵を置くことでようやく補給路を断ち、赤井氏らを降伏に追い込んだ。籠城戦は八十日を越えたという。一方、この間に景信は古河へ進軍し、六月には古河城を陥れ、成氏を千葉城(千葉県千葉市)へ追うことに成功した。将軍義政は、九月に千葉城の成氏を攻めるよう管領顕定や景信に命じたが、それを実行できる状況ではなかった。成氏は味方する野田・梁田・佐々木・那須氏らの勢力を背景に、翌四年春には古河城に復帰を果たした。再び利根川を挟んで、古河城と五十子陣で両者が対峙する形となったが、翌五年六月に景信は死去した。

景信は年少の管領顕定を補佐し、家宰として上杉方をけん引し、享徳の乱を戦い続けた。景信の死後、家宰の地位には弟で総社長尾氏を継いだ忠景が就任した。このため、景信の嫡子景春はこれを不服とし、文明九(一四七七)年に五十子陣を襲い、顕定に反乱を起こした。忠景の家宰就任は、長尾一族で長老の立場にあり、景信の父景仲以前の家宰が総社長尾忠政であったことから、当然であったといえる。一方、景信の勢力が強大化したため、その嫡子景春を家宰に就かせることに脅威を感じたという面も指摘されている。

いずれにしろ、管領方で絶大な勢力を持った景信は、上部権力を脅かす地位を確立した人物であったことは間違いないだろう。

(飯森　康広)

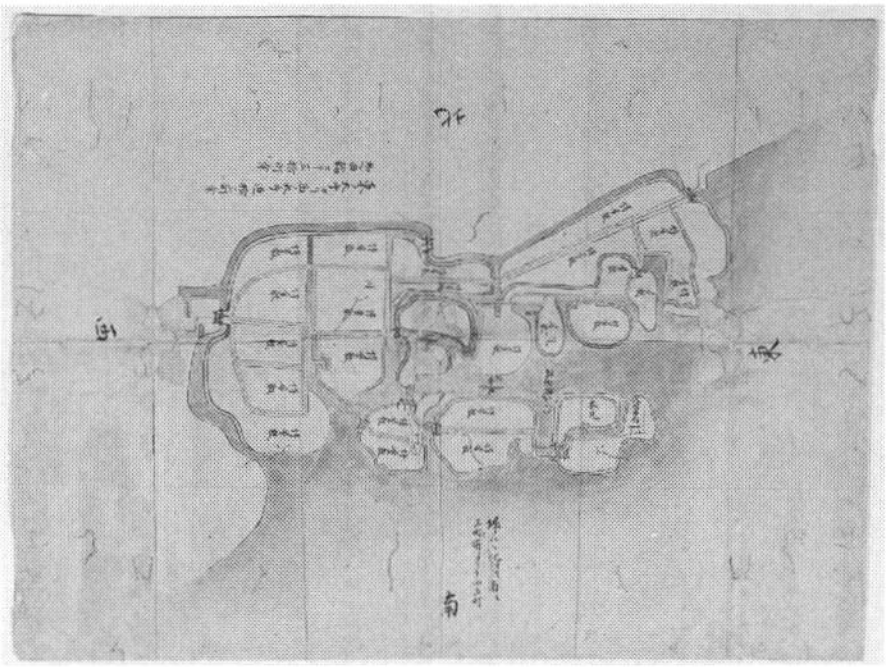

館林城絵図(群馬県立歴史博物館蔵)

訪ねてみよう

館林城跡(館林市城町1-3他)…市指定史跡。赤井氏の籠城に対し、景信らが攻撃した。

長尾《ながお》 景春《かげはる》

主家に対抗した不屈の反逆者
一四四三（嘉吉三）〜一五一四（永正十一）

享徳三（一四五四）年に勃発した享徳の乱は、古河公方足利成氏と関東管領の山内上杉氏の対立であり、景春の祖父景仲《かげなか》は山内上杉氏の家宰として主導的役割を果たしていた。寛正二（一四六一）年までに山内上杉氏の家宰を継いだ父景信は、年若い関東管領上杉顕定を越後上杉氏から迎えて実権を握った。

文明三（一四七一）年、管領方は攻勢に転じた。父景信と共に従軍した景春は、同年五月に赤見城（栃木県佐野市）を攻め落とし、同年九月には館林城（館林市）を攻めて戦功を挙げ、将軍の足利義政から賞賛されるまでとなっていた。この間、足利成氏は古河から千葉城（千葉県千葉市）へ逃れていたが、翌四年古河城（茨城県古河市）に復帰し、再び管領方の五十子《いかっこ》陣（埼玉県本庄市）と対峙することとなった。しかし翌五年に父景信が死去すると、景春の境遇が一気に変わり始めた。

管領上杉顕定は、宿老の寺尾礼春《らいしゅん》・海野佐渡守《うんのさどのかみ》と相談し、次の家宰に景春の叔父で総社長尾氏である長尾忠景《ただかげ》を任命した。景春はこれを不満とし、同調して忠景に憤っている武蔵・上野・相模の武士は、二、三千人に上ったという。家宰職に伴う利権がいかに大きかったかが分かる。景春らは管領方へ反乱を起こし、五十子陣に出入りする商人の通行を妨げ、管領方は兵糧に窮したという。

これに対して扇谷上杉氏の家宰太田道灌が和解のため連絡を取った。道灌は景春から管領顕定らの討伐の意思を伝えられるが、これに応じず五十子陣に参陣した。景春と道灌は親戚関係にあった。道灌は景春を武蔵国守護代に就任させる案を顕定らに提案するが実現しなかった。この地位は山内上杉家の家宰に次ぐ地位であったためである。やがて、景春は五十子陣を退去し、鉢形城（埼玉県寄居町、写真）を築城する。

整備された鉢形城（埼玉県寄居町鉢形）

訪ねてみよう

空恵寺《くえいじ》（渋川市上白井3958）…境内には白井長尾氏歴代の墓所があり、山門は県指定文化財。

同九年正月、景春は五十子陣を攻撃し、同陣は崩壊した。いわゆる長尾景春の乱の始まりである。管領方は利根川を越えて上野国(群馬県)に逃れた。管領顕定軍は阿内《あうち》(前橋市)、越後上杉定昌《さだまさ》軍は白井《しろい》(渋川市)、太田道灌が従う扇谷上杉定正《さだまさ》軍は細井口(前橋市)におのおの陣を張り、岩松家純《いえずみ》は金山城(太田市)に在城した。景春方で上野国の中心人物は長野為業《ためなり》であった。長野為業は厩橋《まやばし》城主(前橋市)であったことが、近年有力説となった。このため、管領方の退去先は、厩橋城を意識したものであった可能性が高くなった。

同年五月、長野為業が参陣する景春軍と管領方が、針谷原《はりがやはら》(埼玉県深谷市)で決戦を行った。双方ともに多数の死者を伴った合戦であり、景春方では長野為業、管領方では大石源左衛門尉《げんざえもんのじょう》が討ち死にし、管領方の勝利に終わった。劣勢となった景春に味方したのは、古河公方足利成氏であった。公方軍は、同年夏までに上野国へ侵攻し、滝・島名(高崎市)に陣を張った。九月末に道灌が赤城山南麓で陽動作戦に出る。公方軍では下野勢が進軍し、景春も同陣したが、道灌が引田《ひきだ》(前橋市)で待ち受けていたため、劣勢を悟り退陣となった。一方、公方軍本隊は十二月に白井へ向かい北上を始めたため、管領軍も漆原《うるしばら》(吉岡町)へ出陣し、両軍は広馬場《ひろばば》(榛東村)で対陣した。しかし、大雪が降ったため戦わず和談となった。翌年七月景春は鉢形城を失い、同十二年には日野城(埼玉県秩父市)が落城し、景春は秩父を退去した。同十四年、幕府と足利成氏が和睦して、享徳の乱も収束した。

景春が再び動き出すのは、山内・扇谷両上杉氏が争った長享の乱に、扇谷上杉方として参戦した際である。長享二(一四八八)年、上野国内に在陣した際、鳥取(前橋市)にあった山内上杉軍に攻められ退去しており、その後は武蔵国内を転戦した。明応三(一四九四)年、扇谷上杉定正《さだまさ》が死去し、足利成氏は山内上杉方に転じたが、景春は成氏に従わず扇谷上杉方として残留した。しかし、嫡子長尾景英《かげひで》が山内上杉方となったため、以後父子で争う結果となった。その際、景英が白井長尾氏の当主となり、景春を支える勢力も少なくなった。永正二(一五〇五)年、扇谷上杉氏が敗北したため、一時景春も山内上杉氏に帰参することとなった。しかし、永正の乱では再び山内上杉氏から離反し、同七年に山内上杉顕定が越後で戦死した際には、管領職を継いだ上杉憲房《のりふさ》が在城する白井城の奪取を試みて失敗した。やがて上野国を退去し、同十一年死去した。景春の抗争は実を結ばなかったが、下克上を想起させる人物として評価できる。

(飯森　康広)

訪ねてみよう

日野城跡(埼玉県秩父市荒川日野)…熊倉城とも呼ばれ、長尾景春の乱の際に景春が拠った城。

コラム● 長尾景春の乱と太田道灌

文明九(一四七七)年正月、景春は関東管領上杉顕定《あきさだ》らが拠点とする五十子《いかっこ》陣(埼玉県本庄市)を攻撃したため、同陣は崩壊した。長尾景春の乱の始まりである。景春と道灌は姻戚関係であったため、当初景春は自分に味方するよう道灌を誘った。しかし、道灌はあくまで主家に従い、関東管領方の姿勢を貫いた。

五十子陣を追われた管領顕定は阿内《あうち》(前橋市)に、道灌ら扇谷上杉軍は細井口(同市)に、越後勢は白井《しろい》城(渋川市)にいったん退去した。おそらく、厩橋《まやばし》城(前橋市)には景春方で上州中一揆旗頭の長野為業《ためなり》がいたのであろう。そうなると、この移動は単なる撤退ではなく、景春方への牽制となったはずである。上野(群馬県)国内の諸勢力は、上野国守護を兼ねていた管領顕定に付くべきか、地元勢力と根強く結んだ景春に付くか悩んでいたはずだ。

五月に用土原《ようどはら》(埼玉県寄居町)・針谷原《はりがやはら》(同深谷市)で景春軍と決戦に及び、管領方が勝利を得た。しかも、この合戦の犠牲者は甚大で、景春方では長野為業、管領方では大石氏が討ち死にしている。ところが、そんな混乱の中、夏頃に景春に味方して古河公方足利成氏方が上野国へ侵攻し、滝・島名(高崎市)に陣を張ったため、戦況は新たな局面を迎えた。

道灌は管領顕定らと共に白井城に入城したが、九月になっても戦局は膠着して、双方動く気配がない。道灌は「いたずらに日を送っている」と苛《いら》立ちを隠さない。そこで陽動作戦に出る。当時東上野は敵対する古河公方の勢力下だったが、片貝(前橋市)まで侵攻し、相手が攻めてくるのを誘発した。案の定、滝・島名陣から軍勢が分かれて、結城・両那須・佐々木・横瀬らが、景春と共に攻め寄せてきた。道灌は片貝(前橋市)から荒牧(前橋市)へ進み、沼田街道を北上し、塩売原《しおうりはら》(前橋市上庄司原・下庄司原)へ打ち上って、引田《ひきだ》(前橋市)の難所を前にして待ち受けた。結果として、管領方の足並みが乱れたため、合戦の好機を逃して、下野(栃木県)勢は帰国してしまう。それにしても、武蔵国(埼玉県)に暮らす道灌がこうした地形を利用して陽動作戦を立てたことには驚く。山内上杉家の家宰長尾忠景《ただかげ》と道灌はぎくしゃくした関係なので、作戦の立案で相談したとも思われない。道灌は天性の戦略家であり、独自のリサーチ能力があったのだろうか。この戦闘の活躍を通じて、道灌が優れた戦略家であったことが良く分かる。

十二月下旬、いよいよ決戦となる。両軍は広馬場《ひろばば》(榛東村)で対陣した。この折も道灌が策を進言した。軍を分けて敵背後の国分《こくぶ》(前橋市・高崎市)へ回り込み、挟み撃ちにしようと考えた。しかし、白井城を頼みとする越後衆に反対されてしまう。結果として、大雪のため決戦は回避され、やがて和睦が成立した。撤退する公方軍は留守所《るすどころ》要害(前橋市元総社周辺)を含む城を焼き払って去って行った。

上野国内での道灌の活躍は、これで終わる。ただし、景春の抵抗は、文明十二(一四八〇)年に秩父(埼玉県)の拠点を追われるまで続いた。長尾景春の乱における戦場には、戦国時代の末期になじみのない地名が多く出てくる。特徴的なのは、塩売原や広馬場など広い原野を思わせるものだ。この頃の戦闘は決戦型であり、大平原で大軍同士が対面して勝負を決するものであった。針谷原合戦で主戦力が討ち死にを遂げるのは、こうした状況のためといえるだろう。城攻めというのも顕著ではない。軍勢は陣営を設置した。公方成氏が張陣《ちょうじん》した滝・島名陣や、管領顕定が拠った阿内陣などである。一方、五十子陣は、管領方が数年来陣所としていたため城郭化していたといわれ、連歌師なども訪れて政治文化の中核地となっていった。

戦国時代を代表する城郭として、当時すでに金山城(太田市)や館林城(館林市)は築かれていたが、広馬場に程近い箕輪《みのわ》城(高崎市)はまだ築かれていなかったであろう。この乱の経験を通じて、地域に暮らす武士たちは、領地を守る自衛の策として山城の必要性を実感し、次々と築城を開始していったに違いない。この乱は、上野国の戦国時代の幕開けを告げることになった。

同十八年七月、道灌は扇谷上杉家が相模で本拠とする糟屋《かすや》館《やかた》(神奈川県伊勢原市)において、主人上杉定正《さだまさ》の命令によって暗殺された。力を持ちすぎた故の末路といえる。境遇が景春と似ている気がしてならない。主人を超えるような力量を持ち、主人に疎まれたといえるだろう。戦国時代の幕開けとともに、鎌倉府体制を支えてきた主人と家宰という関係は争いを生み、やがて権力は集約されていった。しかし、それを支える諸勢力の分裂は解消されず、対立は繰り返されていった。

(飯森　康広)

コラム● 月江正文《げっこうしょうぶん》

戦国時代、上野国を中心とする地域に広まった曹洞宗の背後にあるのが、月江の存在である。

北陸地方から曹洞宗が全国に展開してゆく過程で、東国における教線拡大の要《かなめ》となった相模国最乗寺《さいじょうじ》（神奈川県南足柄市）を開いた了庵慧明《りょうあんえみょう》そのほかに師事したのが月江である。自身は東海から関東地方にかけて活動し、育てた四人の高弟、一州正伊《いっしゅうしょうい》、密山正厳《みっさんしょうごん》、泰叟妙康《たいそうみょうこう》、華叟正蕚《かそうしょうがく》が関東を中心に大活躍した。

一州は白井長尾氏に招かれ双林寺《そうりんじ》（渋川市）を、次いで沼田氏の帰依により玉泉寺《ぎょくせんじ》（沼田市）、密山は真里谷武田《まりやつたけだ》氏の帰依を受け真如寺《しんにょじ》（千葉県木更津市）を開いた。泰叟は武蔵太田氏の帰依を受け龍穏寺《りゅうおんじ》（埼玉県越生町）を開山したとみられる。華叟の弟子筋には、赤井氏に招かれ茂林寺（館林市）を開いた大林正通《だいりんしょうつう》、井伊氏に招かれ龍門寺（高崎市）・龍広寺《りゅうこうじ》（同）を開いた白庵秀関《はくあんしゅうかん》がいる。そしてさらに一州の弟子筋は長野氏の長年寺（高崎市）や越後長尾氏の林泉寺《りんせんじ》（新潟県上越市）、また永源寺《えいげんじ》（藤岡市）・最興寺《さいこうじ》（富岡市）・仁叟寺《じんそうじ》（高崎市）など各地の中心的曹洞宗寺院を開山・再興することになる。それらは帰依者の菩提寺という性格はあるが、そればかりでなく禅道場・地域本寺として曹洞僧・末寺を育成し、曹洞宗を広める拠点ともなった。その多くは現在も曹洞宗名刹として知られている。

そうそうたる戦国大名や国人らの帰依を受けた弟子たちだが、月江自身も関東では土豪金子氏の帰依を受け普門院（さいたま市大宮区）などを開いた。また岩付城（埼玉県岩槻市）を築城したという「自耕斎《じこうさい》」を弟子にし、この自耕斎なる人物は太田氏あるいは成田氏であると考えられている。上野国での足跡ははっきりとしないが、松井田の補陀寺《ほだじ》（安中市）は月江のもう一人の師である無極慧徹《むごくえてつ》が開山したとも、また無極が結んだ草庵があり、そこへ月江がかつて住持した美濃国補陀寺（廃絶か）を移したともいわれている。

山城国《やましろのくに》（京都府）の藤原氏の出で幼くして出家し経論《きょうろん》に精通したといい、美濃国楞厳寺《りょうごんじ》（詳細不詳）で没したと伝わる。

（久保　康顕）

一州正伊《いっしゅうしょうい》

長尾景仲に招かれ、双林寺を開いた
一四一六（応永二十三）～一四八七（長享元）

子持山山腹の巨刹双林寺《きょさつそうりんじ》（渋川市、写真）は、山内上杉氏の家宰・守護代として東国に権勢をふるった白井《しろい》長尾氏の当主・長尾景仲《かげなか》による文安～宝徳期（一四四四～五二）の創建で、一州正伊はその初代住持として招かれた曹洞僧。双林寺は単なる曹洞宗寺院ではなく禅僧の修行道場。当時数千人の修行僧が集まり、双林寺の水を飲まなければ禅僧にあらずといわれたと伝わる。

周防国熊毛郡《すおうのくにくまげぐん》の稲田氏の出で、幼い頃から寺で過ごし十三歳で出家したという。二十歳で京都妙心寺《みょうしんじ》（臨済、京都府）の日峰宗舜《にっぽうそうしゅん》に参禅。以降、丹波円通寺《たんばえんつうじ》（曹洞、兵庫県）の牧翁性欽《ぼくおうしょうきん》、越前慈眼寺《えちぜんじげんじ》（同、福井県）の希明清良《きみょうせいりょう》を歴参。これら修行先は天皇家や足利将軍、関白近衛《このえ》家に関係する名刹や高僧であり、若年における中国文献の深い理解を重んじる臨済宗での修行も合わせて、素養の高さを物語る。

こうした禅・学問環境にいた一州が次に参禅したのが、武蔵大泉院《むさしだいせんいん》（東京都町田市）の月江正文《げっこうしょうぶん》であった。一州は十余年にわたって付き従い、月江の法嗣《はっす》となる。その後美濃《みの》楞厳寺《りょうごんじ》の住持であったとき景仲から双林寺へ招かれたのであった。白井長尾氏が庇護し、一州のいる双林寺は東国有数の禅道場となっていく。

双林寺（渋川市中郷）

文明四（一四七二）年、相模国（神奈川県）の一大禅道場である最乗寺《さいじょうじ》（神奈川県南足柄市）の住持となり、そののち沼田氏が創建した玉泉寺《ぎょくせんじ》（沼田市）の開山となるなどし、晩年に双林寺へ帰り没した。

双林寺の一州に参禅し法嗣となった者に、転法輪《てんぽうりん》三条家出身の曇英慧応《どんえいえおう》、当国小幡家出身の天倫正挺《てんりんしょうてい》らがいる。曇英も臨済名刹を遍歴ののち月江や一州に師事、長年《ちょうねん》寺《じ》（高崎市）そして上杉謙信が入門する林泉《りんせん》寺《じ》（新潟県上越市）を開くなど、一州法嗣も曹洞宗の教線拡大に大きな足跡を残すことになる。

（久保　康顕）

訪ねてみよう

双林寺（渋川市中郷2399-7）の無縫塔群…この中に一州の墓塔があるといわれている。

長尾《ながお》 景英《かげひで》

父親と敵対した長尾景春《かげはる》の子息
一四七九(文明十一)～一五二七(大永七)

長尾景英は、文明十一(一四七九)年に誕生した。父親は、山内上杉氏に対して反乱を起こしたことで著名な長尾景春《かげはる》である。

景英が誕生した翌年の同十二年、武蔵国秩父郡日野城(埼玉県秩父市)が落城した。これをもって、同九年頃から始まった長尾景春の乱はひとまず終息した。この後、景春は古河公方足利成氏のもとに逃れたとされ、まだ幼かった景英も父親と共に行動していた。

ところが、山内・扇谷両上杉氏の争いである長享《ちょうきょう》の乱(一四八七～一五〇五)が始まると、景英は父親と別行動をとるようになっていく。長享の乱における景春は、一貫して山内上杉氏と敵対する立場をとっていたのだが、景英は明応五(一四九六)年頃には山内方となり、白井《しろい》長尾氏の家督を継承した。つまり、景英は父親と敵対関係になったのである。

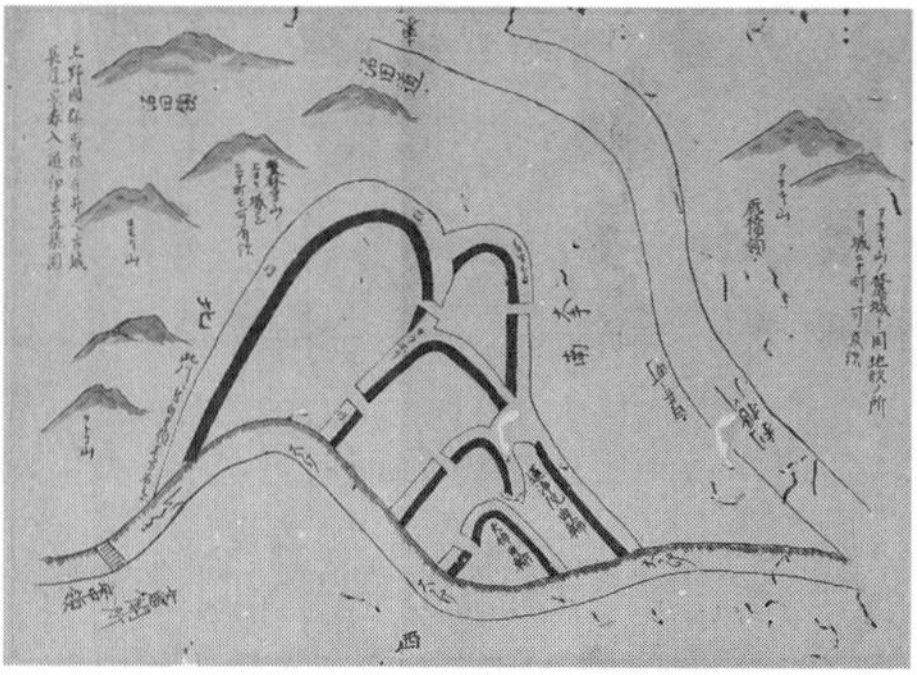
白井城絵図(群馬県歴史博物館蔵)

景英が山内上杉氏に従った契機は明確ではないが、古河公方の動向が関係しているという説が有力である。長享の乱の最中の明応三(一四九四)年十一月以降、古河公方足利政氏《まさうじ》は扇谷方から山内方に転じている。このとき、古河方だった景春が政氏に従わずに扇谷方となったため、子息である景英が古河公方・山内上杉氏に取り立てられた、というものだ。

こうして景春と敵対した景英は、同五年七月に父親と一戦を交えている。この戦いは、景英が取り立てた相模国(神奈川県)西部の陣城に、景春の軍勢が接近してきたために発生した。この戦いの結果は、景英の勝利に終わっている。

山内上杉氏に対する反乱者の子息として誕生した景英だが、やがて山内上杉氏に帰参し、白井長尾氏の当主として、長享の乱を生き抜くことになった。その後の動向は分からないが、大永七(一五二七)年に四十九歳で死去したという。景英の後を継いだのは、一人息子の景誠《かげしげ》である。(藤田 慧)

訪ねてみよう
真田《さなだ》城跡(神奈川県平塚市真田1-14-1　天徳寺)…景英が父・景春と対陣した場所の一つ。

長尾《ながお》　景誠《かげしげ》

早世した白井長尾氏当主
一五〇七（永正四）？〜一五二九（享禄二）？

長尾景誠《かげしげ》は、長尾景英《かげひで》の息子である。景誠の母は、従来は長野業政《なりまさ》の姉とされてきた。しかし、近年の研究では、彼女を景誠の母ではなく、妻とする説も出てきている。

景誠は、大永四（一五二四）年までには、白井《しろい》長尾氏の家督を継承したとみられる。景誠が当主であった頃の関東では、同年正月から、山内・扇谷両上杉氏と、小田原（神奈川県小田原市）を本拠とする北条氏綱《うじつな》との間で、抗争が始まっていた。この戦いにおいて、景誠は山内上杉氏に従っていたとされている。

ところがこの抗争の過程で、長尾氏を巡るある事件が起きた。景誠の同族であり、同じ山内方だった総社長尾氏の顕景《あきかげ》が、氏綱と通じて北条方へと離反する動きをみせたのである。

とはいえ、結局のところ、顕景は再び山内方へ戻ることを選び、上杉憲房《のりふさ》に自らの帰参を嘆願した。だが、事件はこれで終わらなかった。顕景が憲房に嘆願している最中の同年十二月、山内方である箕輪《みのわ》城の長野方業《まさなり》が、策略を巡らせて顕景を滅ぼそうとしたのである。自力では長野氏に対抗できない顕景は、越後国（新潟県）の長尾為景《ためかげ》に救援を求めることになった。

この一連の事件において、景誠は二つの役割を果たしている。一つは、顕景が山内方へと戻ろうとした際の仲介である。景誠は、顕景と山内家の間に立って、顕景の嘆願を憲房に伝える役割を担っていた。

もう一つは、為景への出陣要請である。長野氏によって顕景が窮地に陥った知らせは、白井城（渋川市）の景誠のもとにも届いていた。これに対し、景誠もまた為景に書状を書き、救援を送るよう必死に説得している。景誠には、同族である顕景を助けたいという思いがあったのではないだろうか。

この数年後、景誠は同族の長尾八郎という人物に殺害されてしまう。二十三歳の若さであった。

（藤田　慧）

長尾景誠の花押

訪ねてみよう
白井城跡（渋川市白井）…市指定史跡。越後上杉氏と関わりが深く、後に白井長尾氏の本拠地となる。

長尾《ながお》 憲景《のりかげ》

総社長尾家の出身
一五一一(永正八)?〜一五八三(天正十一)?

長尾憲景は、長尾景誠《かげしげ》の死去後に、白井《しろい》長尾氏の家督を継承した人物である。

まず、憲景が家督を継承するまでをみていこう。景誠には息子がいなかったため、死後に白井長尾氏の跡継ぎを巡る問題が生じたといわれている。一説によると、長野業政《なりまさ》がこの事態の解決に関わり、総社長尾氏の顕景《あきかげ》の三男、景房《かげふさ》を当主とすることで決着したとされる。この景房が後に名前を変えたのが、憲景である。

こうして白井長尾氏の当主となった憲景だが、その後半生にはさまざまな困難に直面した。なぜならば、この頃になると、上野国(群馬県)を巡る戦国大名たちの戦いが本格化してくるからである。

天文二十一(一五五二)年、憲景の主君である上杉憲政が、小田原北条氏の攻撃によって越後国(新潟県)へ退去した。永禄三(一五六〇)年には、憲政を奉じた越後の上杉謙信が関東に進軍し、北条氏との戦いが始まる。憲景は謙信に従ったが、このことで、北条氏と同盟を結んでいた武田氏の攻撃を受けることになる。そして、同十年に白井城(渋川市)を武田氏に攻略されたため、憲景は本拠地を失ってしまうのである。

白井城を失った憲景は、謙信のもとに逃れたものの、白井城に戻ることを切望していたようだ。

やがて憲景は、元亀元(一五七〇)年から天正二(一五七四)年の間に、謙信の支援を受けて上野国に戻った。自らの旧領にある八崎《はっさき》城(渋川市)に在城しており、これは白井城への復帰を目的としたものだという。

ところが、同六年になると、支援者である謙信が死去してしまう。この後の憲景の動きは複雑だが、最終的に白井城への復帰に成功したのは、同十年頃のことだった。

憲景の政治的な動きを追っていくと、失った白井城の回復に強い思い入れを持っていた様子をうかがうことができる。

(藤田 慧)

長尾憲景の花押

訪ねてみよう

八崎城跡(渋川市北橋町分郷八崎)…憲景が白井城奪還のために拠点とした赤城山麓の城郭。

長尾《ながお》 輝景《てるかげ》

戦国時代最後の白井《しろい》長尾氏当主
生没年未詳

長尾輝景は、長尾憲景《のりかげ》の次男である。父・憲景が存命中の天正十（一五八二）年には、白井《しろい》長尾氏の家督を継承し、当主になっていたと考えられている。

輝景という人物には、政治的には二つの側面があったと考えられる。一つは、自らの領地の支配者としての側面、もう一つは、小田原（神奈川県小田原市）の北条氏に従う武将としての側面である。

まず前者からみていこう。天正十年頃、失っていた白井城（渋川市）に復帰した白井長尾氏は、再び同城を本拠地としながら支配をしていた。その領地は、利根川と吾妻《あがつま》川の合流地点にある白井城を中心としながら、この二つの河川沿いに存在したとされている。また、伊香保温泉（渋川市）も支配下に入っていた。

次に後者の側面をみていこう。輝景が白井長尾氏当主となったとされる天正十年頃から、上野国（群馬県）は北条氏の支配下に入っていった。輝景も北条氏に従っており、同十三年には、北条氏に従わない上野国衆は北毛を支配する真田氏だけになっていた。北条氏は、北毛も支配下に置くことを目指し、真田氏を攻撃しているが、なかなか攻略することができなかった。

この真田氏の領地と境を接していたのが、輝景の領地である。輝景は北条方の武将として真田氏と戦っており、北条氏による真田氏攻撃の先鋒的な役割を担っていたようだ。

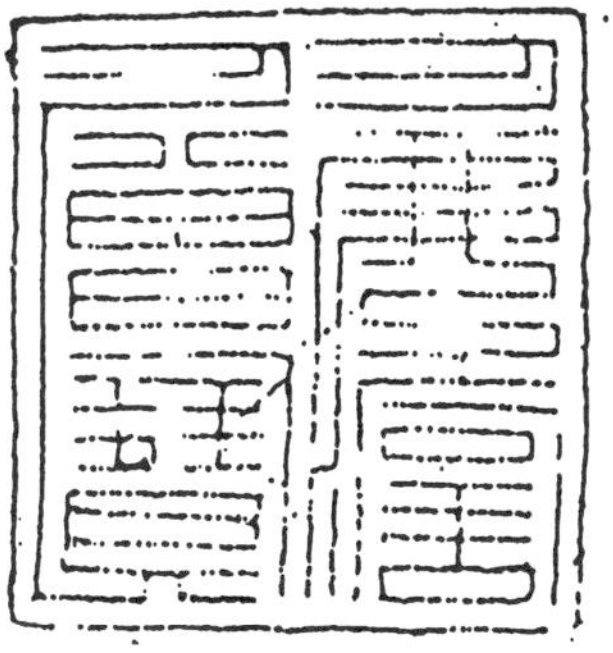
長尾輝景の黒印

同十八年の小田原合戦の際も、輝景は北条方として白井城に在城していた。しかし、同年四月には、秀吉方の前田利家・上杉景勝の攻撃で白井城は落城してしまう。落城後の輝景は、越後国（新潟県）に向かい、上杉景勝に仕えている。輝景は、慶長三（一五九八）年までは生存していることが確認されている。

（藤田　慧）

訪ねてみよう
不動山城跡（渋川市赤城町見立字二城他）…市指定史跡。白井長尾氏の家臣の牧氏が在城した。

木暮《こぐれ》下総守《しもうさのかみ》

日本の名湯伊香保温泉の地侍《じざむらい》
?～一五九〇(天正十八)

木暮下総守は、伊香保温泉(渋川市)を本拠として活動していた地侍である。その実名《じつみょう》は、祐利《すけとし》といわれている。

伊香保温泉は、戦国時代の末期になると白井《しろい》長尾氏の支配下に入った。下総守も天正十(一五八二)年頃には白井長尾氏に従っている。

下総守が伊香保温泉で活動していたことが分かるのは、同十～十六年までである。下総守は同十八年に死去したとされているから、その活動は晩年のものということになる。

一方で、これ以前の下総守の動向は、よく分からない。一説には、初めは上杉憲政《のりまさ》に従っていたが、天文二十一(一五五二)年の北条氏康《うじやす》の攻撃で、憲政が居城の平井城(藤岡市)から退いた後は、長野業政《なりまさ》を頼った。そして、永禄九(一五六六)年に長野氏が滅亡した後は、武田氏に従った、ともいわれる。しかしながら、これがどの程度史実を示しているかは明らかではない。

伊香保温泉道中図(群馬県歴史博物館蔵)

次に、下総守の活動から、その人物像に迫ってみたい。

これには、大きく分けて二つの側面があったようだ。

一つは、温泉を営む者としての側面である。白井長尾氏は下総守に対して、温泉を管理し、利用することを認めている。このことから、下総守は、温泉を生業とする人物であったといわれている。

もう一つは、伊香保温泉の治安維持者としての側面である。伊香保温泉の湯治客の中には、支配者である白井長尾氏にとって、敵方の人間もいた。また、温泉では、争いの種になる喧嘩《けんか》や口論、博打《ばくち》・双六《すごろく》・福引といったギャンブルの流行も問題になっていたようだ。長尾憲景《のりかげ》・輝景は、下総守に湯治客の情報収集を命じているほか、下総守からの申請で、喧嘩やギャンブルを禁止している。温泉の秩序を守ることは、下総守の大切な役割だったのである。

(藤田　慧)

訪ねてみよう

伊香保温泉(渋川市伊香保町)…木暮下総守の本拠地であり、草津温泉と並んで名湯として名高い。

コラム●謎の挿花師・後藤大学

後藤大学《ごとうだいがく》は、生け花の流派である美笑流《みしょうりゅう》を創流したとされる人物である。幼名は出雲《いずも》、実名《じつみょう》は温岐《あき》で、美笑軒道覚《びしょうけんどうかく》とも号していた。後藤大学の出身地は相模国（神奈川県）で、最初は小田原（神奈川県小田原市）の北条氏に仕えていたが、後に白井《しろい》長尾氏や上杉謙信に仕えたとされている。

後藤大学は、名士で武勇の誉れが高い一方で、常に花を好み、花を生けて楽しんでいた人物と伝わっている。

また、後藤大学が暑い夏の行軍中に木の下に小休止した際、ヒルガオの花がきれいに咲いているのを見つけ、それを手折って持っていた器《うつわ》に挿し、弓の弦《つる》でつるして本陣に送ったところ、大将であった上杉謙信が喜び、句を一首詠んでくれた、という逸話も残されている。

後藤大学が美笑流を創流したのは、天文十四（一五四五）年のこととされている。創流後は、現在の渋川市の旧子持村地区を活動の拠点としていた。晩年には京都に赴き、そこで亡くなったとされている。

以上が現在に伝わる後藤大学の来歴であるが、これらの活動は伝承とみられるものが多く、その実態はいまひとつはっきりしない。後藤大学は、まさに謎の挿花師《そうかし》というにふさわしい人物なのである。

一方で、このような伝承が残されているということは、戦国時代の上野国（群馬県）に、生け花のような文化が育まれる素地があったことを示しているのではないだろうか。

ところで、美笑流は創流以後、上野国以外の日本各地に分派し、現在まで続く地域もある。また、安永九（一七八〇）年の序文を持つ美笑流の作品集、『美笑流活花四季百瓶図《びしょうりゅういけばなしきひゃっぺいず》』も作られた。この作品集には「花を生けるということは、よき心をしるということ」という美笑流の花に対する心得が記されている。（藤田　慧）

後藤大学の碑（渋川市中郷）

狩野大学助《かのうだいがくのすけ》と津久田衆《つくだしゅう》

「南雲街道《なぐも》」を押さえる地侍集団《じざむらい》
生没年未詳

勢多郡赤城村（渋川市赤城町）津久田三摩入《つくだみまいり》の薬師堂には、「天文十一（一五四二）年二月日」「上刕林庄佃村《(州)はやしのしょうつくだむら》　施主《せしゅ》河内《かわち》」と、「天文十一年十二月日」「上刕《(州)》林庄津久田村」の銘を持つ二基の石殿《せきでん》があった。戦国時代の津久田村は、地侍狩野氏を中心に結集する津久田衆の拠点であった。

天正八（一五八〇）年十二月、津久田衆の狩野左近《さこん》は宮田《みやだ》衆の頭目である須田新左衛門尉《すだしんさえもんのじょう》らと共に、甲越《こうえつ》同盟を背景に沼田に進出した真田昌幸《まさゆき》に従い、北条方河田重親《しげちか》の居城不動山城を乗っ取り、恩賞を受けている。同九年十二月には、狩野新介が上杉景勝《かげかつ》から森下（昭和村）・八崎（渋川市）・金屋村（渋川市）に所領を給与されている。

しかし、同十年に武田・織田氏が滅び、十月に北条・徳川同盟が成立すると情勢は一転した。沼田を目指し厩橋《まやばし》（前橋市）から進撃してきた北条氏邦《うじくに》・氏照《うじてる》の前に、狩野大学助率いる津久田衆は屈し、津久田城を差し出すことになったのだ。さらに、沼田攻めの軍役《ぐんやく》（軍備や従軍）を課されることになったが、北条氏は、厩橋と沼田を結ぶ「南雲街道」と利根川の川瀬の安城《あじろ》（網代）を押さえる津久田衆に南雲郷（渋川市赤城町一円）の知行を預け置き、「大途《だいと》の被官《ひかん》」（北条氏当主の家臣）に取り立てたのだ。大名分国の「境目《さかいめ》」の軍事力「南雲地衆《なぐもじしゅう》」である。

同十七年十一月、真田領名胡桃《なぐるみ》城（みなかみ町）に侵攻した北条氏に対し、豊臣秀吉が小田原征伐を発令すると、北条氏邦は阿曽《あそ》の砦（昭和村）の守備固めを行った。この時、狩野越後守は赤堀氏と阿久沢氏と共に在番を命じられ、城外に津久田衆を配置して真田氏の攻撃に備えた。

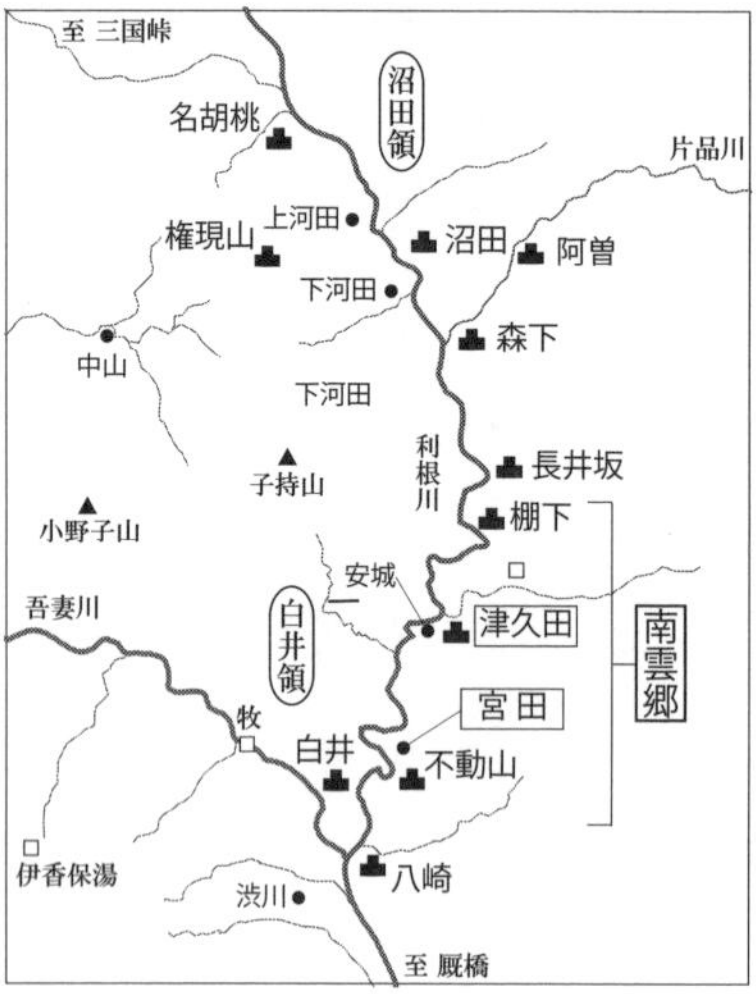

南雲地衆（津久田衆・宮田衆）の本拠とその周辺

吾妻郡に進出した狩野右衛門助《うえもんのすけ》は富沢・福田・市場氏らと「吾妻《あがつま》乗馬衆《じょうばしゅう》」と呼ばれ、慶長七（一六〇二）年に伝馬宿《てんまじゅく》を創設し、中之条町の草分けとなった。（簗瀬　大輔）

訪ねてみよう
津久田城跡（渋川市赤城町津久田2104）…市指定史跡。沼田・厩橋往還と利根川の網代を押さえる。

須田《すだ》新左衛門尉《しんさえもんのじょう》と宮田衆《みやだしゅう》

不動山城を乗っ取った地侍《じざむらい》
生没年未詳

鎌倉時代の建長三（一二五一）年、里見氏義《うじよし》という武将が不動明王《ふどうみょうおう》の石造尊像を彫らせ、拝志荘宮田《はやしのしょうみやだ》（渋川市赤城町宮田）の洞窟に安置した（石造不動明王立像）。聖なる山はいつしか不動山と呼ばれ、戦国時代になると、その尾根上に「不動山城」が構築された。

天正六（一五七八）年に成立した甲越《こうえつ》同盟を背景に、武田勝頼が東上野侵攻を開始すると、真田昌幸が吾妻郡岩櫃城《いわびつ》（東吾妻町）から利根郡に進出し、翌七年に沼田城から河田重親《しげちか》を追放した。重親は北条氏を頼り、白井《しろい》領の利根川東岸に不動山城を与えられた。この頃、須田勘丞《すだかんじょう》という地侍が重親に従って手柄を立て、南雲《なぐも》郷内（渋川市赤城町一円）に三十貫文の所領を獲得した上に、家臣として「一《いち》類衆《るいしゅう》」が取り立てられた。これが不動山城山下《さんげ》の宮田村に結集する須田一類による宮田衆である。

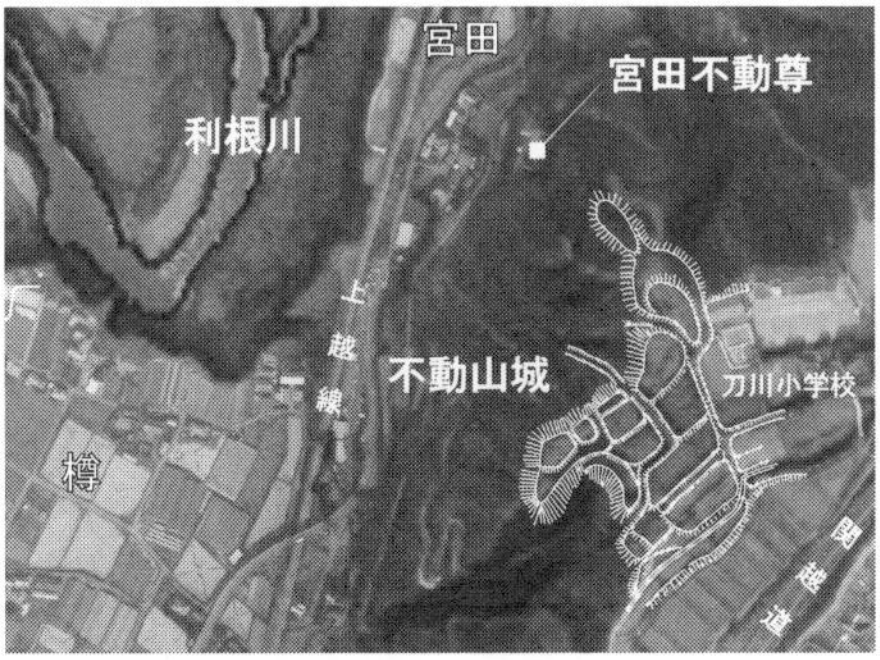

不動山城の立地と縄張（カシミール3Dに加筆）

宮田衆には勘丞のほかに新左衛門尉という指導者がいた。そこに、同八年、沼田の真田昌幸が味方になるよう調略をしかけてきたのだ。これを受けた新左衛門尉は、その年の十二月、津久田衆狩野左近《かのうさこん》らと結託し、須田甚丞をはじめ、文次郎・与右衛門《よえもん》・新次郎ら一類衆と共に、石田・平原・持木・新木といった南雲郷内の同心衆を率いて不動山城を乗っ取り、河田重親を退去させたのである。この働きにより、新左衛門尉は真田昌幸から南雲郷に二十貫文の所領を、そのほかの一類衆は当面の手当として屋敷地を獲得している。

豊臣秀吉が小田原征伐を発令した同十七年十一月、対岸に沼田城を望む阿曽《あそ》の砦（昭和村）の在番は一番が津久田衆の狩野越後守《えちごのかみ》、二番が須田氏であった。宮田衆も津久田衆と同様、「大途《だいと》の被官《ひかん》（北条氏当主の家臣）」に取り立てられ、「南雲地衆《なぐもじじゅう》」に編成されていたのである（地図参照）。

（築瀬　大輔）

訪ねてみよう
不動山城跡（渋川市赤城町見立）…市指定史跡。争奪が繰り返された利根川東岸の要衝。

原《はら》孫《まご》次《じ》郎《ろう》

境目・利根川辺の見張り番
?～一六二五（寛永二）

永禄十（一五六七）年、原孫次郎は利根川に程近い漆原《うるしばら》（吉岡町）を守備するように、武田信玄から直接命令を受けた。漆原が武田方と上杉方の境目の地として重要となったからである。孫次郎は甲斐国（山梨県）の生まれであり、最前線を守備するため抜擢されたことになる。この頃、信玄は長野氏の居城箕輪《みのわ》城（高崎市）、次いで白井《しろい》長尾氏の居城白井城（渋川市）、総社長尾氏の居城総社城（前橋市）を攻略して、利根川以西の西上州を手中に収めた結果、領国支配を整備していた。漆原は長野氏重臣長塩《ながしお》氏の拠点であり、これを引き継ぐことになった。

同十二年、上杉氏と北条氏が同盟を結ぶと、武田氏に対して上杉氏が攻勢を強めた。翌年には厩橋《まやばし》城（前橋市）の対岸に上杉氏が砦（石倉城、前橋市）を築いたため、孫次郎は城攻めに向けて参戦の支度をするよう命じられた。元亀二（一五七一）年には、厩橋城攻めに進軍した信玄が利根川の増水で越河《えっか》を断念した際、漆原に在陣して厩橋領を放火しており、要地であった。

翌年一月には、厩橋と沼田の間を往復する者を、討ち取るか生け捕るよう周辺住民に命じ、貴賤《きせん》を問わず褒美を与えるよう、信玄から命じられた。厩橋と沼田は敵対する上杉氏の拠点であり、周辺は重要な連絡路となっていた。漆原は利根川の渡河点でもあり、対岸には沼田街道が走っていたためだろう。しかし、翌月には武田方が抑えていた石倉城を、謙信に攻略されてしまった。

長塩屋敷（吉岡町漆原）

天正四（一五七六）年、武田勝頼に金山方面への偵察を命ぜられた際、茂呂《もろ》（伊勢崎市）で多数の敵勢に襲撃されたが、踏みとどまり戦功を上げ羽織を賜っている。同十年に武田氏が滅ぶと浪人となったが、その後に本多康重《ほんだやすしげ》に仕えた。過去帳は興禅寺《こうぜんじ》（高崎市）にあったが、葬地は不明である。

（飯森　康広）

訪ねてみよう

長塩屋敷（吉岡町漆原343他）…長塩氏の屋敷跡と伝わっていて、土塁の跡が残る。

第4章　高崎地域の戦国人

高崎地域要図

戦国時代の高崎地域

高崎市は群馬県の西南部に位置し、西北から南東にかけてやや細長い形状をしている。平成の大合併によって、旧群馬町・旧箕郷《みさと》町・旧新町《しんまち》・旧倉渕村・旧榛名町・旧吉井町が高崎市域に含まれたためである。西北部は榛名山をはじめとした山間部で、そこから南東方向に烏川《からすがわ》が流下している。南部の旧吉井町域を中心に鏑川《かぶらがわ》が東流し、烏川に合流している。西端は一部が長野県と接し、南端は飛び地状に高崎市に合併となった旧新町が埼玉県とも接している。

このように近年になって複雑に合併した同地域であるが、戦国時代には利根川よりも西部に当たる西上野《にしこうずけ》として認識されていた。関東管領《かんれい》で上野国《こうずけのくに》(群馬県)の守護でもあった山内《やまのうち》上杉氏と関わりの深い地域であり、前代からの守護領や国衙《こくが》領が多く存在した。旧群馬郡の中には府中と呼ばれる古代以来の上野国の中心地を含み、旧甘楽郡~旧多野郡を流下する鏑川流域には、山内上杉氏の被官となった領主が多かった。上州白旗一揆の構成員でもある長野氏・和田氏・寺尾氏などがそれに該当する。

旧吉井町域には、それ以前に西遷《せいせん》して幕府将軍の奉公衆《ほうこうしゅう》(親衛隊)として活躍した小串《おぐし》氏の本貫地があり、畿内に活路を求めた領主として興味深い。近隣の神保植松《じんぼうえまつ》城の神保氏は一族が畿内守護畠山氏の重臣であり、やはり近隣の奥平は東海地方で活躍する奥平氏の本貫地である。したがって、この辺りは領主の出入りが激しい地域であったともいえよう。

その後、十六世紀半ば以降の戦国時代後半には領を単位とした地域編成が進み、高崎地域では箕輪《みのわ》領の長野氏が比較的規模の大きな戦国領主(国衆)となる。しかしながら、西上野への甲斐《かい》武田氏の軍事活動が進んだ結果、永禄九(一五六六)年には箕輪城は落城して長野氏は敗れてしまった。その結果、武田氏の城代として箕輪城に配置されたのが内藤氏である。この武田氏の西上野侵攻の過程において、長年寺《ちょうねんじ》を戦乱から守るために活躍したのが僧侶の受連《じゅれん》であり、その様子を詳しく知ることができる。

現在の高崎の中心地に勢力を伸ばしたのが和田氏であ

る。系図を見ると分かるように、和田氏と箕輪衆を率いた長野氏は密接な血縁関係であったらしい。和田の地に町場が存在するようになったのも和田氏の時代であり、これによって現在の高崎市の基礎が築かれた。

　この地域で特質すべき存在が、権田鍛冶政重《ごんだかじまさしげ》や大蔵坊《だいぞうぼう》である。前者は榛名権現《はるなごんげん》の僧兵でもある刀鍛冶で権田を拠点とし、上州甲冑師の工房があった八幡荘《やわたのしょう》やその中心地の板鼻(安中市)と近距離であった。後者は東国で有数の格式を持つ修験《しゅげん》(山伏)の拠点で、府中に所在する。いずれも板鼻や府中といった都市的な場とも関係が深かった。

　近世に利根川の河岸《かし》が形成され、宿場町としても栄えることになるのが倉賀野《くらがの》である。その倉賀野を苗字の地とした倉賀野氏が本格的に見えるのも、戦国時代になってからである。倉賀野の町人が既に戦国時代には存在しており、近世に倉賀野が発展する素地がつくられていた。

（森田　真一）

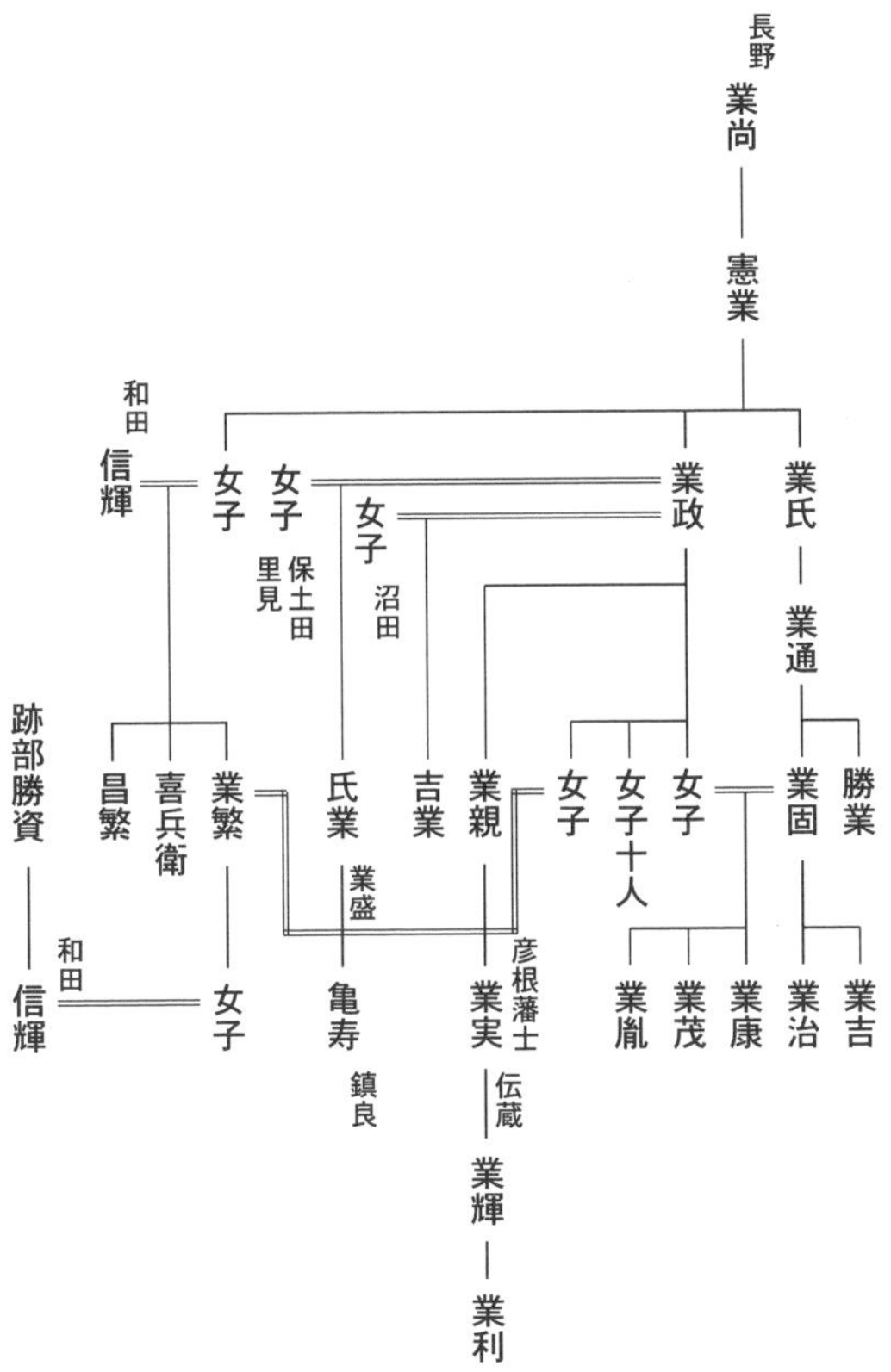

長野氏・和田氏略系図

高崎城跡(高崎市高松町)

長野《ながの》 為兼《ためかね》・房兼《ふさかね》

上州白旗一揆の旗頭
為兼?～一四七六（文明八）
房兼?～一五〇四（永正元）

長野氏は、石上《いそのかみ》姓を名乗り、在原業平《ありわらのなりひら》の後胤を称した。南北朝時代以降、上州白旗一揆《しらはたいっき》の構成員として名が見える。

享徳三（一四五四）年十二月、享徳の乱が勃発すると、足利成氏《しげうじ》が拠点を置く古河（茨城県）と、幕府の後援を受けた関東管領上杉氏の陣所である五十子《いかっこ》（埼玉県本庄市）の間で、一進一退の攻防が繰り広げられた。文明三（一四七一）年、上杉方は立林《たてばやし》城・舞木《まいぎ》城（館林市）を攻め落とした。この際に長野左衛門尉《さえもんのじょう》が感状を受けている。この感状は、関東管領上杉顕定《あきさだ》が幕府将軍足利義政に注進して発給されたものであり、長野氏は上州一揆の有力者であったと考えられている。この長野左衛門尉が為兼であろう。

同八年、長尾景春《かげはる》は、顕定へ反旗を翻すと五十子陣を攻め、針谷原《はりがやはら》（埼玉県深谷市）で上杉方と大規模な戦闘に及んだ。為兼は景春方に参陣し、討ち死にを遂げた。『松陰私語《しょういんしご》』には「当国《（上野国）》一揆旗本長野左衛門尉」と見え、為兼はこの時に上州一揆の旗頭であったことが分かる。この景春の蜂起に当たって、為兼は上杉方から離反したことになる。

同十四年の都鄙和睦《とひわぼく》の後、関東の戦乱は公方足利氏vs関東管領上杉氏から、上杉氏内部の抗争（山内《やまのうち》上杉氏vs扇谷《おうぎがやつ》上杉氏）へとシフトしていく。長野一族は山内上杉顕定にくみし、不測の事態に備えて上野国府付近に陣所を設けていた。伊勢宗瑞《そうずい》がこの対立に参画すると、対立は激化。永正元（一五〇四）年九月、立河原《たちかわはら》（東京都立川市）の戦いでは山内上杉方として「上州一揆長野孫六郎房兼」が討ち死にしており、房兼は為兼の子と考えられる。

為兼・房兼父子は、上州一揆のリーダーとして、景春の乱を除き、上野国守護でもあった山内上杉方にくみした。なお、長野氏は代々「業」を通字《とおりじ》としているので、両人の「兼」は「業」の誤記である可能性がある。

（青木　裕美）

北新波砦跡（高崎市北新波町）

訪ねてみよう

北新波砦跡（高崎市北新波町216）…県指定史跡。長野氏に関係する砦跡と考えられている。

コラム● 長野業政の十二人の娘たち

家を継承するのは、おおむね男子である。そのため、系図は男系が中心に記される。しかし、当時も人口の約半分は女子であったであろう。

箕輪《みのわ》城主であった長野業政《なりまさ》には十二人《トゥエルヴ》の娘たち《ドーターズ》がいた。もちろん一人の妻が全ての娘を産んだわけではないだろう。息子の吉業《よしなり》や氏業《うじなり》は「沼田腹」「保土田《ほどた》腹」と系図に記されているので、少なくとも業政には沼田氏の娘と保土田（里見）氏の娘という二人の妻がいた。

では、業政の十二人の娘たちは、系図類にどのように記されているのだろうか。長野氏の系図は現在、複数の系統のものが伝わっていて、記載は若干異なる。これは、系図が後世の編纂物であり、その人物が生きていたのと同時代に記された史料よりも若干信憑性が劣ることに起因する。しかし、自らの家をどのように由緒付けたかという点でも、系図はつくられたこと自体に意味がある。

女子を系図に記載する場合には、「○○の娘」、「○○の妻」と書かれることもある。業政の娘たちについても、系図には嫁ぎ先が記されている。

この業政の娘たちの嫁ぎ先と「関東幕注文」（永禄四年成立）に記された箕輪衆のメンバーを比較してみると、Ⓔ・Ⓕ・Ⓖ・Ⓗ・Ⓚ・Ⓛが一致する。衆の構成員とのつながりを、婚姻関係によってより強固なものとしていく意図があったのだろう。また、ⒶⒷやⒸは隣接地域の国衆である。戦国時代を生き抜いた女性たちも決して男性たちの影に隠れていたわけではなく、地域をつなぐ架け橋になっていたのである。

（青木　裕美）

長野正弘氏所蔵系図（『榛名町誌』所収）	備　考
Ⓐ小幡上総介	小幡信定（小幡城）
Ⓑ小幡図書之介	小幡景純（国峰城）
Ⓒ武蔵忍成田下総守	成田長泰（忍城）
Ⓓ木部駿河守	木部氏
Ⓔ大戸八良三良	大戸左近兵衛（大戸城）
Ⓕ和田新兵衛	和田業繁（和田城）
Ⓖ浜河六良	藤井氏（浜川城）
Ⓗ倉加野淡路守	金井秀景（倉賀野城）
Ⓘ羽尾真田山城守	羽尾修理亮（羽尾城）
Ⓙ長尾（野ヵ）弾正	長野氏（厩橋城）
Ⓚ板鼻依田殿	依田氏（板鼻鷹巣城）
Ⓛ弾正忠業固	長野業固（室田鷹留城）

系図にみる業政の娘の嫁ぎ先
実名は近藤義雄『箕輪城と長野氏』による。

長野《ながの》 業政《なりまさ》

上杉関東管領執権
?〜一五六一（永禄四）

箕輪《みのわ》城主長野氏の一族。憲業《のりなり》の子で、信濃守《しなののかみ》を称した。長野氏については複数の系図が伝わるが、内容に混乱が見られ、不明な点も多い。また、業政の発給とされる文書は一通も確認されていない。天文四（一五三五）年四月、榛名山の祭礼に際して喧嘩《けんか》・相伝・押買狼藉《おしかいろうぜき》を禁止した制札《せいさつ》の発給者が業政である可能性が指摘されているのみである。

同二年二月、小田原北条氏二代の氏綱《うじつな》は鎌倉（神奈川県）の鶴岡八幡宮再建のために、奉加《ほうが》を募る使者を上野国（群馬県）に派遣した。この時、西上野は関東管領上杉憲政の影響下にあったが、その領国への介入という点からも源氏の氏神である鶴岡八幡宮の権威が用いられたのであろう。この際に厩橋《まやばし》長野氏・安中氏・飽間《あきま》氏などが奉加に応じているが、ここに業政の名はない。憲政も「河越扶佐（扇谷上杉氏を援助する）」のために奉加を拒否しており、業政もこれに従ったのであろう。

長野業政木像（長純寺蔵）

同十年、甲斐国（山梨県）の武田氏が信濃国（長野県）佐《さ》久《く》・小県《ちいさがた》両郡に侵攻すると、敗れた海野《うんの》氏は憲政を頼って上野国に逃れてきた。憲政は海野氏の領地回復のために信濃（長野県）に出兵しているが、この望みは叶わなかったようである。この時、同じように信濃を逃れてきた真田幸綱《ゆきつな》は、業政を頼り、武田家に召し抱えられるまでの間、しばし箕輪《みのわ》城下に居住したとされる。

勢力を拡大していた小田原の北条氏康《うじやす》が、同二十一年、上野国へ侵攻した。上杉憲政は居城であった平井城（藤岡市）を維持できずに、新田・足利へ向かうが受け入れてもらえず、長尾景虎を頼って越後国（新潟県）へと逃れた。この時、ほかの上野国衆と同様に、業政も北条方に降りたのであろう。

しかし、永禄三（一五六〇）年九

訪ねてみよう

長純寺（高崎市箕郷町富岡852）…業政が再建したと伝わる寺院。業政の木像を伝えている。

月、長尾景虎は関東管領上杉家の再興を目指し、憲政を奉じて関東に侵攻することとなる。『双林寺伝記《そうりんじでんき》』は業政が景虎方へ内通したことを伝える。景虎の陣営に加わった諸将を列記した「関東幕注文」には、箕輪衆の筆頭として檜扇《ひおうぎ》を幕紋とする「長野」の名が見える。業政のことと考えられる。業政は、基本的には長野氏旧来の上州白旗一揆旗頭といった立場を貫き、憲政をできる限り支えていたのであろう。

業政の業績の一つとして、長純寺《ちょうじゅんじ》の再建がある。長純寺は明応六(一四九七)年に長野信業《のぶなり》によって長野郷内の下芝《しもしば》(高崎市箕郷町)の地に建立された寺院である。業政は、弘治三(一五五七)年の亡母十七回忌を機に、この寺を現在の箕郷町富岡の地に移転した。この際の事業については、「長純寺記録」に詳しく、一族・被官らを結集して行った一大事業であったという。

また、この頃、遊行上人《ゆぎょうしょうにん》の体光《たいこう》(清浄光寺《しょうじょうこうじ》第二十九世住持)が編んだ句集「石苔」には、業政の記載が見える。体光は度々上野国での布教を行ったが、体光は業政に請われ、「篠分《しのわけ》し、ことの葉《は》の露《つゆ》の花野かな」と詠んでいる。この一句は利根川の近くで詠んだこと、業政は在原《ありわら》姓であったことが付記されている。上野国の武将たちはしばしば文化人を招き、連歌会《れんがえ》や句会などを行った。当時の在地武家社会の文化的水準の高さを示すものである。

翌四年六月には、厩橋(前橋市)に入った近衛前久《このえさきひさ》が上杉謙信に「みのわ《（箕輪）》ハわつらい《（煩）》候」と業政が病に伏したことを伝えている。その後、間もなく業政は没したようである。長純寺が所蔵する長野業政木像の背銘には、「上杉関東官領執《かんれいしつ》権《けん》　前上野太守上野旗頭《さきのこうずけたいしゅこうずけはたがしら》　蓑輪《みのわ》城主　長野信濃守業政公像

当山中興開基　実相《じっそう》

院殿一清長純《いんでんいっせいちょうじゅん》大居士

永禄四年六月廿一日他

界　金冨山長純寺《きんぷざんちょうじゅんじ》」と

記されている。業政の遺骸は、同寺の裏山に葬られたという。同年八月に供養料百両・位《い》牌《はい》・刀などが同寺に納められている。家督は子の氏業《うじなり》が継いだ。

（青木　裕美）

長野業政の供養塔（長純寺）

訪ねてみよう

長年寺長野氏の墓（高崎市下室田町1451　長年寺）…市指定史跡。長野氏の菩提寺、長年寺に伝わる長野氏の墓所。

長野《ながの》 氏業《うじなり》

箕輪落城!!悲劇の侍
一五四六(天文十五)〜一五六六(永禄九)

箕輪城主長野業政《なりまさ》の子。系図によっては業盛《なりもり》とも伝える。母は保土田《ほどた》氏とされ、兄の吉業《よしなり》が河越合戦(天文十五年、一五四六)において負った傷がもとで没したため、嫡子となったという。永禄四(一五六一)年の父業政の死により家督を継承したようである。先々代の方業《まさなり》と同じ「左衛門大夫《さえもんのたいふ》」を名乗っている。

氏業の発給文書は、赤城神社神主の奈《な》良原《らはら》氏に宛てたものが確認されている。この中で、氏業は「河西(利根川西岸)」が戦乱にあったために、戦勝祈願の祈祷を依頼している。

同四年、小田原北条氏・甲斐武田氏は越後上杉氏への攻勢を強めた。長野氏は上杉方にくみし、厩橋《まやばし》城(前橋市)に人質を出していたため、西毛の要衝であった箕輪城は攻撃を受ける対象となった。鳥居峠から吾妻郡へ攻め込んだ武田軍に鎌原《かんばら》・大戸浦野両氏が降り、同五年五月には浦野中務少輔《なかつかさのしょう》が権田《ごんだ》・室田(いずれも高崎市)に侵入している。この際、叔父に当たる鷹留《たかとめ》城(高崎市)城主の長野三河入道《みかわにゅうどう》らが討ち取られた。翌六年十二月には、武田信玄自身が箕輪城を攻め、城下を焼き払ったという。この頃、毎年のように武田軍の侵攻を受けている。翌七年には、氏業は越後国(新潟県)の上杉謙信に窮状を訴え、信濃国(長野県)への出陣を求めており、謙信も氏業を案内者として進軍する予定であったが、実現には及ばなかったようである。

伝箕輪城主長野業盛(氏業)の墓(高崎市井出町)

同九年九月下旬、武田方によって攻められ、箕輪城は落城した。実はこの前月の閏八月には由良氏らが上杉方から離反し、上野国(群馬県)内の領主の多くが北条方についていた。落城に際して、氏業は自害した。法如《ほうにょ》という僧侶が、武田氏家臣内藤昌秀《まさひで》から遺骸をもらい受け、東徳寺《とうとくじ》に葬ったという。

(青木　裕美)

訪ねてみよう

伝箕輪城主長野業盛(氏業)の墓(高崎市井出町)…市指定史跡。氏業の遺体を葬ったと伝える。

白《はく》庵《あん》　秀《しゅう》関《かん》

井伊直政が箕輪に招いた禅僧
一五三四（天文三）～一五九九（慶長四）

常陸国（茨城県）の生まれ。下野国大中寺《だいちゅうじ》（栃木県栃木市）四世も務めた龍洲文海《りゅうしゅうぶんかい》のもと剃髪、二十年の修行を重ねる。小庵に移り住んだのち下妻多宝院《しもつまたほういん》（茨城県下妻市）の住持となり、天正七（一五七九）年に大中寺第八世院主となった。大中寺は戦国期下野地方の曹洞宗の一大拠点で、江戸時代には全国の曹洞宗寺院を統括し、永平寺貫主《えいへいじかんしゅ》を出す関三刹《かんさんさつ》（関東の三大寺）の一つとなった名刹。その後一説に白庵は、同十五年四月に大中寺を退き上野国（群馬県）和田永福寺に隠居したという。和田永福寺ははっきりとせず、寺尾永福寺《えいふくじ》（高崎市寺尾町）あるいは和田興禅寺《こうぜんじ》（高崎市下横町）か。

　同十八年、小田原北条氏の滅亡により箕輪《みのわ》城（高崎市箕郷町）に封ぜられた井伊直政《なおまさ》は、仏法・井伊家興隆を願いすぐに当地で新寺建立に着手。名師と聞き及んでいた白庵と対面し住持として招くこととし、寺号を龍門寺《りゅうもんじ》と定めた（写真）。白庵は翌年四月に入寺、以降直政は白庵に参学。龍門寺二世の記すところによれば、直政は「剣刃上一句《けんにんじょういっく》」「把陵吹毛剣《はりょうすいもうけん》」「石鞏一張弓《せっきょういっちょうきゅう》」ほか数多くの古則を白庵から学んだという。これらは「臨済録」「碧巌録《へきがんろく》」という禅宗がもっとも尊ぶ公案《こうあん》集（禅の教本）に出るもので、直政は中国の先哲古賢《せんてつこけん》の言行や心のありようを禅僧と同様に学んだことが分かる。

　直政は龍門寺で大人数の僧を集めた法会《ほうえ》を開かせ、また箕輪城内でしばしば法話を催させて白庵を活躍させた。慶長三（一五九八）年、直政は和田城へ移るが白庵を手放さず、和田城近くに龍広寺《りゅうこうじ》（高崎市若松町）を創建して白庵を据えた。直政はここで和田の地名を松崎と改めたいと白庵に相談、千年に限る松よりは限りのない高の字が吉祥と答え、高崎になったとの逸話がある。晩年、横手善勝寺《ぜんしょうじ》（高崎市西横手町）ほかを開いた。

（久保　康顕）

龍門寺（高崎市箕郷町東明屋）

訪ねてみよう

龍広寺（高崎市若松町49）…和田に移った井伊直政が創建、白庵が住持した曹洞宗寺院。

受《じゅ》連《れん》

僧侶たちの鎮魂歌《レクイエム》
生没年未詳

長年寺《ちょうねんじ》（高崎市榛名町）の僧。長年寺は、開祖を長野業政《ながのなりまさ》の祖父である長野業尚《なりひさ》、開山を白井双林寺《そうりんじ》（渋川市）の三世住職・曇英彗応《どんえいえおう》とする曹洞宗の寺院である（写真）。戦国乱世の最中、この寺に一人の僧侶がいた。住持の受連《じゅれん》である。

永禄四（一五六一）年十一月二十四日、国峰城《くにみねじょう》（甘楽町）に向け武田信玄が侵攻してきた際、受連は真っ先に武田の陣に参上した。制札《せいさつ》を得るためである。制札（禁制《きんぜい》）とは、寺社などが戦火を避けるために、軍勢の通過・戦闘に先立って、その軍勢の長に求めて発給された文書である。当時の戦乱においては、軍勢の略奪行為が横行した。こうした行為を禁止するために制札を出してもらい、その対価として寺社側は礼銭《れいせん》を献上する場合も多かった。自らの寺社を守るために必要な手段の一つであったのである。同六年には、武田軍の倉賀野・木部《きべ》（いずれも高崎市）侵攻に際して、新たにもう一通、武田家から制札を得ている。

長年寺（高崎市下室田町）

信玄が箕輪《みのわ》城（高崎市）を攻める際には、長年寺も戦闘地域となる。受連は、軍勢に向かって問答すること七年間。この間、刀を交えること二度。追い剥《は》ぎに遭ったのは三度。人馬の強奪や物盗りに遭うこと数知れず。二年間にわたり、飢饉《ききん》にも見舞われた。長年寺の門前には二〇〇人が居住していたというが、人々はその地を離れて各地に逃れ、また死んでいった。この間、受連はひとり寺内に残って、制札を捧げ持ち、軍勢に立ち向かって御堂を守ったという。同九年九月、長野氏の守る箕輪城は、武田軍の攻勢を前に落城した。受連は、箕輪城に参上し、信玄に謁見したという。

寺を守った一人の僧侶はその苦労を覚書に残した。彼の死守した寺院は、数度の戦火に焼かれながらも、現在も榛名山の南麓にたたずんでいる。

（青木　裕美）

訪ねてみよう

長年寺（高崎市下室田町1451）…受連が命を懸けて守った戦国時代創建の禅宗寺院。

内藤《ないとう》 昌秀《まさひで》

武田氏の西毛支配の要
?～一五七五（天正三）

元の名は、工藤源左衛門尉《げんざえもんのじょう》といい、『武田三代軍記《たけださんだいぐんき》』では工藤虎豊《とらとよ》の子で、工藤長門守《ながとのかみ》の弟とされている。記録類に見える「昌豊《まさとよ》」の名は、一次史料では確認できない。「工藤源左衛門尉昌秀」「内藤昌秀」などと発給文書に署名しているので、「昌秀《まさひで》」が実名とされる。修理亮《しゅりのすけ》、大和守《やまとのかみ》を称した。

史料上の初見は、永禄二（一五五九）年六月の早川定千代宛後家《ごけ》免安堵状《めんあんどじょう》で、野村兵部助《ひょうぶのすけ》と連署で発給している。同四年に起こった第四次川中島合戦に武田方として参加し、本隊に属したという。同九年までに深志《ふかし》城（長野県松本市）に城代として着任し、同十一年には深志城の普請が命じられた。箕輪《みのわ》城（高崎市箕郷町）の城代であった浅利信種《のぶたね》が同十二年十月に起きた三増峠《みませとうげ》合戦（神奈川県愛川町）で討ち死にしたことにより、箕輪城代を引き継いだ。元亀元（一五七〇）年四月十日には武田信玄から朱印状が出され、城や領域支配について指示があった。この中で、「総じて西上野のことは、信玄の命令を得なくても、民百姓が安心して暮らせるようにすること」とあり、箕輪領のみならず西上野における統括の権限が委任されたことになる。信玄亡き後も、箕輪城代として勝頼に仕えた。

善龍寺の内藤塚（高崎市箕郷町）

天正三（一五七五）年五月二十一日、武田軍が織田・徳川連合軍と衝突した長篠合戦で討ち死にした。法名は善龍院泰山常安居士《ぜんりゅういんたいざんじょうあんこじ》と伝わる。家督は養子の昌月《まさあき》が継承した。

（青木　裕美）

訪ねてみよう

善龍寺の内藤塚（高崎市箕郷町生原1418）…市指定史跡。内藤昌秀・昌月父子の墓と伝わる二基の五輪塔。

内藤《ないとう》 昌月《まさあき》

信濃国からの統治者
一五五〇（天文十九）～一五八八（天正十六）

　信濃国高遠《たかとお》（長野県伊那市）の国衆であった保科正俊《ほしなまさとし》の次男。初めは千次郎《せんじろう》を名乗り、源蔵《げんぞう》ともいった。江戸時代に成立した『赤羽記』によると、源蔵は美少年であったため、武田勝頼に小姓《こしょう》として奉公し、そのおかげで父の正俊は長篠合戦（愛知県新城市）の出陣を免れたという。その源蔵に養子の話が舞い込む。武田氏の家臣で上野国箕輪城《みのわじょう》（高崎市）の城代を勤めていた内藤昌秀《まさひで》が、天正三（一五七五）年、長篠合戦への出陣を前に「源蔵を養子にほしい」と勝頼に直訴したのである。勝頼がこれを許可した直後、昌秀は長篠の地で命を落とした。

　内藤家を継いだ源蔵だが、同四年からは内藤源蔵の名で、勝頼が文書を発給する際の奉者《ほうじゃ》を務めた。同六年には昌秀と同じ修理亮《しゅりのすけ》を名乗っているので、この間に内藤家を正式に継承し昌月に改称したのであろう。翌七年二月十四日、昌月は箕輪城に入り、養父であった昌秀の業績を継ぐ。箕輪入城に当たっては、昌月と実父の正俊両名宛に在城掟書が出されている。このことから、正俊が後見人として同行したことがうかがえる。

武田家朱印状（高山文書　群馬県立歴史博物館蔵）

　昌月は同八年閏三月に大和守《やまとのかみ》を称し、以後、吾妻・利根郡を除く西上野に対する大きな権限を持った。しかし、昌月による西上野統治も、同十年三月に終わりを告げる。主君であった武田氏が織田軍に滅ぼされたのである。この出来事は、上野国の情勢を激変させる。西上野はそれまで武田領であったのだから、たまったものではない。上野国支配のために織田氏家臣の滝川一益がやってくると、国衆たちも織田軍に従属することとなり、昌月も箕輪城を明け渡さざるを得なかった。城を退いた後も実父の正俊らと共に箕輪の地にあり、一益に仕えた。

　同十年六月三日、本能寺の変が起こった。小田原北条氏の軍勢が上野国を奪い返した

訪ねてみよう

高遠城址公園（長野県伊那市高遠町東高遠）…昌月実父の保科正俊が城将を務めた高遠城の跡。

めに攻め込んでくると、同月十八日・十九日、神流川《かんながわ》流域（現在の藤岡市・玉村町、埼玉県上里町付近）で一益の軍勢と衝突する（神流川合戦）。この時、昌月は滝川軍の先陣を務め、一日目の戦闘で勝利を挙げたという。しかし、二日目の戦いで滝川軍は大敗し、上野国からの撤退を余儀なくされた。この際、昌月は人質として嫡男の亀千代《かめちよ》（後の直《なお》矩《のり》）を一益に差し出している。

上野国が北条氏の支配下になると、昌月は北条氏に従属した。箕輪城に復帰することはなかったが、北条氏の軍役について記した「小田原一手役書立写」には内藤殿の記載が見える。この間、吾妻郡の国衆《くにしゅう》大戸氏の要望を北条家重臣の大道寺政繁《まさしげ》（松井田城代）に口添えしたり、内山氏との所領争いに際して鉢形城主北条氏邦《うじくに》家臣の猪俣邦憲《いのまたくにのり》に取り成しを願ったりと、この地域に引き続き影響力を持ったようである。

『保科御系図』によると、昌月は天正十六（一五八八）年五月二十五日に三十九歳で死去している。昌月の黒印状のうち一通には「病を患っているため、印章《いんしょう》を用いる」と記されているので、晩年は病を患っていたのであろう。嫡子の直《なお》矩《より》は、一時浪人となったが、大坂冬の陣の際に徳川方に参じ、井伊直孝《なおたか》に召し抱えられたという。

一方、昌月の実家である保科家を見てみよう。同十八年、豊臣秀吉による小田原征伐に伴い、四月二十九日に前田利家・浅野長政・上杉景勝らの軍勢が箕輪城に進軍してきた際に城の明け渡しを行ったのが保科氏であった。これは、実父の正俊ということになろうか。昌月の死後も、保科一族が箕輪城周辺に居住していたと考えられる。

また、昌月の兄である保科正直《まさなお》は、本能寺の変後、北条氏、次いで徳川家康に仕えて高遠城主（長野県伊那市）となり、家康の異父妹多劫姫《たけひめ》を妻として、徳川氏との関係強化を図った。家康の関東入封の際には下総国多胡《たこ》藩（千葉県多古町）一万石が与えられた。その子の正光《まさみつ》は、関ヶ原の戦いの後、信濃国高遠藩二万五千石の藩主となったが、跡継ぎがなく、内々に二代将軍徳川秀忠の子である幸松を養子とした。これが後に江戸幕府で重きをなした保科正之である。正之は、異母兄である三代将軍家光を支え、幕府内で多大な影響力を示す。親を同じくする兄弟であっても、運命はどう転ぶかわからないものである。

（青木　裕美）

訪ねてみよう

箕輪城跡（高崎市箕郷町東明屋・西明屋）…国指定史跡。昌月が拠点とし、後に井伊直政が入城した。

コラム●戦国人の贈り物

戦国武家社会では、歳暮などの季節ごとの祝儀のほかに、出陣や戦勝、家督相続の祝儀として贈答を行った。左の表は金山城主由良(横瀬)氏と小泉城主冨岡氏の、古河公方や戦国大名との贈答である。献上品には太刀が多く、白鳥などの水鳥も一般的である。「鳥目《ちょうもく》」「青銅」は銭のこと、「〇種〇荷」は肴《さかな》の種類と酒樽の数である。ほかの史料では、冨岡氏は鮭や烏賊《いか》などの魚介類も献上している。さらに、扇子《せんす》や紙、抹茶や銭、串柿や栗なども一般的に好まれた。

年代	祝儀	贈答者	贈答品	出典
明応～永正頃(1590～1610頃)	年賀	贈 横瀬成繁	太刀 白鳥	由良文書
		答 足利政氏	剣	
永禄7年ヵ(1564)	年賀	贈 冨岡主税助	太刀一腰	冨岡家文書
		答 上杉輝虎	鳥目百疋	
永禄9年(1566)	上杉輝虎の出馬	贈 冨岡主税助	太刀一腰	冨岡家文書
		答 上杉輝虎	青銅	
永禄12年(1569)	横瀬氏との裁判勝利	贈 冨岡清四郎	熊皮二枚	冨岡家文書
		答 北条氏政		
天正2～4年(1574～6)	冨岡家の家督相続	贈 冨岡六郎四郎	太刀一腰 刀一振 三種一荷	冨岡家文書
		答 北条氏政	太刀一腰 銘「一文字」	
天正10年(1582)	年賀	贈 冨岡六郎四郎	五種二荷	冨岡家文書
		答 北条氏直	太刀一腰	
天正10年(1582)	北条氏直の出馬	贈 冨岡六郎四郎	蝋燭	冨岡家文書
		答 北条氏直		

『群馬県立歴史博物館所蔵中世文書資料集』に見られる贈答儀礼など

ところで、主従関係を品物が取り持つ例は贈答儀礼ばかりではない。戦功に対する恩賞として金銀や銭、羽織や帷子《かたびら》、馬や鷲《わし》が与えられることもある。例えば、和田城主の和田昌繁《まさしげ》が家臣佐藤十弥《じゅうや》に次のような書状を送っている(写真)。

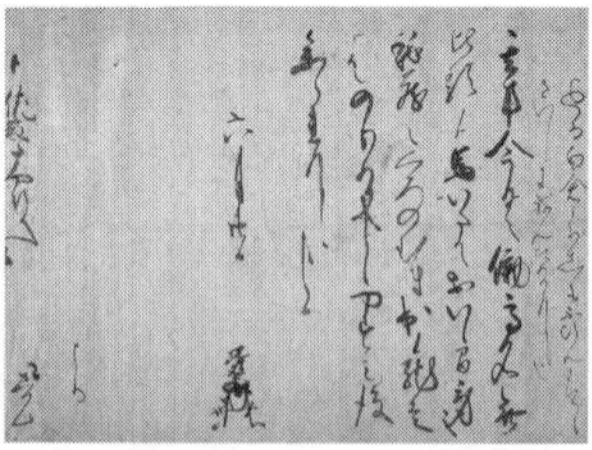

和田昌繁書状(佐藤文書　群馬県立歴史博物館蔵)

そのほうの今日の働きは名誉この上無い。馬が痛手を負ったそうなので、私が秘蔵している黒馬を与えよう。いくさの時に乗りなさい。休養したら来るように。

戦場で馬に怪我を負わせるほどの活躍をした家臣に、昌繁は「秘蔵」の馬を差し出したのだ。十弥の感激もひとしおだったろう。

(簗瀬　大輔)

権田鍛冶政重《ごんだかじまさしげ》

刀剣・鏃《やじり》製造の一大工房
生没年不詳

永禄から天正年間(一五七三〜九一年)に群馬郡権田(高崎市倉渕町)で権田鍛冶と呼ばれる鍛冶師が活動していた。主に太刀《たち》・薙刀《なぎなた》・矢の根(鏃《やじり》)などの武器を製作し、「権田作り」として知られた。政重はその権田鍛冶の一人で、「上州《じょうしゅう》権田住政重《ごんだじゅうまさしげ》」の作銘を残している。

『加沢記《かざわき》』の永禄五(一五六二)年「鎌原《かんばら》と羽尾《はねお》合戦の事」の項には、上杉謙信に援軍を要請した岩下城(東吾妻町)の斎藤憲広《のりひろ》が「権田作りの矢の根千」と「熊皮二枚」を献上したと記されている。また、翌年の「斎藤入道没落并《ならび》に沼田加勢の事」の項には、真田昌幸《まさゆき》が岩《いわ》櫃《びつ》城(同町)を取り立てた時に、大戸城(同町)の浦野氏の一門対馬守《つしまのかみ》が「権田政重が鍛えた矢の根二百ずつを両大将へ献上した」とある。

権田鍛冶の歴史は南北朝時代までさかのぼる。『頼印大僧正《らいいんだいそうじょう》行状絵詞《ぎょうじょうえことば》・第五』には、榛名山の座主《ざす》と執行《しぎょう》頼印が争った時に「先年(永和元、一三七五)榛名参籠《さんろう》之時、金《かね》ヲ鍛冶シテ、三ノ蔵《さんのくら》鍛冶ニ打タセラレシ打チ刀」を僧兵に持たせたという記述がある。当時、すでに三ノ倉(高崎市倉渕町)には鍛冶があって、榛名山の僧兵のために作刀をしていたのである。権田鍛冶は薙刀造りを得意としたが、それは榛名の僧兵集団と関係のあった三ノ倉鍛冶の系譜を引くからだともいわれている。

前橋市の蟻川《ありかわ》銃砲火薬店の蟻川氏は、吾妻郡蟻川村(中之条町)の鍛冶師神保氏の系譜を引いている。この神保氏は享保二十(一七三五)年に権田村の権田伝右衛門《でんえもん》に師事し、「上州権田政重」の名跡と『権田家家譜』を譲り受けたという。権田鍛冶政重の技術は神保氏に受け継がれ、やがて沼田藩士岐氏、前橋藩松平氏のお抱え鍛冶蟻川氏へと継承されたのである。

(簗瀬　大輔)

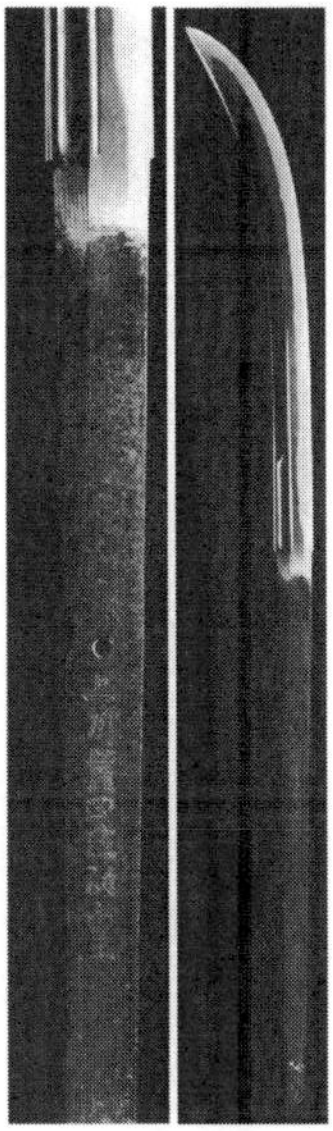

薙刀　銘上州権田住政重(群馬県立歴史博物館蔵)
(群馬県立歴史博物館　第45回企画展図録『日本刀の美―その歴史と技―』1993年)

訪ねてみよう

刀工・上州権田住政重屋敷跡(高崎市倉渕町権田195-1)…市指定史跡。戦国時代以降の政重の屋敷跡。

和田《わだ》 業繁《なりしげ》

長篠合戦で討死した
?～一五七五（天正三）

和田氏は群馬郡和田郷（高崎市箕郷町）を本領とし、室町時代に関東管領上杉氏の指揮下に属し、上州一揆の構成員であった。永禄四（一五六一）年の作成とみられる「関東幕注文」に「箕輪衆《みのわ》」として「和田八郎」の名が見える。これが和田郷とは場所を移した和田城（高崎市）の城主、業繁の初見とされる。箕輪衆を率いた長野業政《なりまさ》は、業繁にとって叔父であり、舅でもあった。業政は関東管領上杉氏に従属していたが、業繁も同様に上杉謙信に弟を人質として差し出している。

謙信の帰国後、小田原北条氏による攻撃が開始され、同盟関係にあった甲斐武田氏の西上野への攻略が進められると、業繁は永禄五年には上杉方を離反して武田氏に従属する。同年十二月に業繁は甲府に赴き、信玄への帰属を正式に認められた、この時、妻子・親類を信濃に移す予定であったが、上杉方の攻撃に備え、老母を人質として出すことで了承を得ている。これと同時に、和田城には武田氏家臣山宮《やまみや》氏が常駐し、敵の攻撃時には跡部祖慶・板垣信安《のぶやす》が在城することが決定された。

和田業繁の花押

翌六年四月・閏十二月、同七年三月に和田城は上杉方の攻撃を受けた。特に同七年三月の攻撃は大規模なもので、白井城（渋川市）の長尾憲景《のりかげ》を案内者として、その軍勢には厩橋城《まやばし》（前橋市）の北条《きたじょう》氏や長野氏、金山城の由良氏、足利長尾氏らが加わった。籠城戦の末、武田氏家臣金丸忠経《かなまるただつね》の支援を受けて、これを撃退している。

ところで、かつて業繁が上杉氏に従属していた際に人質として越後に赴いた業繁の弟は、そのまま越後に在国したままであった。今回、武田氏と上杉氏の人質交換が行われることになると、当初武田方は安中重《しげ》繁《しげ》の子息の引き渡しを求めていた。実際には諏方与七郎《すわよしちろう》と業繁の弟が武田方に請け戻

訪ねてみよう
高崎城跡（高崎市高松町28-2他）…和田城廃城後に同地に築かれた城で、乾櫓《いぬいやぐら》が現存している。

された。これには業繁の強い要望があったことが知られる。戦国期には人質を出したからといって必ず離反しないというわけでもなく、離反したからといって即座に人質が処刑されるとも限らなかった。大名間によって国衆への保護がある程度働いていたといえよう。

生島足島神社《いくしまたるしまじんじゃ》(長野県上田市)に伝わる永禄十年八月七日付の下之郷起請文《しものごうきしょうもん》では、そこに署判した武将が武田信玄への忠誠を誓っている。業繁は、武田氏譜代の家老衆の一人である土屋昌続《まさつぐ》に対して単独で六カ条の起請文を提出し、業繁に従う武士団の有力者も連署して別途起請文を提出している。起請文には「以前に差し上げた数通の起請文に少しでも相違しないように」と記されているので、これ以前にも信玄への起請文提出が行われていたことが分かる。

しかしながら、元亀元(一五七〇)年、信玄は業繁に対して「上杉氏に味方したわけでもなく、当方(武田氏)にも音信がないのは、疑わしいものだ」と不審をかい、詰問を受けている。業繁は武田氏に従属していたようで、和田氏はこの後も武田氏滅亡までその指揮下にくみしている。

和田の地には、宿が形成され、町場が存在した。和田宿における商品の輸送・保管・売買を行う問屋《といや》の営業権を、業繁は梶山与三右衛門尉《かじやまよぞううえもん》に許可し、元亀元年八月には信玄の許可を得ている。和田氏の時代に、現在の高崎の基礎がつくられたといえる。

信玄の死後、天正二(一五七四)年、徳川家康は、織田信長・上杉謙信と協力し、武田氏を攻めた。これに対して、勝頼は遠江《とおとうみ》(静岡県)に出陣している。これに業繁も参陣した。翌三年五月二十一日、業繁は長篠合戦(愛知県新城市)で討ち死にした。『和田記』によると、武田方が長篠城攻めのために築いた鳶ヶ巣山砦《とびがすやまとりで》(愛知県新城市)の近くに、業繁ら和田勢が陣取ったという。徳川方の酒井忠次《ただつぐ》軍が鳶ヶ巣山砦を急襲し落城させたが、この際に業繁も鉄砲により負傷したという。この傷がもとで死去したのであろうか。家督は信《のぶ》業《なり》によって継承された。

(青木　裕美)

信玄塚(愛知県新城市)

訪ねてみよう

長篠城跡(愛知県新城市長篠市場22-1他)…国指定史跡。西毛の武将も参陣した織田・徳川vs武田激戦の地。

小《お》串《ぐし》 成《しげ》行《ゆき》

将軍親衛隊の東西ネットワーク
生没年不詳

小串氏は鎌倉幕府の御家人《ごけにん》であったが、後に北条得宗《とくそう》家の被官に転じ、倒幕後は足利氏に従った。三代将軍足利義満が、奉公衆《ほうこうしゅう》（番衆《ばんしゅう》）という将軍直属の軍団を編成すると、その当初からこれに任じられ、五番編成の四番衆として代々の将軍に仕えた。

宝徳元（一四四九）年八月、八代将軍足利義成《よししげ》（後の義政《よしまさ》）が初めて参内した時、小串新次郎という武将が供奉《ぐぶ》している。これが小串成行である。康正元（一四五五）年、成行は上野（群馬）・近江（滋賀）・山城（京都）・越中（富山）・伊勢（三重）の五カ国に九カ所の所領を主君義政から安堵《あんど》されている（写真）。

この時に安堵された上野国の所領が苗字の地小串郷と黒熊村（共に高崎市吉井町）であることから、これによって成行は将軍から家督の継承を承認されたことが分かる。近江は東海・東山・北陸道の結節点で、琵琶湖の水上交通も利用できることから、京都小串氏の最重要の基盤であった。伊勢国の富《と》津御厨《つのみくりや》（三重県桑名市）は大社多《た》度《ど》神社の所在地で、小串氏はその神官でもあった。山城国では、畿内水上交通の大動脈木津川の津屋（川港）を擁する上《こう》津《づ》屋《や》郷（京都府城陽市・八幡市）を保持していた。小串氏は東西のネットワークを駆使することで将軍権力を支えていたのだ。

応仁の乱を経て、長享元（一四八七）年に九代将軍義尚《よしひさ》が近江六角氏攻めに出陣した時、小串氏の家職である奉公衆の四番衆には、小串下総守貞秀《しもうさのかみさだひで》と小串小山六郎という人物があった。小串氏嫡流は次郎を通称とし、実名に「行」の字を用い、将軍から右衛《うえ》門尉《もんのじょう》と下総守の官職を拝領するのだが、この人物はそうではない。応仁の乱は将軍家や管領家内部の家督継承問題に発する紛争だが、小串家もそれと無縁ではなかったようだ。

（簗瀬　大輔）

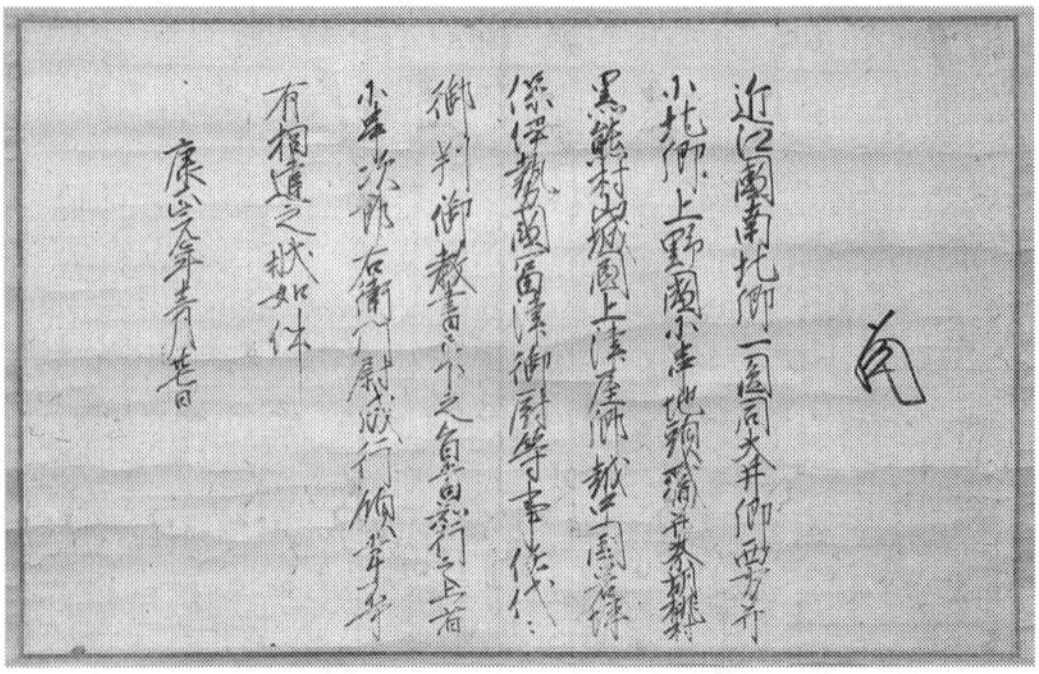

足利義政御判御教書（小串文書　群馬県立歴史博物館蔵）

訪ねてみよう

多度神社（三重県桑名市多度町多度1681）…古代の式内社で、中世には小串一族が神官を務めた。

和田《わだ》 信業《のぶなり》

高崎市街の基礎を築く
一五六〇（永禄三）～一六一七（元和三）

天正三（一五七五）年の長篠合戦（愛知県新城市）で戦死した和田城（高崎市）主和田業繁《なりしげ》の跡を継いだのが、信業である。甲斐武田氏の重臣であった跡部勝資《あとべかつすけ》の長男で、業繁の娘をめとり、和田家を継いだ。

跡部勝資は、武田氏の文書発給に伴う奉者《ほうじゃ》として西上野支配の一役を担っており、この状況下で跡部氏と和田氏が接近していったと思われる。信業は一時期「昌業《まさなり》」を名乗っているが、これは武田氏から拝領した「昌」の字と父・業繁の「業」からとったもので、その後に武田氏から新たに「信」の字を与えられて「信業」に改めたと考えられている。家督継承後の天正三年十一月に家臣である松本一右衛門《いちうえもんの》尉《じょう》に岩崎長助《ながすけ》の下地《したじ》五貫文を宛行《あてが》っている。ここでは「昌業」と署名しているので、改名はこの後であろう。

和田信業の花押

同九年には、武田氏から和田宿（高崎市）への定書《さだめがき》を得た。当時の和田宿は交通の要衝であり、町場として地域経済の中心地でもあった。その内容は、①四日・九日の六斎市の開催、②押し買い・狼藉《ろうぜき》・喧嘩《けんか》・口論の停止、③塩役と箕輪《みのわ》城から賦課される役を除く諸役の免除であった。このように、信業は、現在の高崎市の中核ともなった和田宿の振興に大きく関与したのである。

同十年三月の武田氏滅亡により、上野国（群馬県）に侵攻してきた小田原北条氏に従属。上野国が織田領国となったことに伴い、一時、織田家臣・滝川一益の支配下に入るが、神流《かんな》川合戦後に再び北条氏に従った。小田原合戦に際しては、北条方として小田原城に籠城。開城後は上野国には戻れずに、高野山（和歌山県）や実弟の跡部昌勝《まさかつ》のもとに拠った後、小笠原忠政《ただまさ》の食客として大坂の陣で活躍したが、文禄二（一五九三）年に近江国（滋賀県）で病死したという。享年五十八歳。

（青木　裕美）

訪ねてみよう

小田原城跡（神奈川県小田原市城内6-1他）…国指定史跡。小田原合戦に際して信業も籠城した。

反町《そりまち》 大膳亮《だいぜんのすけ》

長篠の戦いに生還した地侍《じざむらい》
生没年未詳

上杉謙信が永禄四(一五六一)年に小田原城を攻めた時の「関東幕注文」には、蒼海《おうみ》城(前橋市元総社町)長尾景総《かげふさ》の総社衆として反町氏の名と幕紋が見える。その「団扇《うちわ》の内に桐竹《きりたけ》に鳳凰《ほうおう》」の幕紋は総社衆「大類弥六《やろく》郎《ろう》」と同じである。箕輪《みのわ》衆の有力国衆「倉賀野左衞門五郎(尚行)」も団扇紋である。団扇紋は武蔵児玉党の出自を表している。

反町氏は群馬郡新保《しんぼ》郷(高崎市新保町)の地侍である。天正十(一五八二)年に武田氏と織田氏が相次いで滅亡し、上野国から退去すると、新保郷は北条氏の直轄領になった。翌十一年に北条氏は新保郷で検地を実施するが、この時、百姓反町直居・直定(豊前守《ぶぜんのかみ》か)の兄弟は、小島近江守《おうみのかみ》・井草将監《しょうげん》・阿久沢九兵衛・登坂掃部丞《かもんのじょう》らと団結して、検地で生み出された増収分の処分を巡って代官中沢平左衞《へいざえ》門《もん》と紛争になった。その結果、年貢八〇〇俵の百姓請《ひゃくしょううけ》を認めさせている。この直居・直定の兄弟に大膳亮がいる。おそらく「関東幕注文」の総社衆「反町」とは大膳亮のことだろう。総社長尾氏が武田信玄に滅ぼされると、大膳亮は国衆和田業繁《なりしげ》に従い、業定《なりさだ》と名乗ったのである。

極楽寺(高崎市上中居町)

大膳亮の活動は「反町大膳一代働之事《だいぜんいちだいはたらきのこと》」、「反町大膳助申状《だいぜんのすけもうしじょう》案《あん》」という軍功書に詳しい。同三年の長篠の戦い(愛知県新城市)には和田業繁に従って出陣し、手柄を立てて武田勝頼から感状を得ている。大膳亮は無事帰還したが、主君業繁は討ち死にしたため、一時武田家の高坂昌信《こうさかまさのぶ》に仕えたという。武田氏の滅亡後は浪々したが、天正十(一五八二)年の神流《かんな》川《がわ》の戦いに臨み手柄を立て、北条氏に従った和田信業《のぶなり》に再び仕えた。和田信業のもとでは、同十四年の谷田部《やたべ》城の戦い(茨城県つくば市)、同十七年の足利の戦いに出陣している。

(簗瀬　大輔)

訪ねてみよう
反町城跡(高崎市上中居町228 極楽寺)…戦国時代の反町大膳亮の城跡と伝わる。

高井《たかい》 行重《ゆきしげ》

市井の民間宗教者を統率
生没年未詳

高崎市柴崎町の進雄《すさのお》神社（写真）の神官家である高井家の人。家伝によれば永禄元（一五五八）年から慶長元（一五九六）年の当主・神官。当社は近世まで牛頭《ごず》天王社《てんのうしゃ》また天王《てんのう》宮《ぐう》と呼ばれ、疫病の流行から貞観十一（八六九）年、勅諚《ちょくじょう》により尾張国（愛知県）の津島《つしま》牛頭天王社を勧請《かんじょう》したものという。高井家は大永二（一五二二）年には「天王大夫」と呼ばれて古河公方と対面する家で、この時期すでに柴崎牛頭天王社に関わる有力な家であった。

戦国時代に高井家が務めたのが「上州《じょうしゅう》天王大夫司職《てんのうのたいふつかさしき》」である。行重は当主となった永禄元（一五五八）年に北条氏康《うじやす》から安堵を得たが、甲斐武田氏は当地に支配を及ぼすと司職を和田（高崎）の二宮の神官伊東大夫に与えた。しかし程なく伊東大夫は司職を放棄、天正八（一五八〇）年に司職は行重へ返還された。武田氏滅亡後は再び北条氏から安堵を得た。伊東大夫が司職にあったとき、当社の神木で神楽《かぐら》面が火を吹き宝剣が蛇になったりするなどの怪異が続き、このため伊東大夫は退いたという。行重との間で司職を巡る確執があったことが知れる。

進雄神社（高崎市柴崎町）

この「上州天王大夫司職」とは高井家が勤仕《ごんし》する柴崎牛頭天王社の神主役と解されてきた。しかし文禄二（一五九三）年、当時箕輪《みのわ》城にあった井伊家は「西上州箕輪領分之内天王大夫司職」つまり箕輪領に限り天王大夫司職を安堵する意向をもっており、天王大夫司職とは領域が絡んだ職といえる。牛頭天王は市神《いちがみ》として宿・町などに勧請され、戦国期、宿・町は叢生《そうせい》した。そこに祀られた市神などの祭祀にかかわる民間宗教者を司るのが天王大夫司職であったとみられる。この後、行重あるいは次代の重家は徳川家康から司職の公認を得ようと幕府と交渉するがかなわなかった。江戸幕府による新たな宗教者統制が始まりつつあった。

（久保　康顕）

訪ねてみよう

進雄神社（高崎市柴崎町801）…天王森と呼ばれるうっそうとした森の中に鎮座する。

倉賀野《くらがの》 尚行《なおゆき》

謙信に「若輩」と評される
生没年未詳

倉賀野（高崎市）の領主。左衛門五郎《さえもんごろう》、直行とも。天文二（一五三三）年の史料に見える倉賀野左衛門尉《さえもんのじょう》が父とされる。天文二十一年（諸説あり）、北条氏によって上野国（群馬県）を追われた山内上杉憲政《のりまさ》の越後入りの供をしているのが尚行の活動の初見である。

長尾景虎（上杉謙信。以下、謙信と記す）の関東進攻に際し、永禄四（一五六一）年頃に作成された「関東幕注文」では、箕輪《みのわ》衆の中に「倉賀野左衛門五郎　団之内《うちわ》ニ松竹《しょうちく》」とある。

この進攻により、尚行は本拠倉賀野城を取り戻すことに成功した。同年十二月頃、北条氏と武田氏の軍勢が倉賀野城を攻めたが、尚行は有力家臣の橋爪若狭守《わかさのかみ》と共にこれを撃退している。同六年閏十二月、謙信は若狭守に対して、尚行や親類・同心に意見を述べるように指示している（写真）。

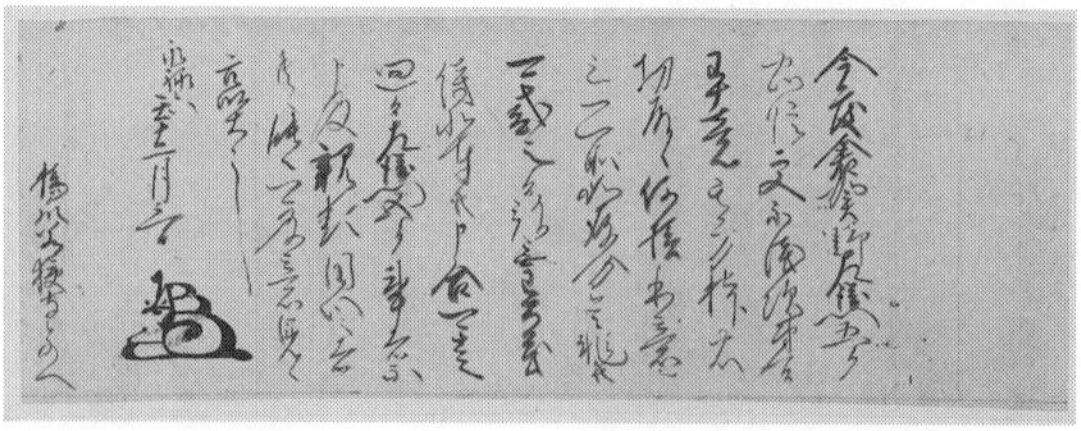

上杉輝虎（謙信）感状（倉賀野家相伝文書　高崎市教育委員会蔵）

しかし、同七年五月、武田信玄の攻撃によって倉賀野城は落城することとなる。謙信は、同年六月に安房国《あわのくに》（千葉県）の里見義弘《よしひろ》へ書状を送り、「西上野《にしこうずけ》の倉賀野左衛門五郎は若輩のため、油断していて城を凶徒に奪われました。そのため残っている味方は一段と窮屈《きゅうくつ》しています」と述べている。

この頃の尚行は「若輩」と評される年齢だったらしい。おそらく謙信はそのことを踏まえて橋爪若狭守に意見を述べるよう指示していたのだろうが、結果的に尚行は城を落としてしまった。

落城後、尚行は東上野のいずれかの地に留まっていたらしく、謙信の家臣の河田長《なが》親《ちか》に、北条氏が攻めてきたら味方と相談して比類ない奔走をすると謙信へ伝えてほしいと述べている。また、天正二（一五七四）年には、膳城《ぜんじょう》（前橋市）で上杉方の使者と会っていることが確認できる。だが、その後の尚行は目立った活躍をしていない。

（新保　稔）

訪ねてみよう

膳城跡（前橋市粕川町膳85他）…県指定史跡。上杉氏や由良氏の抗争の舞台となり、現在は公園として整備。

倉賀野《くらがの》 家吉《いえよし》

武田・北条のもとで多彩に活躍
生没年未詳

倉賀野(高崎市)の領主。淡路守《あわじのかみ》。金井淡路守、跡部淡路守とも称し、倉賀野姓への改称は、武田氏滅亡によるものとされる。ただし、金井淡路守は別人との説もある。

具体的な年代は不明だが、武田氏が金井淡路守・倉賀野衆の参陣を求め、玉村郷(玉村町)での所領宛行《あてがい》を約束しているのがその活動の初見である。

武田氏時代の家吉は、厩橋北条《まやばしきたじょう》氏、佐竹氏などとの交渉に関わっている。武田氏滅亡後は、滝川一益のもとで当時常陸国(茨城県)にいた梶原政景《かじわらまさかげ》との取次《とりつぎ》を務めた。主に対外交渉において活躍していたことが分かる。

北条氏に従ったのち、天正十(一五八二)年には、小諸《こもろ》城代(長野県小諸市)大道寺氏のもとでの在番を命じられている。また、大戸城(東吾妻町)攻めでは、後閑《ごかん》・木《き》部《べ》・和田・高山・神宮の各氏と共に鉄砲衆の加勢を命じられている。その中では、神宮氏の十挺に次ぐ多さの七挺を負担している。

倉賀野城址の碑(高崎市倉賀野町)

家吉は、同十三年からは北条氏直轄領の西荘《さいのしょう》(伊勢崎市など)の代官も務めている。また、同十六年には、厩橋(前橋市)の百姓に対して、城普請《しろぶしん》の指示をするなどしている。同地の百姓と代官は、厩橋において倉賀野淡路代などに麦を納入することを指示されていることも確認できる。

なお、北条氏一門や有力領主が書き連ねられた「小田原一《いっ》手《て》役書立《やくかきたて》写」には、家吉のことと思われる「倉賀野殿」が見える。上野の領主では、ほかに小幡《おばた》・内藤・安中・和田・合木・白井《しろい》長尾・大胡・厩橋北条・那波《なわ》・由良・館林長尾各氏の名前があり、家吉はこれらの領主と肩を並べる存在であったことが分かる。

武田氏によって取り立てられた家吉は、北条氏のもとでも直轄領支配を任され、有力領主として活躍したといえる。

(新保　稔)

訪ねてみよう

倉賀野城跡(高崎市倉賀野町1461-1他)…烏川に面して築かれ、雁児童公園に石碑が建立。

コラム●大蔵坊

山伏というと、山中など人里離れた場所に住んでいると考える人も多いかもしれないが、かつて平野部をはじめ一般の村々に住む山伏の数は多く、それらは里に住む山伏として研究上「里山伏《さとやまぶし》（里修験《さとしゅげん》）」と呼ばれる。

室町時代の上野国（群馬県）で、こうした里山伏たちの中で抜きん出た存在であったのが大蔵坊《だいぞうぼう》（高崎市西国分町）である。

ところで、紀伊半島の熊野《くまの》地域は古代から中世にかけて日本一の霊場として、蟻の熊野詣でといわれるほど人々の参詣があった場所で、近年それらの地域を中心に構成されたのが世界遺産「紀伊山地の霊場と参詣道」である。平安時代末、熊野詣でをする白河上皇の先達《せんだつ》（案内役）を務めた園城寺《おんじょうじ》（滋賀県）の増誉《ぞうよ》は、褒美《ほうび》に熊野を統括する熊野三山検校《さんざんけんぎょう》の地位と、一つの寺を与えられた。その寺をルーツとする門跡《もんぜき》・権門《けんもん》寺院である聖護院《しょうごいん》（京都府）が、熊野との関係を本格的に深めていくなかで、地方にいて熊野などへの参詣先達を務めていた山伏らをも傘下に取り込み、修験道界の一大組織である「本《ほん》山派修験《ざんはしゅげん》」が形成されていく。

大蔵坊は、文安四（一四四七）年に上野国山伏のまとまり具合について聖護院と連絡を取り合っており、これは聖護院と関係をもつ上野国の山伏として古文書に見る限りもっとも早く、東国を見渡しても早期の例になる。文明十八（一四八六）年、当時の聖護院門跡で准三后《じゅさんごう》の道興《どうこう》（関白近衛房嗣《このえふさつぐ》の子）が東国旅行をした際には、十日余りも大蔵坊に逗留《とうりゅう》した。

大蔵坊は、地方にいながらこうした時期すでに権門寺院と関係をもつという、東国有数の格式をもつ山伏であったわけだが、そこには山内上杉氏や家宰・長尾氏の庇護・関与があるとみられる。（久保　康顕）

熊野神社　大蔵坊が熊野から勧請したと伝わる（高崎市西国分町）

倉賀野衆《くらがのしゅう》

侍身分をもつ倉賀野の町人集団

倉賀野(高崎市)は、烏川《からすがわ》左岸にあった町場である。江戸時代には倉賀野河岸《かし》があり、宿場町として発展した。倉賀野に町場が形成されたのは、中世にさかのぼる。室町から戦国期には守護山内上杉氏居所の平井(藤岡市)の外港として直轄化され、北条氏・武田氏の時代も大名直轄領があった。

倉賀野には、戦国期に「倉賀野衆」という町人集団がいた。年代は不明だが、武田氏が金井淡路守《あわじのかみ》と倉賀野衆に対し、「倉賀野居住の所領を持たない者共」への戦功に応じた所領宛行《あてがい》をしている。淡路守のもと、倉賀野衆は戦場に赴き、恩賞を期待していた。

天正十(一五八二)年には、北条氏から「倉賀野町人中」に対して伝馬掟書《てんまおきてがき》が出されている。この文書は堀口氏という氏族のもとに伝えられたが、同氏は倉賀野町人中の代表とも考えられる。

☆近世の倉賀野宿・河岸模型(群馬県立歴史博物館蔵)

同十三年には、北条氏邦《うじくに》が、倉賀野の伝馬乗り継ぎを『あひ子代ほその』に申し上げなさい」と指示している。これは、倉賀野家吉《いえよし》の代官細野氏のこととされる。

また、高野山清浄心院《しょうじょうしんいん》(和歌山県)に供養を依頼した人を記した「上野日月供名簿《こうずけじつげつくみょうぶ》」には、倉賀野の町人衆と思われるモロホシ・岡田・川俣・細野などの名が見え、倉賀野衆との関連が想定される。

後世の史料によれば、戦国期には「倉賀野十六騎」と呼ばれる人々がいたという。彼らは文明年中(一四六九〜八七)に山内上杉氏に従い、倉賀野のうちに屋敷を構えていたらしい。十六騎の名字は一部が「上野日月供名簿」の記述と重なっている。

水運を基盤に成長した倉賀野の町人たちは、領主のもとで、ときには武士として戦争に参加し、所領宛行を期待した。したたかに戦国の世を生き抜こうとした町人たちの姿を想像することができるだろう。

(新保　稔)

訪ねてみよう

倉賀野宿(高崎市倉賀野町)…中世は倉賀野衆が拠点とした町場であり、近世には宿場町として発展。

木部宮内少輔《きべくないのしょう》

神流川《かんながわ》合戦に散った武将
?～一五八二(天正十)

天正十(一五八二)年、織田信長亡き後、その家臣である滝川一益と領地回復を目指す小田原北条氏との間で神流川合戦が繰り広げられた。この際に、命を落とした一人の上野武士がいる。木部宮内少輔である。

北条軍の大将である北条氏直《うじなお》は、そのほか配下の松田・黒沢・笹岡・岩田といった諸大名の軍勢一万余騎を引き連れ、金久保(埼玉県上里町)に陣を張った。一方の滝川軍は上野国の木部宮内少輔をはじめ、玉村(玉村町)から烏川《からすがわ》沿岸に陣を取り、大将である滝川一益の軍勢三万余騎を三カ所に配置して北条軍がやってくるのを待ち構えていた。また、岡村から神流川沿岸に滝川彦四郎・儀大夫《ぎだゆう》を大将とする一万五千余騎が陣取った。北条軍はこの二つの敵軍を見て気後れしたのか、距離を取って陣を張った。北条軍は戦に疲弊した小勢で戦うが、勝ち目がないと軍を引いた。いかほどの事があったのであろうか。命の限りに兵馬を立て直し、北条軍は鉄砲五十挺で打ち掛かり、滝川軍は太田助九郎長宗《ながむね》をはじめ、兵一万余騎が討たれた。滝川軍の木部宮内少輔や松田備前守は北条軍と渡り合ったが、北条軍は小勢故に討ち死に覚悟で滝川軍をさらに討ち落とす。これを受けて、木部・松田両氏は諸軍の士気を上げるため、「これを見よ」と騎馬のまま烏川へと討ち入った。その後、木部宮内少輔は神流川沿岸において討ち死にした。

神流川古戦場跡の碑(高崎市新町)

木部一族は、現在の高崎市地域出身と考えられる上野武士である。享徳の乱において関東管領上杉氏の有力家臣として活躍したことをはじめとして、榛名寺別当職《べっとうしき》として寺領の管理を担ったり、綿貫保(高崎市)代官職に任じられたりしている。また、明応七(一四九八)年には木部隼人佐《はやとのすけ》が連歌師猪苗代兼載《けんさい》を自邸に招いて連歌会《れんがえ》を行っているので、経済的基盤と文化的素養を兼ね備えた一族であった。

(青木　裕美)

訪ねてみよう

神流川古戦場跡の碑(高崎市新町1086-11)…元群馬県知事神田坤六が揮毫した石碑。

樋口《ひぐち》 定次《さだつぐ》

念流《ねんりゅう》を上州馬庭《まにわ》に中興した兵法家
一五五四(天文二十三)～?

高崎市吉井町馬庭にある馬庭念流道場(写真)は、古武道念流の宗家樋口氏が継承してきた道場である。念流は室町時代初めに念阿弥慈恩《ねんあみじおん》こと奥州相馬氏の義元が始めたといわれている。この念流を馬庭の地に根付かせ、中興の祖と仰がれるのが樋口定次である。

樋口氏の『当家先祖書《とうけせんぞがき》』などによると、樋口氏の本貫《ほんがん》は信濃国上伊那《かみいな》郡樋口村(長野県辰野町)で、明応九(一五〇〇)年の高重の時に、吾妻郡応桑《おうくわ》の小宿《こやど》(長野原町)を経て、多胡郡馬庭に本拠を定め、関東管領上杉顕定《あきさだ》に仕えたという。戦国時代の馬庭には総社長尾氏の被官《ひかん》馬庭氏があったが、樋口氏との関係は不明である。現在の念流道場は馬庭氏の居館(馬庭城)跡に立地しているが、これは寛政四(一七九二)年頃に樋口定暠《さだたか》がここに居宅を移してからのことである。

定次は初め新当流を学んでいたが、天正二(一五七四)年に馬庭を訪れた念流七世友松偽庵《ともまつぎあん》に入門し、十七年後の同十九年に印可《いんが》(証明書)を授けられたことで念流八世を継承し、慶長三(一五九八)年に偽庵から伝書(秘伝の書物)を受け、念流宗家馬庭樋口氏が誕生した。

馬庭念流道場(高崎市吉井町馬庭)

慶長五(一六〇〇)年三月、定次は村上天流の村上権右衛門《ごんえもん》と烏川原で立ち会うことになった。それを控え、山名八幡宮(高崎市山名町)に戦勝を祈願したところ、三日三夜の満願日に神威を感じ、振り下ろした木剣で神前の大石を打ち割り、果たし合いに勝利したという。これが「太刀割石《たちわりいし》」の伝承である。

念流の門弟には七日市藩前田家や小幡藩織田家、旗本岩松家があったが、多くは百姓・町人であった。

(簗瀬　大輔)

訪ねてみよう
馬庭念流道場(高崎市吉井町馬庭80)…県指定史跡。正月第３日曜に道場鏡開きの演武を公開。

コラム● 神保植松城のすべて

高崎市吉井町神保《じんぼ》の大沢川の断崖上に、南北二八〇メートルほどの城跡がある。多胡郡の小領国衆《くにしゅう》神保氏の神保植松《うえまつ》城である。かつて城のほぼ全域が発掘調査されたことで、この遺跡から戦国の城の発達過程が明らかになった。

神保植松城の城主は鎌倉御家人以来の名族神保氏である。神保氏が植松の地に屋敷を移したのは十四世紀の後半、南北朝時代のことで、その頃の神保氏は、周辺の小幡《おばた》・瀬下《せじも》・小《お》串《くし》氏といった小領主らと共に守護上杉氏の被官《ひかん》として活動していたと考えられる。

十五世紀後半になると、神保氏は植松屋敷に外堀と土塁を構築し始めている。崖に面した単郭の居館を継承する主郭と、主郭を半円状に大きく取り囲む副郭の二重構造をもつ城郭に拡張整備されたのである。この頃は享徳・長享の二つの大乱に明け暮れた時代で、植松屋敷の城郭化はそうした社会情勢に対応したものであった。

十六世紀前半になると、関東管領上杉氏が上野(群馬県)を拠点とするようになり、緑埜《みどの》郡平井(藤岡市)に城館を整備して上杉憲房《のりふさ》・憲寛《のりひろ》・憲政《のりまさ》の三代の居所、事実上の関東管領府となった。神保植松城はその西の備えの要害となったが、上杉憲政が越後に亡命した十六世紀後半になると、甘楽郡の有力国衆小幡憲重《のりしげ》と自力で渡り合わなければならなくなった。そこで、当時の当主神保昌光《まさみつ》は近在の小河原重清《こがわらしげきよ》らと長根衆《ながねしゅう》という地域集団を結成して自立し、小幡一門並みの地位を保持した。そのため、植松城には地域勢力が結集する機能が必要となり、居宅のあった主郭に寄合のための公的な建物が造られた。

群馬県立歴史博物館では、発掘に基づく同城の調査・研究の成果をジオラマと映像と出土資料によって多角的に展示しており、そのすべてを楽しく学ぶことができる。

（簗瀬　大輔）

☆神保植松城ジオラマ模型(群馬県立歴史博物館蔵)

第5章 藤岡・多野地域の戦国人

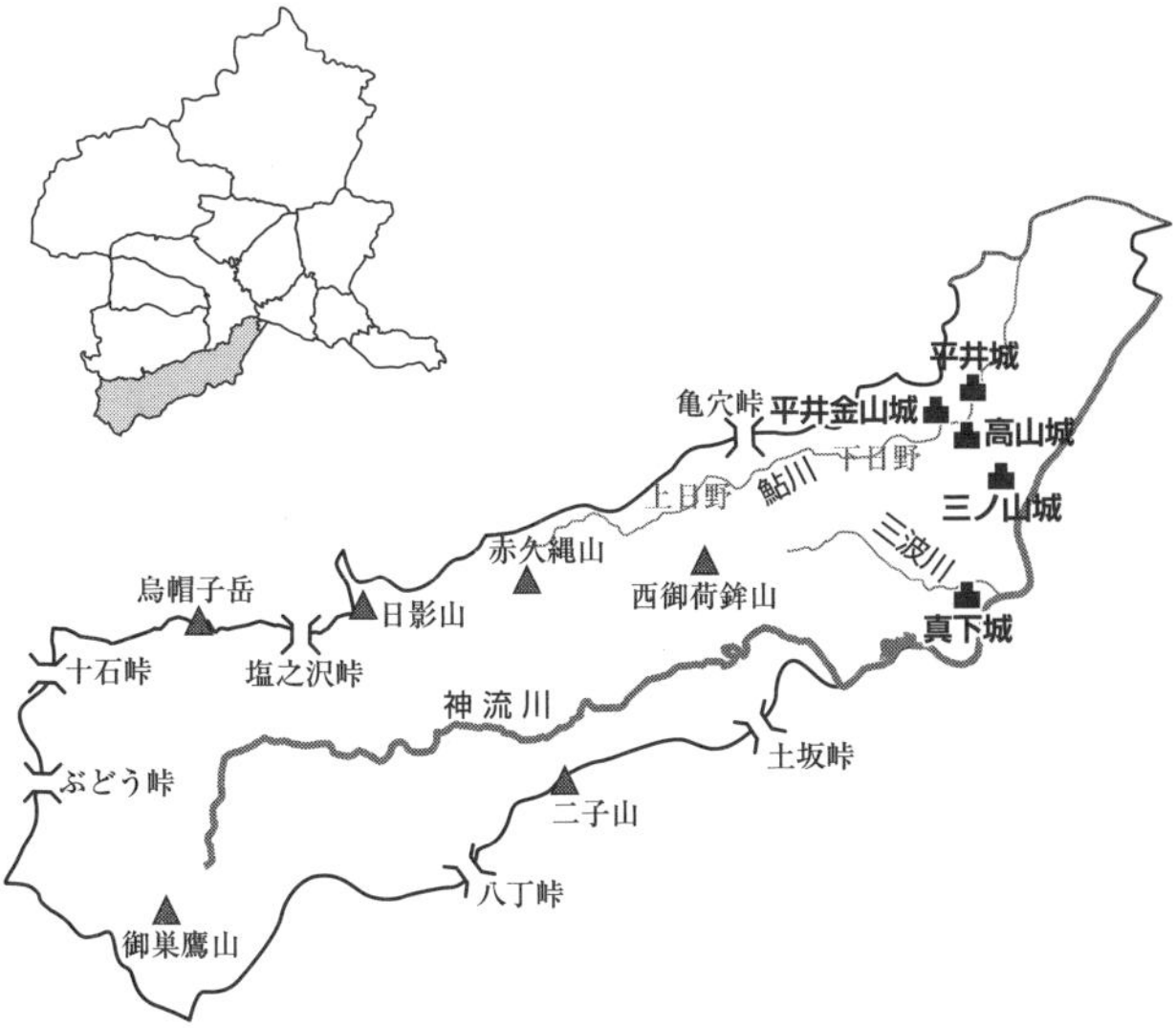

藤岡地域要図

戦国時代の藤岡・多野地域

藤岡・多野《たの》地域には、現在、藤岡市、上野村、神流《かんな》町の三市町村が存在する。「多野」という郡名はそれほど古いものではなく、明治二十九（一八九六）年に、緑野《みどの》・多胡・南《みなみ》甘楽《かんら》の三郡を合わせてできた新しい郡である。平成の大合併では、吉井町と新町が高崎市と合併して多野郡を離れた。現在の藤岡・多野地域は、多野郡域からこの二町と、それ以前に高崎市に編入されていた南八幡《みなみやわた》地域を除いた地域である。

この地域は、山内《やまのうち》上杉氏やその家宰《かさい》を務めた長尾氏とのつながりが強い地域である。平井（藤岡市）が山内上杉氏の本拠地として機能するようになったのは十六世紀初頭以降と考えられているが、室町期には既に「浄法寺土左入道跡《じょうぼうじとさにゅうどうあと》」が上杉氏の所領として見える。天文二十一（一五五二）年には、足利長尾氏の長尾景長《かげなが》が浄法寺村（藤岡市）の所領を鑁阿寺《ばんなじ》（栃木県足利市）に寄進している。

また、神流川以北の「上州河北根本《かわきたこんぼん》足利領」と称される地域は、足利長尾氏が文正元（一四六六）年に足利荘《あしかがのしょう》（栃木県足利市）に入部する以前からの本拠地であったと考えられている。「関東幕注文」の足利衆から足利長尾氏の家臣の構成を探ると、下野国《しもつけのくに》（栃木県）に拠点を持つ武士、上野国《こうずけのくに》（群馬県）に拠点を持つ武士と並んで、武蔵国《むさしのくに》（埼玉県）北部の武士の数が目立つ。彼らは、長尾氏がこの地域に勢力を持っていた時期に組織された者たちであろう。

高山領を治めた高山氏も、山内上杉氏や長尾氏とのつながりが強い国衆《くにしゅう》である。高山領は神流川支流の三名川《さんながわ》流域に広がり、平井城のすぐ南に位置する。世界遺産「富岡製糸場と絹産業遺産群」の構成資産の一つである高山社跡は中世城館跡としての顔も有しており、背後の山上には詰城《つめじろ》として高山城がある。高山城は高山氏の居城として築城され、平井城の防衛線をも担っていたと考えられている。「高山氏系図」によると、高山満重《みつしげ》の嫡子行重《ゆきしげ》は、実は上杉顕《あき》実《ざね》の子で、顕実の死後は満重に養われていたが、上杉憲政《のりまさ》の命で嫡子になったとされている。この記述には事実誤認が多く、史実と断じることはできないものの、高山氏と山内上杉氏の関係を示す逸話として興味深い。高山氏と同族の小林氏では、小林平四郎《へいしろう》が平井城に押し寄せた北条勢とたびたび戦闘に及び、憲政から書状を授けられている。「関東幕注文」では、白井《しろい》長尾氏が率いる白井衆に高山山城守《やましろのかみ》と小林出羽守《でわのかみ》の名が見える。

この地域と上杉氏との関係に変化を生じさせたのが、天文二十一年の平井城陥落とそれによる関東管領《かんとうかんれい》上杉憲政の越後国《えちごのくに》(新潟県)への出国という事態である。その後、憲政を擁して関東へ何度も出兵した上杉謙信《けんしん》は厩橋城《まやばし》(前橋市)を関東での拠点としたし、平井城を落とした小田原北条氏が同城を使用したことを証明する史料もない。代わりにこの地域の拠点として北条氏が整備を進めたのが高山城である。

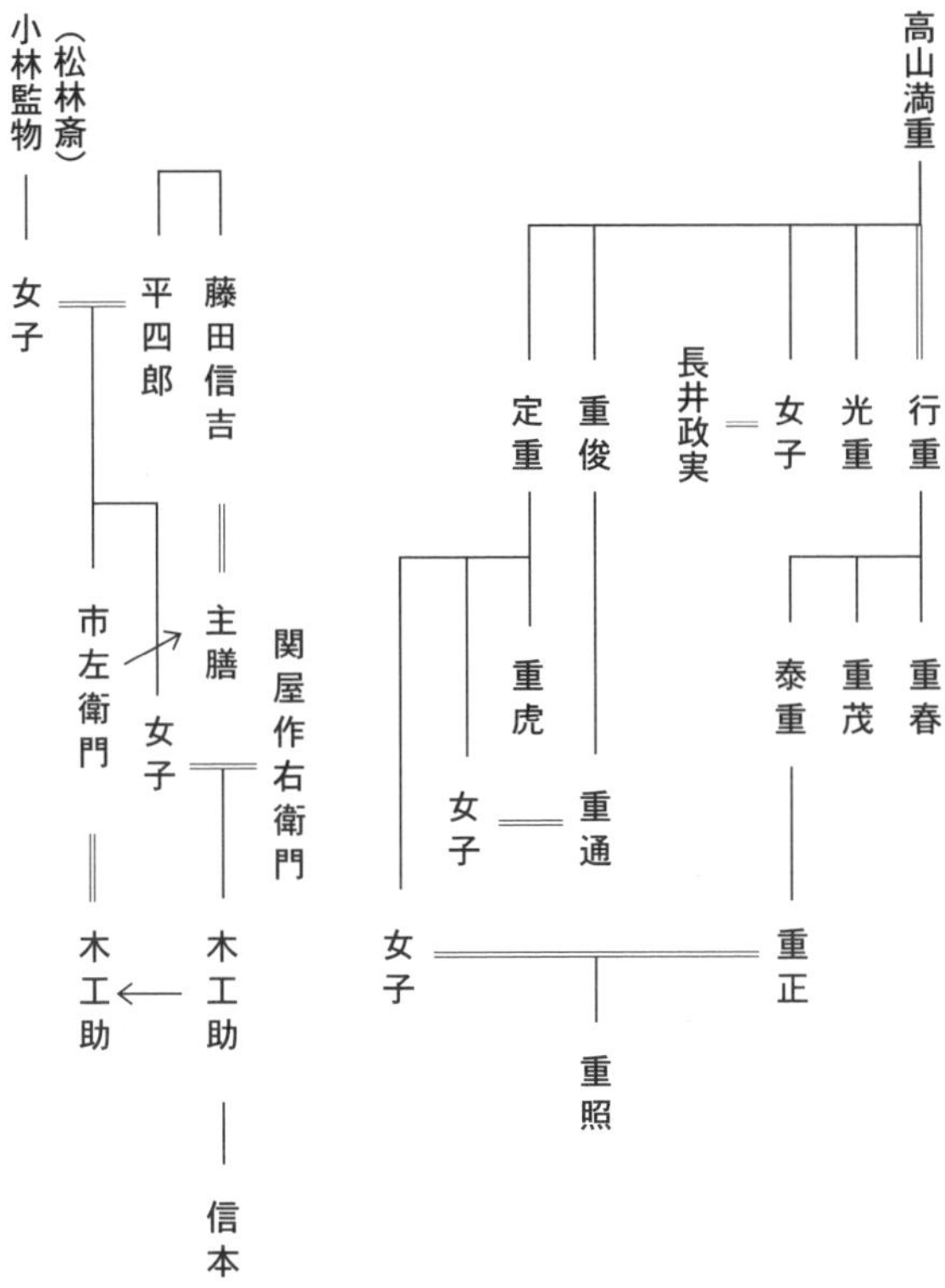

小林氏・高山氏略系図

高山城については、ゴルフ場建設に伴う発掘調査が行われた結果、北条領国の城郭に多用される障子堀《しょうじぼり》が検出された。これによって高山城は単なる国衆の居城ではなく、北条や武田といった大名権力が地域の拠点として整備した「境目の城」であったと考えられている。近年では文献史学の立場からも、その改修時期や改修主体について検討が加えられている。一方で高山氏は北条領国となった上野国において、金山(太田市)在城衆として編成されており、他地域での活動が確認できる。

(長谷川　明則)

小林《こばやし》平四郎《へいしろう》

関東管領上杉憲政子飼いの武将
生没年未詳

天文十四(一五四五)年、信濃国佐久郡の大井貞清《さだきよ》の内山城(長野県佐久市)が武田信玄に落とされ、同十六年には笠原清繁《きよしげ》の志賀城(佐久市)も信玄に包囲された。これを見た関東管領で上野守護の上杉憲政は小県郡《ちいさがた》の国衆《くにしゅう》村上義清《よしきよ》の要請で出兵したが、武田軍に破れた(小田井原《おたいはら》・志賀城の戦い)。ところが信玄は、翌十七年二月に村上義清の本拠である小県郡に兵を進め、大敗を喫する(上田原の戦い)。

その直前、上野緑埜郡《みどの》(藤岡市)の国衆小林平四郎のもとに、貞清から「小県郡の内に一万疋《びき》(百貫文《かんもん》)の地を差し上げます」という簡潔な書状が、次いで村上義清から憲政の「御越山」を要請する書状が届いた。そして、「十四日の戦いで板垣信《のぶ》方《かた》ら究竟《くっきょう》の者を討ち果たしたので、程なく武田は敗北するでしょう」と述べている。

その間、河越城(埼玉県川越市)を落とし、憲政を上野へ敗走させていた北条氏康《うじやす》は、同十七年十月までに甘楽郡の国衆小幡憲重《のりしげ》を味方に付け、憲政を攻撃させたのだ。憲政にとって小幡の裏切りは衝撃だった。そして、十二月五日の朝、ついに平四郎の在所にも小幡の手勢が現れ、平四郎は傷を負ってしまった。憲政は十三日には自ら筆を染め、「その後、傷の具合はどうか。心配だ。油断せずに養生することが大切だ」と気遣っている(写真)。同十九年十一月になると、北条氏康が平井(藤岡市)周辺を脅かすようになったが、ここでも憲政は奮闘する平四郎に対して「一昨年、小幡が裏切った時の忠節は忘れないぞ」と頼りにするのだった。

(築瀬　大輔)

上杉憲政書状(小林家文書　個人蔵)

訪ねてみよう

大塔寺天満宮(藤岡市小林608)…市指定文化財。小林氏の本貫地に位置し、付近に小林館跡が所在。

コラム●平井城と上杉道

天文二十一（一五五二）年、関東管領上杉憲政は北条氏による上野国（群馬県）侵攻により、居城の平井城（藤岡市）を追われ、越後国の長尾景虎（のちの上杉謙信）を頼る。この平井城が関東管領山内上杉氏の本拠地となったのは、十六世紀初めのことではないかと考えられていて、それまでは板鼻《いたはな》（安中市）・五十子《いかっこ》陣（埼玉県本庄市）・鉢形城（埼玉県寄居町）などが本拠地として機能していた。

埼玉県本庄市児玉町付近で鎌倉街道上道《かみつみち》から分岐し、途中神流川《かんながわ》を渡って上野国に入り、そこから三本木《さんぼぎ》、東平井、鮎《あゆ》川《かわ》、上大塚、中大塚、下大塚、本動堂《もとゆるぎどう》と藤岡市内を北上する街道を上杉道《うえすぎみち》と呼ぶ。「宿」にまつわる地名をもとに、牛田周辺で神流川を渡河し、森新田で鏑川《かぶらがわ》を渡って木部（高崎市）に至る鎌倉街道上道の復元が試みられていて、これはおおむね上杉道と一致する。

鎌倉街道とは、鎌倉と各地を結ぶ街道の総称で、上道はそのうち、武蔵国（埼玉県）・上野国を通って信濃国（長野県）や越後国（新潟県）へ至る。鎌倉には室町時代以降も鎌倉公方がいて、その補佐役だった関東管領をはじめ、多くの東国武士が鎌倉に出仕していた。上杉道は鎌倉街道上道から分かれて平井城付近を通過することから、平井城と鎌倉の往来に利用されたとも思われるが、平井城が山内上杉氏の本拠地として機能するようになったのは、鎌倉公方が鎌倉から古河（茨城県古河市）に動座してしばらく経ってからなので、別の利用目的を考えた方がよさそうだ。

上杉道の経路上には、雉岡《きじがおか》城（埼玉県本庄市）、御嶽《みたけ》城（同神川町）、高山城（藤岡市）が並んでいて、これらは平井城防衛のための支城としての役割を担っていたと思われる。また、東平井には市《いち》が設けられていたことが確認されている。

このことから、上杉道は山内上杉氏の領域支配や軍事的な目的のために整備された可能性が高いと考えられる。

（長谷川　明則）

小林監物《こばやしけんもつ》

建武以来の文書を伝える名族
生没年未詳

小林氏は鎌倉時代以来の大塚郷（藤岡市）の地頭《じとう》で、群馬県立歴史博物館に寄託されている「小林家文書」によれば、建武元（一三三四）年に新田義貞によって、先祖伝来の地頭《じとう》職《しき》が認められている。

山形藩主水野家に仕えた小林家には、「小林家家譜《かふ》」が伝わる。享保二（一七一七）年の奥書《おくがき》のあるこの「家譜」によると、小林監物の父と祖父は共に平四郎と名乗っていた。天文年間（一五三二〜五五）に平四郎が上杉憲政から賜った書状があることから、山内上杉氏に属していたことが分かる。なお、「家譜」は平四郎と監物を父子としているが、平四郎の名が現れるのはいずれも天文年間であり、同一人物の可能性もある。

監物の名前は、永禄四（一五六一）年に武田信玄が送った書状に初めて登場する。信玄は監物の本領支配を認めており、それまでに信玄に従うようになったようである。武田氏に対抗した長野氏が敗れて箕輪《みのわ》城（高崎市）落城後の同十年には、倉賀野勘解《かげ》由左衛門尉《ゆさえもんのじょう》・左馬助《さまのすけ》と小林一族の旧領が監物に与えられている。そのため、小林一族の中には長野氏に従い、所領を没収された者がいたことが分かる。なお、同日付で上野国綿貫郷（高崎市）と信濃国海野《うんの》（長野県東御《とうみ》市）の替地として中栗須《くりす》ほかの所領が監物に与えられているが、このうち綿貫郷は観応三（一三五二）年に足利尊氏から勲功の賞として与えられた小林氏の所領である。海野が小林氏の所領となった経緯は不明だが、戦国時代には実態がなくなったため、小林氏は武田氏へ替地を求めたのであろう。

信玄の死後、監物は跡を継いだ武田勝頼に仕えており、影森《かげもり》（埼玉県秩父市）などの所領を与えられている。なお、「家譜」によって、元亀二（一五七一）年以降に監物は「松林斎」や「小林斎」を称していたことが分か

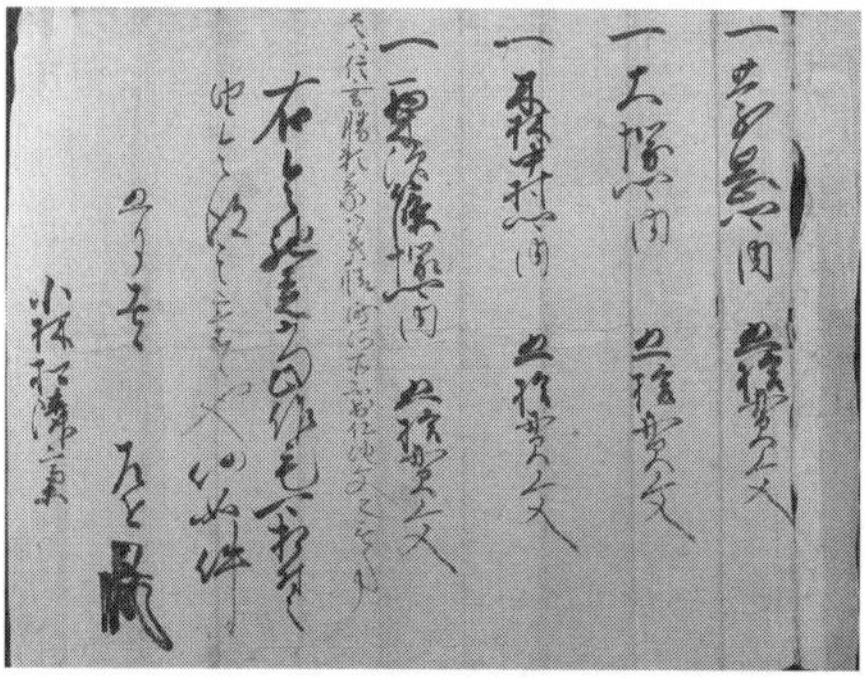

滝川一益知行宛行状（小林家文書　個人蔵）

訪ねてみよう

千手寺（藤岡市中大塚151）…小林氏の居城とされ、比較的遺構が残る中大塚城跡に所在。

る。

勝頼に従っていた頃の史料で興味深いのが、天正五(一五七七)年の朱印状である。これによれば、他領から逃れてきた主人のいない人々を召し使うことは禁じられていたが、監物の所領である森郷《もりごう》(藤岡市)内に限っては特権的に許されていたようである。

しかし、監物は同十年の武田氏滅亡以前から武田氏を見限って北条氏と気脈を通じていたようで、同八年に北条幻《げん》庵《あん》を訪問し、本領を認められている。また、この時に新知行《ちぎょう》として「玉村・那波《なわ》川南」や「和田一類《いちるい》(親類)知行」のほか、「同名豊前守《ぶぜんのかみ》本領」を与えると約束された。「同名」は苗字が同じことを意味しており、小林一族の「豊前守」という人物が監物と立場を異にしていたと推定できる。武田氏滅亡後には、上野国に入部した織田家重臣の滝川一益によって、監物は所領の支配を認められている(写真)。

監物には男子がいなかったようで、同五年には勝頼から、死後に所領と家臣を娘へ譲ることを認められている。「家譜」によると、娘の婿《むこ》として藤田平四郎を迎えた。しかし、平四郎は尾張国長嶋の合戦において二十八歳で戦死してしまった。平四郎の嫡子で監物の孫に当たる市左衛門《いちざえもん》はわずか二歳だったという。

平四郎の死後、市左衛門は一時、監物のもとで育てられたようだが、後に叔父の藤田能登守《のとのかみ》の養子となって、藤田主膳《しゅぜん》と名を改めたという。

能登守・主膳父子は、同十八年の小田原合戦で共に戦功を挙げたほか、主膳は関ヶ原の合戦で「槍疵《やりきず》」を二カ所受けたことが「家譜」に見える。この時の主膳の年齢が三十四歳とされることから、父の平四郎が戦死したのは永禄十一(一五六八)年であろう。しかし、そうすると『藩翰譜《はんかんふ》』から分かる兄の能登守信吉《のとのかみのぶよし》の生年よりも平四郎が先に生まれたことになってしまうので、「家譜」の年代観はうのみにできない。

主膳は大坂の陣に従軍して、敵の首を挙げた。「茶臼山の陣所に首級を届けた」と「家譜」にあることから、徳川家康の本陣が茶臼山(大阪府大阪市)に置かれた、慶長十九(一六一四)年の大坂冬の陣のことであろう。

その後、養父の能登守が徳川将軍家の意向に背いたため、主膳も下野国鹿沼《かぬま》(栃木県鹿沼市)周辺に蟄居《ちっきょ》し、苗字を小林に復して小林市左衛門と称したという。「小林家文書」が山形の小林家に伝来したのは、市左衛門が下総国山川藩(茨城県結城市)水野家に仕官し、その転封に従って明治維新を山形で迎えたためである。

(長谷川　明則)

訪ねてみよう

小林館跡(藤岡市小林735他)…中大塚城以前の小林氏の居館跡。東縁に館の川が流れる。

高山《たかやま》 定重《さだしげ》

北条氏のもとで金山城に在番
一五二二（大永元）～一五九〇（天正十八）

「高山氏系図」によれば、天正十八（一五九〇）年に七十歳で死去したので、逆算すると大永元（一五二二）年の生まれ。父は高山満重《みつしげ》で、母は安中伊賀守忠重《いがのかみただしげ》の女とある。「系図」によると、父満重の跡は、養子の行重《ゆきしげ》が継いだとされているが、父の仮名《けみょう》である「彦兵衛尉《ひこべえのじょう》」は定重が受け継いだ。

初め上杉憲政に属していたが、箕輪《みのわ》城（高崎市）落城後の永禄十（一五六七）年には、武田信玄から宇塩《うしお》・八塩《やしお》・松房《まつふさ》三村（藤岡市）と箕輪郷内の川除《かわよけ》（高崎市）で五十貫文《かんもん》ずつの所領を新たに認められている。同十二年には、信玄から上武《じょうぶ》（群馬県・埼玉県）国境で砦《とりで》の築造を命じられており、これにより定重は武蔵国久城《ぐじょう》（埼玉県上里町）に在城することとなった。また、元亀三（一五七二）年には、東平井（藤岡市）の市を三日・八日の六斎市とすること、多比良《たいら》領（高崎市）・高山領（藤岡市）から逃亡した百姓を還住《かんじゅう》させるよう命じられている（写真）。

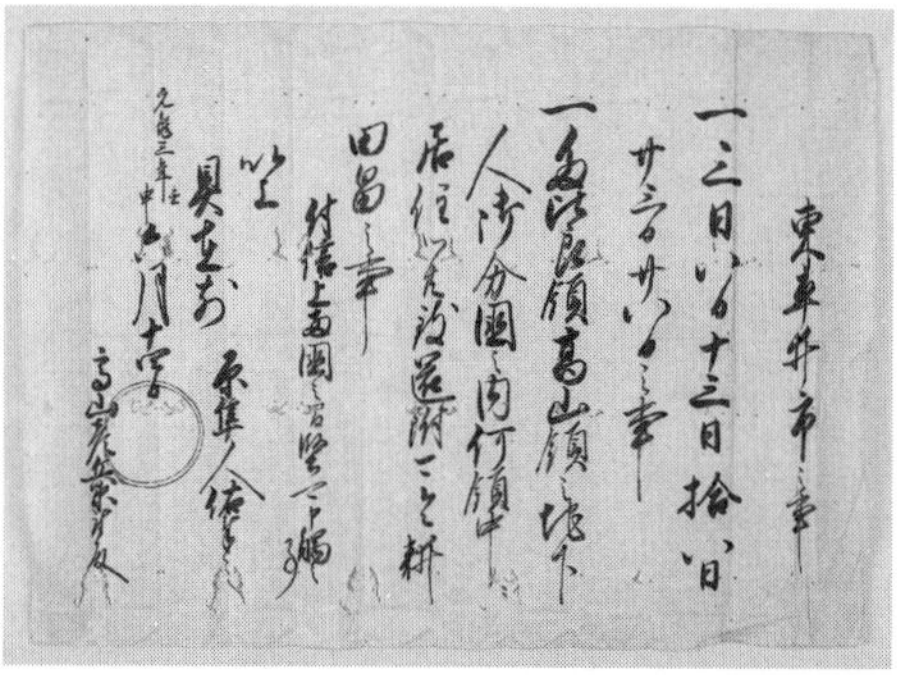

武田家印判状写（高山文書　群馬県立歴史博物館蔵）

天正十（一五八二）年に武田氏が織田信長により滅ぼされると、定重は織田の旗下に属した。続いて本能寺の変で信長が死去すると、織田氏重臣の滝川一益と北条氏との間で神流《かんな》川合戦が起こるが、定重は義兄である行重の孫に当たる重正《しげまさ》と共に奮戦した。

その後は北条氏に従ったようで、同十三年、金山西城《かなやまにしじょう》（太田市）への在城を命じられている。翌年には、長岡郷と安良岡《やすらおか》郷（いずれも太田市）で合わせて百貫文の地が「高山遠江守《とおとうみのかみ》」に与えられており、『系図』によると定重のことであるという。

同十八年の豊臣秀吉による小田原合戦に際しては、上野国（群馬県）の諸将とともに小田原に籠城して、落城後は浪人になったと『系図』にある。しかしながら、同年三月に七十歳で亡くなったとされる、同書における定重の記述としては不自然である。

（長谷川　明則）

訪ねてみよう

高山城跡（藤岡市金井）…高山氏の居城とされ、東日野金井城ともいわれる。

高《たか》山《やま》 重《しげ》正《まさ》

高山社の源流
一五六〇（永禄三）～一六一九（元和五）

「高山氏系図」によると、祖父の高山行重《ゆきしげ》は、上杉顕実《あきざね》の子で、永正七（一五一〇）年六月に長尾為景《ためかげ》の謀反《むほん》により顕実が越後国雨溝《あまみぞ》（新潟県十日町市）で死去すると、平井（藤岡市）に逃れて高山満重《みつしげ》に養われ、上杉憲政の命で満重の後継者となったとされる。しかし、越後守護代・長尾為景の反乱によって雨溝で自刃したのは守護の上杉房能《ふさよし》である。正しくは房能の実子との家伝があったのだろう。なお、房能が自刃したのは同四年のことであって、これも史実とは異なる。

重正の父泰重《やすしげ》は、永禄十二（一五六九）年に武田信玄が北条氏を攻めた三増峠《みませとうげ》の戦い（神奈川県愛川町）で戦死した。重正は幼少の頃から父と共に上杉氏に仕えていたが、武田信玄が上野国（群馬県）に進出してくると武田氏に属した。元亀三（一五七二）年には父の討死の戦功により、牛田《うした》・白塩《しらしお》（藤岡市）に二百貫文《かんもん》の所領を与えられている。また、沼之上《ぬまのうえ》（玉村町）にあった高山氏の所領は、武田氏によって那波《なわ》氏の所領として認められている（写真）。

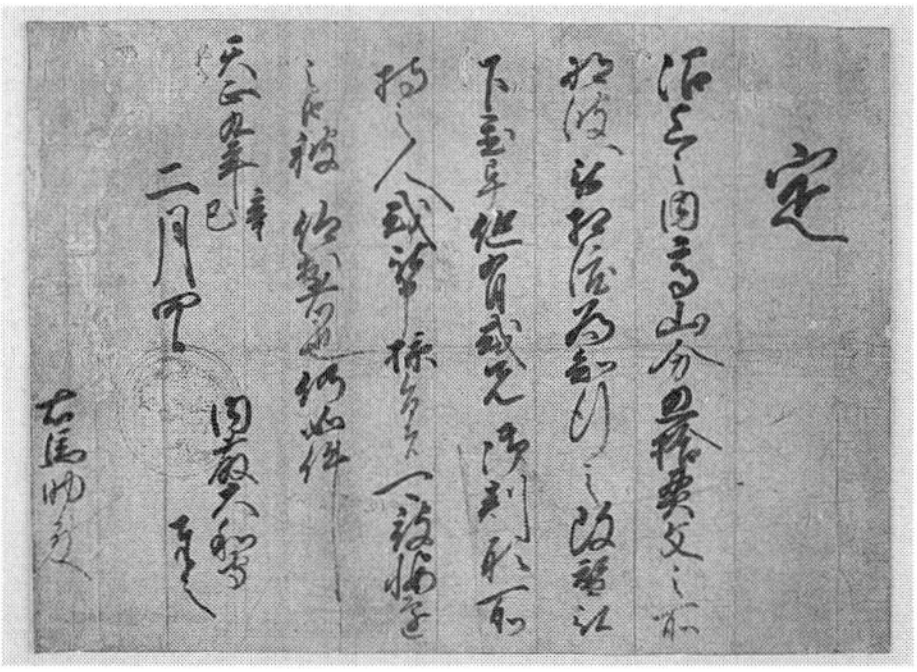
武田家朱印状（高山文書　群馬県立歴史博物館蔵）

重正は、祖父行重の義弟に当たる定重《さだしげ》の娘を妻に迎えており、天正十（一五八二）年に織田家重臣の滝川一益と北条氏が激突した神流川《かんながわ》合戦では、定重と共に奮戦した。定重の娘との間には、嫡子の重《しげ》照《てる》をもうけている。

神流川合戦以後は北条氏に従っていたが、北条氏が滅亡すると甘楽《かんら》郡山中《さんちゅう》郷（上野村・神流町）に蟄居《ちっきょ》した。この頃の逸話として、『系図』には、高山氏伝来の粟田口《あわたぐち》吉光《よしみつ》の脇差《わきざし》に関する記述があり、元和三（一六一七）年に徳川秀忠に上覧されたという。

（長谷川　明則）

訪ねてみよう
高山社跡（藤岡市高山237）…国指定史跡で世界文化遺産。重正や泰重の古文書も相伝。

長井《ながい》 政実《まさざね》

上武《じょうぶ》の境目を抑えた国衆
生没年未詳

長井政実は初め平沢氏を名乗っており、永禄八（一五六五）年に黒沢源三《げんぞう》に宛てた判物《はんもつ》では、「平沢政実」と名乗っている。また、年不詳だが、同じ黒沢氏の玄蕃允《げんばのじょう》に宛てた判物では、同じ形の花押《かおう》で「平左《ひらさ》政実」と記している。「平左」とは「平沢左衛門《さえもん》」の略称であり、官途《かんと》「左衛門」を称していたことが分かる。

同三年、越後国（新潟県）の上杉謙信は関東へ侵攻した。その際、謙信のもとに参陣した武士の名を連ねた「関東幕注文」の足利衆には、「家風《けふう》」として、「平沢左衛門三良《さえもんさぶろう》」が見える。このことから、政実は足利長尾氏の家臣であったことが分かる。「上州河北根本《かわきたこんぽん》足利領」と称される神流川《かんながわ》以北の地域は、関東管領上杉氏家臣であった足利長尾氏の所領と考えられている。加えて、「高山氏系図」によれば、高山満重《みつしげ》の娘が政実の妻となっており、政実と河北地域のつながりはかねてから深かったものと思われる。

先述の黒沢源三に宛てた判物では、それ以前に「中務《なかつかさの》少輔《しょう》」という人物から認められていた所領を、政実が新恩地として改めて認めている。この「中務少輔」は安保《あぼ》郷（埼玉県神川町）を本拠とする安保氏と考えられている。したがって、政実は永禄八年頃に安保氏に代わって武蔵国御嶽《みたけ》城（埼玉県神川町）に入城し、北条氏から神流川東岸一帯の支配を任されたものと思われる。小田原北条氏が政実を登用したのは、足利長尾氏の同心・家風を利用することで、同氏の旧領の支配を円滑に進めようとする意図があったようだ。

同十一年、武田信玄が今川領国に侵攻して甲相駿《こうそうすん》（武田・北条・今川）の三国同盟が崩壊すると、北条・武田の境目に当たる河北地域も両者の間で抗争の舞台となった。政実が拠る御嶽城は北条方の最前線であり、翌十二年九月九日には武田信玄の攻撃

金鑽神社（埼玉県神川町二ノ宮）

訪ねてみよう

御嶽城跡（埼玉県神川町渡瀬）…政実の居城で御嶽山の山頂に築かれ、麓の金鑽神社から登城できる。

を受けた。政実は、元亀元（一五七〇）年六月五日の落城後も、同月二十八日に御嶽城近くの金鑚《かなさな》神社（埼玉県神川町）に所領を寄進するなど、落城後も城主としての権限を行使している。このことから、城主であった政実の離反により、城が武田方に渡ったと考えられている。この時、政実は「豊前守《ぶぜんのかみ》政実」と名乗っており、武田氏への帰属を機に、武蔵国長井荘《ながいのしょう》（埼玉県熊谷市）の長井斎藤氏の名跡を継いで苗字を「長井」に変えるとともに、官途名《かんとめい》を改めたようである。

翌二年、甲相《こうそう》（武田・北条）同盟が復活すると、武田氏と北条氏との間で領土分割が行われ、西上野《こうずけ》は武田領に、武蔵を含むそれ以外の関東諸国は北条領となった。北条領となった御嶽城は、十一月六日に武田方から引き渡された。これにより、政実は武田氏に従って三ツ山城（藤岡市）に拠点を移したようである。天正元（一五七三）年に、政実は武田勝頼から旧領の替地として上野国内に五千貫文《かんもん》余りの所領を与えられている。具体的な旧領の所在地は判然としないが、領土分割によって政実の武蔵国内の所領の知行が困難になったため、替地を与えられたものと思われる。

同十年、武田氏が滅亡して関東に織田氏重臣の滝川一益が派遣されると、政実はほかの上野国（群馬県）内の領主と同様に織田方へ帰属したようだ。その後、本能寺の変で信長が死去すると、滝川勢と北条勢との間で神流川合戦が勃発した。その二日前の同年六月十六日、政実は北谷《きたやつ》の地侍《じざむらい》である飯塚六左衛門尉《ろくざえもんのじょう》に対して、北谷に阿久原《あぐはら》・渡瀬《わたらせ》（いずれも埼玉県神川町）などの「半手《はんて》」の者を一切入れてはならないことなどを命じている。「半手」とは、敵対する勢力の境目において、双方の勢力に属することを意味している。したがって、政実は北条領国との人の出入りを禁ずることにより、味方の情報が漏れることを防ごうとしたのであろう。

近世に編さんされた『上野国志《こうずけこくし》』によると、政実の没後、子の信実《のぶざね》は北条氏に敵対して越後上杉氏に仕え、同十八年の小田原合戦では藤田信吉《のぶよし》に属して多比良《たいら》城（高崎市）を攻略し、三ツ山城に復帰したという。しかし、同年七月一日に、政実が北谷の飯塚和泉守《いずみのかみ》に宛てた判物を発給したことから、没年については検討が必要である。実のところは、小田原合戦に従軍して三ツ山城に復帰したのは信実ではなく政実で、飯塚氏をはじめとする地侍《じざむらい》を組織して旧領を回復しようとしたのであろう。

（長谷川　明則）

訪ねてみよう

三ツ山城跡（藤岡市浄法寺）…御嶽城から移った政実の上州での居城。上武国境の堅城だった。

飯塚和泉守《いいづかいずみのかみ》と北谷衆《きたやっしゅう》

漆などの流通を握った山の地侍《じざむらい》
生没年未詳

群馬県立文書館に寄贈された「飯塚家文書」は、藤岡市三《さん》波川《ばがわ》の飯塚家に伝わった戦国期から近代に至る文書群である。このうち、最も古い文書は天文二十一（一五五二）年三月二十日付の北条家朱印状《しゅいんじょう》である（写真）。「北谷《きたやつ》百姓中」に対し、速やかに在所に帰り、耕作することなどを命じている。同年には、上野国（群馬県）を統治していた上杉憲政が北条氏の侵攻によって平井城（藤岡市）を追われており、戦後復興の過程で発給された文書と思われる。この文書が飯塚家に残っていることから、飯塚氏は北谷衆の盟主として北条氏から朱印状を受給したものと思われる。

飯塚氏の初見は、天正六（一五七八）年に比定されている飯塚弾正忠《だんじょうのちゅう》宛の長井政《まさ》実判物《ざねはんもつ》で、政実との交渉によって、弾正忠は年貢の減額や百姓役の免除といった特権を勝ち取ったことが分かる。政実は当時、武田氏に仕える三ツ山城（藤岡市）の城主であった。飯塚氏のような侍身分でありながら有力百姓でもある人々を地侍と呼んでいる。政実は北谷の実力者であった飯塚氏に特権を与えることで、北谷を掌握しようとしたのだろう。

神流川《かんながわ》合戦後、北谷は勝利した北条氏の支配下に入った。北条氏邦《うじくに》は同十三年に、飯塚六左衛門《ろくざえもん》など北谷衆に対して、御蔵銭《みくらせん》を預け置くので、それを貸し出した利息で漆《うるし》を調達し、毎年四月に納めるよう命じた。漆は北谷の特産で、近世の飯塚家文書にも漆に関する史料が残っている。

また、氏邦は同十七年、飯塚和泉守に対して、黄金と綿を調達して納めるよう命じている。これについては、南牧《なんもく》の金鉱脈や日野谷（藤岡市）の絹生産との関係から、飯塚氏は山林や鉱山の資源を調達する能力を有する、国境山間独特の地侍であったと考えられている。

（長谷川　明則）

北条家朱印状（飯塚家文書　群馬県立文書館蔵）

訪ねてみよう

桜山公園（藤岡市三波川2166-1）…国名勝及び天然記念物。三波川村長の飯塚志賀が日露戦争の戦勝を記念して整備。

黒《くろ》沢《さわ》出雲《いずもの》守《かみ》

日野絹の里の地侍
生没年未詳

天正六(一五七八)年から十年の頃、緑埜《みどの》郡椚山《くぬぎやま》(藤岡市)の百姓が村を「退出《たいしゅつ》」するという事件が起こった。逃散《ちょうさん》である。椚山は黒沢出雲守が管理する高山(藤岡市)の谷奥の村である。

黒沢出雲守は多胡郡日野谷《ひのだに》(藤岡市)の地侍である。日野谷は尾根を境に、南の三波川北谷《さんばがわきたやつ》、東の三名川《さんながわ》高山の谷と接しており、互いに行き来することができた。その尾根筋の通路が交わる位置に子王山《こおうやま》城が築かれている。この山城の西の山下《さんげ》が日野谷で、東の山下が椚山である。椚山は国衆長井政実《まさざね》の直轄領で、「椚山野地《のじ》」と呼ばれる特別な所領だった。

椚山野地とは山林と採草地のことだろう。戦国時代の「山」や「野」は肥料や飼料となる葉や草、燃料となる下枝、屋根材となる茅《かや》の採取地であった。こうした植物資源の供給地は本来は百姓の入会地《いりあいち》として共同利用するものだが、政実が独占的に囲い込み、三波川北谷の百姓飯塚氏だけに用益を認めてしまったのだ。椚山の百姓逃散は、そのことへの抵抗だったのではないだろうか。

日野谷は古来「日野絹《ひのぎぬ》」と呼ばれる上州絹の産地である。『和漢三才図会《わかんさんさいずえ》』にも紹介されており、その起源は中世までさかのぼる可能性がある。椚山野地の用益権を持った北谷衆飯塚氏は年貢として真綿を納めていたし、高山谷一帯は伊勢神宮に白布《はくふ》(四丈布)を納める中世高山御厨《みくりや》の領域で、さらには、近代の高山社(世界遺産・絹産業遺産群)にもつながる絹産地である。ヤママユガ(天蚕)が落葉広葉樹の椚や楢《なら》を好むことも気になる。そう考えると、戦国人黒沢出雲守こそ日野絹の生産者に思えてならない。

(簗瀬　大輔)

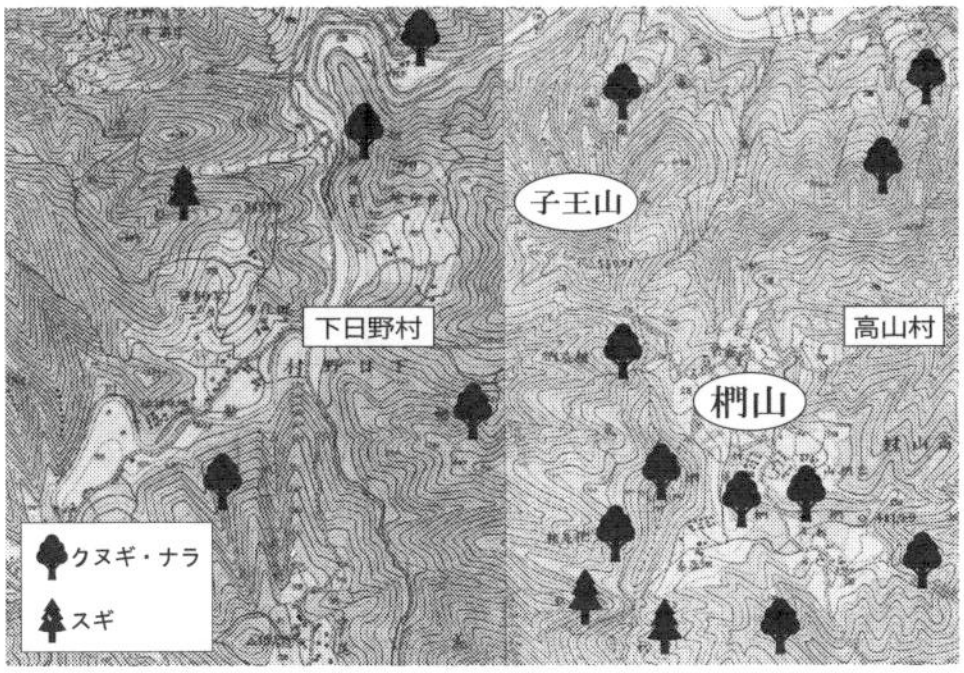

19世紀末の椚山の植生と土地利用(迅速測図)

訪ねてみよう
子王山城跡(藤岡市下日野2498)…「二千階段」で上る。下日野側からは1600段、高山側は400段。

黒沢氏《くろさわし》と山中衆《さんちゅうしゅう》

上州と秩父をつなぐ山間の地侍

戦国時代の初め頃、武蔵国榛沢《はんざわ》郡末野《すえの》村(埼玉県寄居町)に比丘性恵《びくしょうけい》と瀧上三郎左衛門《さぶろうざえもん》という人物が住んでいた。二人は野栗権現《のぐりごんげん》を篤く信仰していたが、上野国上山《かみやま》郷(上野村)の黒沢一族と協力し、上山郷の野栗権現に梵鐘《ぼんしょう》を寄進することを発願《ほつがん》したのである。永正二(一五〇五)年、性恵と三郎左衛門は上山郷奈良村の黒沢左京亮《さきょうのすけ》と安坂弥三郎行吉を大檀那《だいだんな》に、野栗沢の黒沢三郎衛門《さぶろうえもん》と黒沢太郎左衛門《たろうざえもん》を小檀那に立てて浄財を出し合い、鋳物師《いもじ》八郎左衛門に梵鐘《ぼんしょう》を依頼したのだ。かつて上野村新羽《にっぱ》の野栗神社にこの梵鐘があった。

戦国時代から江戸時代の神流川《かんながわ》上流域の山間地域は「山中」と呼ばれた。山中とは上山郷(上野村)、中山郷《なかやま》(神流町の旧中里村)、下山郷《しもやま》(神流町の旧万場町)の総称である。上山郷の黒沢氏は野栗権現の信仰とともに、山中一帯から武蔵(埼玉県)秩父郡まで広域に進出し、山中衆と呼ばれるようになった。永禄十(一五六七)年、山中衆の黒沢重慶《しげよし》、定吉《さだよし》、光吉《みつよし》、重家《しげいえ》、土屋重康《しげやす》、片田昌慶《まさよし》の六人の地侍が連名で起請文《きしょうもん》に血判《けっぱん》をなし、戦国大名武田信玄に忠誠の誓いを立てている。

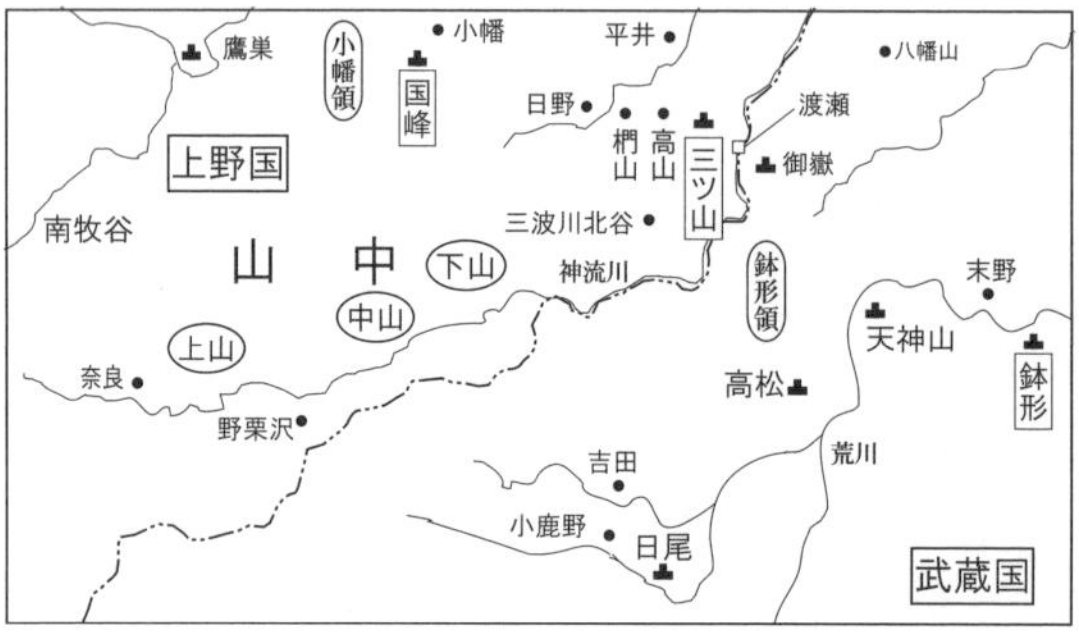

上武国境山間地域と「山中」

天正六(一五七八)年の甲越《こうえつ》同盟成立を機に、山中衆は国《くに》峰《みね》城(甘楽町)の国衆小幡信実《のぶざね》の配下に組み込まれていく。信実は「秩父から北条の軍勢が攻めて来れば、山中は武田と北条の境目となる。昼も夜も油断なく警備せよ。特に上山郷の者は、誰の家臣であろうが、誰の百姓であろうが区別なく八幡口に詰めて、大いに敵を攪乱し、戦功に励め」と危機感をあおり、山中衆の戦意を鼓舞するのであった。同八年、黒沢大学助《だいがくのすけ》と黒沢新八郎が小幡信実から、「黒沢一類を率いて日尾《ひお》城(埼玉県小鹿野町)を落としたならば、秩父小鹿野《おがの》に所領を与えよう」と迫られ、ついに出陣したのである。

(簗瀬　大輔)

訪ねてみよう

乃久里《のくり》神社(上野村大字新羽988)…県指定無形民俗文化財の御神輿お川瀬下げ神事が毎年８月に行われる。

第6章　富岡・甘楽地域の戦国人

富岡地域要図

戦国時代の富岡・甘楽地域

富岡・甘楽《かんら》地域は、群馬県の西南部に位置し、当地域の西部には高い山地が分布する。水系は富岡地域を流れる鏑《かぶら》川《がわ》が東西方向に流路をとって中心をなし、西から高田川・丹生《にゅう》川が流れ込み、南の甘楽地域から主に秋畑《あきはた》地区より流れる雄川《おがわ》が合流している。この鏑川流域には、上下二段にわたる河岸段丘が広がっていることも著名である。

この地域一帯は、古代、甘楽郡として設定され、『倭名《わみょう》類聚抄《るいじゅうしょう》』によれば、貫前《ぬきさき》・酒甘《さかい》・丹生・那非《なひ》・湍下《せのしも》・湍《せの》上《かみ》・宗伎《そぎ》・有只《うだ》・那射《なさ》・額部《ぬかべ》・新屋《にいや》・小野・抜鉾《ぬきほこ》の十三郷を載せる。おおよそ現在の富岡市・下仁田町・南牧《なんもく》村・甘楽町に当たる。中世には高田川流域にあったとされる六条院領菅野荘《すがののしょう》（富岡市）に御家人高田氏が見え、額部荘（甘楽町）内には小幡《おばた》・白倉《しらくら》・新屋郷（いずれも甘楽町）も見えるから、小幡・白倉氏の勢力があったこともうかがわれる。

ここは小幡氏との結び付きの強い地域である。室町時代から当地域の有力者として小幡氏が活躍し、上州白旗《しらはた》一揆の構成員としてその名が見える。小幡氏は官途名《かんとめい》の右衛門《うえもんの》尉《じょう》を名乗る家系と、受領名《ずりょうめい》の三河守《みかわのかみ》を名乗る家系に大きく分かれており、前者が嫡流に当たる。右衛門尉系は、戦国時代に国峰《くにみね》城（甘楽町）を本拠としており、武田氏支配下における西上野で最大の勢力を誇った。三河守系は室町時代から山内《やまのうち》上杉氏の家臣として見え、上杉氏との譜代関係を重視する系譜といえる。

永禄十（一五六七）年八月、武田信玄に対する忠誠を誓った起請文《きしょうもん》が一斉に提出された。この起請文は「下之郷《しものごう》起請文」と呼ばれている。現在はその実物の多くが生島足島神《いくしまたるしまじん》社《じゃ》（長野県上田市）に伝来している。この時に信玄に忠誠を誓って起請文を提出したのは、甲斐国《かいのくに》（山梨県）・信濃国《しなののくに》（長野県）・西上野《こうずけ》の武士たちであり、この中に小幡氏も含まれていた。

小幡氏はおよそ甘楽郡全域に所領を形成していたようだ。本拠国峰城を中心とした雄川流域の秋畑、丹生川流域の丹生、鏑川流域の高瀬、南牧川流域の南牧谷、神流川《かんながわ》流域の山中《さんちゅう》が、戦国期小幡氏の天文～永禄年間（一五三二～

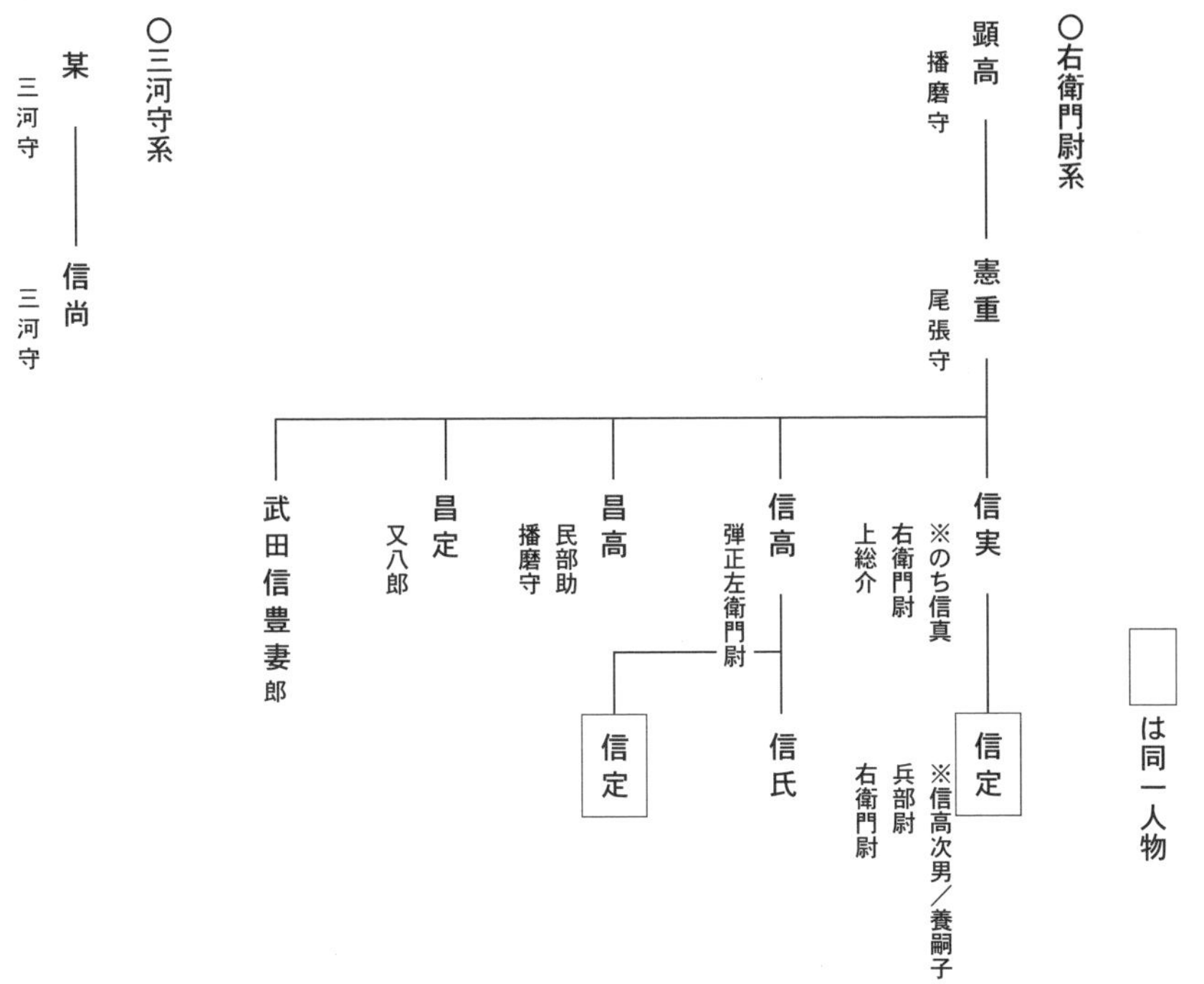

小幡氏略系図

七〇)の基本領域とされている。

鏑川流域北側の河岸段丘上の高台に、上野国(群馬県)一宮《いちのみや》の貫前神社が位置する。貫前神社の神官として一宮氏がおり、室町時代から武士としての活動も見える。貫前神社は戦国時代にあっても近隣の戦国大名の崇敬を集めており、上杉氏・武田氏・北条氏などが手厚い保護をしたり、修理を加えたりしている。これに対し一宮氏は、神官として身体護持《ごじ》や先勝祈願などの宗教的なバックアップを行うとともに、実際に軍事勢力として軍《ぐん》役《やく》を課されており、当地域の戦国人の活動の多様性をうかがわせて興味深い。

上信国境沿いに位置する南牧谷には、前述したように南牧衆の人々がおり、市川氏を盟主とする地侍《じざむらい》集団として活躍していた。境を接する信濃国(長野県)佐久《さく》郡との結び付きが強く、武田信玄による佐久郡侵攻の過程で市川氏がその案内役を務めている。南牧谷は砥石《といし》生産でも名が知られており、市川氏がその生産と経済活動に従事していたと考えられる。

(近藤　聖弥)

一宮氏忠《いちのみやうじただ》

戦国時代の上野国一宮神主
生没年未詳

現在でも多くの参詣者で賑わう貫前《ぬきさき》神社（富岡市）は、戦国時代には「上野一宮《こうずけいちのみや》」「上州《じょうしゅう》一宮」とも呼ばれ、近隣の権力者たちの崇敬も集めていた。貫前神社に関わる中世文書の中に、一宮氏忠という人物が見える。一宮氏は神官であるが、同時に武士としても活動していた。

永禄四（一五六一）年とされる上杉政虎《まさとら》（後の謙信）書状において、「一宮神太郎《しんたろう》」とあるのが氏忠の史料上の初見である。ここでは仮名《けみょう》の神太郎と名乗っていた。それ以前の天文二十（一五五一）年には「一宮左衛門太郎《さえもんたろう》」が見えるので、氏忠はこの約十年の間に先代の左衛門太郎から当主の地位を受け継いだものと考えられる。

戦国大名にとって、寺社の保護や造営の支援は重要な政策となった。現代と比べて死が身近にあった時代の特徴ともいえるだろうか。前述の上杉政虎書状で氏忠が政虎のために、吉例として「夜前子刻《ねのこく》」（二十三時〜一時）に「宮中」で祈祷《きとう》を行っていること、さらなる祈祷を行って欲しいことを伝えており、謙信の護身を祈念したものでないだろうか。また、永禄六年に比定される武田信玄書状では、信玄自ら神への忠信をもって一宮社の修理を行いたい旨が書かれている。同十年には、著名な下之郷起請文《しものごうきしょうもん》において兵部助《ひょうぶのすけ》氏忠と見え、信玄に対して忠誠を誓っている。氏忠が一定の軍事力を有し、かつ武田氏がその軍事力を評価していたことがうかがえる。

氏忠が活躍した時期は、一宮社の位置する西上野が近隣の武田氏や上杉氏などによる度重なる軍事政策によって戦乱の最前線となった。この混乱の最中、氏忠は主に武田氏に従属し、その保護を得ることに成功している。氏忠の嫡子とみられる豊氏《とようじ》は、小田原北条氏に従属して軍役《ぐんやく》が課されているから、一宮氏の軍事的な勢力に戦国大名たちが一定の期待を寄せている様子が分かる。豊氏が天正七（一五七九）年から見えるので、氏忠はそのころ死去したものと思われる。

（近藤　聖弥）

一宮氏忠の花押

訪ねてみよう

貫前神社（富岡市一ノ宮1535）…上野国の一宮で、現在の社殿は徳川家光が再建した。

高田《たかだ》憲頼《のりより》・繁頼《しげより》

激戦に散った高田城主父子
憲頼?～一五四七(天文十六)
繁頼一五二六(大永六)～一五七三(天正元)

高田氏はもと美濃国の住人で、甘楽《かんら》郡六条院領菅野荘《すがののしょう》(富岡市)の地頭に補任《ぶにん》され、当地に移住してきた。戦国時代に活躍した一族に、山内上杉氏家臣の憲頼や右衛門佐《うえもんのすけ》がおり、のち武田氏の被官の中に繁頼が見える。

十六世紀半ばには、山内上杉氏と武田氏は信濃国(長野県)佐久郡を巡って激しく対立していた。天文十五(一五四六)年五月、武田氏が内山城(長野県佐久市)を攻撃する。翌十六年七月、武田氏は内山城の北に位置する志賀《しが》城(同)へと迫った。この志賀城主が笠原清繁《きよしげ》という人物で、高田氏と姻戚関係にあり、共に山内上杉氏家臣として密接な関係を持っていた。同年八月、山内上杉軍と武田軍が小《お》田井原《たいはら》(同)において合戦となり、山内上杉方の総崩れとなった。志賀城落城の際に憲頼とその息子が城主笠原氏と共に戦死した。小井出《こいで》越前守《えちぜんのかみ》がその際に討ち取った人物として高田右衛門佐の名が見えるので、憲頼の息子が右衛門佐という官途名《かんとめい》であったと考えられる。

高田城縄張図(群馬県教育委員会編『群馬県の中世城館跡』より)

繁頼は、憲頼・右衛門佐父子の戦死によって家督を継ぐことになったと考えられ、武田信玄へ提出した下之郷《しものごう》起請文《きしょうもん》には高田大和守《やまとのかみ》繁頼と見える。繁頼は武田氏のもとで活躍し、永禄十二(一五六九)年には武田氏から離反した小幡信尚《おばたのぶなお》を攻めて戦功を賞された。

繁頼はこの後も武田氏のもとで戦功を挙げていくが、元亀三(一五七二)年に遠江国《とおとうみのくに》三方ケ原《みかたがはら》合戦(静岡県浜松市)に従軍した際に負傷し、その傷がもとで翌天正元(一五七三)年に亡くなったという。父と兄を破った武田氏のもとで戦い、最期は武田方として戦場に散った繁頼の心中を知るすべはないが、戦国人の生きた時代の一端を教えてくれる。

(近藤　聖弥)

訪ねてみよう
志賀城跡(長野県佐久市志賀3611)…笠原氏によって築かれた城郭で、憲頼・右衛門佐父子最期の地。

小幡《おばた》憲重《のりしげ》

戦国時代の国峰小幡氏確立の祖
?〜一五八三(天正十一)?

小幡憲重の活躍した時代、上野国(群馬県)を巡る情勢は大きな変化の中にあった。当時上野国を支配していた山内上杉氏が越後国(新潟県)へと落ちていったことにより、上野国の戦国人は近隣の戦国大名の軍事政策によって翻弄されていく。小幡氏もその一人といってよく、憲重はちょうどその激動の時代に活躍した人物であった。

憲重の「憲」の字は、上杉憲政からの偏《へん》諱《き》(一字拝領)とみられる。憲重は当初、山内上杉氏の家臣であった。憲重の史料上の初見は、天文十七(一五四八)年に主家山内上杉氏から離反した時のものである。この時に憲重の所領の秋畑《あきはた》村(甘楽町)が小林平四郎に与えられており、憲重は受領名《ずりょうめい》の尾張守《おわりのかみ》で見える。この後、憲重は国峰《くにみね》城(甘楽町)から憲政の本拠地である平井城(藤岡市)を攻撃しており、山内上杉氏への対抗姿勢を明確にしている。

小幡氏歴代の墓(宝積寺)

憲重は小田原北条氏に通じ、同二十二年には北条氏康による平井城攻撃に参加しており、上杉憲政は越後国の長尾景虎(以下、上杉謙信と表記)を頼って越後へと追われた。憲重は劣勢に立たされたかつての主家から離れ、北条氏に従属して憲政を越後落ちへと導いたともいえ、この後の上野国の動向を大きく変えていく。その一方、同十八年頃には武田氏に従属しているから、北条氏と武田氏への両属関係が認められる。それでも以下で見るような動向や、同二十一年の嫡子信実《のぶざね》を伴った武田晴信(のち信玄)への出仕からうかがえるように、武田氏への従属の方に重きを置いていたと考えられている。

亡命した上杉憲政を保護した謙信は、永禄二(一五五九)年に上洛して将軍の許諾を得た後、鎌倉において憲政から関東管領職を継承した。これによって謙信は上杉憲政の関東復帰を大義名分に、関東へと大行軍を毎年のように行う。この動きに小幡氏も

訪ねてみよう

国峰城跡(甘楽町国峰)…町指定史跡。甘楽郡における屈指の大城郭で、小幡氏の本拠地。

無関係ではいられなかった。このとき憲重は相婿《あいむこ》に当たる小幡図書助《ずしょのすけ》によって本拠国峰城を攻められ、武田信玄のもとへと逃げ延びている。この図書助と憲重は、互いの妻が箕輪《みのわ》城(高崎市)主長野業政《なりまさ》を父とする姉妹で、小幡家嫡流の憲重に近い人物とされている。しばらく憲重は信玄のもとに仕えていたが、武田氏による同四年の本格的な西上野侵攻開始に伴って国峰城を奪還して復帰した。

小幡氏の支配領域は、国峰城を中心とした甘楽《かんら》郡のほぼ全域に及び、多胡《たご》郡の一部をも含む広大なものだった。憲重の発給文書の初見は、天文二十三(一五五四)年に甘楽郡南牧《なんもく》村の高橋左近助《さこんのすけ》に対して銭五貫文《かんもん》を貸し付けているものであり、ここでは黒印を用いている。鈴木新七郎の知行を安堵した黒印状も残っているように、有力な領主が発給した印判状《いんばんじょう》を憲重も用いていた。

憲重の国峰城復帰後すぐの永禄四(一五六一)年十二月には入道を称しているから、これ以前に出家したようである。同十年八月には、武田信玄に忠誠を誓う下之郷起請文《しものごうきしょうもん》が嫡子の信実によって提出されている。したがって、この頃には信実が当主として活動を始めていて、憲重は隠居したと考えられる。隠居後は信竜斎全賢《しんりゅうさいぜんけん》を称した。隠居後も憲重は武田氏による軍勢催促に応じており、同十二年には当主信実と共に武田氏による駿河国(静岡県)侵攻の重要な軍事力として参陣している。

老後の憲重は天正七(一五七九)年、小幡家の行く末を案じ、嫡孫に当たる信定《のぶさだ》へ遺訓状《いくんじょう》を残し、信定の成人に当たっての行儀について意見を述べている。小幡家に養子に入り、父親のいない信定を思いやっている部分も見えることから、苦労人である憲重の人柄がにじみ出ているともいえるだろうか。

「小幡氏歴代法名記録」によれば、憲重は同十年八月十五日に亡くなったと思われる。戦国時代の小幡氏の基盤を形作った人物といってよい。

（近藤　聖弥）

訪ねてみよう

宝積寺《ほうしゃくじ》(甘楽町轟774)…小幡実高が中興の祖とされ、小幡氏の歴代の墓や菊女の墓がある。

小幡《おばた》信実《のぶざね》

国峰小幡氏の流転
一五四一(天文十)〜一五九二(文禄元)

天文十(一五四一)年、武田晴信(以下、信玄と表記)が父信虎《のぶとら》を追い、家督を継いだ。武田氏の新しい時代の始まりの年に、小幡信実は憲重《のりしげ》の嫡子として誕生した。信実はこの後、小田原合戦まで経験するので、関東の戦国時代の終焉を見届けたことになる。父憲重が築いた小幡氏の基盤を、信実はどのように受け継いでいったのだろうか。

信実が歴史上に初めて登場するのは同二十二年、父憲重に従って武田信玄のもとへ出仕しているものであり、時に十三歳であった。信実の「信」の字は信玄からの偏諱《へんき》(一字拝領)とみられ、この後に元服し、信実を名乗ったのだろう。永禄十(一五六七)年八月には藤木観音堂(富岡市)へ馬頭観音《ばとうかんのん》像を寄進し、また、下之郷起請文《しものごうきしょうもん》では「信実」の名で起請文を信玄に提出している。そのため、この頃には家督を父憲重から譲られ、当主として活動していたとみられる。親類衆や小幡氏家臣も信玄に起請文を提出している。

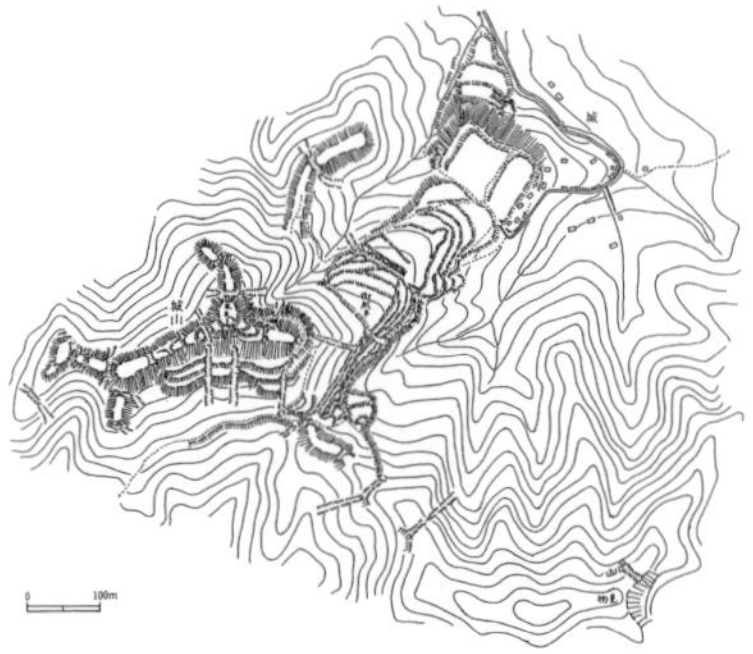

国峰城縄張図(群馬県教育委員会編『群馬県の中世城館跡』より)

翌十一年には「小幡上総介《かずさのすけ》」と見え、元亀四(一五七三)年には信真《のぶざね》を称しているから、受領名《ずりょうめい》上総介を名乗った直後ないしその後に信実を改めて信真となった(以下は信実と表記)。

同三年、信玄と徳川家康が遠江国《とおとうみのくに》三方ヶ原《みかたがはら》(静岡県浜松市)で合戦となった。家康は織田信長の援軍を得て対陣するも、信玄の巧みな戦術を前に完膚《かんぷ》なきまでに敗れ、武田方の圧勝となった。この三方ヶ原合戦に、信実も参陣している。信実は弟昌高《まさたか》と共に先手を務め、その戦功を信玄から賞されている。両者共に傷を負っており、信実の傷の様子を気遣う武田勝頼の書状も残されている。天正三(一五七五)年とみられる武田勝頼判物《はんもつ》写では、武田氏への軍役条目《ぐんやくじょうもく》が定められており、陣中における規則や喧嘩口論《けんかこうろん》の禁止などが細かく書き出されている。

訪ねてみよう

藤木観音堂(富岡市藤木249)…永禄11年に信実(信真)が寄進した馬頭観音像を本尊とする。

これらから、信実が武田氏の重要な軍事力として活躍を期待されていることが読み取れる。

同十年三月、武田氏の滅亡によって、上野国(群馬県)は信長の重臣滝川一益の分国とされた。関東における唯一の織田分国が上野国であったという点は興味深い。信実は上野国へ侵攻してきた織田信勝《のぶかつ》を通じていちはやく織田氏へ従属を遂げている。

その後、信長が同年六月に本能寺で横死し、上武国境の神流《かんな》川において上野国へ侵攻してきた北条氏直と一益が対陣した。氏直は一益を伊勢国(三重県)に敗走させて、上野国は北条氏の影響下に入った。信実はこのとき北条氏に従属しており、続く天正壬午《じんご》の乱では北条方の先手を務めている。北条氏下の信実は、一軍団を構えられるほどの実力者(一手役《いってやく》)として名を連ねており、その軍事力はここにおいても重要視されている。

このように、上野国内が相次いで戦乱に見舞われる中、信実は父憲重を継いで小幡氏の支配領域を確定させていく。信実の当主としての活動は同十四年まで見られ、甘楽《かんら》郡の南牧《なんもく》衆や山中《さんちゅう》衆、多胡《たご》郡の地侍《じざむらい》とされる松本氏などを支配下に置いていた。上野国一宮《いちのみや》(富岡市)の神官一宮豊氏《とようじ》も信実の家臣として見え、一宮氏も小幡氏の影響下にあった。同十七年頃には、五十歳を前に家督を養嗣子である信《のぶ》定《さだ》に譲ったとみられている。

豊臣秀吉の惣無事《そうぶじ》のもと、関東の戦国時代は政治的・軍事的に終わりを告げる。同十八年の小田原合戦の際、信実は本拠国峰城に在城していたものとみられ、落城の時期は不明であるが、豊臣軍の侵攻を前に同地を去ったものと考えられている。その後、真田昌幸を頼って信濃国上田(長野県上田市)に移ったというが、詳細は明らかでない。

武田氏、織田氏、そして、後北条氏と相次いで主家を変えながら、その軍事力は一定の存在感を見せつけた。さらに支配領域における発給文書などを見ても、地域領主と呼ぶにふさわしい活躍を見せている。なお、死後は別所安楽寺(長野県上田市)に葬られたとされる。

（近藤　聖弥）

訪ねてみよう

安楽寺(長野県上田市別所温泉2361)…信実が葬られたとされる寺院。国宝の八角三重塔がある。

小《お》幡《ばた》信《のぶ》定《さだ》

国峰《くにみね》を去った小幡氏
一五六六（永禄九）～一六〇五（慶長十）

小幡信定が誕生した永禄九（一五六六）年、上野国（群馬県）は上杉氏・北条氏・武田氏による三国戦争の真っただ中にあった。信定は主に北条氏下において活動した。

同十三年、五歳のときに信定は実父を亡くした。実父は小幡氏親類中の弾正左衛門尉信高《だんじょうさえもんのじょうのぶたか》であり、武田氏による駿河国蒲原《かんばら》城（静岡市）攻めにおいて戦死した。武田信玄はその遺領と家臣を、信定に相続することを保障している。この時、「弁丸《べんまる》」の幼名で見える。元亀三（一五七二）年には、弁丸は馬庭《まにわ》郷（高崎市）の地侍《じざむらい》である松本氏の土地の支配を認めており、実父信高の被官松本氏の相続を承認した。

信定元服の折、嫡流の当主小幡信実《のぶざね》に子がなかったためかその養嗣子となり、養祖父の憲重から成人に当たっての心構えを与えられた。このときは仮名《けみょう》の平三《へいぞう》を名乗っており、実名《じつみょう》の信定を名乗るのはその直後あたりからであろう。時に十四歳、信定の「信」字は信玄からの偏諱《へんき》（一字拝領）とみられる。

菊女の墓（宝積寺）

武田氏が滅亡した後の天正十三（一五八五）年、信定は北条氏に従属しており、兵衛尉《ひょうえのじょう》の官途名《かんとめい》が与えられている。同十七年には信実から家督を譲られているとみられ、佐藤氏の本領三十貫文《かんもん》を認めている。

同十八年の小田原合戦では、北条方として小田原城に籠城した。同十七年の暮から、信定は北条氏からさまざまな指示を受け、その総動員体制の中に組み込まれていく。特に、敵との「詞《ことば》たゝかい」（舌戦《ぜっせん》）を禁じた史料は著名である。長い籠城戦の中、信定は豊臣方の岡田利世から現況を伝えられ、降伏を勧められている。豊臣方に降伏する旨を秘密裏に信定に伝えていることからも、北条氏直《うじなお》から相当の信頼を置かれていたと思われる。ここでもやはり小幡氏の存在感が感じられよう。その後の動向は必ずしも明らかでないが、加賀藩（石川県）前田家に仕えたとする言い伝えがある。

（近藤　聖弥）

訪ねてみよう

蒲原城跡（静岡県静岡市清水区善福寺）…市指定史跡。今川氏が築いた山城で、父信高の最期の地と伝わる。

コラム●菊女伝説

小幡信定殿は、菊という侍女を召し抱えていた。ある時この侍女は信定殿の御膳《ごぜん》のお椀の中に針を落としてしまったのを知らずに、御膳を据えてしまった。お椀の中から針を見つけた信定殿は大いに立腹し、「おのれ、我に針を飲ませて殺害しようとする曲者《くせもの》であるか。身体《からだ》を寸々《すんずん》に切り裂いても飽き足らぬ。殺してしまえ」と部下に命じた。部下は蛇を数多く集め、大きな桶の中に裸にした菊を入れ、蛇を一匹ずつ桶の中に入れた。桶の中は激しく揺れ、菊の泣き叫ぶ声は恐ろしく、人々は声を失った。部下たちはその桶を宝積寺《ほうしゃくじ》(甘楽町)の裏の奥にある池に沈めてしまった。

ちょうどその時、小柏源介《おがしわげんすけ》という侍が猪狩りに出かけており、その辺りを通り掛かった際、女の叫ぶ声が聞こえたので、池の方へ行くと、桶から首だけ出ている女を見つけた。源介は不憫《ふびん》に思い、弓の端でかき寄せ、桶の蓋《ふた》を壊せば、蛇がおびただしく出てきた。菊は「蛇も助けられ、このご恩は忘れません。あなたの家に蛇の祟りは起きませぬ。ご安心ください」といって、息絶えた。

さて、菊の母はこれを聞き、たいそう嘆き悲しんだ。母は池のほとりで懐《ふところ》の中から煎《い》り胡麻《ごま》を取り出して「今からこの胡麻を蒔《ま》きます。もしこの胡麻が芽吹いたならば、小幡殿を祟《たた》りなさい。芽吹かなければ成仏していることでしょう」といって、胡麻を蒔いた。三日過ぎて池のほとりに行くと、胡麻は芽を出していた。母は霊に向かい「愚願成就即現怨霊《ぐがんじょうじゅそくげんおんりょう》」と唱えて帰った。この時から、小幡家は祟りに見舞われるようになった。

その後、菊の怨霊をなだめるために、人々は菊の母と姉妹、姪《めい》と菊を入れた五人を五大姉として宝積寺の祠堂《しどう》に位牌《いはい》を立てて、朝夕供養《くよう》するようになった。

以上が、『小幡伝説』に見える菊女《きくじょ》の池の伝説である。この話は「皿屋敷」として知られ、各地に伝えられているが、国峰の小幡氏に伝えられた話であることは注目される。

(近藤　聖弥)

小幡《おばた》信尚《のぶなお》

別系小幡氏の有力者
?〜一五八二(天正十)

小幡憲重《のりしげ》から信実《のぶざね》、信定《のぶさだ》と続く系譜は、戦国時代に国峰《くにみね》城(甘楽町)当主として見え、代々官途名《かんとめい》の右衛門尉《うえもんのじょう》を称している。これを右衛門尉系とするなら、信尚は別の系統の小幡氏である。受領名《ずりょうめい》の三河守《みかわのかみ》を称しており、室町時代に分かれた一族といわれている。三河守系は早くから山内上杉氏の家臣として見えており、上杉氏との主従関係を重視していた。しかし、山内上杉氏の支配が弱くなった十六世紀後半の上野国(群馬県)において、信尚は新たな選択を迫られることになる。右衛門尉系の小幡氏とは違った道を歩んだ信尚とは、どのような人物だったのだろうか。

　信尚が歴史上初めて登場するのは、永禄十(一五六七)年の下之郷起請文《しものごうきしょうもん》であり、そこでは信玄に対して忠誠を誓っている。右衛門尉系の信実とは別に単独で提出をしているため、系統の異なる小幡氏として武田氏に従属していることが分かる。

　しかし、同十二年には武蔵国御嶽《みたけ》城(埼玉県神川町)主の平沢政実《まさざね》を通じて北条氏に従属しており、武田方の高田繁《しげ》頼《より》に追討の軍勢を向けられている。翌年には信尚の所領として緑埜《みどの》郷(藤岡市)が見え、武田氏によって没収された後、武田信豊《のぶとよ》の支配が認められている。また、元亀二(一五七一)年には、下大塚(藤岡市)が信尚の所領であったが、それが小林氏の土地として支配が認められている。したがって、信尚は武田氏従属時代には、鮎川を挟んで緑埜・下大塚が所領として認められていたことが分かる。

　これ以後、信尚に関する史料は見えなくなる。北条氏に従属して、武田氏との抗争の中で没落したのではないかと考えられているが、詳細は不明である。小幡氏系図によれば、信尚に当たる人物は、天正十(一五八二)年十月死去と伝えられている。

(近藤　聖弥)

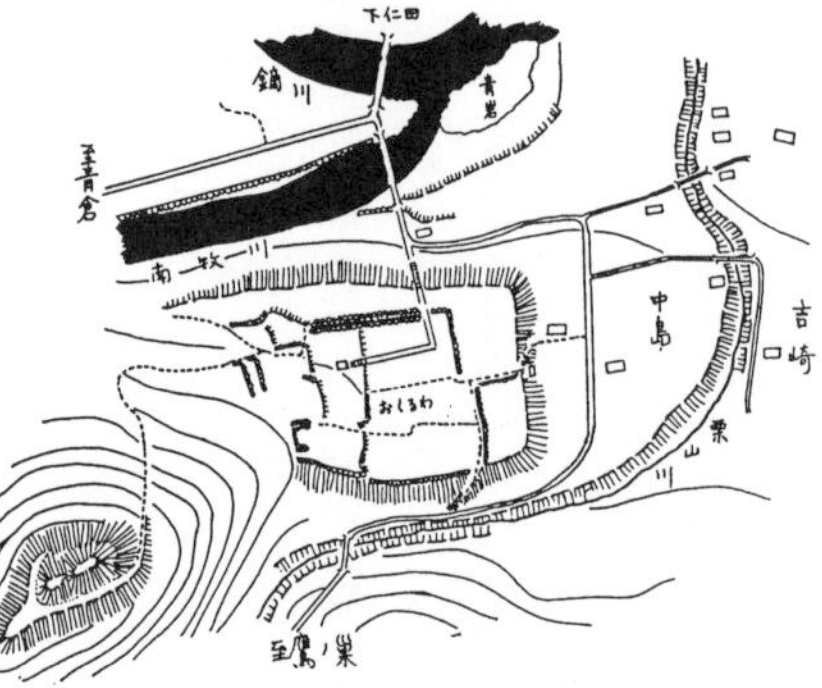

鷹ノ巣《たかのす》城縄張図(群馬県教育委員会編『群馬県の中世城館跡』より)

訪ねてみよう
鷹ノ巣城跡(下仁田町吉崎大字吉崎58-3他)…信尚ら小幡三河守系の本拠で、山城部と下郭で構成。

熊井土《くまいど》 重満《しげみつ》

小幡一族の重臣
生没年未詳

小幡氏の宿老として、熊井土重満という人物がいた。永禄十(一五六七)年にその名が確認されるだけであるが、そこでは小幡氏の親類衆と並ぶように登場しており、また、小幡氏当主と家臣を結ぶ役割も担っていた。重満の「重」字は、憲重《のりしげ》の偏諱《へんき》(一字拝領)と思われる。

同年八月、武田信玄に対する忠誠を誓った起請文《きしょうもん》が一斉に提出された。

起請文は五〜六カ条で構成されており、上杉謙信を仮想敵として、「信玄様」に対して逆心・謀叛《むほん》を企てないことや、家中(家来)における「臆病」の意見に耳を傾けないことなどを列挙し、日本国の神々に対して誓約する形式を取っている。当時の小幡氏当主である信実《のぶざね》もこの形式に則って提出しているが、重満が見える起請文はやや特異である。

土屋山城守高久の供養塔(延命寺)

その小幡氏の親類衆が連署して提出した起請文では、ほかのものに「信玄様」とある部分が「信実様」となっており、当主信実に対する忠誠を神仏に誓う形式である。ここでは小幡信高《のぶたか》以下の親類衆に続いて重満の名が見え、親類衆に匹敵する宿老層としての地位がうかがえる。

同様の形式で、鏑川《かぶらがわ》流域の多胡郡《たごぐん》馬庭《まにわ》(吉井町)周辺の地侍《じざむらい》と考えられる友松・松本氏や貫前《ぬきさき》神社(富岡市)周辺を本拠とする尾崎の人々も起請文を提出している。これらは小幡氏家臣と考えられ、この起請文は重満に宛てられている。したがって、重満が友松氏以下の小幡氏家臣をまとめる立場にあったことがうかがえ、小幡氏の家臣中の最有力者であったと考えられる。

その後の重満の動向は不明ながら、熊井土甚内《じんない》という人物が天正十七(一五八九)年に小幡家印判状で確認できる。したがって、重満の後継者としての活躍をうかがうことができる。

(近藤　聖弥)

訪ねてみよう

土屋山城守高久の供養塔(神流町286　延命寺)…高久は熊井土重満の配下の人物とする伝説がある。

市川《いちかわ》 五郎兵衛《ごろべえ》

水田の文化的景観を造った戦国人
一五七一（元亀二）～一六六五（寛文五）

市川五郎兵衛（真親《さねちか》）は甘楽《かんら》郡南牧《なんもく》谷（南牧村）の地侍《じざむらい》集団南牧衆を主導した市川一族である。

南牧衆市川氏は国衆小幡氏に従属していたが、早くから武田信玄に取り入り、それを後ろ盾に小幡氏に対して一定の独立を保つことができた。余地《よじ》峠（南牧村）などの上信国境の山間通路を押さえ、「上野砥《こうずけど》」と呼ばれる上質の砥石を生産し、流通させていたことが南牧衆市川氏の強みであった。また、武田氏の保護のもと、信濃国佐久郡内に所領を与えられ、武田家の直轄領の管理、俵物《たわらもの》の貸付け、兵粮米《ひょうろうまい》の調達を請け負っていた。五郎兵衛は国境を自由に往来する南牧衆の一員として、元亀二（一五七一）年に南牧谷で生まれたという。

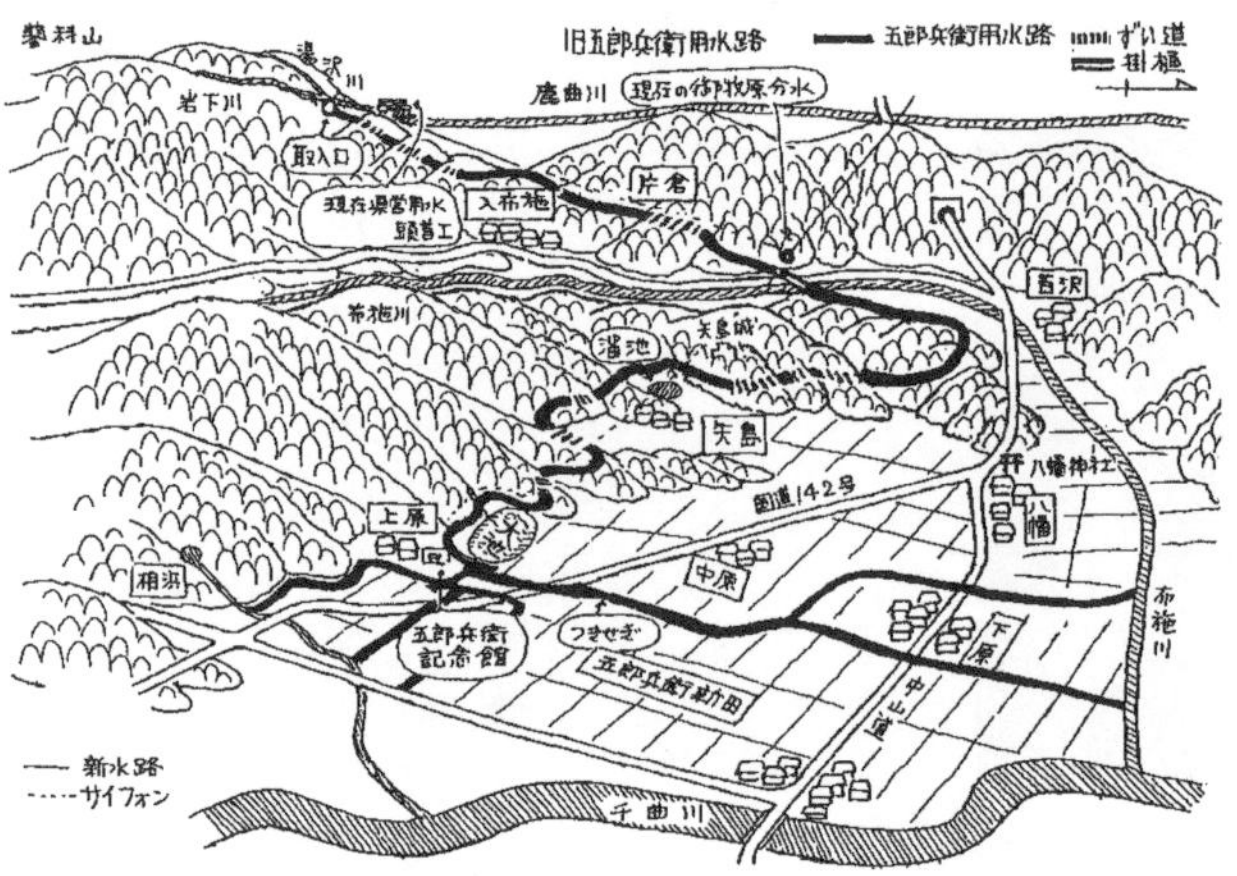

五郎兵衛用水鳥瞰図（五郎兵衛記念館編『五郎兵衛用水を歩く』浅科村教育委員会、1995年より）

南牧谷砥沢《とざわ》（南牧村）集落の南牧川の対岸に砥石を産する砥山《とやま》がある。それを守るように、谷口には南牧谷随一の要害砥沢城が構築されていた。五郎兵衛の屋敷跡はここから少し上流の、馬坂《まさか》川の合流点に開けた羽沢《はざわ》（南牧村）の集落にある（一四二頁・地図参照）。五郎兵衛家には「分国内の鉱石の採掘、荒地の開発、草木伐採の特権を認める」と記された文禄二（一五九三）年の徳川家康朱印状なるものが伝わっている。その宛名は市川市左衛《いちざえ》門《もん》とあるが、家譜によると市左衛門とは五郎兵衛の別名であるともいわれている。この頃、市川氏にとって何か大きな転機があったものとみられる。

五郎兵衛を祀った神社が、上信国境の山々を見渡す長野県佐久市浅科《あさしな》町にある。五郎兵衛の成人名を冠して真親《さねちか》神社という。社殿の傍らには見事な桜の木があるが、これは五郎兵衛の霊を

訪ねてみよう

五郎兵衛記念館（長野県佐久市甲14-1）…市川五郎兵衛を記念して開館し、五郎兵衛用水の資料を常設展示している。

慰撫するために、ふるさとの南牧谷羽沢から移植したものだという。伝承によれば、羽沢からの移植の折り、村人が碓氷峠の関所で通行手形がないことに気付いたが、役人に市川五郎兵衛を供養するための桜だというと、すんなり通行が許されたという。そこで、「関所破りの桜」という愛称が付いた。浅科の千曲《ちくま》川左岸には美田景観が広がるが、これを最初に開発したのが五郎兵衛である。

　浅科の地は千曲川左岸の段丘で、水田が開かれる前は矢島原と呼ばれる渇水地帯であった。徳川家光が三代将軍に就任し、寛永と改まった頃、美濃大垣藩《みのおおがきはん》(岐阜県大垣市)から久松平家の憲良《のりよし》が小諸藩に入封した。領内の新田開発を企てた憲良は、矢島原の開発を重点事業に据えた。その計画とは、蓼科《たてしな》山中の湧水を水源とする細小路《ほそこうじ》川と湯沢川の合流点(佐久市春日)から取水し、矢島原を灌水するというものであった。しかし、途中の険峻な地形や固い岩盤に水路を開削することは相当な困難が予想された。そこで憲良が目を付けたのが南牧衆の岩盤掘削技術であった。

　五郎兵衛は工事を請け負い、寛永三(一六二六)年に取水口から上原の大盤台(分水盤)までの全長約二〇キロメートルの大土木工事に着手した。五郎兵衛すでに五十六歳であった。難所である鹿曲《かくま》川の東の切り立った断崖には水路を切り込み、片倉山では隧道《すいどう》(トンネル)を掘り抜き、布施川には掛《かけ》樋《ひ》を渡した。さらに、矢島山にも隧道を掘り抜いた。一方、比高差がなく通水が困難な低平地には、築堰《つきぜき》を築いて高低差をもたせた。そして、ついに上原の大盤台まで通水させることに成功したのだ。着工から足掛け六年、寛永八年のことであった。延宝元(一六七三)年に新田開発が完成し、六八六石余りの新村が誕生した。しかし、五郎兵衛は新村の誕生を見ぬまま、寛文五(一六六五)年に天寿を全うした。享年九十四歳であった。現在、浅科の真親神社と南牧村羽沢の双方で供養されている。

　以来、「五郎兵衛用水」と名付けられたこの用水と、それによって開発された「五郎兵衛新田」は浅科地域の生活・生業の基盤となっている。そればかりではない。五郎兵衛の米が水田の無いふるさと西上州の山間地域に、佐久米として逆移入されることにもなったのだ。現在では農林水産省の疏水《そすい》百選、世界的なかんがい施設遺産として国内外に知れ渡っており、戦国人市川五郎兵衛の歴史的記憶が上信国境はもとより、世界の国境を越えて発信されている。

（築瀬　大輔）

訪ねてみよう

羽沢城跡(南牧村羽沢93　南牧村民俗資料館)…市川五郎兵衛屋敷ともいわれ、敷地には五郎兵衛の墓もある。

市川氏《いちかわし》と南牧衆《なんもくしゅう》

上信国境の武装する実業家集団

天文十五(一五四六)年、市川右馬助《うまのすけ》と市川右近助《うこんのすけ》という者が武田信玄の軍勢の手引きをし、道中でよくもてなした褒美《ほうび》として金襴《きんらん》(金糸を用いた絹織物)と木綿を拝領した。前年、信玄が信濃国佐久郡に侵攻し、内山城(長野県佐久市)の大井貞清《さだきよ》を攻めた時の戦功である。その後もこの二人は武田方の軍勢に加わり手柄を立て、佐久郡の小田切《おたぎり》(佐久市)以下七カ所に計四三〇貫文《かんもん》もの所領を獲得し、武田家の直轄領の管理、俵物《たわらもの》の貸し付け、兵粮米《ひょうろうまい》の調達などを請け負った。この市川氏とは甘楽《かんら》郡南牧《なんもく》谷(南牧村)を拠点とする地侍《じざむらい》である。

永禄十(一五六七)年、鏑《かぶら》川の支流南牧川の谷を本拠とする、小沢行重《ゆきしげ》、市河重《しげ》久《ひさ》、市河興吉《おきよし》、懸河《かけがわ》直彦、高橋重行《しげゆき》、市河景吉《かげよし》の六人の地侍が、起請文《きしょうもん》に血判《けっぱん》をなして武田信玄に忠誠を誓った。起請文を受け取った武田家の重臣は、彼らを「南牧衆」と呼んでいる。

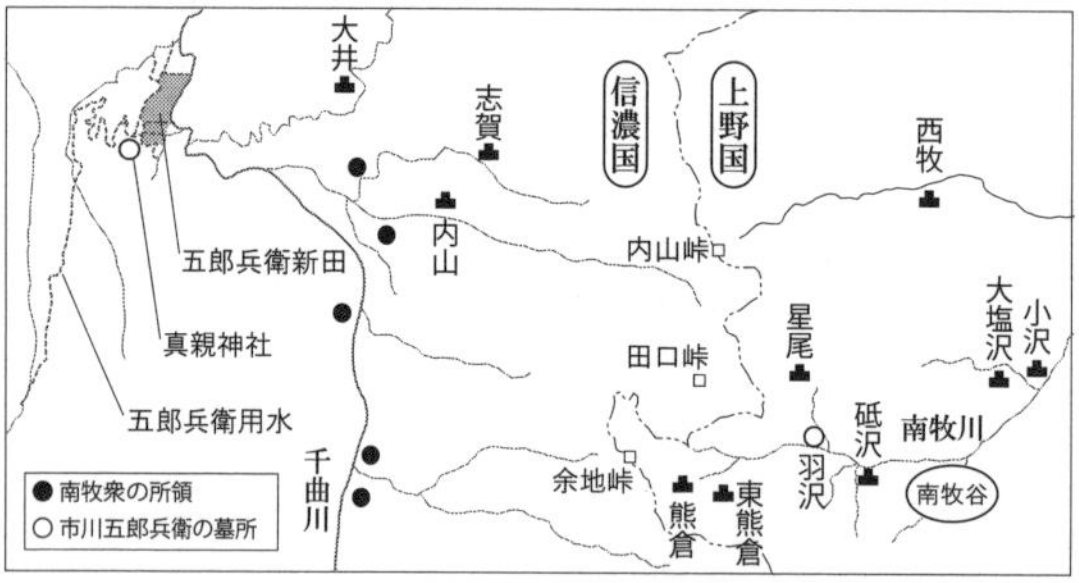

上信国境地域と「南牧谷」

南牧衆は甘楽郡の有力国衆小幡氏に従属はしていたが、地域勢力としての独立性を維持していた。それを可能にしていたのは、上信国境の山間通路を掌握していたことと、砥石《といし》の生産・流通である。砥石は武器の手入れに欠かせない戦国時代の必需品である。南牧の砥石は「上野砥《こうずけど》」と呼ばれ、「京砥《きょうど》」と並ぶブランド品であった。南牧谷は砥石採掘場である砥《と》山《やま》と関所機能をもつ砥沢《とざわ》城を中心に、国境通路となる熊倉城・星尾城・小沢城を外郭に、狼煙《のろし》による通信機能をもった熊倉東城と大塩沢城(以上、南牧村)を配することで、谷全体が要塞として機能したのである。こうした実力を武器に、戦国大名武田信玄に直接取り入ることで、小幡氏に対し一定の自立を保つことができた。

(簗瀬　大輔)

訪ねてみよう

砥山《とやま》神社(南牧村大字砥沢1301)…石切の守護神で石切場も近くにある。

第7章

安中地域の戦国人

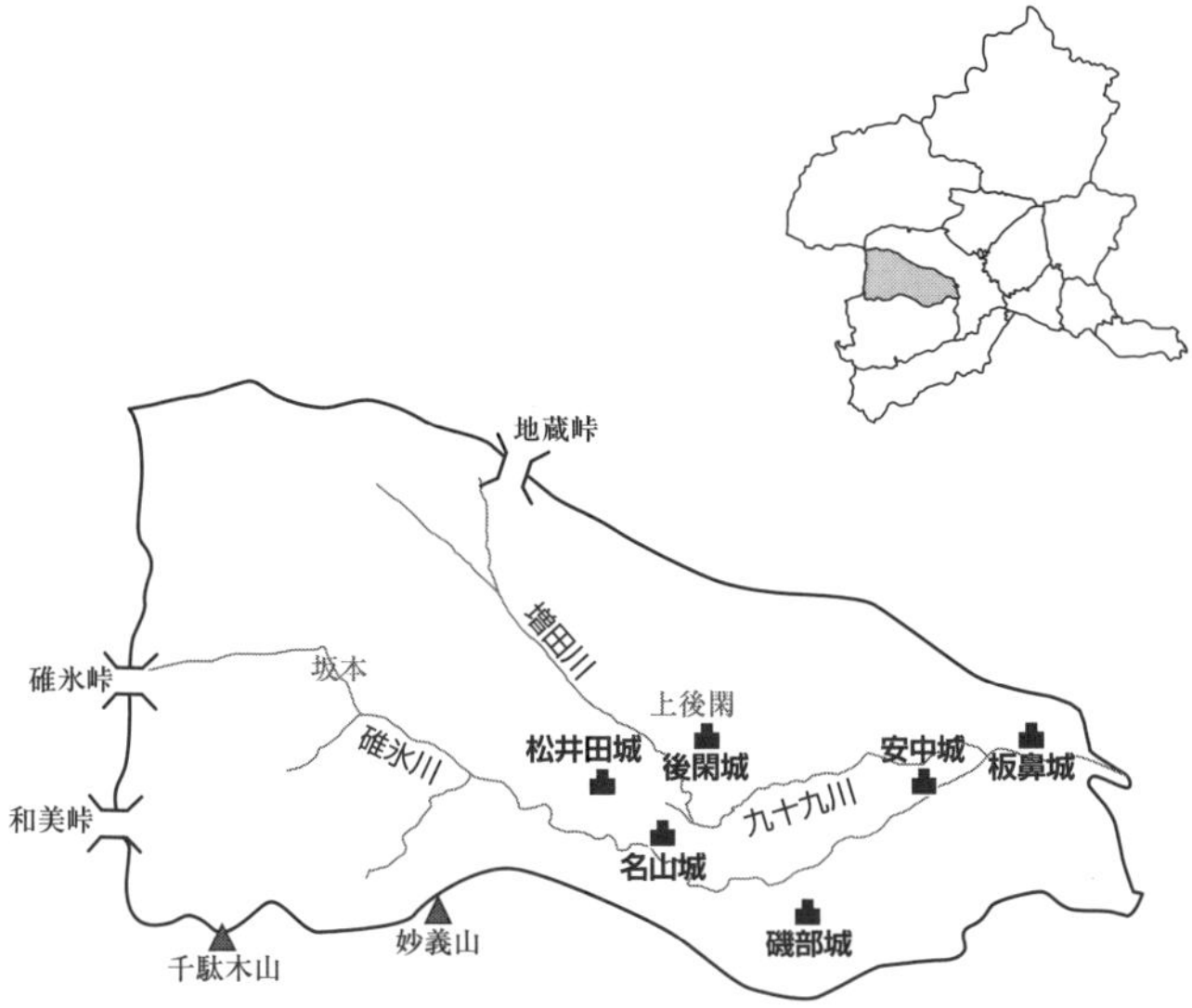

安中地域要図

戦国時代の安中地域

安中市は県南西部に位置し、北と東は高崎市、南は富岡市と下仁田町、西は長野県と接している。西側の山間地から東側の低地に向かって傾斜しており、市内を碓氷《うすい》川と九十九《つくも》川が東流している。東端の市街地付近は県の中央部へのアクセス口として、西端の碓氷峠と入山《いりやま》峠は古代から信濃国《しなののくに》(長野県)や畿内《きない》への出入り口として重要な役割を果たした。

明応年間(一四九二～一五〇一)には、関東管領《かんれい》上杉顕定《あきさだ》が板鼻《いたはな》(安中市)に守護所を置いており、連歌師の宗長《そうちょう》や猪苗代兼載《いなわしろけんさい》を招いて連歌会《れんがえ》を催すこともあった。また、実父や実母の法事を海龍寺《かいりゅうじ》(同市)で執り行った。

天文二(一五三三)年、小田原北条氏が鶴岡八幡宮修造の寄付を募った際、安中地域では安中氏・依田《よだ》氏・諏訪《すわ》氏・飽間《あきま》氏が加わった。同二十一年、関東管領上杉憲政《のりまさ》が北条氏に平井城を追われ、越後国《えちごのくに》(新潟県)へ逃れた際、安中長《なが》繁《しげ》はこれに同行して没落した。ただし、安中氏の庶子《しょし》は北条方として残り、所領を新たに得た。永禄元(一五五八)年、安中重繁《しげしげ》は北条氏の命令で、吾妻谷《あがつまだに》へ出陣している。

同三年、長尾景虎《かげとら》(上杉謙信)が越山《えつざん》すると、安中地域の国衆はこれに服属した。翌年に作成された「関東幕注文」では、安中氏は総社衆・足利衆として、諏訪氏は総社衆として、依田氏は箕輪《みのわ》衆として把握されている。翌四年、武田信玄は上野国《こうずけのくに》(群馬県)を攻めた際に、西牧《さいもく》(下仁田町)・高田(富岡市)と並んで諏訪(安中市)を攻略目標に掲げたが、安中重繁が籠る諏訪城は落とせなかった。諏訪城の比定地は、松井田西城とされているが確証はない。同五年二月、諏訪氏が武田方となり諏訪城乗っ取りを謀るが、成功しなかった。五月、信玄は安中や諏訪で苗代を薙《な》ぎ払うなどの攻撃を行った。その後、安中城の安中景繁《かげしげ》、次いで諏訪城の安中重繁が武田氏に服属し、重繁は隠居して景繁が当主となった。その後は松井田城が使用されており、諏訪城に代わって新たに築城されたのだろう。松井田城には城代として武田家臣の小山田備中守《おやまだびっちゅうのかみ》が置かれた。

同十年、武田氏は西上野地域の支配に着手し、後閑《ごかん》(安中市)に新たに新田信純《のぶずみ》が入所して、後閑氏を名乗るようになった。信玄は同じ源氏の家柄として同氏を保護していた。同じ頃、信玄は自らへの忠誠を促し、起請文《きしょうもん》を提出させ、後閑信純や安中景繁などの国衆のほか、安中衆や須藤氏、松本氏が加わった。

天正三(一五七五)年、武田勝頼《かつより》は長篠《ながしの》の戦い(愛知県新城市)で織田・徳川連合軍に敗れ、参陣した安中景繁も討ち死にした。同十年三月、織田氏により武田氏が滅ぼされ、織田信房《のぶふさ》が安中城に入城した。六月織田信長が本能寺で討たれると、上野国を統治していた滝川一益《かずます》は、神流川《かんながわ》合戦で北条氏と戦って敗れ、信濃国《しなののくに》(長野県)へ逃走した。北条氏はこれを追って信濃国に侵攻し、若神子《わかみこ》(山梨県北杜市)で徳川氏と対陣した(天正壬午《じんご》の乱)。九月には北条家重臣の大道寺政繁《まさしげ》が補給路を確保するため、松井田城(安中市)に入り、次いで小諸《こもろ》城代(長野県小諸市)となった。翌十一年、北条氏は山口軍八郎ら松井田衆に命じて、小諸城の城米を松井田から運ばせた。また、碓氷峠の佐藤織部丞《おりべのじょう》を帰住させ、峠の通行に尽力させた。

北条氏は交通政策として伝馬宿《てんましゅく》を整備した。安中地域では板鼻―安中―松井田―坂本と馬を継いでいくもので、その運営は町人衆のほか、松井田では金井氏、坂本では佐藤氏に任された。宿の掟《おきて》も厳しく、板鼻宿では木戸番の設置や火の用心、敵兵襲来への備えなどが定められていた。

天正十五(一五八七)年五月、松井田城普請が上信境目の重要な城として、大道寺政繁の支配のもと行われた。後閑氏は兄弟で両後閑と呼ばれ百人の軍役を果たしていたが、松井田城普請のため後閑領からも人足の派遣を命じられた。城番衆も強化され、山口軍八郎や佐藤主水佑《もんどのすけ》が、大道寺氏の配下に加えられた。

同十八年、豊臣秀吉によって小田原攻めが行われた。前田利家《としいえ》を大将とする北国勢は、翌年三月に中山道から碓氷峠を越えて攻め入った。松井田城攻めの前哨戦《ぜんしょうせん》は坂本で行われ、やがて前田軍・上杉軍・真田軍・芦田《あしだ》軍が松井田城の四方を囲んだ。籠城戦は一カ月に及ばず、大道寺政繁は降伏し、上杉軍に同行して転戦した。その後、上杉軍は板鼻でも合戦を行っている。安中氏や後閑氏は、小田原城で籠城を命ぜられていた。大道寺政繁は小田原合戦後、秀吉に不忠を責められ切腹となった。

（飯森　康広）

宮内少輔……長繁
　　　　……重繁―景繁―左近大夫

安中氏略系図

安中《あんなか》　重繁《しげしげ》

安中地域の苦労人
生没年未詳

安中重繁は小田原北条氏、越後上杉氏、そして武田氏と従属関係を二転三転させている。碓氷《うすい》谷に進軍してくる近隣の戦国大名に従属しつつ、家の命脈を保つことに苦心している様子が見える。それまで安中氏当主は官途名《かんとめい》の宮内大輔《くないのたいふ》を名乗っていたのに対し、重繁以後は仮名《けみょう》の七郎三郎、官途名《かんとめい》の左近大夫《さこんのたいふ》を名乗っている。そのため、安中氏では系譜の移動があり、もともと長繁《ながしげ》の庶子であった重繁が本家筋となった。天文二十一(一五五二)年の主家山内上杉氏没落に伴い、長繁の跡を継いで重繁が当主になったと考えられる。

山内上杉氏没落後は、北条氏に従った。重繁の初見は、永禄元(一五五八)年閏六月に北条氏康から吾妻郡侵攻の際に参陣命令を受けたものである。

同三年、長尾景虎(のち上杉謙信)が越山《えつざん》して関東へ侵攻を始めると、重繁は上杉氏に従っている。翌四年から北条氏と同盟を結んだ武田氏による西上野への侵攻が開始されるが、松井田城(安中市)で敵兵を多く捕らえて撃退している。

しかし、同五年になると再び武田氏の攻撃を受けて、武田氏に屈服した。これに伴い、安中氏の当主が嫡子景繁《かげしげ》へと交替したと思われる。武田氏に最後まで抵抗した重繁は、この頃に隠居し出家した。

上杉氏に従属していた時期、重繁は庶子を人質に出していた。人質となった子の返還を武田氏に求めているが、結局は返還がかなわなかったようだ。このような事情もあってか、重繁の武田氏に対する態度は不安定であり、一時は上杉氏に内通していると、武田氏から警戒されている。

隠居後、同十一年を最後に史料から見えなくなる(写真)。妻に沼田顕泰《あきやす》の娘(長野業政《なりまさ》の娘ともある)、子女に嫡子景繁、上杉氏に人質となった庶子、高田繁頼《しげより》妻がいる。

(近藤　聖弥)

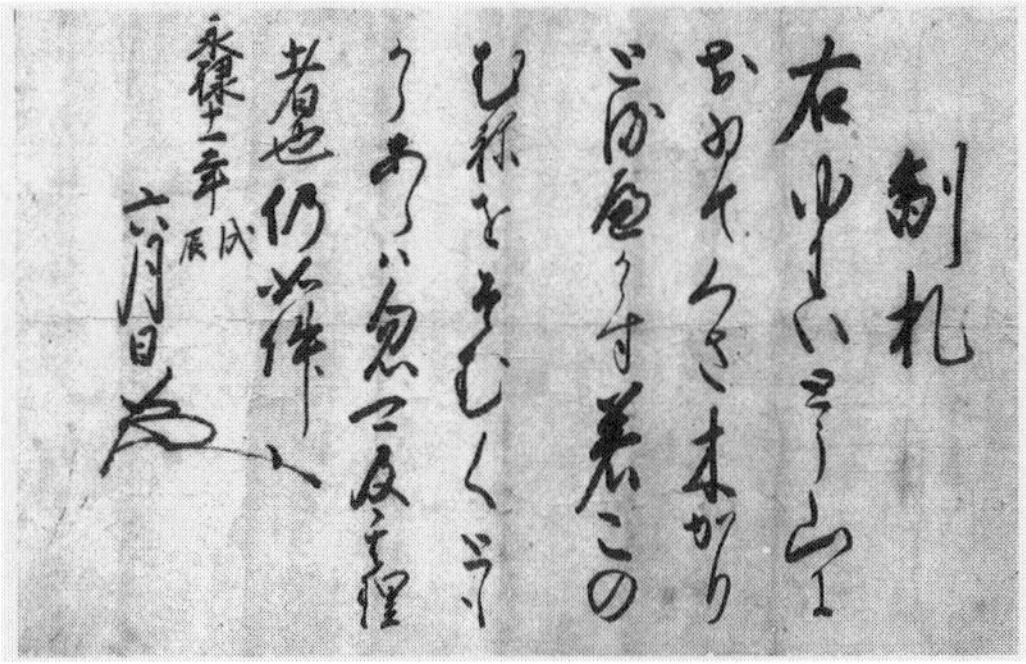

安中重繁制札(長伝寺蔵)

訪ねてみよう

桂昌寺《けいしょうじ》(安中市下秋間112)…安中氏の開基と伝えられる寺院で、安中城の鬼門の方角に所在。

安中《あんなか》 景繁《かげしげ》

武田氏配下で実力を発揮
?～一五七五(天正三)

安中景繁の「景」字は、上杉謙信からの偏諱《へんき》(一字拝領)とみられ、初めは越後上杉氏に従属していた。その後、永禄四(一五六一)年から始まる武田氏による西上野侵攻において、度重なる攻撃を受け、景繁は武田氏に従属している。『甲陽軍鑑《こうようぐんかん》』によれば、父重繁は松井田城に、景繁は安中城にそれぞれ在城していたことが見える。抵抗を続けた父重繁とは異なり、景繁は比較的早い段階で武田氏に従属した。

同六年十月までの間に父重繁は隠居し、景繁が家督を継いだ。家督継承に伴い、基本的には武田氏からその支配領域が認められたと思われるが、碓氷《うすい》郡後閑《ごかん》郷(安中市)は、武田氏の保護を受けていた新田岩松一族の信純《のぶずみ》に与えられている。

当主として景繁は、同八年に同じ安中一族の下総守《しもうさのかみ》の土地を新たに認めており、また、翌年には長伝寺《ちょうでんじ》(安中市)の寺領を保障している(写真)。この頃は官途名《かんとめい》を左近大夫《さこんのたいふ》、実名《じつみょう》を景繁としていた。

武田信玄への忠誠を誓った下之郷起請文《しものごうきしょうもん》を単独で提出しており、景繁の勢力が武田氏の中で一定の評価を得ていたと想定できる。天正三(一五七五)年三月には、景繁は諏方上原(諏訪市)への参陣を武田勝頼から求められ、長期の在陣を気遣われており、その従軍期間と頻度がうかがわれる。

安中景繁安堵状(長伝寺蔵)

その二カ月後、遠江・三河(静岡県)方面へ転戦し、武田氏と織田・徳川連合軍が激突した長篠合戦(愛知県新城市)にも参陣している。この戦いで武田方についた西上野《にしこうずけ》の戦国人の多くが戦死しており、景繁もここで討たれた。景繁の跡は、嫡子の七郎三郎が継ぎ、同七年からその名が見える。

(近藤　聖弥)

訪ねてみよう
妙光院(安中市安中3-1-34)…戦国時代に安中氏が当寺を祈願所にしたと伝わる。

安中《あんなか》　左近《さこんの》大夫《たいふ》

戦国時代最後の安中氏
生没年未詳

安中左近大夫は、初め通称の七郎三郎で見える（写真）。天正三（一五七五）年の長篠合戦（愛知県新城市）において、父の景繁《かげしげ》が戦死し、その跡を継いだものと考えられる。同七年には小田原の北条氏政が伊豆に出陣したため、左近大夫は武田方から駿河・伊豆（静岡県）方面への出陣を求められており、武田家の重臣の小山田昌成《まさなり》の指揮のもと、北条方の泉頭城《いずみがしら》（静岡県沼津市）を攻撃している。

同十年三月、武田氏は織田氏の攻撃を受けて滅亡する。その一カ月前、武田氏配下として左近大夫は大島城（長野県松川町）に立て籠もり、織田軍を迎え撃つも、大島城は落城。高島城（諏訪市）へと後退するがここも落とされ、左近大夫は上野国（群馬県）へと退去したものと思われる。この間、左近大夫は織田軍の先陣の一人である織田信房《のぶふさ》に従属したとみられる。同年三月、左近大夫は大戸《おおど》浦野《うらの》氏に対し、信房へ従属するように仲介をしていた。安中城へと戻った左近大夫は、周囲のほかの武士たちへも織田氏服属を勧めている。織田氏領国となった上野国には重臣滝川一益が入り、最初に箕輪《みのわ》城（高崎市）に在城したが、その後、厩橋《まやばし》城（前橋市）へと移った。一益に従って、安中左近は厩橋城へ人質を出した。

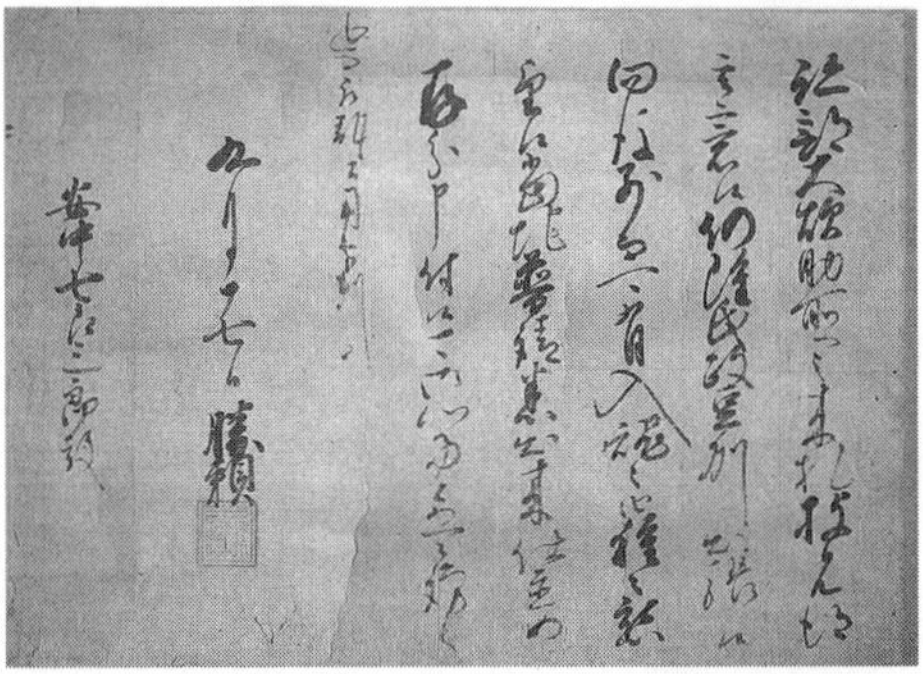
武田勝頼朱印状（慈雲寺蔵）…宛名に「安中七郎三郎殿」と見える。

一益によって「安中町郷」には伝馬《てんま》（物資の運搬）についての定めが出されるなど、その領国経営が安定してきた頃、同十年六月二日、織田信長が本能寺で討たれた。そのため、上野国は北条氏の侵攻にさらされることになった。左近大夫はすぐに北条氏に従属したらしく、軍団を構成するだけの勢力を持つ一手役《いってやく》の一員としてその名が見える。小田原合戦では小田原城に籠城しているが、後北条氏の滅亡後の動向は不詳である。

（近藤　聖弥）

訪ねてみよう
市谷亀岡八幡宮《いちがやかめがおかはちまんぐう》（東京都新宿区市谷八幡町15）…安中氏庶流の源左衛門尉が代官職に任じられた。

福田加賀守《ふくだかがのかみ》と板鼻町人衆《いたはなちょうにんしゅう》

町衆と共に歩んだ地侍
?～一五九〇（天正十八）

福田氏は倉賀野《くらがの》十六騎に数えられる地侍《じざむらい》であったが、先代の時に武田信玄に従い、藤塚《ふじつか》（高崎市）に移り住み屋敷を構えた。天正六（一五七八）年、武田勝頼から加賀守の受領《ずりょう》名《めい》を与えられた。同十年、武田氏が滅亡すると滝川一益に従い、神流川《かんながわ》合戦に参陣するが敗れ、北条氏に従った。この頃から板鼻（安中市）に関係を持ち、北条氏の命令のもと、板鼻町人衆を束ねるようになった。

同十一年、北条氏が定めた宿掟《しゅくおきて》によって、当時の宿場のあり方を知ることができる。板鼻宿は上宿と下宿に分かれていた。木戸番は六人ずつが常駐し、昼夜を問わず通行者を改めた。留守中には宿外のよそ者を置かず、夜には町人同士がお互いを確認し合うこと。宿場での強引な取引や乱暴狼藉《ろうぜき》があった場合は、城へ届け出ることなどが命ぜられている。

蓮華寺開山堂（安中市中宿）

板鼻宿は北条領国の境界に位置したわけではないが、日常的に臨戦態勢が敷かれ、緊張感の中で暮らしていたことが分かる。近くには城があり、城下町として一体の存在であった。福田氏は地侍として軍役《ぐんやく》のほかに、商取引にも関与したのだろう。また、板鼻は伝馬宿《てんましゅく》の宿駅《しゅくえき》でもあり、和田（高崎市）から安中の間の伝馬を継いでおり、公用の通行が課せられ、その運用は町人衆に任されていた。

福田加賀守は軍功を期待される存在であり、同十五年には松井田城将大道寺政繁《まさしげ》により、瀬下豊後守《せじもぶんごのかみ》や後閑又右衛門尉《ごかんまたうえもんのじょう》と共に、松井田新堀《にいぼり》（安中市）へ移るように命じられた。北条氏では、豊臣軍来攻に対する準備が進められていたためである。松井田宿も板鼻宿同様に伝馬宿であり、金井佐渡守《さどのかみ》の支配地であった。翌十八年の豊臣勢による小田原合戦の際に、加賀守は小田原城に籠城し討ち死にしたと伝える。

（飯森　康広）

訪ねてみよう

蓮華寺《れんげじ》（安中市中宿689）…鎌倉時代前期に創建された古刹。板鼻に近い中宿に所在。

憲国《のりくに》と上州甲冑師《じょうしゅうかっちゅうし》

モノづくり集団のパイオニア

　現在の群馬県は内陸型の重工業県として、農業と並んで工業が重要な役割を果たしている。歴史的にはSUBARU（旧富士重工業）の前身である中島飛行機や世界遺産に登録された富岡製糸場が所在したように、群馬県のみならず日本の工業の近代化にも寄与していた。

　では、戦国時代の上野国（群馬県）には、特質すべき産業やモノづくり集団が存在したのだろうか。あまり知られていないのだが、上州にいた甲冑《かっちゅう》の製作集団の兜《かぶと》がまとまって残存している。そのため、群馬を拠点に甲冑を製作していた集団を上州甲冑師と呼んでいる。

　さて、戦国時代の武器や武具についての話を進める前提として、確認しておきたい点がある。それは、戦国時代に使われた武器や武具は博物館などに陳列され、テレビや小説などで戦闘シーンが描かれていることから、多くのことが分かっていると思われがちであるということである。実際には現存している武器・武具は、そもそも近世（主に江戸時代）以降のものが多く、戦国時代までさかのぼるものは少ないのが現状だ。

☆金箔押六十二間小星兜（群馬県立歴史博物館蔵）

銘文

　そうした中で、戦国時代に製作されたことが客観的に、ほぼ間違いなく判別できる資料の一つが在銘の兜の鉢《はち》である。そもそも戦国時代の兜は、頭部を覆ういわゆるヘルメットの部分の鉢と首回りを護る𩊱《しころ》から形成されていた。したがって、在銘の鉢とは製作年月日や製作者が記された鉢ということになる。通常、鉢は、細長い鉄板を矧《は》ぎ合わせて（重ね合わせて）作られている。鉄でできている鉢は比較的丈夫であるために、補修などが少なく、在銘の部分に基づいて製作者や製作年代が判別できるのである。

　上州甲冑師としてこれまで知られているのは、成重《なりしげ》・成国《なりくに》・憲国《のりくに》・康重《やすしげ》・国久《くにひさ》・重《しげ》吉《よし》・則重《のりしげ》などであり、彼らは十六世紀後半に活動していた。銘として記されている年号は、戦国大名の争いが激しくなる永禄年間（一五五八〜一五七〇）以降である。この

訪ねてみよう

群馬県立歴史博物館（高崎市綿貫町992-1）…上州甲冑師の兜が常設展示室で観覧できる。

時期、年号が記された上州甲冑師の兜が多く残っている。

とりわけ先に列挙した甲冑師の中では、憲国の兜は完成度が高く、現存している個数が多い上に活動時期も長い。そのため、憲国は上州甲冑師の中で棟梁のような役割を果たしていたのではないか、と推測されている。

また、最近になってようやく、上州甲冑師の動向を記したほぼ同時代の信頼できる文字史料も確認できるようになってきた。意外なことに中国の史料であり、弘治二(一五五六)年頃に鄭舜功《ていしゅんこう》という人物が豊後国《ぶんごのくに》(大分県)の大友宗麟《そうりん》のもとに滞在した際の見聞を記した『日本一鑑《いっかん》』である。そこでは、鎧《よろい》の産地として山城(京都府)・大和《やまと》(奈良県)・豊後(大分県)・周防《すおう》(山口県)が挙げられ、兜の産地として上野国が挙げられている。鄭舜功がどのような根拠に基づいてそのように記しているのかは、不明である。しかしながら、現状においても上州甲冑師製作の資料は兜ばかりであり、記載内容と整合しているのは興味深い。上州甲冑師は、兜造りに特化していた可能性がある。

さらに、近年になって上州甲冑師の兜の実例が増加していることで、新たな知見が得られつつある。例えば、越後国(新潟県)の戦国武将の直江兼続《かねつぐ》が着用していたと伝わる、いわゆる「愛の前立《まえだて》の兜」や同じく越後の武将である本庄繁長《しげなが》着用と伝える兜には、「上州八幡作」という銘が刻まれている。これにより、上州甲冑師が製作していた兜を隣国越後の武将が着用し、八幡《やわた》(高崎市八幡町)が製作地の一つであったことが分かったのである。

中世の八幡は八幡荘《やわたのしょう》と呼ばれ、鎌倉街道と東山道《とうさんどう》が分岐する交通の要衝であった板鼻(安中市)を含んでいた。そのため、前代の室町時代から山内上杉氏の守護所が置かれるなど、重要であった。そうしたいわゆる伝統的に都市的な場であったから甲冑師が存在したともいえそうだが、そのような条件を満たす都市は東国にはほかにも存在していた。では、原材料が豊富に入手しやすい立地であったのか？……など、課題は山積している。

通常、三十二枚あるいは六十二枚の細長い鉄板を矧ぎ合わせて製作された上州甲冑師の兜鉢は、前後左右のバランスがよく、とても均整がとれている。また、矧ぎ合わせるために内側から留められた鋲《びょう》は二千本近く用いられていて、実に精巧である。こうした兜の美術工芸としての側面だけに注目するのではなく、さらなる資料の発見や研究の深化により、合戦の実態が明らかにされていくだろう。

(森田　真一)

訪ねてみよう

八幡八幡宮《やわたはちまんぐう》(高崎市八幡町655)…上州甲冑師の製作地である八幡荘内に所在する。

佐藤《さとう》織部丞《おりべのじょう》

「峠の佐藤」は戦国の境界人
生没年未詳

「峠の佐藤」と呼ばれ、戦国時代末期の上信国境の山間通路を実質的に掌握していたのが佐藤織部丞や主水佐《もんどのすけ》であった。織部丞は天正十一（一五八三）年四月五日に、松井田城主大道寺政繁《まさしげ》の要求を受け入れ、松井田（安中市）と小諸《こもろ》（長野県小諸市）の間の軍勢の通行に協力する起請文《きしょうもん》を提出している。戦国大名といえども、地域の地侍《じざむらい》に頼らなければ交通の難所を越えることはできなかったのである。

佐藤織部丞は碓氷峠の坂本（安中市）と軽井沢（長野県軽井沢町）に拠点をもって活動した地侍佐藤氏の一族である。永禄六（一五六三）年には、佐藤豊後守《ぶんごのかみ》が軽井沢と境（軽井沢町）の治安維持を信玄から任されている。天正十（一五八二）年の武田家遺領を巡る北条・徳川戦争（天正壬《じん》午《ご》の乱）の結果、甲斐（山梨県）・信濃（長野県）を徳川領、上野（群馬県）を北条領とする国分けがなり、小諸城には徳川方の国衆依田信蕃《のぶしげ》が、松井田城には北条氏家臣の大道寺政繁が入ったのである。

同十三年には北条氏邦《うじくに》が上野国の東西幹線を公用路として整備し、坂本・足利間に伝馬宿《てんまじゅく》を置いた（後の中山道《なかせんどう》・日光例幣使道《にっこうれいへいしみち》）。宿の運営は在地の百姓や商人が請け負ったが、坂本宿は佐藤氏が請け負った。

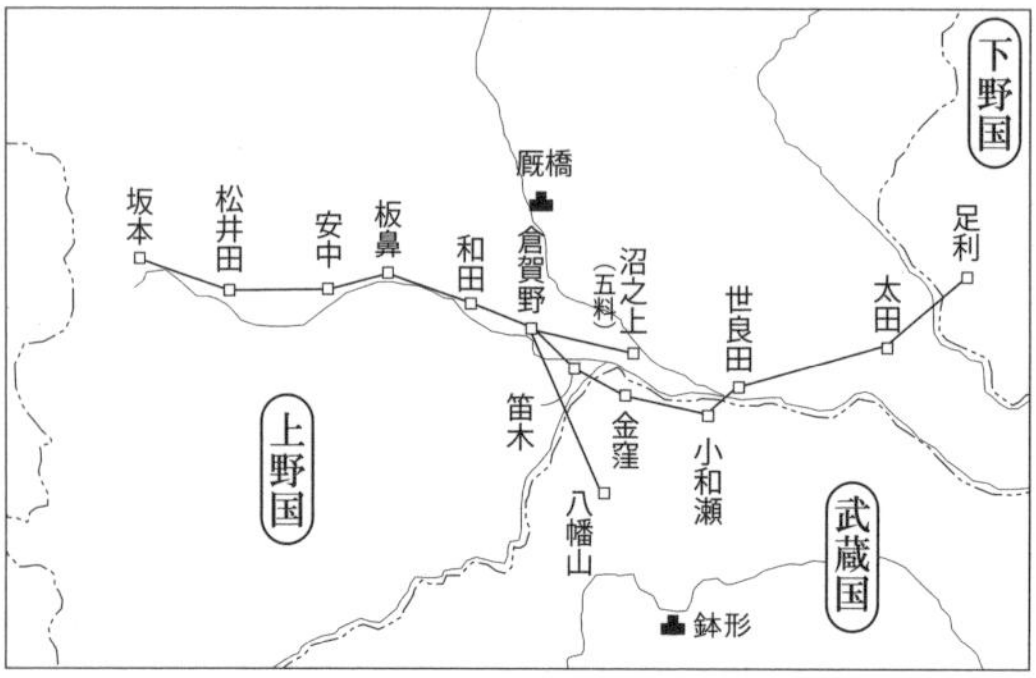

北条氏邦が制定した伝馬継

同十五年になると佐藤主水佑が北条氏から所領を得て、「大道寺馬寄《うまよせ》」として軍役《ぐんやく》（軍備や従軍）を命じられた。それまでの佐藤氏と北条氏の関係は軍事協力関係であったが、これを機に「大途《だいと》の被官《ひかん》」（北条家当主の家臣）に取り込まれたのである。同様の処遇が松井田衆の山口軍八郎にもなされている。豊臣秀吉に臣従した徳川家康を警戒した北条氏が、松井田・坂本・軽井沢の地侍を松井田城主の指揮下に一元化したのである。

（簗瀬　大輔）

訪ねてみよう
坂本宿佐藤本陣跡（安中市松井田町坂本429）…中山道最大の難所を支えた宿場の本陣跡。

後閑《ごかん》 信純《のぶずみ》

名族の名跡を継ぐ実力者
生没年未詳

　後閑信純は新田岩松氏の一族で、系譜関係は不詳であるが、もとは甘楽《かんら》郡丹生《にゅう》郷（富岡市）を本領として継承していたとみられる。永禄十（一五六七）年六月、この頃に信濃国（長野県）に滞在していた信純は、武田信玄に本領を保障するように求めていた。しかしながら、これまでの忠節から信玄は小幡憲重《のりしげ》に安堵してしまったので、替え地として後閑郷（安中市）が信純へ与えられている。ややさかのぼる同五年とされる武田信玄の判物《はんもつ》において、「新田岩松氏の知行地と丹生の地」が憲重に認められているから、信純が申請していた本領の一つとは丹生郷であった。信純は後閑郷を与えられ、後閑氏を名乗るようになる。

　信純は新田岩松氏の一族として、武田氏の中でも手厚い保護を受けていた。同九年には武田信玄により、信純は高家でほかに並ぶ者がなく武力に秀でているとして丁寧に対応され、信濃国南栗林（長野県松本市）のうちの三百俵が与えられている。信玄からは「新田殿」とも呼ばれている。

　その後は武田氏配下の武士として活動し、信玄への忠誠を誓う下之郷起請文《しものごうきしょうもん》では、単独で「後閑伊勢守信純《ごかんいせのかみのぶずみ》」と署判《しょはん》し、跡部勝資《あとべかつすけ》へ提出している。この後は武田氏から甲斐の名族上条《かみじょう》氏の名跡を与えられ、天正元（一五七三）年九月に駿河国高天神城《たかてんじんじょう》（静岡県掛川市）での活動をねぎらわれている。ここでは「上条伊勢入道」と見えるから、出家していることが分かる。

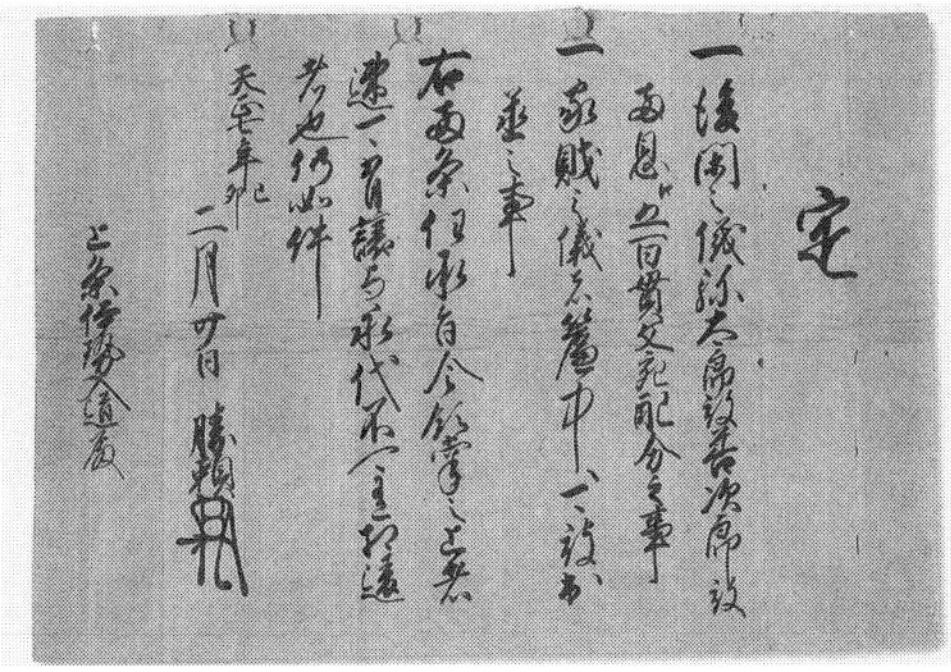

武田勝頼判物（後閑文書　京都大学総合博物館蔵）

　同七年二月になって、嫡子の弥太郎（のち刑部少輔《ぎょうぶのしょう》）と次男の善次郎（のち宮内《くないの》少輔《しょう》）へそれぞれ後閑のうち五百貫文《かんもん》ずつ、計千貫文を譲り渡しており、同時に家財は妻へ譲って自身は隠居したようだ（写真）。隠居後は聴松軒《ちょうしょうけん》を称していた。二人の息子はそれぞれ後閑氏の名跡と上条氏の名跡を受け継ぎ、のち北条氏に従属して兄弟で軍事行動を行っている。

（近藤　聖弥）

訪ねてみよう

後閑城跡（安中市中後閑394）…市指定史跡。後閑氏が居城とした城郭で、公園として整備されている。

後閑刑部少輔《ごかんぎょうぶのしょう》・宮内少輔《くないのしょう》

家の生き残りを託された兄弟
共に生没年未詳

　天正七(一五七九)年二月、後閑信純《のぶずみ》がその所領を二人の息子に譲ることを武田勝頼から認められている。二人の息子はそれぞれ「弥太郎殿」と「善次郎殿」と見え、父信純から五百貫文《かんもん》ずつ譲られている。弥太郎は、同年四月に「後閑弥太郎殿」と見え、勝頼から軍役勤仕《ぐんやくごんし》と引き換えに先の五百貫文を安堵されている。一方の善次郎は、同日付で「上条《かみじょう》善次郎殿」と見え、同様に軍役勤仕と引き換えに四四八貫文を安堵されている。これらから、嫡子弥太郎が後閑の名跡を継ぎ、次男善次郎が上条の名跡を継いでいることが分かる。

　翌年正月に次男の善次郎は、武田勝頼によって、新田荘内における高林郷(太田市)以下の千五百貫文の地を約束された。その際に「上条宮内少輔殿」と見え、父の旧官途名《かんとめい》である宮内少輔を継承している。この本領安堵は、「東上州」が武田氏の支配地になったならばという条件付きであった。

　嫡子の弥太郎は、武田氏滅亡後の天正十一(一五八三)年正月、北条氏直《うじなお》から年頭の祝儀を送った返礼を受け取っている。ここでは「後閑刑部少輔殿」と見え、官途名の刑部少輔を名乗っている。

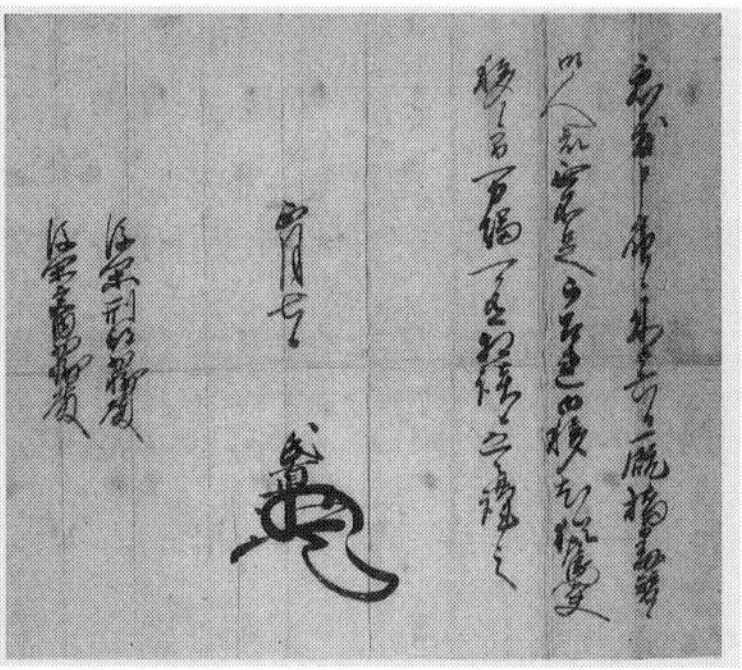

北条氏直書状(後閑文書　京都大学総合博物館蔵)

　同年正月十一日付で、刑部少輔・宮内少輔共に氏直から武田家以来の本領後閑の地を安堵されているから、武田氏滅亡後は兄弟共に北条氏に従属している。兄弟合わせて千貫文という数字は、北条氏家臣団の中でも比較的上位に位置する。

　この後は北条氏のもと、兄弟で軍事行動を共にしており、同年二月には兄弟で合わせて百人分の軍事負担が求められている。翌十二年八月になると、新田・館林方面への攻撃に氏直自身が出馬することが知らされ、先に定めた百人の人足《にんそく》を急ぎ集めて厩《まや》橋《ばし》城(前橋市)へ派遣するよう命じられている。ここで弟の宮内少輔が「宮内大輔《くないのたいふ》殿」と

訪ねてみよう
群馬大学総合情報メディアセンター(前橋市荒牧町4-2)…新田家から寄贈された新田文庫を所蔵する。

見え、兄の刑部少輔より序列が上がっていることから、兄弟間で家督の交替があったと考えられている。これ以後、主に宮内大輔が史料上に現れるから、刑部少輔の身に何かあったのかもしれない。

同十五年四月、宮内大輔は代官の南蛇井《なんじゃい》志摩守《しまのかみ》を通して北条氏に訴えを起こしている。この訴えを受けて、新保《しんぼ》郷（高崎市）の百姓である反町豊前守《ぶぜんのかみ》を呼び出し、訴えの内容を問いただした。その結果、二十年にわたり宮内大輔に召仕えてきた女が休暇を出し、理由もなく豊前守が抱え込んでいることが判明した。よって、二十七日までに反町のもとから、その女を請け取るように南蛇井氏に命じている。

ここに見える「百姓」反町氏は在郷の有力者であろう。北条氏の訴訟に関わる評定衆《ひょうじょうしゅう》の依田康信《やすのぶ》が本件の担当であり、北条氏の法整備の一端をうかがわせるとともに、上野国（群馬県）にもその法的支配の影響力が及んでいたことを示している。

同十五年になると、豊臣秀吉による「惣無事《そうぶじ》」の機運が高まってくる。北条氏は秀吉の方針に対し、各城の防衛機能を高める措置を取っている。五月には上信国境の要衝である松井田城（安中市）の普請に伴い、後閑氏は領地からそれぞれ人足五十人ずつを集めるように命じられている。翌年の正月は、宮内大輔に対し協議のため小田原（神奈川県小田原市）への参府を命じたり、三カ条の約定を申し定めたりと慌ただしく動く様子が見て取れる。

同十七年には、後閑氏は北条氏から京都との交渉の様子を報じられたりするが、同年十二月を最後に史料から見えなくなる。秀吉による小田原攻めは翌年七月に小田原城開城とともに終了し、ここに北条氏は滅亡する。しかしながら、宮内大輔・刑部少輔の動向は不明である。なお、一族に当たる後閑善兵衛《ぜんべえ》・新兵衛《しんべえ》は箕輪《みのわ》城（高崎市）主井伊直政《なおまさ》に仕えており、それぞれ宮内大輔・刑部少輔の子と見られる。

（近藤　聖弥）

訪ねてみよう

清涼寺《せいりょうじ》（滋賀県彦根市古沢町1100）…後閑善兵衛・新兵衛が主君として仕えた井伊家の菩提寺。

大道寺《だいどうじ》 政繁《まさしげ》

北条家悲劇の重臣
?～一五九〇(天正十八)

元亀元(一五七〇)年頃、父資親《すけちか》を継いで、北条氏の領国下の鎌倉代官・川越城代となる。天正十(一五八二)年六月二日、本能寺の変で織田信長が討たれると、上野国(群馬県)を統治していた滝川一益は、同月十九日に神流川《かんながわ》合戦で北条軍に敗れ、本拠伊勢《いせの》国《くに》(三重県)に向かって敗走し、北条軍は一益を追って信濃国(長野県)に侵攻した。七月に越後上杉氏と和睦が成立すると、北条軍は甲斐国(山梨県)に侵攻し若神子《わかみこ》(山梨県北杜市)で徳川軍と対峙した(天正壬午《じんご》の乱)。この間、九月に政繁は松井田城代となり、次いで小諸《こもろ》城代(長野県小諸市)となった。これはいまだ政情不安定な佐久《さく》周辺(長野県)を抑える役割を担っていた。

十月に北条氏と徳川氏が和睦して退陣した後も、政繁は小諸城に在城した。松

大道寺政繁墓所(補陀寺)

井田城には息子直昌《なおまさ》が在城した。この間、真田氏は徳川方に転じ、周辺の軍事的な緊張が高まった。翌十一年四月、政繁は松井田衆に命じて、松井田から城米を小諸城に輸送する。また、碓氷《うすい》峠の交通を掌握していた峠の佐藤氏を支配下に置くことで、上野国・信濃国間の交通路を確保した。八月に信濃国が盟約により徳川氏に割譲されたため、政繁は松井田城に在城となった。

以後、北条氏を巡る政治状況は悪化していく。例えば同十三年七月には、真田氏は上杉氏に従属した。上野国を北条氏領と認めた徳川氏との盟約はあったが、県北部を抑えて敵対する真田氏が新たな後ろ盾を得たことになる。しかも、北条氏と同盟関係にあった徳川氏も、翌十四年一月には豊臣秀吉に従属し、上杉氏も六月に秀吉へ臣従した。一方、真田氏は秀吉に敵視されるが、十一月には許され、翌十五年三月には上洛して秀吉に出仕した。

こうした動きを踏まえつつ、北条氏は秀吉の侵攻に対して準備を始めた。すなわち、

訪ねてみよう

松井田城跡(安中市松井田町高梨子他)…政繁が籠城した城。交通の要衝に位置する巨大城郭。

すでに正月には小田原城の大普請が行われていた。松井田城も上信の国境の要衝として重要であったため、五月には政繁支配のもと普請《ふしん》が行われた。上野国内の城普請は、五月には箕輪《みのわ》城（高崎市）、八月には金山城（太田市）でも行われた。また、政繁の配下には、山口軍八郎や佐藤主水佐《もんどのすけ》が北条氏の命令で派遣され、兵力の強化が行われた。この頃、政繁は城下町の強化も行った。松井田新堀《にいぼり》（安中市）へ地侍《じざむらい》の福田氏や後閑氏を移している。

同十七年夏、秀吉の裁定により沼田が北条氏に割譲され、ようやく関東の平和が達成されたかと思われた。しかし、十月に北条方の猪俣邦憲《いのまたくにのり》が名胡桃《なぐるみ》城（みなかみ町）を真田氏から奪取する事件が起こり、北条氏は秀吉の征伐を受けることとなった。軍勢は東海道と東山道の二手に分かれ、東山道は前田利家を総大将とする北国勢三万五千人であり、松井田城が北国勢を迎え撃つ最前線となった。翌十八年三月上旬、政繁の子直昌《なおまさ》は峠の佐藤氏らと共に、碓氷峠を上ってくる北国勢の先勢、真田・芦田《あしだ》軍を撃退した。その後、碓氷峠越えを許し、坂本宿（安中市）で小競り合いがあったが、北国勢本隊の到着とともに松井田城で籠城戦となり、四方を囲まれることとなった。北国勢は松井田上之山に陣取り、秀吉から付城《つけじろ》の構築を命じられる。真田軍は城下町である根小屋《ねごや》集落を焼き払った。包囲軍は徐々に迫り、城の水の手を奪い、前田軍は二ノ丸、本丸へと陣地を狭めていった。四月二十日、政繁は抗しきれず開城し、降伏した。

政繁はその後に前田軍に同行し案内者となったが、開城直後の四月二十二日には、藤田信吉《のぶよし》に手紙を送り、上杉氏への取りなしを依頼している。政繁・直昌親子は松井田衆を引き連れて、前田軍の先方として進軍していった。松山城（埼玉県吉見町）では、城主上田氏が小田原に籠城しており、留守の手勢が籠城したが、抗しきれず開城した。この後、松山衆も前田軍に加わった。次いで鉢形《はちがた》城（埼玉県寄居町）を攻め落とし、ついには川越城に進軍した。川越城は政繁の子直繁が城代であったが、小田原城へ籠城しており不在であった。政繁が攻城軍に加わっている以上、川越城は抵抗する道理もなく開城した。政繁にとって川越城の開城は、自身の責任として行った面もあったのではないか。そのために案内者となったともいえる。七月に小田原城が開城すると、当主の北条氏直《うじなお》は死を許されたが、氏直の父の氏政《うじまさ》・伯父の氏照《うじてる》と政繁、松田憲秀《のりひで》の四人は切腹を命ぜられた。同十九日政繁は不忠を問われ、江戸桜田で自害した。墓所は補陀寺《ほだじ》（安中市）と常楽寺《じょうらくじ》（埼玉県川越市）にある。

（飯森　康広）

訪ねてみよう

補陀寺（安中市松井田町新堀1186）…政繁の墓所や政繁木像を所蔵している禅宗寺院。

山口軍八郎《やまぐちぐんぱちろう》と松井田衆《まついだしゅう》

戦争に翻弄された峠の百姓たち
生没年未詳

天正十(一五八二)年の北条・徳川戦争(天正壬午《じんご》の乱)は、武田家遺領のうち甲斐(山梨県)・信濃(長野県)を徳川領、上野(群馬県)を北条領とする国分け協定を伴って終結した。そこで北条氏は松井田城(安中市)を直轄化して城領《じょうりょう》(直轄領)を定め、信濃小諸《こもろ》城(長野県小諸市)から大道寺政繁《まさしげ》を呼び戻して城代としたのである。この時、山口軍《ぐん》兵衛《べえ》は北条氏から高梨(安中市松井田町高梨子)に四貫八〇〇文、増田(同上増田・下増田)に一貫七〇〇文の計六貫五〇〇文の「給田《きゅうでん》」を支給され、「大途《だいと》の被官《ひかん》」(北条家当主の家臣)に取り立てられたのである。高梨は戦国時代の松井田城下町である。現在でも同地区には当時をしのばせる町割りと、百人町、横町、水組、立町、与力町などの地名が残っている。

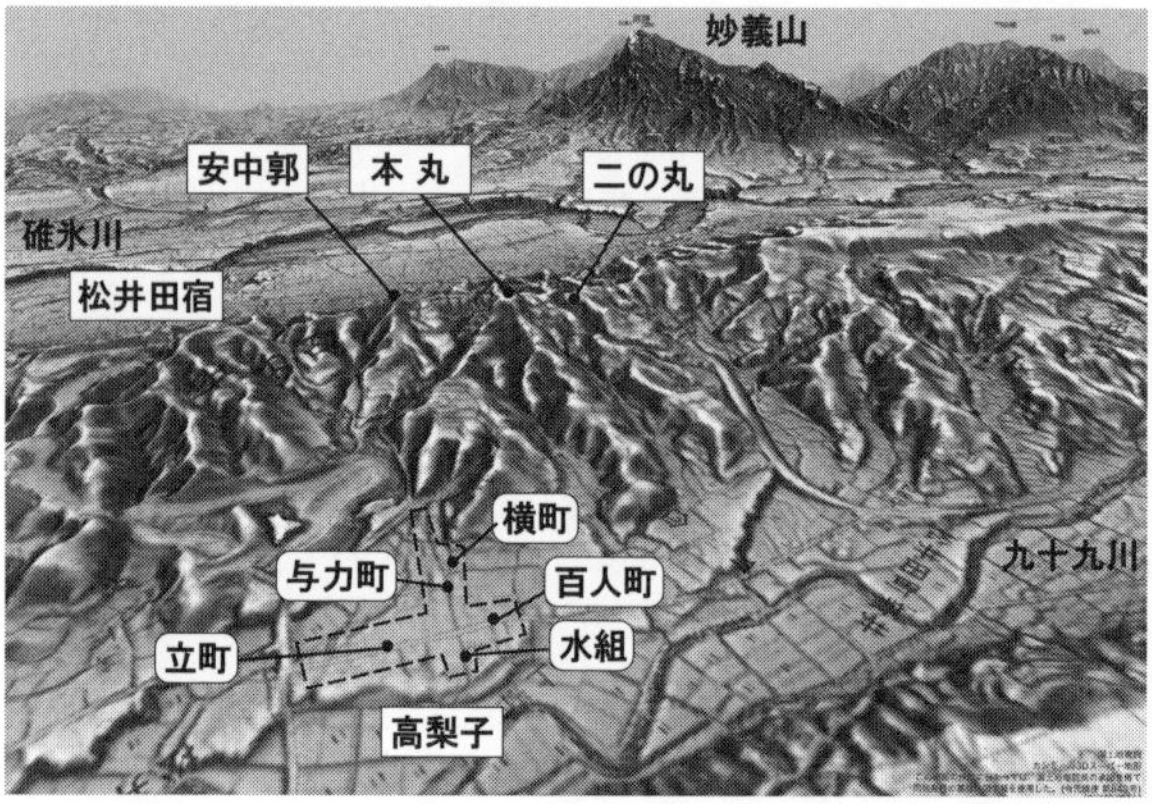

戦国時代の松井田城下町跡の景観(カシミール3Dに加筆)

山口軍八郎は碓氷郡松井田の地侍《じざむらい》である。軍八郎は松井田周辺の神宮《じんぐう》、下《しも》、小宮山《こみやま》、横田氏らと共に、武装する有力百姓の社会勢力「松井田衆」として結集していた。ところが、戦国時代の最末期、山口軍八郎と松井田衆が地侍(非正規採用の武士)から戦国大名直轄軍の家臣(正規採用の武士)に転身していくことになる。それが加速度的に進行したのが、天正十(一五八二)年の北条・徳川戦争から、同十八年の北条・豊臣戦争(小田原征伐)の間の九年間である。

山口軍八郎の給田とは、北条氏が分国の百姓を戦争に動員するための制度である。すなわち、軍八郎は欠け落ち百姓(戦争難民)の耕作放棄地などを免税地として給付される代わりに、松井田本城・支城の番手、兵糧米輸送、要害普請などの軍役《ぐんやく》(軍備や従軍)の義務を受け入れたのだ。「大途の被官」の栄

訪ねてみよう
碓村《うすむら》神社(安中市松井田町高梨子1490)…高梨子及び松井田城の鎮守と伝わる。

誉と引き換えに松井田衆の小宮山甚八郎《じんぱちろう》、横田八兵衛《はちべえ》、下久三郎《きゅうざぶろう》、神宮武兵衛《ぶへえ》らも同様に取り立てられ、彼らは「松井田御旗本衆」と呼ばれたのである。

同十四年、徳川家康が上洛して豊臣秀吉に臣従したことで、それまで北条氏の同盟者だった家康が一転して豊臣政権の「関東惣無事《そうぶじ》」の担当大名、いわば「紛争と平和の監視人」として北条氏に向き合うことになった。これを受け、徳川領に接する松井田の緊張がにわかに高まった。北条氏は大道寺政繁に命じ、松井田の軍事基地としての機能強化を進めた。翌十五年、軍八郎の地位に大きな変化が起こった。軍八郎は北条氏から「知行《ちぎょう》」と「侍《さむらい》十七人」を与えられた上で、今後は「大道寺馬寄《うまよせ》」として軍役に励むよう命じられたのだ。給田（免税地）ではなく、知行（所領）となれば、年貢を納める側ではなく、収納する領主の側に立つことになる。十七人の従者も持てる。同様の処遇が碓氷峠（坂本・軽井沢）の佐藤主水佐《もんどのすけ》にもなされている。北条氏は家康との対立を想定し、碓氷峠周辺軍備の再編・強化を発令し、松井田城主の指揮下に松井田・坂本・軽井沢の地侍の武力を一元化したのである。

この頃の松井田衆は北条氏から「松井田に預け置き候十一騎の同心」（北条氏直《うじなお》が大道寺政繁に預け置いた十一騎の同心衆）と呼ばれることがあった。有力五氏のほかにも、後の松井田宿本陣松本氏、横川武井氏、小板橋《こいたばし》氏なども「松井田御旗本衆」の一員であったと考えられる。

同十五年以降の北条分国は、豊臣政権の紛争監視下に置かれながらも、沼田の真田氏、北東関東の佐竹・宇都宮氏との戦争を継続した。そのため、軍八郎以下松井田衆は、碓氷峠の警備はもとより、厩橋城《まやばし》（前橋市）の在番を務めたり、足利の長尾顕長《あきなが》の反乱鎮圧に出陣したりと、「東征」に奔走した。この頃、松井田衆宛てに出された北条氏の「着《ちゃく》到《とう》」という文書が残されている。着到というのは、出陣の際の装備や人数を定めた軍役明細である。そこには兵力だけなく、甲冑《かっちゅう》や小旗筒《こばたづつ》（背中の旗立て）などの装備を金銀で飾り付け、旗の模様を統一することなどが指示されている。地侍とはいえ、正規の武士と同様に「綺羅美耀《きらびやか》」に「ひらひら武者めくように」支度を整えることが軍法であった。

同十八年三月一日、秀吉が小田原に向けて出馬した。松井田には前田利家・上杉景勝・真田昌幸ら北国勢が碓氷峠を越えて侵攻し、三月二十日に総攻撃が開始され、一カ月に及ぶ籠城戦の末、ついに落城した。それは四月二十日であった。戦国人山口軍八郎ら松井田百姓の終戦記念日である。

（簗瀬　大輔）

訪ねてみよう

十王堂（安中市松井田町下増田）…松井田衆の一人である小板橋下総守の墓がある。

風《ふう》外《がい》 慧《え》薫《くん》

求道《ぐどう》の禅画僧
一五六八(永禄十一)〜一六五四(承応三)頃

戦国時代末から江戸時代初期の曹洞・禅画僧。禅の教えをしっかり盛り込んだ秀逸な禅画で知られる。数多くの書画が蒐集・鑑賞の対象となって伝来しているのだが、そうした書画をどのように身に付けたのかよく分かってはおらず、また師の僧侶や弟子の名も伝わらない。名利を求めず遍歴の求道生活を送った風外ならではの足跡といえる。

碓氷郡土塩村《うすいぐんひじしおむら》(安中市)原田家に生まれる。亡くなった母の乳房を吸い、こうした子は出家させるものとして近くの乾窓寺《けんそうじ》(曹洞宗、当時は密教系寺院という)に入れられたという。次いで隣村の長源寺《ちょうげんじ》(同、安中市上後閑)に移り、そこで出家したようである。長源寺で基礎的な修行を終えたのであろう、その後、上野国(群馬県)第一の禅道場である双林寺《そうりんじ》(渋川市)でさらに修行を積んだ。双林寺での修行中も、名のある禅僧がいると知ればそこへ出かけて教えを乞うたといい、宗派を超え下野国(栃木県)の物外紹播《もつがいじょうばん》など臨済宗の名僧らにも師事したと伝わる。

達磨図(平塚市博物館蔵)

残念ながら、地元上野国での風外の事績はあまりはっきりしない。ただ、風外は双林寺から小田原成願寺《じょうがんじ》(神奈川県小田原市)へ住人に請われて移るが、それは元和年間(一六一五〜二四)五十歳の頃といわれているから、双林寺での生活は長かったといえる。双林寺は関東有数の名刹禅道場として栄えており、風外の禅画の背後にある禅の深い素養、また禅画や書の技術も、年齢から考えればこの双林寺に集った多士済々な師僧・修行僧との切磋琢磨、そしてその間の宗派にこだわらないさまざまな僧との交流のなかで身に付け、培

訪ねてみよう

弘福寺《こうふくじ》(東京都墨田区向島5-3-2)　風外の彫刻した父母石像が境内に安置されている。

われたものとみてよいであろう。

上野国を出てから、風外は遍歴を重ねた。成願寺にいること数年して曽我山《そがやま》（小田原市）の岩窟に移る。上曽我と田島の二カ所の横穴墓跡で、「風外窟《ふうがいくつ》」と呼ばれ著名。食住すべて自身で賄い、風外は必要となると禅画を描いては竹竿に挿して岩窟前に出し、米五升と交換したとの伝承が残っている。

次いで真鶴山《まなづるやま》（真鶴町）の岩窟などをへて真鶴港近くの天神堂に住む。少なくとも慶安三（一六五〇）年・八〇歳までは真鶴にいたとみられ、その後は伊豆の山中や竹渓院《ちくけいいん》（静岡県伊豆の国市）、遠江国（静岡県）を遍歴したらしい。最晩年は石岡（浜松市）の単丁庵《たんちょうあん》に住み、そこで逝去。

この間、真鶴の人々は風外を乞食坊主と初め侮ったが、雨の日、重い根府川石《ねぶかわいし》を頭に載せて雨を凌ぎ托鉢《たくはつ》する姿を見てただ者ではないと認識したとか、小田原城主稲葉正則《いなばまさのり》に招かれ城を訪れたが、酒宴中ですぐに会おうとしない正則に風外は縁がなかったことをしたため辞去したことのほか、風外の世俗世間《せぞくせけん》におもねらないさまざまな行動が伝わる。出家は誰でもできるが「出家後の出家」が難しいと、風外はほかの僧侶にいったといわれ形ばかりの出家ではない、真の出家を実践しようとしていたのであった。

画風は、庶民を相手とした、かしこまらず親しみやすい絵柄で禅の境地を説くもの。感覚的な悟境《ごきょう》を積極的に書き表そうとする宋風を背景に、臨済宗から詩文や書画の達人が輩出し室町文化の一翼を担うが、一方でそれら文芸の宗教性は希薄化に向かっていった。風外はそうした潮流のなかに現れた数少ない宗教性にこだわる禅画僧と位置付けられている。また、寺を出て庶民に禅画を与えた風外の姿には、禅堂を出ての世間教化を旨とする曹洞禅の在り方が大きく関係しよう。子どもに喜んで禅画を描き与え、あながち大人が描かせようとしても笑うだけで答えなかったと伝わる。

（久保　康顕）

指月布袋図（同蔵）

訪ねてみよう

風外窟（神奈川県小田原市上曽我および田島）…風外が暮らした山中の横穴。

陳《ちん》外《うい》郎《ろう》七《しち》兵《べ》衛《えの》尉《じょう》

上杉・武田の御用《ごよう》商人
生没年未詳

陳外郎七兵衛尉は、主に厩橋《まやばし》（前橋市）と松井田（安中市）を拠点に活動した戦国大名の御用商人である。「七兵衛門尉」として初めて登場する七兵衛尉は、山内上杉氏譜代の商人で、上野《こうずけ》平井（藤岡市）から憲政の招きで越後府内（新潟県上越市）に移ったが、その後、謙信とともに厩橋に戻ったようだ。

陳外郎氏というのは、元朝の医師陳宗敬《ちんそうけい》（一三二二〜九五）を祖とする一族で、「外郎《ういろう》」とは中国の官職「礼部員外郎《れいぶいんがいろう》」に由来する。その子宗寿《そうじゅ》の時に来日し、持参した痰《たん》切り薬「透《とう》頂香《ちんこう》」が、後に「外郎薬」と呼ばれた。小田原にも一流があり、外郎宇野家として活動している。

外郎売り（歌川豊国「歌舞伎十八番　外郎・虎屋東吉」）
国立国会図書館貴重書画像データベース

厩橋に戻った七兵衛尉は、天正三（一五七五）年までに武田勝頼に取り入って松井田に屋敷を構え、翌四年には「七兵衛尉」の名を次代に譲っている。七兵衛尉家は「上州松井田外郎」と呼ばれ、武田家から碓氷《うすい》峠における毎月十駄の籾《もみ》の輸送権益などを保証されていた。

厩橋では、陳外郎源七郎と源十郎兄弟が活動していた。同七年、前年に成立した甲越《こうえつ》同盟を背景に武田勝頼は厩橋の毛利北条《きたじょう》高広を従属させ、東上野進出の足掛かりをつかんだ。翌八年正月に源七郎が死去すると、弟の源十郎が源七郎を継承した。彼はその年の八月に勝頼に請われて厩橋から松井田に転居している。

同十年に松井田の領主は北条氏に変わり、同十三年には北条氏邦《うじくに》が上野国の東西幹線を公用路として整備し、坂本・松井田・板鼻（以上安中市）などに伝馬宿《てんまじゅく》を設置した（一五二頁・図参照）。この時、松井田の伝馬宿は陳外郎氏が請け負って然るべきだった。ところが、北条氏は倉賀野商人の金井佐渡守《さどのかみ》に経営権を与えてしまった。その後は陳外郎源左衛門《げんざえもん》が松井田での活動を続けた。

（簗瀬　大輔）

訪ねてみよう

外郎博物館（神奈川県小田原市本町1-13-17　株式会社ういろう）…陳外郎宇野家と「ういろう」の企業博物館

第8章　吾妻地域の戦国人

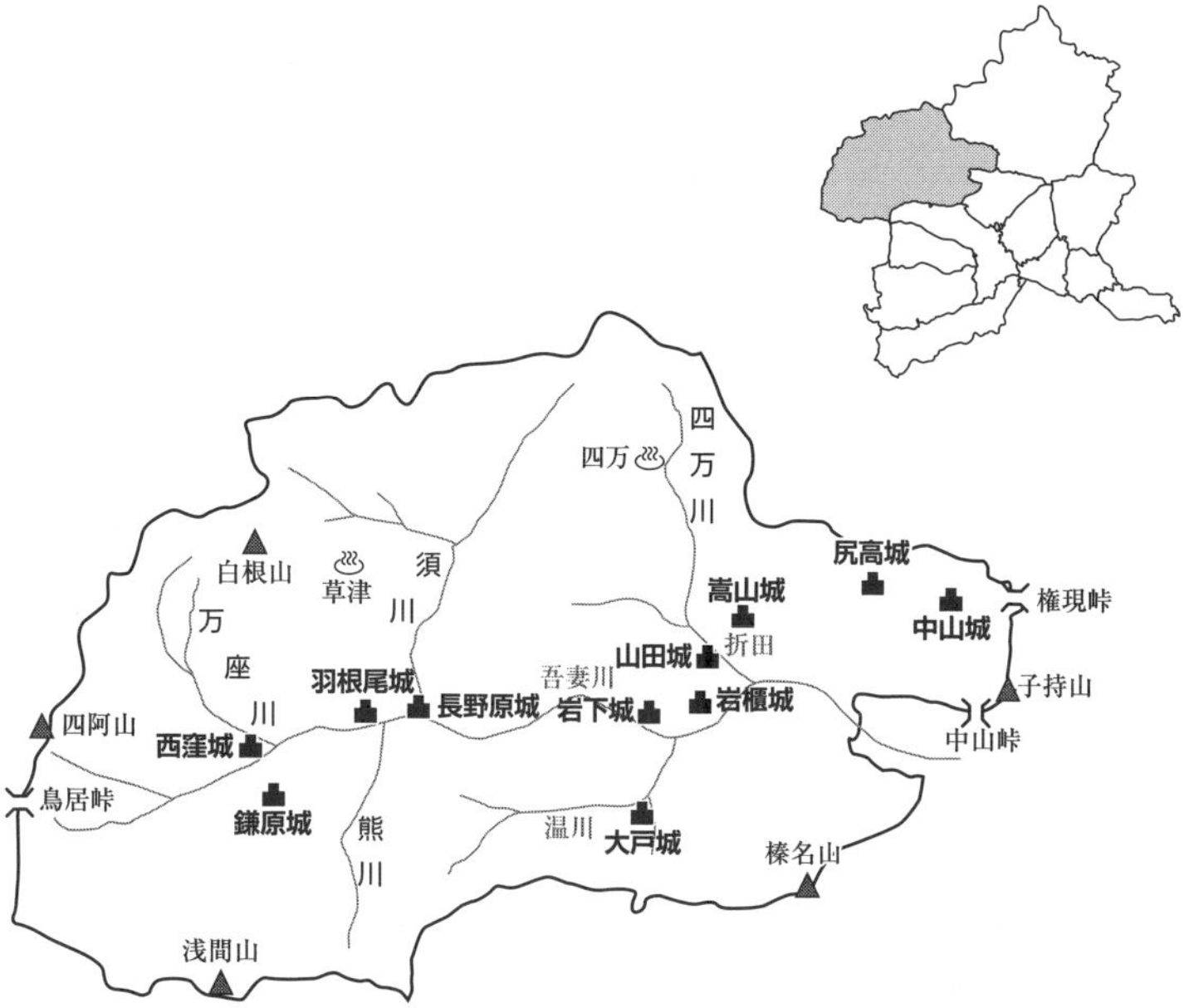

吾妻地域要図

戦国時代の吾妻地域

耶馬渓《やばけい》しのぐ吾妻峡《あがつまきょう》――。群馬県民にはおなじみの上毛かるた「や」札の句である。この札に絶妙に表現されているように、吾妻郡は浅間山や白根山に代表される火山と、その合間を穿《うが》つように郡内を西から東へ流れる吾妻川とその支流が地形を形成する。そして、河川が創り出した谷に人々は集落を展開し暮らしてきた。吾妻郡は、群馬県北西部（鶴の尾の辺り）に位置し、中之条町はじめ四町二村からなり、高崎市・長野県・新潟県・みなかみ町・沼田市・渋川市に郡境を接している。面積は東京二十三区の倍に相当するが、現代では過疎化が進む地域である。

真田氏が侵攻するより前、十六世紀半ば以前の吾妻郡の状況は、史料が断片的で詳細には分からない。したがって、以下では編年的に吾妻郡の戦国史を概観するのではなく、本章をより深く味読いただくための三つの「視点」を紹介したい。

第一に、国衆・地侍《じざむらい》の配置と郡内外との力関係である。永禄四（一五六一）年の「関東幕注文」には、「岩下衆」を率いた斎藤氏が見える。残念ながら岩下衆については冒頭部に続く一紙が脱落しているので、全容解明は不可能である。しかし、岩下斎藤氏のほかに領域支配をなし得た国衆はいないので、同氏が吾妻郡最大の勢力であったことは間違いない。なお、鎌原《かんばら》氏は岩下衆の構成員であったと目されている。そして、郡西部の国衆鎌原氏・羽尾《はねお》氏・大戸《おおど》氏の三氏はいずれも信濃国《しなののくに》（長野県）滋野《しげの》（浦野《うらの》）氏の一族である。羽尾氏と大戸氏は、同注文では箕輪《みのわ》衆の一員として見える。一方で、郡東部には「中山地衆《なかやまじしゅう》」と呼ばれる地侍の集団がおり、隣郡の沼田氏から養子入りした赤見《あかみ》氏がこの統率を任されていた。このように、戦国期の吾妻郡は複雑なパワーバランスのもとに成り立っていたといえよう。

第二に、真田氏のインパクトである。真田氏は同七年の岩下城（東吾妻町）攻略に参戦して以来、斎藤氏を滅亡させ、武田氏滅亡後は岩櫃《いわびつ》城（東吾妻町）を拠点に吾妻郡全域を支配下に治めた。真田氏にとって吾妻攻略は、一信濃国衆から近世大名へ転身する端を開いたといえよう。ただし、江戸前期に真田氏のもとで編まれた『加沢記《かざわき》』は、真田氏以前の吾妻郡の歴史や、真田氏の吾妻攻略過程については、事実誤認も少なくなく、注意を要する。逆にいえば、それほどまでに真田氏の登場がこの地域の人々にとっては衝撃的で、深く記憶に刻まれた証《あかし》なのかもしれない。

第三に、城郭を比較する視点である。特に①岩櫃城、②中山城(高山村)、③岩下城の三城が注目される。③は在地由来の築城技術の達成度を見ることのできる城である。対して、①・②の築城主体は他国の勢力である(①が真田氏、②が北条氏)。また①・②を比べると、遺構の構造的な差異や志向性の違いを看取できる。①は城域の広さと長大な竪堀が特徴的で、②は箕輪城(高崎市)を彷彿《ほうふつ》させる圧倒的な土木量で堀を主郭の四方に巡らせた城である。これら三城は、車で一日あれば見て回れる距離に点在している。城郭初心者であっても、吾妻郡を訪ねれば「城郭を見る目」を養えること請け合いである。

より広い視野でみれば、上野国(群馬県)そのものが周囲を異なる戦国大名領国に取り囲まれており、戦線の境目に位置する上野国衆は、どの大名に従属するか、絶えず腐心していたわけである。そうした上野一国レベルの戦国状況は、吾妻郡の斎藤氏を中心に考えても当てはまる。つまり、吾妻郡最大の国衆は斎藤氏であるが、吾妻郡の全てが岩下領だったわけではなく、郡境に本拠を置く中小の国衆は、隣の郡(領域)あるいは他国の有力国衆の影響下に組み込まれることもたびたびあった。ただし、そうした中小の国衆は岩下衆に編成されるにせよ、斎藤氏に抵抗するにせよ、斎藤氏と全くの無関係ではないので、ここに「郡」単位の地域のまとまりが多少なりとも機能していたことには留意される。このように郡のウチとソトの求心力が浮沈を繰り返す状況が、戦国期吾妻郡の特徴と捉えられよう。

（石川　美咲）

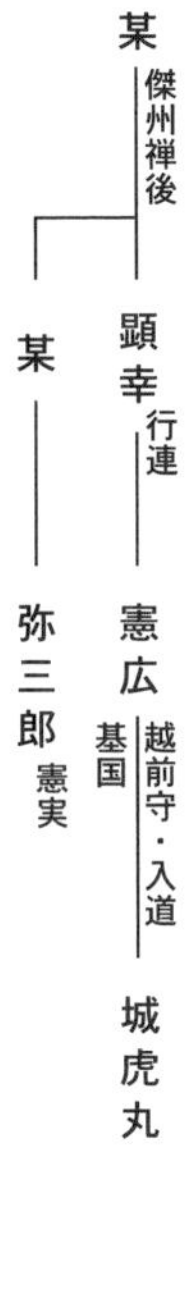

岩下斎藤氏略系図

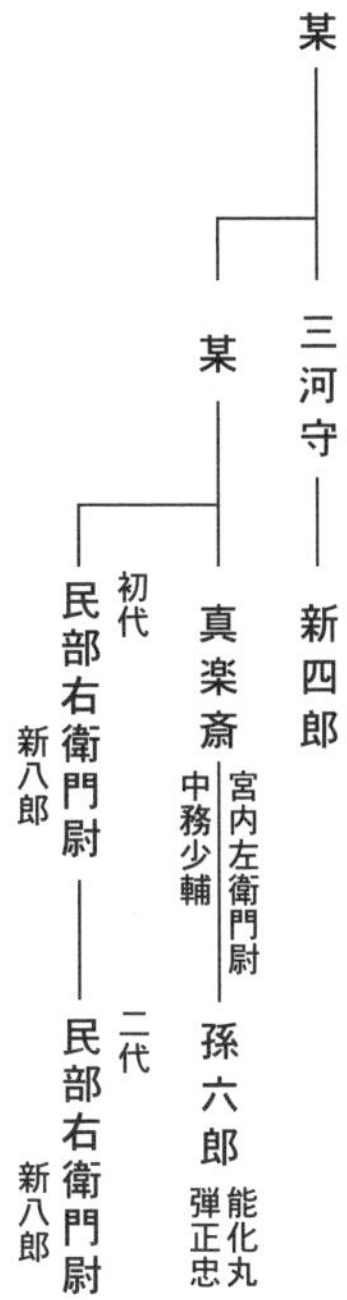

大戸浦野氏略系図

尻高《しったか》一族《いちぞく》

先祖は山内上杉氏の家臣か

長禄三(一四五九)年十月の羽継原《はねつぐはら》合戦(館林市、享徳の乱に付随する合戦)で父が討ち死にしたため、尻高新三郎《しったかしんざぶろう》が将軍足利義政に賞されている。これが尻高氏の史料上の初出である。この頃、尻高氏は山内上杉氏と接点を持ったのだろう。次に十五世紀末には、越後国上田荘《うえだのしょう》(新潟県南魚沼市)における活動を確認できる。学僧万里集九《ばんりしゅうく》が長享二(一四八八)年に江戸から上田荘に入ったが、道中の警護に当たったのが尻高孫九郎であった。また、尻高左京亮景清《さきょうのすけかげきよ》は上田荘の支配に携わり、同荘内の寺院と上杉家の間の取次を務めた。さらには、発智《ほっち》氏や中条氏など上野・越後両国の領主に宛てた上杉顕定《あきさだ》の書状にも、景清が取次として見える。景清は顕定の近臣だったのである。永正七(一五一〇)年に顕定が陣没して以降は、越後から撤退し、その後約五十年間史料上に見えなくなる。

永禄四(一五六一)年の「関東幕注文」には、沼田衆の一員に尻高左馬助《さまのすけ》が沼田氏の「親類」として見える。そして、天正十(一五八二)年三月の武田氏滅亡の後に北条氏に従属したとみられ、同年、尻高某が館林城(館林市)主の長尾顕長《あきなが》から「左京亮」に任官された。翌十一年正月には、北条氏邦《うじくに》から尻高源次郎《げんじろう》へ中山城(高山村)の当番衆として尽力した報償として、本領の尻高(高山村)の地を与えられた。しかし、これ以降の尻高氏の動向は不明である。同十八年の北条氏の滅亡前後に、武家領主としての実態を失ったのであろう。

尻高(ユウゲイ)城跡登城口(高山村尻高)

尻高城跡(高山村)は、地元では「ユウゲイ城」とも呼ばれている。「要害」が転訛したとする説もあるが、「遊芸」の意の可能性もあるのではなかろうか。山内上杉氏に近侍することで文芸にも長けていたであろう尻高氏の姿は、この地域の人々にとっては、物珍しく映ったのかもしれない。

(石川　美咲)

訪ねてみよう

尻高城跡(高山村大字尻高)…村指定史跡。岩山に築かれた要害城と熊野並木の里域からなる尻高氏の本城。

赤見《あかみ》 昌泰《まさやす》

山城守。泰重とも。中山城を任された
一五五一（天文二十）〜一六二五（寛永二）

赤見氏は下野国赤見（栃木県佐野市）を名字の地とする佐野一族の出と考えられている。初代赤見綱泰《つなやす》は、沼田顕泰《あきやす》の子とされる。天文十六（一五四七）年までに武田氏に従属するも永禄年間初頭には、安中氏を指南として小田原北条氏に従属した。その後、永禄八（一五六五）年には安中氏配下を去り、綱泰・泰拠《やすより》親子は再び武田氏に従属し、信濃国（長野県）に所領を与えられた。天正十（一五八二）年の武田氏滅亡後も信濃に在国していたが、同年六月の北条氏の信濃侵攻を機に北条氏に従属し、同年十月には信濃国が徳川領となり、北条氏から松井田（安中市）を堪忍分として与えられ、上野国に拠点を移した。

一方、泰拠の子昌泰は、信濃で武田氏に従属した父とは別行動をとり、白井長尾氏に仕えていたが、天正十年には父と同様に北条氏に従属した。同十一年三月、北条氏直《うじなお》は昌泰に中山地衆《なかやまじしゅう》ら五十七人を預けている。この時、赤見氏は前年に北条氏によって築城された中山城（高山村）に入っていたと考えられる。中山城は沼田（沼田市）—岩櫃《いわびつ》（東吾妻町）間の交通を遮断して真田領を二分する立地にある。北条氏は真田氏に対し、中山城という楔《くさび》を打ったのであった。昌泰に預けられた五十七人の中には「沼田浪人」が含まれる。北条氏は、沼田一族という側面を持つ赤見氏を筆頭に据えることで、周囲の地侍衆を懐柔し、中山城を核としてこの地域の取りまとめを図ろうとしていたと考えられる。

中山城跡主郭周囲の堀跡（高山村中山）

同十八年の北条氏滅亡後、昌泰は高崎藩安藤氏に仕官し、その後も赤見宗家は安藤氏に仕え磐城平《いわきたいら》（福島県いわき市）で明治維新を迎えた。昌泰の子には沼田藩士になった者もいた。その子孫が現在も群馬県内にいる。

（石川　美咲）

訪ねてみよう

中山城跡（高山村大字中山）…真田領を分断する楔の役目を果たした。堀や土塁が良好に残る。

斎藤《さいとう》 憲広《のりひろ》

越前守、吾妻郡最大の国衆
生没年未詳

『春日山林泉開山曇英禅師語録《かすがやまりんせんかいざんどんえいぜんじごろく》』（禅僧曇英慧応《どんえいえおう》の語録《ごろく》）によって、史料上初めて岩下斎藤氏の存在を確認することができる。これには、文亀元（一五〇一）年に藤原顕幸《あきゆき》なる人物が施主となって、亡父の傑州禅俊《けっしゅうぜんしゅん》の十七回忌法要を行ったと記されている。本姓《ほんせい》「藤原」で表記されているが、父の戒名の前に「岩下」と冠されているので、斎藤氏のこととみてよいだろう。この仏事は斎藤氏の本拠地岩下（東吾妻町）にある顕幸の私邸で行われた。この岩下の地こそが、顕幸による吾妻地域の支配拠点であった。顕幸の「顕」は、関東管領上杉顕定からの偏《へん》諱《き》（一字拝領）と考えられている。次世代の斎藤憲広の実名《じつみょう》については、同時代史料に見えず詳細は不明だが、「憲」は上杉憲政《のりまさ》（山内上杉氏当主）からの偏諱の可能性が考えられる（実名を「基国」とする系図類もある）。だとすれば、世代的に顕幸は憲広の父の可能性が高いだろう。

斎藤憲広（基国）木像（善導寺蔵）

次に斎藤氏が史料上に見えるのは、天文二（一五三三）年のことである。この年、小田原（神奈川県小田原市）の北条氏綱《うじつな》が北条氏領国下の国衆たちに鎌倉の鶴岡八幡宮再建のための寄付を呼び掛け、憲広はじめ羽尾《はねお》氏、飽間《あきま》氏ら吾妻地域の国衆もこれに応じた。つまりこの段階では、憲広は北条氏の影響下にあったらしい。なお、寄付に応じた国衆たちが列記される中で「岩下」と「斎藤越前守」と異なる表現で別々に記されているが、いずれも憲広を指すと思われる。

永禄元（一五五八）年六月、北条氏康《うじやす》による吾妻谷の攻略が計画され、安中越前守《えちぜんのかみ》に出陣命令が出された。『岩櫃城伝《いわびつじょうでん》記《き》』に引用された史料によれば、翌年十月、氏康が岩櫃（東吾妻町）・嵩山《たけやま》（中之条町）領を「小田原領所」に編成し百姓還住を命令したという。この史料は後世の写しであり、信憑性が疑われるので、これをもって岩櫃・嵩山が吾妻郡の中心であったとは断言できない。この段階では岩下が斎藤氏の拠点であったと考える方が妥当である。

ところが、同三年十月までに岩下城が攻落され、憲広は越後国（新潟県）の上杉謙信

訪ねてみよう
中之条町歴史と民俗の博物館「ミュゼ」（中之条町大字中之条町947-1）…斎藤氏ゆかりの資料を常設展示。

に従属した。『赤城神社年代記』においても謙信が同年九月には関東に越山《えつざん》し、北条方の城郭の一つとして岩下を攻略している。こうして翌四年には、上杉方の「関東幕注文」に憲広が岩下衆の筆頭として記される。残念ながら岩下衆の全容は解明できないが、おそらく大戸《おおど》氏と羽尾氏を除く吾妻地域の地侍《じざむらい》の大部分が岩下衆であったと推定される。

同四年末には武田信玄の西上野侵攻によって、一時武田方に帰属したとみられるが、翌五年二月、憲広は箕輪《みのわ》城（高崎市）主長野業政《なりまさ》を取次《とりつぎ》（指南《しなん》）として上杉謙信に許しを請うた。このことは、上野国（群馬県）周辺の情勢の一環として、須田栄定が長尾政景《まさかげ》（景勝の実父）に報告した書状に記されている。とはいえ、この前後の憲広は、非常に微妙な立場であった。同年三月には信玄から吾妻地域の地侍鎌原《かんばら》氏の所領の返還を働きかけられ、これを拒否している。翌六年十二月から七年正月にかけて、憲広は信玄と敵対するも敗北し、岩下城は武田方の手に落ちた。その後の憲広の消息は不明で、『加沢記《かざわき》』によれば越後国へ落ちたという。

岩櫃城の麓、川戸地区（東吾妻町）には、越前国（福井県北部）の戦国大名朝倉氏出身の常盤《ときわ》という女性が吾妻川に身を沈め、その場所を「常盤《ときわ》ケ渕《ふち》」と呼ぶ、という伝承がある。想像をたくましくすれば、戦国時代に他家から斎藤家へ嫁いだ女性が不幸にも命を落とし、後世に語り継がれていく過程で、憲広の官途名《かんとめい》の「越前守」から連想して話に尾《お》鰭《ひれ》が付き、越前朝倉氏の女性ということになったのかもしれない。この話の真相を確かめる手立てはないが、群馬県に伝わる越前朝倉氏にまつわる伝説・伝承はとても珍しく、興味深い。

（石川　美咲）

岩下城跡主郭（東吾妻町岩下）

訪ねてみよう

岩下城跡（東吾妻町岩下）…岩下斎藤氏の本城で遺構が良好に残っており、主郭には祠が立つ。

斎藤《さいとう》 弥三郎《やさぶろう》

斎藤憲広《のりひろ》の甥、武田氏に内通した
生没年未詳

斎藤弥三郎は岩下城（東吾妻町）主斎藤憲広の甥といわれ、実名は憲実《のりざね》とされる。永禄七（一五六四）年正月、武田信玄が鎌原《かんばら》城（嬬恋村）主鎌原氏に対し、岩下城の人質は弥三郎から武田氏に送られる手はずである旨を伝えている。そのために弥三郎は、武田氏から離叛した伯父の憲広には従わず、武田氏に従属したと考えられる。その後は、憲広に代わって、弥三郎が岩下城とその所領を継承したようだ。同年九月、弥三郎の配下の者が上杉方の沼田城（沼田市）に通じ、弥三郎はその者を殺害させ、信玄から賞されている。

しかし、武田方としての徴証はこれが最後で、翌八年二月までに武田氏から離叛し、上杉方に従属した。その際、本拠岩下城からは退去したらしく、新たに構築した嵩山《たけやま》城（中之条町）に籠城したとみられる。翌九年三月の西窪《さいくぼ》（嬬恋村）の土豪西窪蔵千世《さいくぼくらちよ》に宛てた武田信玄の感状《かんじょう》に、蔵千世の父が「嶽山戦死」とあるので、嵩山での戦闘があったのは確かである。この頃までに武田方が嵩山城を制圧したとみられ、ここに弥三郎および岩下斎藤氏は滅亡したとみられる。

嵩山（中之条町五反田）

ところで、『加沢記《かざわき》』には、嵩山には落城時に山頂の天狗《てんぐ》岩《いわ》から飛び降りて絶命した斎藤憲広の末子城虎丸《じょうこまる》やその付き人たちの人骨が残っている、と記されている。実際に天狗岩の直下には、人骨が集積された洞窟（骨穴《こつあな》）が存在する。これらの人骨は嵩山落城時のものに違いない、という先入観のもとで、上記の伝説が膾炙《かいしゃ》したのであろう。ところが、近年の調査により、これらの人骨は、弥生時代の再葬墓《さいそうぼ》のものであることが明らかになった。とはいえ、この伝説から、地元の人々にとって嵩山落城が強烈な事件として記憶されていたことがうかがえる。

（石川　美咲）

訪ねてみよう

嵩山城跡（中之条町五反田）…町指定史跡。斎藤氏が籠城した山城で、山岳信仰の山でも有名。

斎藤《さいとう》 定盛《さだもり》

北条氏邦《うじくに》の重臣、大戸《おおど》城主
生没年未詳

同じ姓、そして吾妻郡に拠点城郭を持った戦国時代の領主という共通点があることで混同されるかもしれないが、岩下城主斎藤氏と斎藤摂津守《せっつのかみ》定盛は赤の他人である。斎藤定盛は、北条氏邦配下で、同じく武蔵国（埼玉県）出身の猪俣邦憲《いのまたくにのり》と共に西上野支配に尽力した人物である。『新編武蔵風土《しんぺんむさしふど》記稿《きこう》』によれば、武蔵国金窪《かなくぼ》城（埼玉県上里町）主で、初め上杉氏、のち北条氏に属したという。ただし、定盛の確かな史料上での初出は、天正九（一五八一）年の「北条氏邦朱印状」であり、金窪から烏川《からすがわ》を挟んで対岸の玉村（玉村町）の検地に携わったようだ。

翌十年の武田氏の旧領などを巡って争われた天正壬午《じんご》の乱以後、小田原北条氏は吾妻郡への侵攻を本格化させ、同十二年三月には北条氏邦によって大戸城（東吾妻町）を攻略した。同十四年には定盛も吾妻方面の担当奉行として、石津《いしづ》（嬬恋村）への軍事行動に際し、諸氏の戦功を氏邦に報告している。定盛の大戸赴任は、猪俣邦憲が箕輪《みのわ》城（高崎市）に入った同十五年秋と考えられている。同年十月、定盛は上野国の地侍《じざむらい》に対し大戸に移るならば周辺地の安堵をするという趣旨の文書を複数出している。箕輪から信濃（長野県）、草津、中之条方面へ抜けるには、榛名山西麓を通り大戸へ至る街道（近世の信州街道）を通らなくてはならない。この時期、北条氏の西上野支配においては、箕輪—大戸間の緊密な連携が生命線であった。ゆえに氏邦は、邦憲と定盛をそれぞれ箕輪と大戸へ配したのであった。

同十八年の小田原開城後も定盛はしばらく大戸にとどまっていたものの、翌十九年二月に高崎城下の八幡神社（高崎市）宛ての所領安堵を最後に、その後の動向は不詳である。

（石川　美咲）

金窪城跡（埼玉県上里町金久保）

訪ねてみよう

金窪城跡（埼玉県上里町金久保）…斎藤定盛の居城。土塁の遺構の一角に石碑が立つ。

大戸《おおど》 真楽斎《しんらくさい》

伝来文書の数は北毛随一
生没年未詳

大戸氏の特徴は何といっても、関連する古文書の残りがよいことである。約六十点の受発給文書が伝来しており（ただし発給文書はわずか一点にすぎない）、これは上野国衆《こうずけくにしゅう》の中では由良氏、冨岡氏に次いで点数が多い。吾妻郡の領主では群を抜いており、文書がほとんど残されていない岩下斎藤氏とは対照的である。

　大戸氏の史料上の初見は、永正六（一五〇九）年に連歌師《れんがし》宗長《そうちょう》の旅日記『東路《あづまじ》のつと』である。同書の中で宗長は、草津（草津町）での湯治のため、浜川（高崎市）から室田（高崎市）を経て浦野三河守《うんのみかわのかみ》の宿所で一泊したと記している。世代的には三河守は真楽斎の父の兄弟かと思われる。そもそも大戸氏は信濃浦野氏の出身で、中世のある段階に信濃国（長野県）から大戸（東吾妻町）の地に土着した一族である。戦国時代を通じて浦野姓で呼称されているが、大戸も名字として定着しつつあった。同十年、大戸城が箕輪《みのわ》城（高崎市）主長野憲業《のりなり》に攻略され、これを機に長野氏に従属したとみられる。永禄四（一五六一）年の「関東幕注文」には、箕輪衆の一員として「大戸中務少輔《なかつかさのしょう》」（後の真楽斎）が見える。そのため、箕輪長野氏の同心に編成されていたことがうかがえる。また、真楽斎の妻は長野業政《なりまさ》の娘であった。同注文では大戸氏の紋《もん》については、浦野一族に共通する六連銭と記されている。

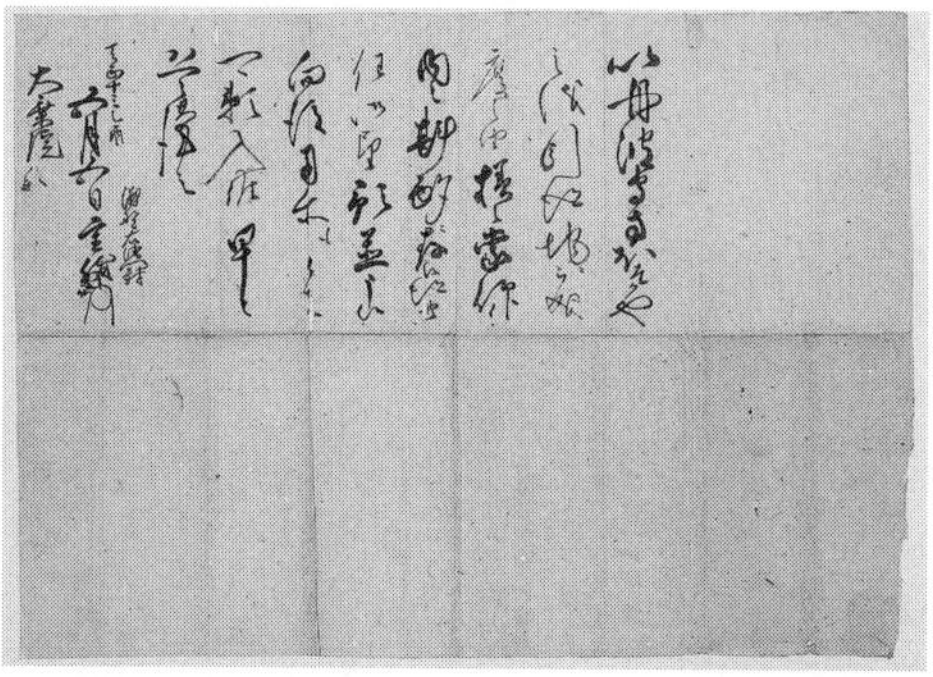

浦野重俊書状（浦野安孫家文書　個人蔵　群馬県立文書館写真提供）

　一方で、真楽斎は同三年には北条氏政《うじまさ》から忠信のため実子を人質として差し出すように命じられている。実際に人質を差し出したかは不明だが、この頃の大戸氏は長野氏の同心であると同時に、北条氏にも従属していた。そして、翌四年の上杉氏による西上野侵攻を機に、長野氏と共に上杉方に転じたのであった。

　しかし、同五年には長野氏から離反し、武田氏の配下に転じた。同年五月までに武

訪ねてみよう

大戸《おおど》城跡（東吾妻町大戸）…手小丸城とも。急峻な崖地形に築かれた大戸氏の本城。

田氏に一元的に従属し、武田氏方として箕輪領権田《ごんだ》（高崎市）に侵攻している。武田氏への従属は、鎌原《かんばら》城（嬬恋村）主の鎌原氏の仲介によってなされ、従属後の武田氏とのやり取りは甘利《あまり》昌忠《まさただ》が取り次いだ。同年十二月には、真楽斎が武田信玄のもとに初めて参陣した。その後はたびたび箕輪城代《じょうだい》の指示のもと、上野国外への出兵に応じている。同十年四月十六日には信玄から、これまでの忠信への功賞として、吾妻郡三島・山県《やまがた》・権田・三蔵《さんのくら》・水沼・岩永《いわなが》（いずれも高崎市）の地を与えられている。武田氏従属後、天正三（一五七五）年末頃まで宮内左衛門尉《くないさえもんのじょう》を称しているが、同六年には隠居し、嫡子の弾正忠《だんじょうちゅう》（孫六郎）に家督を譲り、同七年には真楽斎を称すようになった。

　ところが、同九年の遠江国《とおとうみのくに》高天神《たかてんじん》城（静岡県掛川市）で弾正忠が戦死し、再び真楽斎が家督に復帰した。同十年三月の武田氏滅亡後には、安中氏を通じて織田氏に従属し、さらに同年六月の神流川《かんながわ》合戦後は北条氏に従属する。続いて同十二年二月までには北条氏から離反し、真田氏に従ったとみられる。これにより北条氏から攻撃を受け、大戸城は落城し、大戸氏は没落した。

　戦国時代の大戸氏は有力な国衆ではなく、大戸の地とその周辺のみを所領とする小規模な国衆であったと位置付けられている。とはいえ、大戸氏が有力大名の支配下においても政治的独立性を維持できたのは、大戸が交通の要衝であったことが大きいといえよう。家伝文書が数多く残存したのは大戸氏が徹底的に滅ぼされなかったことに起因する。すなわち、大戸氏には江戸時代においても加賀《かが》藩士（石川県）、会津《あいづ》藩士（福島県）、松代《まつしろ》藩士（長野県）として生き延びた血縁者がいたのである。このことにも、戦国時代以来の大戸氏の遊泳の巧みさが現れているといえよう。

（石川　美咲）

大戸（手小丸《てこまる》）城跡（東吾妻町大戸）

訪ねてみよう

千人窟《せんにんくつ》（東吾妻町大戸418）…大戸城の陣城跡と想定されており、多数の石仏が安置されている。

大戸《おおど》民部《みんぶ》右衛門尉《うえもんのじょう》

初代民部右衛門尉、信玄に参府
?〜一五六九（永禄十二）

大戸民部右衛門尉は、真楽斎《しんらくさい》の弟と考えられている。永禄五（一五六二）年九月、武田信玄から土地を与えることを約されているのが初見であり、後日に箕輪《みのわ》領の半田（渋川市）の地を与えられた。このほかにも、武田氏から石原郷（渋川市）と山名（高崎市）に所領を与えられている。同十年五月より前は新八郎《しんぱちろう》と称していたが、それ以降は民部右衛門尉として見える。

民部右衛門尉は、同六年七月以前に武田氏の本拠甲府（山梨県甲府市）に初めて「参府」（参上）した。武田氏の本拠地を訪れるこうした行為は、武田氏という大名権力と大戸氏のような国衆が双方の関係を確認するための服属儀礼であると解釈されている。余談だが、大名権力が居所への出頭を命じる際に、「登城《とじょう》」（近江《おうみ》六角《ろっかく》氏や美濃《みの》斎藤氏など）や「出谷《しゅっこく》」（越前《えちぜん》朝倉氏）といった文言を用いる場合もある。それぞれの大名が支配拠点について重視するポイントが異なるので、文言にも違いが現れるのだろう。武田氏の場合は「甲府」という土地の伝統的権威に支配の正統性を見出していたといえよう。

大戸関所跡（東吾妻町大戸）

同十二年十月の相模国三増峠《みませとうげ》合戦（神奈川県愛川町）で初代民部右衛門尉は戦死し、家督を嫡子《ちゃくし》新八郎《しんぱちろう》（後に民部右衛門尉に改称）が継いだ。二代民部右衛門尉はすでに同九年三月に岩櫃《いわびつ》城（東吾妻町）代真田昌幸《まさゆき》から甲府までの参陣を命じられているので、昌幸の与力に編成されていたようだ。翌十年三月の武田氏滅亡後は織田氏、次いで六月の神流川《かんながわ》合戦後は北条氏に従属した。しかし、その裏では上杉方とも接触しており、同年九月に上杉氏の家臣の岩井信能《のぶよし》から、羽尾源六郎《はねおげんろくろう》の本領である羽根尾《はねお》（長野原町）への復帰工作を支援したことを賞されている。北条氏従属下での具体的な動向は不明であり、同十二年に大戸宗家が没落しているから、同時に没落したと推測される。

（石川　美咲）

訪ねてみよう

大戸関所跡（東吾妻町大戸2875-8）…近世初頭に創建され、近くに国定忠治の処刑場跡もある。

羽尾《はねお》 入道《にゅうどう》

死闘の末に滅亡した
生没年未詳

羽尾氏は羽根尾城（長野原町）を拠点とした国衆で、信州（長野県）小県郡《ちいさがたぐん》の真田氏や西吾妻地域の鎌原《かんばら》氏、湯本《ゆもと》氏らと同じ滋野《しげの》姓《せい》海野《うんの》氏を祖とする。箕輪《みのわ》衆として羽尾修理亮《しゅりのすけ》の名前も見え、家紋は海野一族と同じ六連銭《ろくれんせん》であり、永禄三（一五六〇）年には越後国（新潟県）の上杉氏に属した。

先の羽尾修理亮は羽尾入道（幸全《こうぜん》または幸世《こうせい》）ともいわれ、所領を巡り鎌原幸重《ゆきしげ》と対立していた。入道は同じく上杉氏に属していた岩下衆の斎藤憲広《のりひろ》の娘を娶《めと》って鎌原氏に対抗し、鎌原氏は真田幸綱《ゆきつな》（幸隆《ゆきたか》）を通じて武田信玄を頼った。永禄三年十月には鎌原城（嬬恋村）を羽尾氏や斎藤氏らが攻撃し、鎌原氏は降伏し、武田信玄が仲介して領地境界を定めた。しかし、この裁定を不服として羽尾入道が訴え、鎌原氏は争いを避け退去し、鎌原城へ入道が入った。

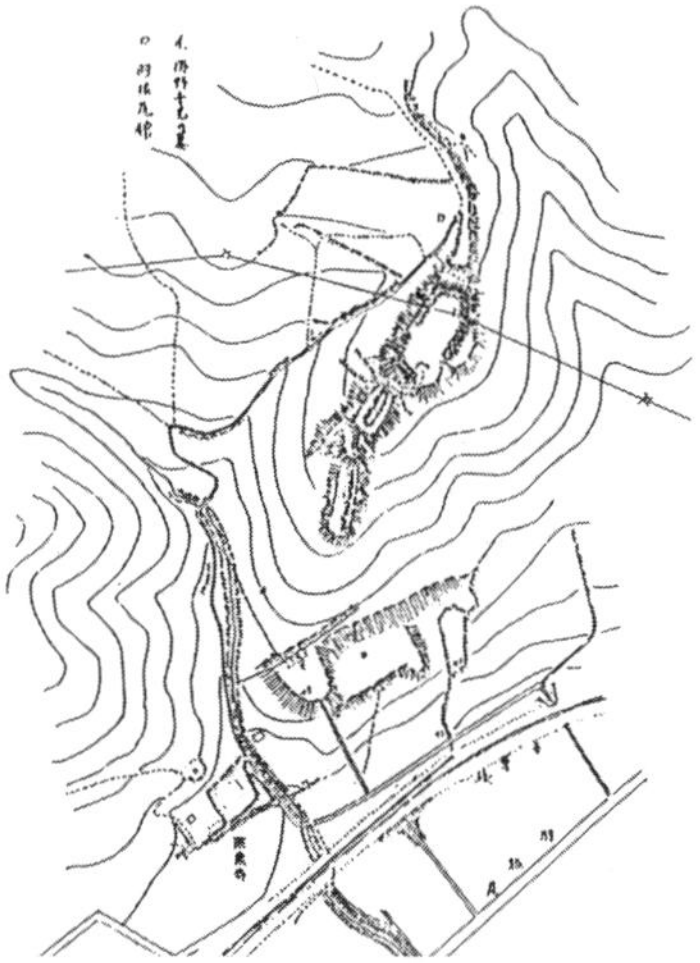

羽根尾城縄張図（群馬県教育委員会編『群馬県の中世城館跡』より）

『加沢記《かざわき》』によればその後、入道は遊興に耽《ふけ》り、万座温泉（嬬恋村）に行った留守の隙に鎌原氏が城を奪還した。信州高井郡に落ち延びた入道は、城を奪還すべく、鎌原幸重の家臣・樋口氏に内通し、幸重の乗る黒い馬を鉄砲で撃つ手《て》はずを整えた。しかし、幸重の黒い馬が怪我をして樋口氏の乗る白馬に乗り換えたために樋口氏が討たれ、羽尾入道は敗れて没落した。

入道の二人の弟海野《うんの》長門守《ながとのかみ》幸光《ゆきみつ》と同能登守《のとのかみ》輝幸《てるゆき》は、斎藤憲広の家臣であったが真田幸綱に寝返り、斎藤氏も滅亡した。海野兄弟は武田氏に出仕し岩櫃《いわびつ》城代となり、幸綱やその子・信綱《のぶつな》、昌幸《まさゆき》と共に沼田城攻略に従事した。また昌幸の叔父・矢沢頼綱《よりつな》の娘が海野輝幸の子・海野中務大輔《なかつかさのたいふ》幸定《ゆきさだ》の妻となり、真田氏との関係を深めた。しかし、天正九（一五八一）年、海野兄弟に謀叛の疑いが掛かり、昌幸に攻撃されて幸光は討ち取られ、輝幸・幸定父子は刺し違えて絶命したという。

（山中さゆり）

訪ねてみよう

海野塚（沼田市岡谷町1117-3）…真田昌幸に攻められた海野輝幸・幸定父子の墓と伝わる。

鎌《かん》原《ばら》 重《しげ》春《はる》

真田の家臣となった吾妻郡の国衆
一五五八（永禄元）～一六〇六（慶長十一）

鎌原氏は真田氏と同じ滋野《しげの》姓《せい》海野《うんの》氏の一族で、西吾妻一帯にまたがる三原荘《みはらのしょう》の鎌原城（嬬恋村）を拠点とする国衆であった。吾妻川右岸を勢力下とする鎌原氏と左岸の羽尾《はねお》氏は同族であったが、その境界を巡り対立していた。永禄三（一五六〇）年、越後国（新潟県）の上杉謙信の関東出陣に際し、上杉氏に属した羽尾氏に対抗して鎌原幸重《ゆきしげ》は武田信玄を頼り、同六年には信玄旗下の真田幸綱《ゆきつな》（幸隆《ゆきたか》）の支援を受け、羽尾氏とその支援をした斎藤氏らと戦い（長野原合戦）、勝利した。幸重の子・重《しげ》澄《ずみ》は天正三（一五七五）年の長篠の戦い（愛知県新城市）で武田方として討ち死にし、家督を継いだのが息子の重春《しげはる》である。

重春は宮内少輔《くないのしょう》を名乗り、妻は真田昌《まさ》幸《ゆき》の娘ともいわれる。昌幸も長篠の戦いで兄を失って真田家の家督を継いでおり、重春はその指揮下に入った。同十年の武田氏滅亡の際には、重春は甲州新府《しんぷ》城（山梨県韮崎市）から逃れてきた真田信之《のぶゆき》・信繁《のぶしげ》（幸村）らを吾妻の諸氏と共に出迎えたという。同年六月の本能寺の変直後には、重春は出陣して手柄を立てた場合、千貫文《せんかんもん》の所領を与えると昌幸から約束されている（写真）。同十七年、勢力を伸ばした豊臣秀吉が沼田領を北条氏に渡す裁定をした時には、重春は真田氏から次のような指示を受けた。すなわち、岩櫃《いわびつ》城（東吾妻町）に戻って守りを固め、名胡桃《なぐるみ》城（みなかみ町）に鉄砲十五挺を送るようにというもので、重春は真田氏の上州支配を支えた。

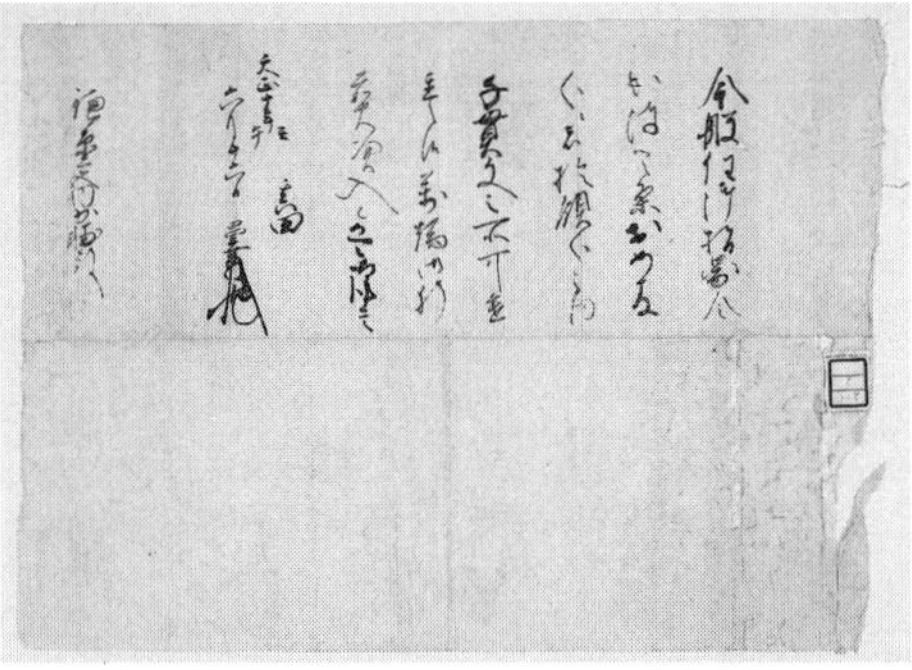

真田昌幸判物（伏島家文書　真田宝物館蔵）

重春の死後、その子重宗《しげむね》は真田信之の長男で沼田藩主であった信吉《のぶよし》の家臣として大坂の陣で活躍し、さらにその子の重継《しげつぐ》は沼田藩真田家の家老を務めた。しかし、真田氏が沼田藩を改易されたため、鎌原氏はその後、代々大笹《おおざさ》（嬬恋村）の関守《せきもり》として続いた。重継長男の重俊《しげとし》は、信州松代《まつしろ》（長野市）の藩士となり、松代藩鎌原氏は幕末まで家老など重職を務めている。

（山中さゆり）

訪ねてみよう

鎌原城跡（嬬恋村大字鎌原）…村指定史跡。鎌原氏の居城で嬬恋郷土資料館の近くに所在。

湯本三郎右衛門尉《ゆもとさぶろううえもんのじょう》

草津温泉を牛耳る
?〜一六二五(寛永二)?

湯本氏は、もと滋野《しげの》姓《せい》望月《もちづき》氏から出たとの伝承があり、真田氏や羽尾《はねお》氏、鎌原《かんばら》氏などと同族と考えられている。本拠は草津谷と呼ばれる草津温泉(草津町)周辺であった。

草津温泉は古くから名湯として知られ、戦国時代は戦争による負傷者の療養地であると同時に、鉄砲の火薬製造に使用する硫黄の産地としても重要となり、湯本氏はその権益を背景に力を伸ばした。

永禄三(一五六〇)年頃に羽尾氏と鎌原氏の所領争いが起こった時、湯本善大夫《ぜんだゆう》は羽尾氏に味方して勝利した。その後、鎌原氏が隙を突いて鎌原城(嬬恋村)を奪い返した時には、善大夫とその甥である湯本三郎右衛門尉は、羽尾氏を裏切り鎌原氏に味方した。この戦いの勝利で湯本氏は鎌原氏の背後にいた武田信玄に出仕し、真田氏の指揮下に入った。

三郎右衛門尉は同七年に父が亡くなった際には、草津湯と沼尾《ぬまお》(中之条町小雨)を武田氏から返還・安堵されている。伯父の善大夫が天正三(一五七五)年に長篠の戦い(愛知県新城市)で戦死すると家督を継ぎ、武田氏滅亡前後には真田昌幸《まさゆき》の家臣となった。同十年の本能寺の変の後には岩櫃《いわびつ》城(東吾妻町)の守備を昌幸から指示され、羽根尾城(長野原町)の普請を行った(写真)。その結果、三郎右衛門尉は吾妻地域のほかの真田家臣たちに指示を出す、抜きん出た存在となる。

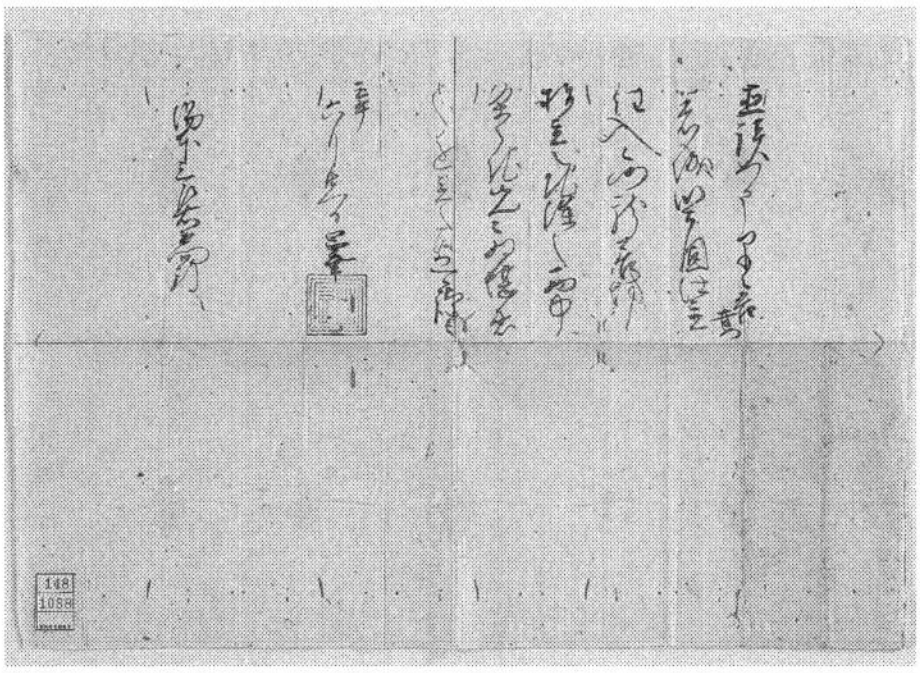

真田昌幸朱印状(熊谷家文書　個人蔵　姫路市立城郭研究室写真提供)

三郎右衛門尉はその後も真田氏の家臣として草津の支配を担い、江戸時代に入って真田信之《のぶゆき》の正室(小松殿《こまつどの》)の実父である本多忠勝《ただかつ》が湯治に訪れようとした際にも、その世話をした。また、周辺の山々は献上品でもあった鷹の良質な産地で、湯本氏は巣鷹《すたか》(鷹の雛)を真田信之に供給するなど特色のある役目を果たした。

子孫は松代《まつしろ》藩(長野市)に出仕したほか、沼田藩真田家家臣となり、のちに帰農した者、草津湯宿経営に従事した者など数多いという。

(山中さゆり)

訪ねてみよう
草津温泉(草津町草津)…戦国時代には湯本氏が支配し、利権を背景に力を持った。

折田軍兵衛《おりたぐんべえ》

武田信玄から軍旗をもらった地侍
一代目？〜一六一六(元和二)
二代目？〜一六六四(寛文四)

戦国時代末期から近世初めにかけて、真田家に仕えた吾妻郡折田《おりだ》村(中之条町大字折田)の地侍《じざむらい》。折田軍兵衛はどうやら襲名されて二人存在し、また混同も含めて佐藤軍兵衛と呼ばれることもある。諸伝あるのは、それだけ軍兵衛が印象深い人物として長らく意識されてきた証左といえよう。

軍兵衛の末裔の家の家伝と近世後期の系図の内容を総合すると、武田信玄に仕える信濃国(長野県)出身の佐藤軍兵衛こと佐藤信親《のぶちか》が、折田村の地侍・折田将監《しょうげん》寿賢の娘を娶《めと》り折田村に土着、折田豊後《ぶんごの》守《かみ》を名乗るようになる。そして、その嫡男信盛《のぶもり》が折田軍兵衛を名乗った。信盛は真田信之《のぶゆき》に仕え、元和二(一六一六)年に没。この信盛の嫡男信吉《のぶよし》も折田軍兵衛を名乗り、やはり真田家に仕え、寛文四(一六六四)年没。しかし、信吉の嫡男信榮は佐藤軍兵衛を名乗り、そしてその嫡男は折田村を離れていく。一方、信吉の次男良清《よしきよ》は折田九兵衛《きゅうべえ》を名乗り、この家系が折田村に住み続けた。信榮・良清兄弟両家のこうした動きは、時期的にみて天和元(一六八一)年の真田信利《のぶとし》改易・沼田藩廃藩の影響を受けたものであろう。

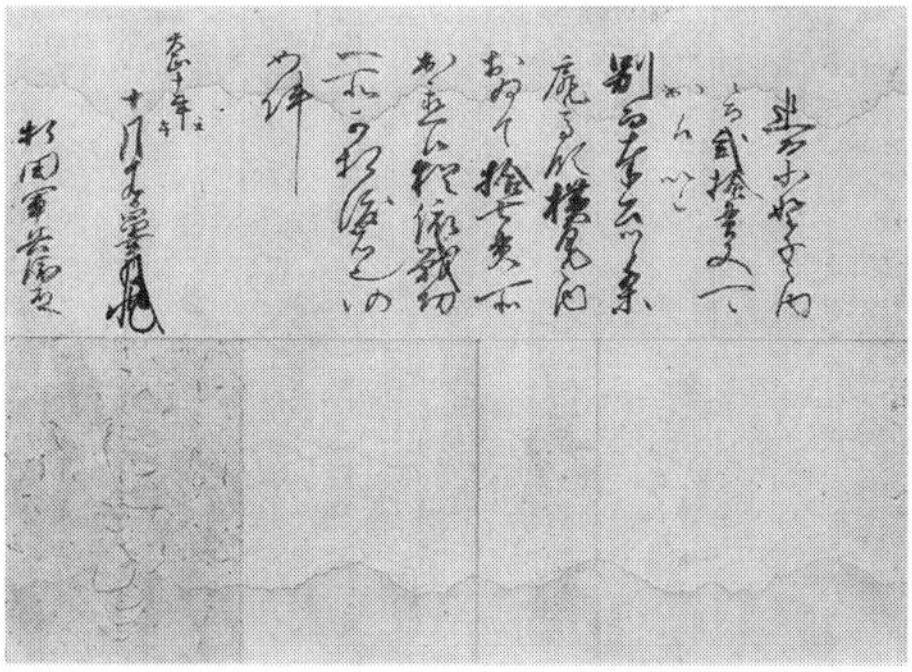

真田昌幸感状(折田文書　個人蔵)

戦国大名らが「折田軍兵衛」に宛てた文書を見ると、まず真田昌幸《まさゆき》が天正十(一五八二)年に横尾(中之条町)内に知行を与えている(写真)。次いで真田信之が同十七年に豊臣秀吉の真田・北条氏領の策定を受けて信州箕輪《みのわ》(長野県箕輪町)内を、そして翌十八年、小田原北条氏が滅亡すると年来の奉公を賞して横尾や本領の知行を与えた。元和八(一六二二)年には真田信吉が吾妻郡内の知行を与える。このように中世から近世へと、折田軍兵衛は真田家家臣として活躍している。ただし、天正十年に知行を与えられた軍兵衛が寛文四年に没したとするとその間八十二年、いささか長い感がある。やはりそこには元和二年没の折田軍兵衛(信盛)

訪ねてみよう

報徳折田神社(中之条町大字折田1170)…折田将監・軍兵衛が創建した諏訪宮を源流とする。

と、その嫡子で寛文四年没の折田軍兵衛(信吉)の二代にわたる折田軍兵衛の存在があったことであろう。

吾妻地方の戦国動乱を描いた近世成立の軍記物『加沢記』に折田軍兵衛の名は見えず、その一方で「関東に隠れなき吾妻折田の住人佐藤将監が猶子《ゆうし》(養子)、佐藤軍兵衛」という表現がある。佐藤軍兵衛が実際に猶子であったのかは別途考える必要があるが、ここでいう軍兵衛を猶子にもつ佐藤将監とは、折田将監寿賢のことであろう。そして『加沢記』は永禄から天正にかけての動乱を描くが、その全体を通してこの佐藤軍兵衛が現れる。一方で前記系図は、その時期は佐藤軍兵衛(信親)と、続いて嫡子の一代目折田軍兵衛(信盛)が活躍した時期と伝えている。しかし、だからといって『加沢記』の佐藤軍兵衛は全くの創作というわけではなく、この二人の融合した姿とみてもよいであろう。その場合、それは混同なのか意図的なのか関心が持たれるが、いずれにしろ軍兵衛とは高名な存在であったことがうかがえる。『加沢記』は佐藤軍兵衛を、常人ならば二人で持つ筋金入り八角棒を遣い、河原の大石を投げつけ敵兵を倒す強力の武将と描く。

折田将監・折田軍兵衛は二人で永禄七(一五六四)年、信州諏訪大社を折田村に勧請《かんじょう》して諏訪宮を建立したと伝わる。また、折田軍兵衛が永禄の頃以降に戦功により信玄から与えられたという「諏訪大明神」の文字を墨書《ぼくしょ》した軍旗が伝来し(写真)、一説に諏訪宮は戦捷《せんしょう》また軍旗下賜《かし》の報謝にこの二人が建立、将監が宮守《みやもり》に、軍兵衛が軍旗の保管に携わったとも伝わる。永禄期の軍兵衛とは佐藤軍兵衛に当たるとみられるが、地名を冠して折田軍兵衛といっているとすれば両者の判別はしがたい。それはともかくも、軍兵衛らは信州諏訪大社を信仰する武田家の影響のもと、諏訪信仰を受容していったのであろう。軍旗は諏訪社の社宝として伝えられた。諏訪宮に並んで天正年間に武蔵国秩父郡大宮の妙見社《みょうけんしゃ》(現、秩父神社)を勧請(軍兵衛・将監によるものらしい)した妙見宮があり、両社合わせ近世まで折田村鎮守で、近代の神社整理により両社が合併、現在の報徳折田神社となった。

（久保　康顕）

武田信玄下賜の軍旗(個人蔵)

訪ねてみよう

中之条町歴史と民俗の博物館「ミュゼ」(中之条町大字中之条町947-1)…吾妻地域の歴史・文化を解説・展示。

真田《さなだ》 昌幸《まさゆき》

戦国を生きた「表裏比興《ひょうりひきょう》」の者
一五四七（天文十六）～一六一一（慶長十六）

真田昌幸は、真田幸綱《ゆきつな》（幸隆《ゆきたか》）の三男として天文十六（一五四七）年に生まれた。父幸綱は、信濃国（長野県）小県郡《ちいさがたぐん》を本拠とする滋野《しげの》姓《せい》海野《うんの》氏の海野棟綱《むねつな》の娘の子などといわれ、真田郷（長野県上田市真田町）を名字の地とする地侍《じざむらい》であった。同十年、武田信虎《のぶとら》や信州の国衆連合軍が信州小県郡を攻撃した海野平《うんのだいら》の合戦の後上州に逃れ、ほどなくして武田晴信（信玄）が信虎を追放した後に武田氏に出仕したという。昌幸が誕生したのは、その前後の混乱期であった。

七歳で信玄の人質となり甲府（山梨県）で過ごした昌幸は、近習として信玄の側に仕え、初陣《ういじん》は永禄四（一五六一）年の川中島の戦いだったという。武田氏の親類である武藤家の養子となり、武藤喜兵衛《きへえの》尉《じょう》と名乗った。足軽大将として武田家中でも重きを置かれる譜代家臣となっていたが、天正三（一五七五）年の長篠の戦い（愛知県新城市）で、二人の兄真田信綱《のぶつな》・昌輝《まさてる》が討ち死にしたために真田氏の家督を継ぎ、真田昌幸と名乗ることとなった。

伝真田昌幸所用昇梯子の具足

伝真田昌幸像（いずれも真田宝物館蔵）

武田氏にとって真田氏はあくまでも、本国甲斐（山梨県）ではなく後から武田氏に従った信濃出身の家臣（先方衆《せんぽうしゅう》）という位置付けであったが、昌幸が真田氏を継ぐことによって譜代家臣の格がそのまま真田氏のものとなった。そのため昌幸はより大きな権限を与えられ、岩櫃城《いわびつ》（東吾妻町）に在城して吾妻郡の土豪たちを配下に引き入れながら、北条氏と対峙し沼田領の攻略を進めていった。

同八年頃には武田氏から受領名《ずりょうめい》の安房守《あわのかみ》を拝領し、名乗るようになる。この年、沼田城を落として城代となり、沼田・吾妻地域の軍事指揮権とともに知行割などの行政権も行使できる立場となった。この後、昌幸は沼田平八郎景義《かげよし》や海野兄弟といった上州の国衆を謀殺し、沼田領の支配を強固に

訪ねてみよう
岩櫃城跡（東吾妻町原町）…国指定史跡。真田昌幸が吾妻郡支配の拠点とし、現在も地域のシンボル。

している。

同十年三月、織田信長が武田勝頼を攻め、勝頼が新府《しんぷ》城(山梨県韮崎市)から落ち延びる時、昌幸は岩櫃城に勝頼を迎えようとしたと伝わる。しかし、もとは信濃国の先方衆である昌幸を頼って国外に逃れることを快く思わない家臣たちもおり、勝頼は甲斐国内に留まることを決めたが、謀叛に遭い滅亡したという。

次いで六月に織田信長が本能寺で討たれると、昌幸は本拠である信濃国真田郷と沼田・吾妻地域を守るため、上杉・北条・徳川の間を巧みに動きまわっていく。同年秋には徳川家康に従い、翌十一年には、家康のもとで上杉氏に対する前線基地としての上田城(長野県上田市)を築城した。

北条氏と家康の間で、沼田領を北条氏に明け渡すことが約束されると、昌幸は沼田城を守る叔父の矢沢頼綱《よりつな》を介して上杉景勝《かげかつ》に近付いた。北条方に沼田城を渡すよう家康から要求されると昌幸は反旗を翻して景勝に従い、同十三年徳川軍と上田で戦った(第一次上田合戦)。昌幸は徳川の軍勢を退け、徳川軍の動きに呼応した北条軍が沼田城を猛攻したが、こちらも矢沢頼綱が凌《しの》いだ。

昌幸は景勝を通じて豊臣秀吉に出仕し、秀吉の命によって沼田領を北条氏に明け渡したが、昌幸の領有が認められた名胡桃《なぐるみ》城(みなかみ町)を北条氏に奪われる事件が起こった。これに激怒した秀吉は北条討伐に乗り出し、同十八年、北条氏は滅亡する。昌幸は秀吉の家臣として徳川家康配下となり、信濃国上田領と吾妻・沼田領を治めた。

秀吉没後の慶長五(一六〇〇)年七月、上杉景勝討伐のために兵を起こした徳川家康軍に合流するため東北へ向かった昌幸・信之《のぶゆき》・信繁《のぶしげ》(幸村《ゆきむら》)親子は、下野国犬伏《いぬぶし》(栃木県佐野市)で、石田三成挙兵の報せを受けた。三成ら豊臣恩顧の武将たちからの誘いを受け、三者話し合いの結果、昌幸・信繁は西軍に付くことを決めたという。俗に「犬伏の別れ」と呼ばれ、石田方・徳川方どちらが勝っても家が存続するように親子兄弟で敵味方に別れたとされるが、秀吉や三成と比較的近かった昌幸・信繁と、家康に近い関係であった信之がこうした選択をすることは自然であったであろう。上田城へ戻った昌幸・信繁は、関ヶ原に向かう途中の徳川秀忠軍と戦い、これを退けた(第二次上田合戦)。

関ヶ原の戦いで徳川方が勝利したことで昌幸・信繁は高野山(和歌山県)に配流となり、昌幸は上田に帰ることなく同十六年六月に高野山で亡くなった。墓は上田市真田町の長谷寺と高野山麓・九度山《くどやま》の善名称院《ぜんみょうしょういん》(真田庵)にある。

(山中さゆり)

訪ねてみよう

上田市立博物館(長野県上田市二の丸3-3)…昌幸が築城した上田城跡は整備され、その一角にある。

コラム●真田信繁

真田信繁《のぶしげ》は「幸村《ゆきむら》」という名前の方がよく知られている。これは、江戸時代に入ってから書かれた『難波戦記《なんばせんき》』などの軍記物という歴史物語に登場する名前で、こうした書物がたくさん出回ったために、「幸村」の方が有名になったと考えられている。なぜ、本名の「信繁」が使われなかったのかは、大坂冬の陣で、大坂城に出城《でじろ》「真田丸」を築き徳川軍を苦しめたことや、夏の陣で、徳川家康を追い詰めたとされることから、江戸幕府に遠慮したともいわれるが、はっきりしない。しかし、少なくとも現在実物が残っている真田信繁が出した書状には「信繁」と署名されており、「幸村」と名乗っていなかったことは確かである。

真田昌幸《まさゆき》の次男として生まれた信繁は、兄の信之《のぶゆき》と一歳違いであったと伝わっているが、ほかの史料を総合するともう少し年下の可能性もある。父・兄と共に戦国武将たちと戦い、昌幸が豊臣秀吉に出仕した後は、秀吉の馬廻衆《うままわりしゅう》として仕えたと考えられている。関ヶ原の戦いの後は、昌幸と共に高野山《こうやさん》（和歌山県）に流されたが、大坂の陣の前に高野山を脱出して豊臣軍に加勢した。この時、徳川方に寝返るよう誘いをかけられたが拒否して戦い、討ち死にした。『島津家文書』には、戦の顛末《てんまつ》を伝えた史料に信繁を評して「真田日本一《ひのもといち》の兵《つわもの》」と記され、敵味方にかかわらずその勇猛ぶりが称えられている。

大きな勢力と互角に戦い、最後は勝ち目のない戦に殉じた姿が後の人々の共感を呼び、現代では最も有名でなおかつ最も人気のある武将の一人になっている。しかし、こうした人気がさまざまな伝説を生み、信繁の実像を見えにくくしているのもまた事実である。信繁が出した文書で確認できる実物は十点に満たず、信繁の業績を語るにはそのほかの断片的な史料と、やや信頼性に欠ける軍記物などに頼らざるを得ない。今後は、確実な史料による信繁の本当の姿が解明され、歴史上での位置付けがなされる必要があるだろう。

（山中さゆり）

真田信繁の花押

第9章

利根・沼田地域の戦国人

利根・沼田地域要図

戦国時代の利根・沼田地域

　利根・沼田地域は群馬県の最北部に位置し、新潟県や福島県・栃木県などと接している。西を利根川、北を薄根川《うすね》、南東部を片品川《かたしな》に挟まれた大規模な河岸段丘が発達していることで知られている。寒冷な地域で冬季の積雪量が多いことも特徴である。

　享徳三（一四五四）年、関東管領《かんれい》上杉憲忠《のりただ》が鎌倉公方《くぼう》足利成氏《しげうじ》に殺害された。これ以降、享徳の乱が勃発し、関東における戦国時代が幕を開ける。

　関東管領の山内《やまのうち》上杉氏を支援するため、越後守護の上杉氏は関東へたびたび出陣した。越後国《えちごのくに》（新潟県）の軍勢の中には、沼田市の発知《ほっち》が本貫地《ほんがんち》で当時薮神《やぶかみ》（新潟県魚沼市）に拠点を置いていた発智《はっち》氏もいた。

　その発智氏の出自とされるのが、利根・沼田地域の中心的な存在だった沼田氏である。戦国時代の天文年間（一五三二～五五）頃には、沼田城主として沼田顕泰《あきやす》の活動が見える。しかし、隠居した顕泰と、家督を譲られた三男朝憲《とものり》との間で内紛が起こり、沼田氏は没落してしまう。

　こうした沼田氏の動向を見てとれるのが『加沢記《かざわき》』である。著者の加沢平次左衛門《へいじざえもん》は初代沼田藩主真田信利《さなだのぶとし》に仕えた江戸時代前期の人で、同書には真田幸隆《ゆきたか》・昌幸《まさゆき》・信之《のぶゆき》三代の動向を中心に、北条氏が滅亡した天正十八（一五九〇）年までの利根・吾妻両地域の歴史が描かれている。後世に書かれた軍記ではあるが、戦国時代の利根・沼田地域を知る上で参考になる。

　さて、沼田氏没落直後の永禄二（一五五九）年、間隙《かんげき》を突いて北条氏は一族の北条康元《やすもと》を沼田城主として送り込み、沼田氏の名跡《みょうせき》を継がせた。

　しかし、翌三年には、越後国から長尾景虎《かげとら》（上杉謙信）が関東へ越山《えつざん》し、以降、利根・沼田地域は謙信が死去するまで同氏の支配下となり、沼田城には越後上杉氏の家臣が在城衆として置かれた。

　天正六（一五七八）年三月に上杉謙信が死去すると、跡目相続を巡って景勝《かげかつ》と景虎《かげとら》が対立した（御館《おたて》の乱）。景虎は北条氏康《うじやす》の子で、上杉・北条両氏の同盟（越相《えっそう》同盟）締結の際に人質交換の要員として越後へ行き、謙信の養子となった経歴を持つ。そのため、北条氏は景虎支援を目的として越後侵攻を企てた。

当時、沼田城では景勝派の上野家成《いえなり》が籠城し、北条氏に抵抗していた。しかし、家成と同様に在城衆だった河田重《しげ》親《ちか》らが北条方に寝返って同城を攻撃したため、七月には落城し、上杉氏の沼田支配は終わりを告げた。

北条氏は沼田城に用土新左衛門《ようどしんざえもん》を置き、地域の安定化を図るが、同八年に入ると、武田氏配下の真田昌幸が同城経略に乗り出してくる。まずは、三月に小川城(みなかみ町)の小川可遊斎《かゆうさい》を武田方に寝返らせ、五月には猿ヶ京城《さるがきょう》(宮野城、同町)を調略した。さらに用土とは昔からの知り合いだったことから、沼田開城を働きかけ、八月中旬には調略に成功した。

用土新左衛門は藤田信吉《のぶよし》と改名し、可遊斎と共に利根・沼田地域の中心的存在となったが、同十年三月の武田氏滅亡によって、同地域は再び不安定な状況となる。

すぐに織田信長配下の滝川一益《かずます》が上野国《こうずけのくに》(群馬県)に入ってきたものの、同年六月二日に本能寺の変で信長が死去すると、滝川は沼田を真田に預けて撤退した。すると、北条氏が再び上野国内に侵攻し、沼田の真田勢との間で緊張状態となる。

同十七年七月、両者の争いについて、豊臣秀吉の裁定が下され、沼田城と真田氏知行分三分の二は北条方へ、残りの三分の一が真田方へと分けられた。沼田城には北条氏邦《うじくに》家臣の猪俣邦憲《いのまたくにのり》が入った。それから三カ月後の十月、猪俣が真田方の名胡桃城《なぐるみ》(みなかみ町)を奪取する事件が起こった。これが秀吉の怒りを買い、翌十八年に小田原城(神奈川県小田原市)攻めが始まる。

同年七月、北条氏直《うじなお》は小田原城を豊臣方に明け渡した。北条氏が没落し、利根・沼田地域は再び真田氏のものとなった。沼田城主として、昌幸の長男である信之が入り、江戸時代を迎えることになる。

(大貫　茂紀)

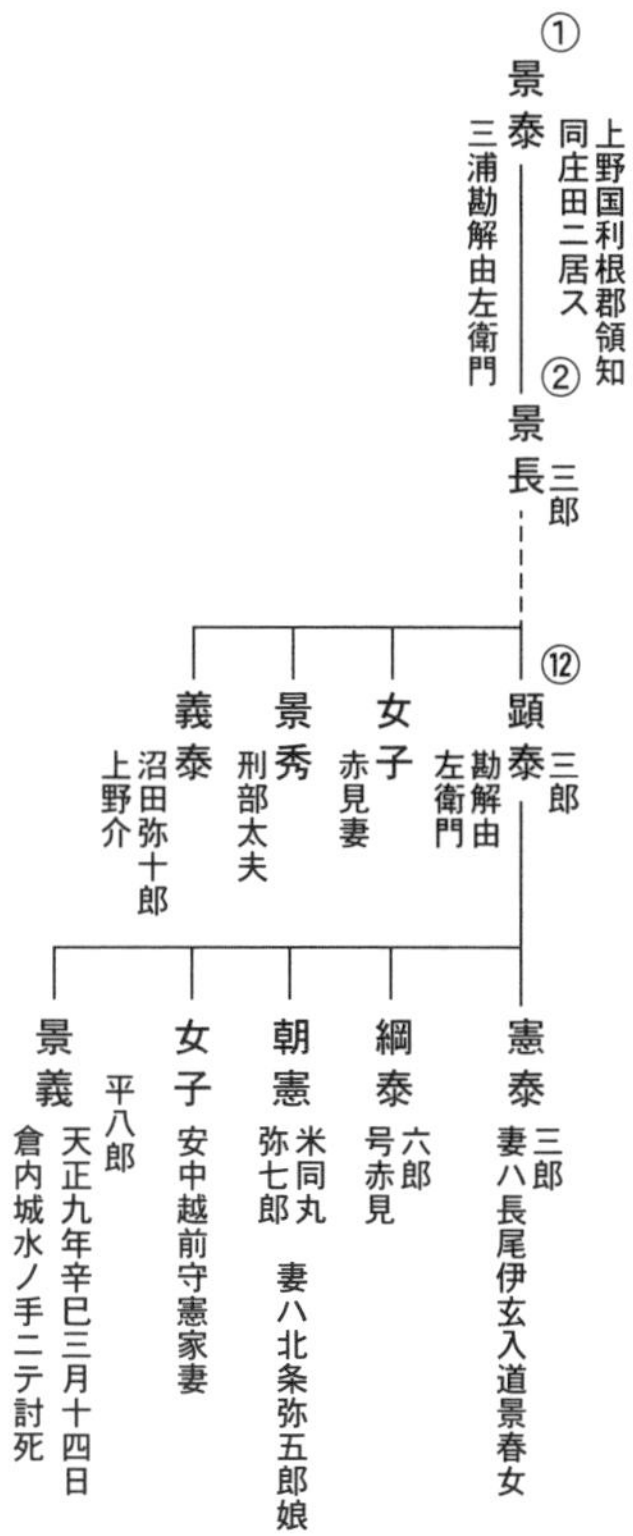

沼田氏略系図

発智《ほっち》景儀《けいぎ》

越後上杉定昌《さだまさ》に殉《じゅん》じる
?〜一四八八(長享二)

現在の沼田市発知《ほっち》町を本貫地《ほんがんち》とする領主が発智氏であり、市内には南北朝期とされる発智為時《ためとき》の宝篋印塔《ほうきょういんとう》も存在する。しかしながら、その後には本貫地とは別に越後国魚沼郡の藪神《やぶかみ》(魚沼市)を拠点とする系統が現れて、嫡流になっていったようだ。そのため、後者を藪神発智氏と命名して、以下では見ていきたい。

寛正四(一四六三)年十二月に越後守護の上杉房定《ふささだ》から土地の支配(藪神であろう)を認めてもらっているのが、景儀についての初見である。その後、東国で勃発していた享徳の乱に際して、上杉方の総本陣である五十子《いかっこ》陣(埼玉県本庄市)の危機に再度出陣したことを房定から賞されている。

応仁二(一四六八)年十二月、藪神の羽《はね》川《かわ》分を子息の万歳丸《ばんざいまる》に譲渡し、それが房定に認められている。続いて文明六(一四七四)年四月には、関東に出陣していた房定の息子の定昌が、その応仁二年の房定の承認通りに羽川分の土地の譲渡を認めている。

この頃に房定は越後に戻って息子の定昌が関東に駐屯しており、景儀は定昌に仕えながら、主に関東で活動していた。同時期、景儀の藪神発智氏の系統とは別に関東で活動していたらしい三郎右衛門尉《さぶろうえもんのじょう》の系統が確認でき(利根発智氏とする)、両者は一族で協力しながら、五十子陣などで活動した。そのため、景儀が越後勢として関東に派遣されたのは、本貫地が上野国にあり、その地を拠点とした利根発智氏との協力が守護の上杉氏から期待されたからであろう。

このように関東での活躍を越後守護の上杉房定から賞され、山城《やましろ》入道の受領名《ずりょうめい》も与えられた。しかしながら、長享二(一四八八)年三月に定昌が居所であった白井《しろい》(渋川市)で自害すると、遺言状を遺した景儀もこれに殉じた。

(森田　真一)

五十子陣跡からの出土品(本庄市教育委員会蔵)

訪ねてみよう

発智兵部左金吾平為時の墓(沼田市上川田町1257　東光寺)…市指定文化財。発智為時の宝篋印塔。

発智《ほっち》　六郎右衛門尉《ろくろうえもんのじょう》

関《かん》・越《えつ》をまたいで活躍
生没年未詳

越後国魚沼郡薮神《やぶかみ》(魚沼市)の領主であり、先の発智景儀《けいぎ》の息子と考えられる。幼名は万歳丸《ばんざいまる》で、後世の史料から実名は維興《これおき》と伝わる。父景儀と同様に越後上杉氏に仕えながら本貫地《ほんがんち》(沼田市発知《ほっち》町)のある関東に出兵し、山内上杉氏方としても活動した。

応仁二(一四六八)年十二月、魚沼郡薮神の羽川《はねかわ》分が父景儀から譲られているのが六郎右衛門尉の初見である。続いて文明六(一四七四)年四月には、越後守護上杉房定《ふささだ》の子息の定昌《さだまさ》がその羽川分の土地の譲渡を認めている。この時に景儀はすでに出家しているので、元服したと思われる六郎右衛門尉に薮神発智家の家督も譲渡したようだ。

長享二(一四八八)年三月に父景儀は定昌の後を追って自害したため、その後に六郎右衛門尉が本格的に活動するようになる。明応二(一四九三)年頃に越後小泉荘(村上市)の本庄三河守《みかわのかみ》が守護に反旗を翻すと、その討伐に活躍して房定から賞されている。関東では長享元(一四八七)年以降、山内・扇谷両上杉氏の争いである長享の乱が勃発しており、永正元(一五〇四)年から翌年にかけて、山内方であった越後守護上杉房能《ふさよし》が山内上杉顕定《あきさだ》支援のために出陣した。六郎右衛門尉も従軍し、武州椚田《くぬぎた》要害(東京都八王子市)や相州実田《さなだ》要害(神奈川県平塚市)での戦功を房能から賞されている。

永正四(一五〇七)年八月に越後守護の上杉房能《ふさよし》が守護代の長尾為景《ためかげ》に殺害された後、房能の兄にも当たる関東管領上杉顕定らが同六年に越後に軍事介入を始めた。この越後介入において、六郎右衛門尉は上田長尾氏の配下で顕定方として活動した。しかしながら、翌七年六月に合戦自体は顕定方が敗れてしまった。こうしたことが影響したためか、これ以降、十六世紀半ばまで発智氏の動向は確認できなくなる。

(森田　真一)

羽根川現況(新潟県魚沼市)

訪ねてみよう
椚田城跡(東京都八王子市初沢町)…都指定史跡では初沢《はつさわ》城とも。六郎右衛門尉が攻め寄せた城跡。

沼田《ぬまた》顕泰《あきやす》

長尾景虎《かげとら》の力で再び沼田城主へ
?〜永禄年間?

沼田顕泰(万鬼斎《ばんきさい》)は、天文年間(一五三二〜五五)に沼田城主として同地域を治めていた。名前の「顕」は、関東管領上杉顕定《あきさだ》からの偏諱《へんき》(一字拝領)を受けたものと思われる。また、妻は箕輪《みのわ》城(高崎市)主長野業政《なりまさ》の娘とされる。

沼田氏については、鎌倉時代に編さんされた『吾妻鏡《あづまかがみ》』に「上野沼田太郎《こうずけぬまたたろう》」と記載されており、沼田地域に拠点を置いていた沼田氏が存在したようである。その後、一時期姿が見えなくなるが、南北朝時代に再び登場する。相模国大友《おおとも》(神奈川県小田原市)を拠点としていた大友氏の一族が沼田へ移り住み、沼田氏を名乗ったという(大友沼田氏)。

大友沼田氏に加えて、さらに別系統の沼田氏が登場する。これが三浦沼田氏である。宝治元(一二四七)年、執権北条時頼《ときより》によって滅ぼされた三浦氏の一族が、沼田へ逃れてきたという伝承を持つ。「平家沼田氏系図」によれば、三浦沼田氏の祖景泰《かげやす》から数えて十二代目に当たるのが顕泰である。

これら大友・三浦両沼田氏の伝承について、真偽のほどは定かではないが、沼田氏とその一族が戦国時代以前から沼田を本拠として活動していたことは確かである。

沼田城遠景(沼田市西倉内町)

話を戦国時代に戻すと、天文二十一(一五五二)年、北条氏の上野国(群馬県)進出により、国内の領主たちが次々と北条方に付いた。そのため平井城(藤岡市)に拠っていた関東管領上杉憲政《のりまさ》は同城を放棄し、長尾景虎(上杉謙信)を頼って越後国(新潟県)へ退去した。以降、上野国内では北条氏の影響力が強まり、沼田地域も政治的に不安定な状況となっていく。

顕泰の嫡子憲泰《のりやす》は、白井《しろい》城(渋川市)主の長尾景春《かげはる》の娘を妻としていた。名前の「憲」は、上杉憲政より偏諱を受けたものであろう。しかし、顕泰は何らかの事情により彼を廃嫡し、家督を三男朝憲《とものり》に譲って、末子

訪ねてみよう

沼田城跡(沼田市西倉内町594　沼田公園)…利根川に面した河岸段丘の端にあり、越後と関東を結ぶ拠点。

平八郎(景義《かげよし》)と共に川場(川場村)に隠居した。

だが、程なくして顕泰は朝憲を殺害してしまった。両者の間には、朝憲を中心とする親北条氏派と、顕泰を中心とする親長尾景虎派といった政治的対立があったといわれている。この内紛によって沼田氏は没落の道をたどる。

殺害された朝憲の妻の実家であり、北条氏に従属していた厩橋《まやばし》(前橋市)長野氏は、沼田へ兵を派遣し、朝憲派の沼田衆と共に顕泰を攻撃した。川場において合戦となったものの、多勢に無勢で顕泰と平八郎は会津(福島県)の蘆名《あしな》氏を頼って落ちていった。

結局、合戦によって沼田城主が不在となってしまったのだが、この機会を逃さなかったのが北条氏当主氏康《うじやす》である。彼は一族の北条康元《やすもと》に沼田氏の家督を継承させ、沼田地域を支配下に収めることに難なく成功した。

氏康が沼田領・吾妻領を経略したのが永禄二(一五五九)年三〜四月で、康元は八月には沼田城へ入っていたことが確認できるので、康元が沼田城主になったのは、その間の出来事となる。

一方、会津へ落ちていった顕泰は、その後、長尾景虎を頼って越後へ移った。同三年、景虎は関東管領上杉憲政を奉じて越山した。そして、関東の諸将を味方に付けながら南下し、北条氏の拠る小田原城(神奈川県小田原市)まで侵攻した。

越後から見ると、関東への玄関口に当たる沼田城は、真っ先に景虎の攻撃を受け、康元をはじめ北条勢は一掃された。そこに景虎は、沼田城主として顕泰を再び入城させたのである。

翌四年の初めに作成され、景虎に味方する関東の諸将とその陣幕紋を記した「関東幕注文」には、「沼田衆」の筆頭に「沼田」と書かれているが、これは顕泰のことである。

同年閏三月、小田原から鎌倉へ移った景虎は、上杉憲政の名跡を継ぐとともに、偏諱《へんき》を受けて上杉政虎《まさとら》(後の謙信)と名を改めた。謙信は同年四月十六日には伊香保(渋川市)(草津との説もある)へ湯治に来ており、その際、顕泰は酒肴を謙信へ送っている。

同五年に入ると、北条・武田両氏による関東での活動が活発化し、上杉氏はその対応を迫られるようになる。これにより沼田領は上杉氏直轄領となり、家臣の河田長親《かわだながちか》が城将として沼田城に入った。

おそらく同時期に顕泰は城主から外されて隠居、または死去したものと思われる。

(大貫　茂紀)

訪ねてみよう

天神城跡(川場村天神)…顕泰の隠居地と伝わる城郭。河川の合流する断崖に立地。

コラム● 北条康元

北条康元《ほうじょうやすもと》は、玉縄《たまなわ》(神奈川県鎌倉市)に本拠を置く北条氏一族の綱成《つなしげ》と、小田原北条氏二代氏綱《うじつな》の娘、大頂院殿《だいちょういんどの》との間に次男として生まれた。名前の「康」は元服した時の当主氏康《うじやす》の偏諱《へんき》(一字拝領)であろう。康元は永禄二(一五五九)年四月頃、城主として沼田城へ入った。

同城はそれ以前、地元の有力者沼田氏の本拠であったが、家督相続を巡って争いが起こり、結果として沼田城は主《あるじ》を失ってしまった。

ちょうどその頃、吾妻・沼田両地域に侵攻していた北条氏は、沼田城主が不在となった間隙《かんげき》を突いて、康元を送り込んだ。さらに地元に残る沼田氏の旧臣たちから支持を得るため、康元は沼田氏の名跡を継いだようで、史料上では「沼田孫次郎」として登場する。

同年十一月、北条氏は小田原から沼田までの公方伝馬《くぼうてんま》一疋《ぴき》の使用を認める伝馬手形《てんまてがた》(使用許可証)を、康元に与えている。

こうして康元が沼田地域を治めていたが、翌三年九月、越後国(新潟県)から関東へ越山《えつざん》してきた長尾景虎《かげとら》(上杉謙信)は、真っ先に沼田城を攻撃した。

康元は沼田城を明け渡したのち、落ち延びて高山城(藤岡市)へ入るが、同年十二月頃には、さらなる退却を余儀なくされた。

その後、どのような経緯をたどったのか不明だが、同七年の時点では、江戸城に在城していたことが確認できる。

江戸を拠点とした康元は、実名を氏秀《うじひで》と改め、治部少輔《じぶのしょう》の官途《かんと》を授かり、各地へ出陣していたが、天正十一(一五八三)年に江戸城で病没した。

(大貫　茂紀)

沼田《ぬまた》 景義《かげよし》

顕泰《あきやす》末子。念願の沼田復帰叶わず
一五三九(天文八)〜一五八一(天正九)

『加沢記《かざわき》』によれば、平八郎景義は沼田城主の沼田顕泰《あきやす》と、追貝《おっかい》村(沼田市)名主《みょうしゅ》金子氏の娘の湯呑《ゆのみ》との間に生まれたという。守役《もりやく》として、母方の伯父である金子泰清《やすきよ》らが添えられ、沼田城二の丸に居住した。

湯呑は彼に家督を継がせようとして、金子と策略を巡らせた。その結果、隠居していた顕泰は、自ら家督を譲った三男朝憲《とものり》を殺害してしまった。すると今度は朝憲派の沼田衆が、朝憲の義父である厩《まや》橋《ばし》長野氏が送った援軍と共に、顕泰を攻撃した。この戦闘により、父と一緒に行動していた景義は、沼田からの脱出を余儀なくされた。

二人は会津(福島県)経由で越後国(新潟県)へ移り、長尾景虎《かげとら》(上杉謙信)を頼った。永禄三(一五六〇)年に景虎が関東へ越山《えつざん》した際、顕泰は再び沼田城主に返り咲いた。父と共に景義も沼田へ戻ってきたと思われる。

沼田城にある平八石(沼田市西倉内町)

同五年、沼田が上杉氏直轄領になると、景義は北条氏との前線に近い女淵城《おなぶち》(前橋市)へ移された。

天正二(一五七四)年三月、景義が北条方の金山城(太田市)主由良氏と通じていることが発覚し、謙信は女淵城に攻撃を加えた。結局、由良氏のもとに身を寄せることとなった景義は、沼田の旧家臣たちと連絡を取り合い、沼田城主としての復帰を企てる。

同九年二月頃、由良氏からの加勢を受けた景義は、ついに沼田へ向けて出陣した。当時、同地域は武田氏が支配していたが、重恩を受けた旧家臣たちが続々と景義のもとへ参陣した。

しかし、沼田領を管轄していた真田昌幸《まさゆき》は、金子泰清を味方に付けることに成功する。金子は「沼田城を明け渡し、主君として迎え入れる」と景義を誘い出した。伯父の言葉を信じた景義は沼田城へ出向き、水の手曲輪《くるわ》で討ち死にしたという。享年四十二歳と伝える。

（大貫　茂紀）

訪ねてみよう

法城院《ほうじょういん》(沼田市町田町89)…景義の菩提を弔うために創建されたという伝説があり、景義像がある。

コラム● **越後の沼田在城衆**

永禄三(一五六〇)年、長尾景虎《かげとら》(上杉謙信)は、関東管領上杉憲政《のりまさ》を奉じて関東へ越山《えつざん》した。以降、沼田城は謙信の関東進出における拠点となる。

そこに謙信は、越後から連れてきた家臣を置いた。史料上、最初に確認できる在城衆は河田長親《ながちか》で同五年に沼田城に入ったが、同九年には越後へ戻り、代わって小中家成《こなかいえしげ》・新発田《しばた》右衛門大夫《うえもんのたいふ》・河田重親《しげちか》といった複数の在城衆の姿が見えるようになる。

この年、由良成繁《なりしげ》をはじめ、関東の上杉派の領主が次々と北条方へ離反し、箕輪《みのわ》城(高崎市)の長野氏は、武田氏の攻撃を受けて没落した。さらに年末には、厩橋《まやばし》城(前橋市)将の北条《きたじょう》氏までもが離反するという状況で、北条・武田両氏からの圧力が非常に強まっていた。その対応として、複数の在城衆が置かれたようだ。

ところが、同十一年十二月、武田氏が今川領に侵攻したことで、北条・今川・武田三氏の同盟が崩れた。北条氏は武田氏と敵対し、上杉氏との同盟(越相《えっそう》同盟)を模索する。当時、沼田在城衆だった松本景繁《かげしげ》・河田重親《しげちか》・上野家成《いえなり》の三人は、北条方との交渉で実務担当者として活躍し、沼田三人衆と呼ばれた。

その後、天正六(一五七八)年三月に謙信が死去すると、御《お》館《たて》の乱が勃発した。当事者の一人景虎は、北条氏康《うじやす》の子で、謙信の養子に入っていたため、北条氏は景虎を援護しようと越後侵攻を企てる。それに抵抗する形で、沼田城では景勝《かげかつ》派の上野家成が籠城したが、同年七月、北条方に付いた河田重親らの攻撃により落城し、上杉氏の沼田支配は終わりを告げた。

(大貫　茂紀)

河田長親の花押

金《かね》子《こ》　泰《やす》清《きよ》

『加沢記《かざわき》』の中ではヒール役
生没年未詳

金子泰清は、追貝村《おっかい》（沼田市）の名主《みょうしゅ》金子新左衛門《しんざえもん》として『加沢記』に登場する。彼に関する同時代史料はほとんどないため、以下同書に描かれた姿を見てみよう。

泰清が歴史の表舞台に現れたきっかけは、妹の湯呑《ゆのみ》が沼田城主である沼田顕泰《あきやす》の側室となって景義《かげよし》を生み、その守役《もりやく》として出仕したことによる。泰清は顕泰から厚遇され、美濃守《みののかみ》の受領名《ずりょうめい》を与えられたが、妹と共に景義に家督を継がせようと企てる。二人の策にはまった顕泰は、家督を譲った朝憲《とものり》を殺害してしまった。すると、朝憲の義父である厩橋《まやばし》長野氏や朝憲派家臣が顕泰・景義父子を攻撃し、国外へ追いやった。

一方、謀略に失敗した泰清は沼田から離れることなく、上杉氏やその後沼田を占領した北条氏のもとで活動していたようである。天正七（一五七九）年には「沼田は金子泰清が奉行している」と『加沢記』に記されている。

『加沢記』著者、加沢平次左衛門の墓（薬師堂）

翌八年、武田氏配下の真田昌幸《まさゆき》が沼田調略に乗り出してきた。四月上旬、泰清は沼田城から退去して、昌幸が在城する名胡桃城《なぐるみ》（みなかみ町）へ参陣し、武田方に付いた。

同年中に沼田は武田領となったものの、当時、新田由良氏のもとに身を寄せていた沼田景義が、翌九年に由良氏の加勢を得て沼田へ進軍してきた。はじめ、泰清は景義方に付いたが、真田の調略により武田方へ寝返った。そして、景義の味方になりすました泰清は「沼田城を明け渡し、主君として迎え入れる」と景義に伝えた。伯父の言葉を信じた景義は沼田城へ出向き、そこで討たれた。

以後も泰清は沼田周辺で活動しているが、謀略に長けた彼を真田は疎《うと》んじていた。同十八年の小田原落城以降、泰清は領地を徐々に減らされ、最後は厚田村《あつだ》（東吾妻町）の縁者の所に身を寄せ、病死したという。

（大貫　茂紀）

訪ねてみよう

阿曽《あそ》の砦《とりで》跡（昭和村橡久保字岩ノ上）…村指定史跡。阿岨城とも。泰清が拠った城と伝わる。

発智《ほっち》 長芳《ながよし》

関東で活躍した薮神《やぶかみ》発智《ほっち》氏
生没年未詳

発智長芳は越後国魚沼郡薮神（新潟県魚沼市）を本拠地とした領主である。天文二十（一五五一）年正月、越後を統治していた守護代の長尾景虎（後の上杉謙信）と魚沼郡を本拠地とした上田長尾政景《まさかげ》とが争った際、長芳は本拠地の薮神と考えられる城に在城していた。長芳は政景方として、最前線で活動した。

永禄三（一五六〇）年、謙信は越後に逃れていた関東管領上杉憲政を奉じて関東へ出兵し、以降は連年のように出兵を繰り返した。謙信が関東における拠点として一貫して重視したのが、越後に近い北毛の沼田であった。同五年頃、謙信の寵臣であった河田長親《ながちか》が沼田城の城代になり、翌年に長芳は長親から沼田領内の所領を保証してもらっている。発智氏の本貫地は利根郡発知《ほっち》（沼田市）であり、惣領家と考えられる薮神発智氏の系統とは別に本貫地を拠点とした利根発智氏の系統も存在していた。おそらく利根発智氏という同族が存在していたため、薮神発智氏の当主であった長芳は沼田へ派遣され、その地で新たな所領を与えられた。

同九年頃、上杉軍の陣触れの飛脚として、長芳は常陸国（茨城県）や下野国（栃木県）、武蔵国（埼玉県）に行くように謙信から命じられている。この頃には、同地域の諸領主が小田原北条方へ寝返っていく危機的な状況にあり、謙信は自らに味方する者を結集しようとしていたらしい。そのため、長芳は使者として同地に派遣された。

翌十年、謙信は根利《ねり》（沼田市）に関所を設置し、その管轄を長芳に任せた。根利周辺の権益を握っていた地元の阿久沢《あくざわ》氏と競合しつつ、上杉軍にとって重要な幹線道路であった根利道を統括するため、長芳は重要な役割を果たした。

（森田　真一）

根利道（沼田市利根町根利）

訪ねてみよう

坂戸城跡（新潟県南魚沼市坂戸字坂戸山）…国指定史跡。長芳が従った上田長尾氏の本拠地の城郭。

矢沢《やざわ》 頼綱《よりつな》

真田の上州支配のキーマン
一五一八(永正十五)～一五九七(慶長二)

矢沢頼綱は、真田幸綱《ゆきつな》(幸隆《ゆきたか》)の弟である。天文十(一五四一)年、武田信虎《のぶとら》や信濃国(長野県)の村上義清《よしきよ》らが信濃国小県郡《ちいさがたぐん》を攻撃した海野平《うんのだいら》の合戦の際、降伏して武田氏に属したという。兄の幸綱は上野国に逃れた後、武田氏に出仕したため、その後の頼綱は真田氏と行動を共にした。

甥の真田昌幸《まさゆき》が武田氏のもとで岩櫃城《いわびつ》(東吾妻町)を拠点に吾妻郡支配と沼田領攻略を開始すると、頼綱は岩櫃城に入り、昌幸を支えた。天正八(一五八〇)年には沼田城を攻略し、翌年武田勝頼から太刀《たち》一腰を贈られ(写真)、以後沼田城に入った。

同十年、武田氏の滅亡と本能寺の変を経て、武田氏旧領を巡って天正壬午《じんご》の乱が起き、頼綱は真田氏一族として外交面を担い、独自の動きを見せる。七月には小田原北条氏に人質を出し、頼綱は北条氏から千貫文《かんもん》を与えられるが、十月には徳川家康に属したため、沼田城は北条氏の攻撃を受け続けた。頼綱は沼田城を死守したが、北条氏と徳川氏との間で沼田領を北条氏のものとする合意ができたため、上杉景勝《かげかつ》とも通じた。景勝の後ろ盾を得たことから、昌幸は徳川家康を離反し、上田城(長野県上田市)で家康軍と戦うことになる(第一次上田合戦)。

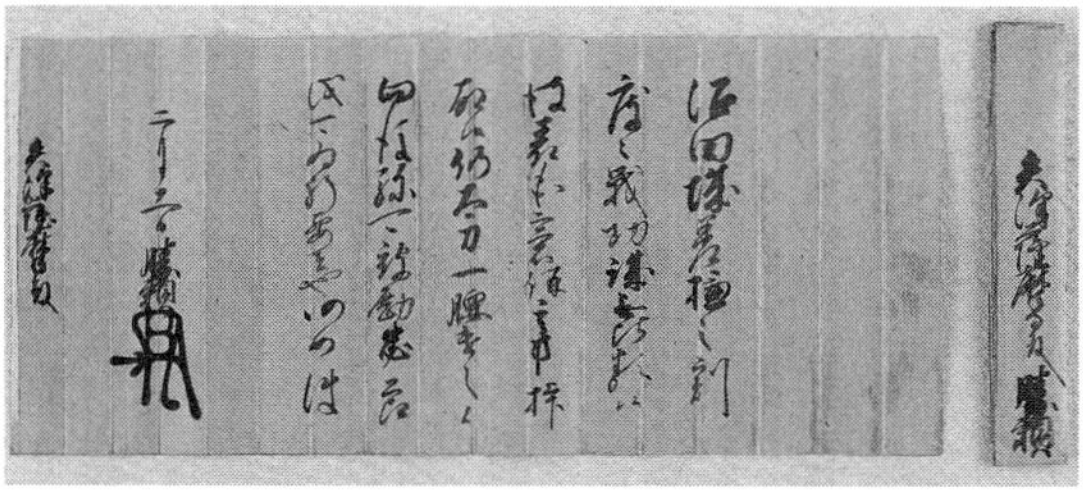

武田勝頼判物(矢沢家文書　真田宝物館蔵)

この時、頼綱は人質として上杉氏に送られた昌幸の次男の信繁《のぶしげ》(幸村《ゆきむら》)と共に長男の頼幸《よりゆき》を派遣したが、合戦に際して景勝の許可を得て戻されている。徳川軍を撃退し、家康に呼応して沼田城に攻撃を仕掛けてきた北条軍を退けたことで、矢沢父子は昌幸から千貫文を加増された。

秀吉の裁定を受けて沼田城を北条氏に明け渡し、その替地として同十六年に小県郡に領地を与えられる。小田原合戦後は真田氏の領有が認められた沼田城に再度入った。頼綱は慶長二(一五九七)年に没したが、家督を継いだ頼幸は真田信之《のぶゆき》の側近として仕え、矢沢家はその後も幕末まで真田家筆頭家老として続いた。

(山中さゆり)

訪ねてみよう
林昌寺《りんしょうじ》(中之条町大字伊勢町1002)…矢沢頼綱が中興開基と伝わり、真田氏の保護を受けた。

小川《おがわ》 可遊斎《かゆうさい》

大名たちの狭間でパイプ役を担う
?~文禄年間?

可遊斎の出自は明らかではない。系図や『加沢記《かざわき》』などによれば、越後国(新潟県)の長尾景虎《かげとら》(上杉謙信)が二度目の上洛を果たした永禄二(一五五九)年、近江国(滋賀県)において岩鶴丸《いわつるまる》(河田長親《ながちか》)が景虎に見いだされ、家臣として取り立てられた際、共に越後へ来たようである。

翌三年、関東管領上杉憲政を奉じて関東へ越山《えつざん》した景虎は、沼田城を拠点の一つとした。そして、可遊斎を沼田氏の親類衆である小川氏の本拠、小川城(みなかみ町、写真)へ送り込み、同氏の名跡を継がせたと考えられる。

同十年三月、上杉謙信から過所《かしょ》(通行許可証)が発給された(写真)。内容からすると、可遊斎は越後から対北条氏の最前線である佐野城(栃木県佐野市)までの物資輸送を担っていたようである。これにより、彼の活動領域は小川城を中心としつつ、広範囲にわたっていたことが確認できる。

雪の小川城跡(みなかみ町月夜野)

天正六(一五七八)年、謙信死去後に勃発した御館《おたて》の乱の最中、北条氏が沼田地域を占領したことで、可遊斎はそのまま同氏に従属したようである。

ところが、北条氏と友好関係にあった武田勝頼が、上杉景勝と同盟を結んでしまったため、北条氏は上杉・武田両氏と、それぞれ越後・駿河(静岡)の二方面で対峙することとなってしまった。そのため翌七年八月、北条氏は可遊斎を越後へ派遣し、上杉方に和睦を働きかけた。

一方、武田勝頼の命を受けた真田昌幸《まさゆき》は、着々と沼田地域進出の手はずを整えていた。真田が最初に調略のターゲットとしたのが可遊斎だった。北条氏の命により越後へ出向いた時から、わずか半年後の同八年三月、真田との従属交渉の末、彼は北条氏から離れ、武田氏に付いたのである。知行地は望み通りに、利根川西岸の赤谷川《あかやがわ》筋の

訪ねてみよう

小川城跡(みなかみ町月夜野)…町指定史跡。小川氏の本拠地で郭・堀が良好に残っている。

新巻《あらまき》(みなかみ町)より上流域などが与えられた。

可遊斎の寝返りを受け、北条方は四月初旬、鉢形《はちがた》城(埼玉県寄居町)主の北条氏邦《うじくに》を大将として、小川城に攻め寄せてきた。しかし、可遊斎を含む真田軍が応戦し、北条軍を撃退した。この時、主戦場となったのが、小川城にほど近い後閑《ごかん》橋(みなかみ町)だった。

北条氏にとって、この橋を越えられると沼田城まで難なく攻め込まれてしまうため、橋を押さえる位置にある小川城はどうしても確保しておきたかった。逆に武田方にとっては、沼田城を攻略するための拠点として必要不可欠な城だった。つまり、両軍にとって小川城とその城主である可遊斎を味方に付けることが、戦略的に重要だったのである。

小川城を押さえた真田は、五月に猿ケ京《さるがきょう》城(みなかみ町)、八月に沼田城を調略した。

武田氏に従属して以来、対北条氏の最前線だった小川城を守備してきた可遊斎は、これ以降、同盟者である上杉景勝への軍事的支援や越後方に敵意を持つ者を取り締まるよう武田勝頼から命じられ、景勝とのパイプ役を担うこととなった。

こうした働きが武田氏に認められ、可遊斎は本拠である小川や赤谷川筋にあったこれまでの知行地のほかに、利根川筋上流域の知行地などが与えられ、沼田地域の有力な領主の一人となった。

また、彼は武田氏に従属していた時期、沼田と越後との間を往来していたようで、武田氏に関することや上野国内(群馬県)の情勢について、越後国上田荘《うえだのしょう》(新潟県南魚沼市)の統轄者である栗林肥前守《くりばやしひぜんのかみ》に報告していた。

このように、可遊斎は大名に従属しながらも物資輸送や上杉氏とのパイプ役を担うなど、境目において幅広く活動していたのである。

同十年三月、織田軍の甲斐国(山梨県)侵攻によって武田氏が滅亡すると、可遊斎は景勝を頼って越後へ移り、会津《あいづ》(福島県)蘆名《あしな》氏への使者として活動している。

その後、文禄年間に死去したようであるが、詳細は不明である。こうして可遊斎が戦国の世を生き抜いたおかげで、小川家は江戸時代を通じて、上杉家の家臣として継続した。

(大貫　茂紀)

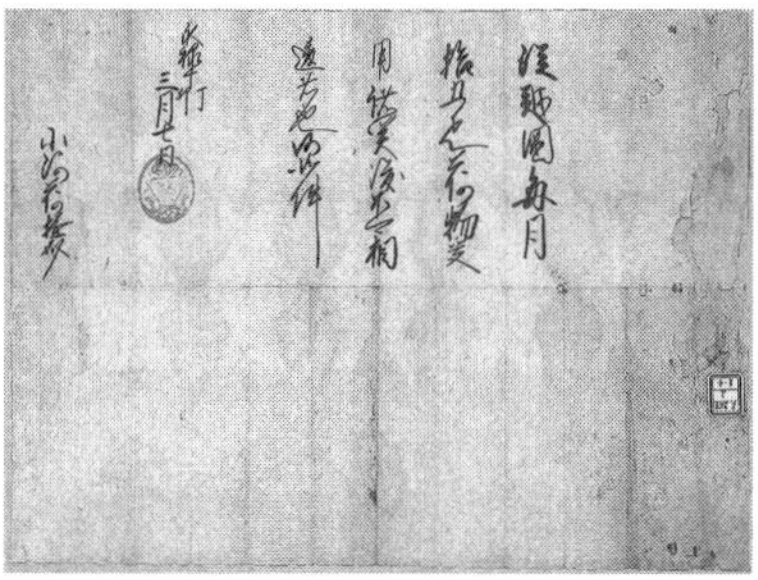

上杉輝虎朱印状(米沢市立米沢図書館所蔵文書　同館蔵)

訪ねてみよう

嶽林寺《がくりんじ》(みなかみ町月夜野1697)…小川氏の開基と伝えられ、境内には小川城資料室がある。

藤田《ふじた》信吉《のぶよし》

北条から武田へ寝返り大出世
一五五八（永禄元）？～一六一六（元和二）？

天神山《てんじんやま》城（埼玉県長瀞町）主藤田氏の一族である用《よう》土《ど》業国《なりくに》の子で、仮名《けみょう》は新六郎《しんろくろう》とされる。藤田氏は、武蔵国（埼玉県）から上野国（群馬県）へと領土拡大を進めていた小田原北条氏に従属した。天文二十四（一五五五）年に当主藤田泰邦《やすくに》が死去すると、北条氏康《うじやす》四男で藤田氏の婿《むこ》養子となっていた氏邦《うじくに》が家督を継いだ。

その後、時期は不明だが、業国から家督を継いだ信吉は、藤田氏邦の家臣となる。

天正六（一五七八）年、上杉謙信の死去後に勃発した御館《おたて》の乱に乗じて、北条氏は沼田地域を押さえることに成功し、しばらくして信吉が沼田城将となった。

同八年に入ると、武田氏配下の真田昌幸《まさゆき》が沼田城経略に乗り出してきた。信吉は、昔からの知り合いだった真田に開城を説得されたことで、武田方に服属するとの意思を伝え、同年八月中旬、沼田城は開城された。

藤田信吉の墓（栃木県　実相寺）

信吉は破格の厚遇で武田方へ迎え入れられ、同年十二月には千貫文《かんもん》と利根南雲《なぐも》（渋川市）、さらに利根川東岸の沼田地域大半の土地支配を認められた。また、この頃から藤田能登守《のとのかみ》信吉と称するようになった。「藤田」は用土氏からみれば宗家の名字であり、「能登守」は北条氏邦重臣の富永《とみなが》（猪《いの》俣《また》）氏が持つ受領名《ずりょうめい》であることから、武田家臣における自身の位置付けとして、信吉が望んだものであろう。また、武田氏からは「信」を偏諱《へんき》（一字拝領）として受けた。

同十年三月に武田氏が滅亡すると、上野国へ入った滝川一益に従属したようだが、すぐに上杉氏を頼って越後国（新潟県）へ移った。そして、関ヶ原合戦後は徳川家康に取り立てられ、下野国西方領《にしかた》（栃木市）一万五千石を与えられた。だが、元和元（一六一五）年に改易されて牢人となり、翌二年に信濃国奈良井（長野県塩尻市）で死去した。享年五十九歳と伝わる。（大貫　茂紀）

訪ねてみよう

長泉寺《ちょうせんじ》（長野県塩尻市奈良井365）…中山道の奈良井宿にあり、栃木市の実相寺とともに、信吉の墓所がある。

猪俣《いのまた》 邦憲《くにのり》

名胡桃《なぐるみ》城事件の当事者
?～一五九〇（天正十八）?

初め富永助盛《とみながすけもり》と名乗っていた猪俣は、鉢形城（埼玉県寄居町）主北条氏邦《うじくに》の家臣として歴史の表舞台に現れる。

天正六（一五七八）年三月、上杉謙信の死去後に勃発した御館《おたて》の乱に乗じて、北条軍は七月に沼田城を陥落させた。猪俣は短期間、沼田城将を務めたようで、「能登守《のとのかみ》」もその頃に与えられた可能性が高い。

以降、彼は上野国内（群馬県）で活動する。そして、同十年までの間に北武蔵の名門である猪俣の名跡《みょうせき》を継ぐとともに、邦憲《くにのり》と名を改めた。この動きについては、同様に氏邦の重臣だった沼田城将の用土《ようど》新左衛門《しんざえもん》が、同八年八月に武田方へ寝返り、同じく名門の藤田を名乗ったことに猪俣が対抗したものといわれる。また、名前の邦は氏邦からの偏諱《へんき》（一字拝領）であろう。

名胡桃城跡（みなかみ町下津）

同十五年九月には箕輪《みのわ》城（高崎市）主として、真田氏に対する守備の要となっていた。

同十七年七月、北条・真田両氏の間で争っていた沼田地域について、豊臣秀吉の裁定が下され、沼田城は北条氏のものとなり、邦憲が城将として箕輪城から移ってきた。三カ月後の十月、猪俣は真田方の名胡桃《なぐるみ》城（みなかみ町）を奪取し（名胡桃城事件）、秀吉の怒りを買った。これは彼の単独行動ではなく、北条氏政《うじまさ》の指示によるものといわれている。翌十八年正月、氏政は邦憲に対して、豊臣軍の侵攻に備え、沼田城の普請を行うよう命じている。

しかし、豊臣方の軍事力は圧倒的で、同年四月末から五月にかけて、上野国内の城が次々に落城していることから、沼田城も同時期に開城したものと思われる。

その後、邦憲は氏邦が籠る鉢形城へ入り、開城後に処刑されたとも伝わるが、詳細は不明である。

（大貫　茂紀）

訪ねてみよう

名胡桃城跡（みなかみ町下津）…県指定史跡。名胡桃城事件の現場で史跡として整備されている。

真田《さなだ》 信之《のぶゆき》

戦国を生き近世大名に上り詰めた
一五六六（永禄九）～一六五八（万治元）

真田昌幸の長男で、『加沢記《かざわき》』には砥石《といし》城（長野県上田市）生まれとある。しかし、昌幸が甲府《こうふ》（山梨県）に詰めていたことを踏まえると、甲府生まれであろう。武田氏滅亡時には、家族・家臣らと危険な目に遭いながら岩櫃《いわびつ》城（東吾妻町）に逃れたという。

活躍がはっきりするのは、天正十三（一五八五）年に上田城で徳川軍と戦った第一次上田合戦からである。この時、沼田周辺の地侍《じざむらい》たちに戦況を報告し、沼田城の守りを固めるよう指示を出している。同十八年の北条氏滅亡後は、改めて沼田領を与えられ徳川家康の与力《よりき》となった。家康の養女となった本多忠勝《ほんだただかつ》娘の小松殿《こまつどの》を妻とし、家康との結び付きを強めたことが、信幸《のぶゆき》（初名）の行く末を決定付けた。

信幸は、沼田領を与えられるとすぐに検地《けんち》を行い、改めて年貢高《ねんぐだか》を確定した。広範囲に実施されたとみられ、現在下河《しもかわ》田《だ》村（沼田市）の検地帳が残る。慶長元（一五九六）年から翌年にかけて、沼田城に五層の天守を築いたとされる。

関ヶ原の戦い（岐阜県）に際しては父の昌幸《まさゆき》や弟の信繁《のぶしげ》（幸村）と別れ、徳川軍に加わって上田城を攻撃した。この時、父と同じ「幸」を使うことを遠慮して信之へ改名したとも伝わる。戦後、信之が父や弟の助命嘆願を行ったことで二人は処刑を免れ、高野山（和歌山県）への配流《はいる》に減刑されたという。

信之は昌幸の旧領である上田領も与えられ、沼田領と合わせ九万五千石の大名となった。翌年、信之は知行宛行状《ちぎょうあてがいじょう》を上田・沼田で一斉に発給し、家臣団の再編成を図った後、沼田領は長男の信吉《のぶよし》に任せて本拠を上田城へ移していく。

真田信之像（真田宝物館蔵）

慶長十九（一六一四）年には大坂の陣が起こったが、信之は体調不良を理由に出陣せず、息子である信吉・信政《のぶまさ》兄弟を派遣した。元和八（一六二二）年には松代《まつしろ》藩（長野市）へ移封され、万治元（一六五八）年に九十三歳で死去した。関ヶ原の戦いを体験した戦国武将の中では、最も長寿の一人であった。

（山中さゆり）

訪ねてみよう

松代城跡（長野県長野市松代町44他）…国指定史跡。真田信之が城下町の基礎を築き、史跡として整備。

恩田伊賀守《おんだいがのかみ》

真田氏配下として沼田城を守備
生没年未詳

真田昌幸《まさゆき》が沼田地域を統轄していた時期に、恩田伊賀守の活動が垣間見られる。恩田氏は、沼田氏から分かれた発智《はっち》氏の後裔で、現在の沼田市恩田町が本貫地とされる。伊賀守もその系統の者であろう。

沼田城が北条氏から武田氏の手に渡る直前の天正八（一五八〇）年五月、猿ヶ京城（宮野城、みなかみ町）を攻めていた武田方の真田昌幸は、地侍《じざむらい》の中沢半右衛門《はんうえもん》に対して「猿ヶ京城が落城した時には、望み通りに恩田伊賀守の知行分から五十貫文《かんもん》を出す」と約束している。当時、恩田がどこにいたのかは不明である。

その後、武田氏が滅亡した同十年三月、上野国（群馬県）に滝川一益が入ってきたが、六月二日に本能寺の変で信長が死去すると、滝川は沼田を昌幸に預けて撤退した。同時期に恩田は真田氏配下として働くことを申し出てきたようで、昌幸は恩田に本領を返すことを約束し、さらに当分の間の所領として、信濃国上条（長野県山ノ内町）の内から三十貫文と沼田の向発知《むかいほっち》の内から十五貫文を六月十二日付で与えている（写真）。

真田昌幸判物（恩田文書　真田宝物館蔵）

同年八月、徳川家康と北条氏直が甲斐国（山梨県）内で対陣すると（天正壬午《じんご》の乱）、昌幸は徳川方に付き上野国内の北条領へと攻め入った。恩田はその際の働きを昌幸から賞され、十月二十八日、新たに知行地が与えられた。

三年後の天正十三（一五八五）年八月、家康から沼田領・吾妻領を北条氏へ引き渡すよう求められた昌幸は、その要求を拒否し、家康と敵対した（第一次上田合戦）。当時、恩田は沼田に在城しており、ほかの在城衆四人と共に、昌幸の跡を継いだ信之《のぶゆき》から「北条氏が攻めてくるであろうから、備えを固めるように」との指示を受けている。

その後の伊賀守の足取りはつかめないものの、信之の配下として、信濃松代《しなのまつしろ》（長野市）へ移ったようである。

（大貫　茂紀）

訪ねてみよう
猿ヶ京《さるがきょう》城跡（みなかみ町猿ヶ京温泉128他）…町指定史跡。宮野城とも呼ばれている。

小松殿《こまつどの》

武勇伝も残る真田信之《のぶゆき》の妻
一五七三(天正元)～一六二〇(元和六)

真田信之の正室として知られる小松殿は、幼名を子亥《ねい》、また稲姫君《いなひめぎみ》という。本多忠勝《ほんだただかつ》の娘で、徳川家康の養女として天正十四(一五八六)年に信之のもとに嫁《か》したといわれているが、はっきりしない。真田家の歴史書『真田家御事蹟稿《ごじせきこう》』によると、同十二年に家康の娘と信之の結婚の契約があったが約束を反故《ほご》にされたという。このことが昌幸《まさゆき》・信之の鬱憤《うっぷん》となり、第一次上田合戦の遠因にもなったとある。その後、昌幸が秀吉に出仕したために家康と和睦し、嫁入りしたのが小松殿という。この逸話の真偽は分からないが、少なくとも昌幸が上洛し秀吉へ出仕したのは同十五年であるので、信之と小松殿の結婚の時期はそれ以降であろう。

江戸時代には真田家側で、小松殿が家康の養女か秀忠の養女か混乱している史料が残る。そのため、本多家側でも家譜の取り調べが行われ、信之に嫁した人物が「御増様《おますさま》」あるいは「沼田御前様《ごぜんさま》」と呼ばれていることなどを御留守居役《おるすいやく》が問い合わせており、不明な点は多い。

小松殿像(大英寺蔵)

大蓮院殿の墓(正覚寺)

信之の子どもは沼田藩主になった長男の信吉《のぶよし》や松代《まつしろ》藩二代藩主になった次男の信政《のぶまさ》をはじめ、少なくとも男子三人女子二人がいたと確認でき、従来そのすべてが小松殿の産んだ子とされていた。しかし近年信吉は、長篠の戦い(愛知県新城市)で戦死した信之の伯父である信綱《のぶつな》の娘(清《せい》音院《いんいん》)と信之の間に生まれたものとの説が出ている。

関ヶ原の戦い直前、石田三成の誘いに応じ、上杉討伐の徳川軍を離れた真田昌幸が沼田城に立ち寄った。在城していた小松殿は、たとえ父子であっても夫の信之は家康に味方している以上、昌幸は敵であるので城に入れることはできない、として門前払いしたという。また、小松殿が昌幸の寝返りを知らず、夜中に沼田城を訪ねてきたこ

訪ねてみよう
正覚寺(沼田市鍛冶町938)…小松殿の墓所である宝篋院塔(大蓮院殿《だいれんいんでん》の墓)などがある。

とを不審に思い、城を預かる身で主人である信之の指示もなく城に入れることはできないと追い返したとする記録もある。史料によってさまざまだが、小松殿が甲冑《かっちゅう》に身を固めて、武器を手に昌幸軍を追い返したとか、もし無理に昌幸が入城しようとするならば小松殿は子どもたちを殺して自害すると伝えた、などの逸話が伝わる。また、昌幸も沼田城を乗っ取ろうと思っているわけではなく、孫たちに会いたいだけなのだというと、小松殿は城外で子どもたちを対面させたともいう。こうした小松殿の対応に、昌幸もさすが本多忠勝の娘であると感服して上田へ向かったとされる。

実際はこの時、小松殿は大坂の真田屋敷におり石田三成方の人質となっていたと考えられるが、沼田城にいた可能性もあり、はっきりしない。しかし、ほぼすべての史料でこのように毅然とした芯の強い、武士の妻の手本のような女性として描かれていることは興味深い。

江戸時代に入っても、実父の本多忠勝と信之も含めて交流があった。草津温泉(草津町)を預かる湯本三郎左衛門尉《ゆもとさぶろうさえもんのじょう》に宛てた忠勝の書状の中では、江戸に戻った信之と面会したことを伝え、沼田城にいる娘の小松殿と懇意にして欲しいと頼んでいる。また別の書状では、信之と子どもたちが無事江戸に到着したことを伝えるなど、娘とその家族を思いやる忠勝の様子が分かる。

小松殿は、高野山(和歌山県)に流された義父の昌幸を気遣い、手紙とともに鮭を贈っている。昌幸も、本多忠勝が慶長十五(一六一〇)年に亡くなった際に弔《とむら》いとして高野山から小松殿へ僧を遣わしている。

元和六(一六二〇)年、体調を崩した小松殿は、江戸から草津へ湯治に向かう途中、鴻巣《こうのす》(埼玉県鴻巣市)で亡くなった。四十八歳だったという。法名は大蓮院殿英誉皓月大禅定尼《だいれんいんでんえいよこうげつだいぜんじょうに》。墓所は上田(長野県上田市)の芳泉寺《ほうせんじ》で、ゆかりある沼田の正覚寺《しょうがくじ》にも墓がある。死去の二年後、信之が上田から松代(長野市松代町)に移封されたため、改めて松代に菩提寺として大英寺《だいえいじ》(長野市)が建立された。御霊屋《みたまや》が正覚寺と大英寺(現在の本堂)にあり、小松殿の遺品がこの三カ寺に伝来している。また、最後の地となった鴻巣の勝願寺《しょうがんじ》にも墓がある。

小松殿が亡くなった時、信之が「わが家の燈火《とうか》は消え失せたり」と語ったとも伝わる。また、松代大英寺建立に際しては、信之が、一生の普請であるから物入りであっても早々に申し付けて従事するように指示した古文書が残る。信之がいかに小松殿を大切にしていたかがうかがえる。

(山中さゆり)

訪ねてみよう

大英寺(長野県長野市松代町松代表柴町1314)…小松殿の墓所・御霊屋や宝物などがある。

上川田衆《かみかわだしゅう》・下川田衆《しもかわだしゅう》

沼田の地侍《じざむらい》集団

上川田(沼田市)・下川田(同)は、利根川を挟んで沼田城の対岸に位置し、同地域に拠点を構える地侍集団として、上川田衆・下川田衆が活動していた。

下川田には天正十八(一五九〇)年と文禄二(一五九三)年の検地帳《けんちちょう》が残されており(写真)、そこに名前が載っている農民の中には、戦国時代の史料や『加沢記《かざわき》』に登場する者もいる。それによって、戦国を生き抜いた地侍たちの一部が、有力百姓として近世を迎えたことが分かる。

彼らは、天文年間(一五三二～五五)まで、沼田氏配下だったと思われる。しかし、隠居した沼田顕泰《あきやす》が、家督を譲った息子朝憲《とものり》を殺害したことで、家臣たちを巻き込んだ内紛へと発展した。『加沢記』では、朝憲派だった上川田城主の発知図書介《ほっちずしょのすけ》配下に、生方半左衛門《うぶかたはんざえもん》・深津次郎兵衛《ふかづじろうひょうえ》といった地侍の姿を見ることができる。

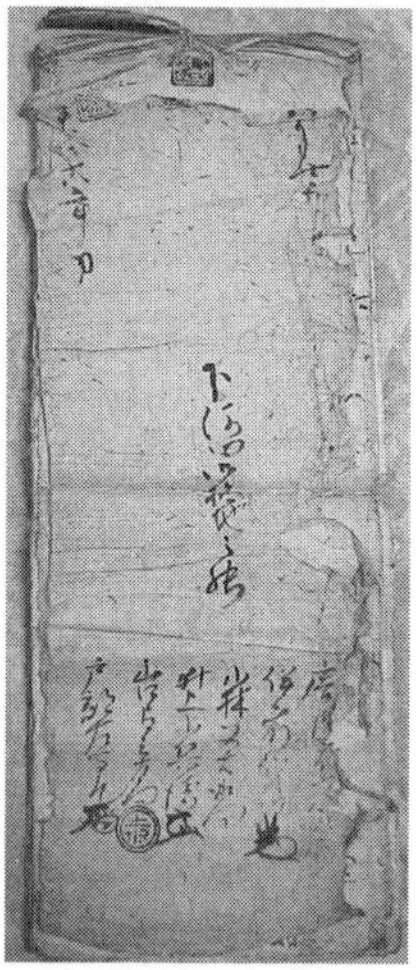

下河田検地帳(個人蔵)

天正十(一五八二)年三月に武田氏が滅亡し、滝川一益が上野国に入ったが、織田信長の死とともに滝川が撤退すると、沼田地域では真田氏と小田原北条氏が対立する。

『加沢記』には、次のような当時のエピソードが載っている。上川田衆・下川田衆のうち、北条方へ付いた者たちが中山(高山村)へ退去した。翌年、北条氏はその者たちを利用して、真田勢のさらなる懐柔を謀ろうと、もともと下川田衆の一人であった平井加兵衛《ひらいかひょうえ》を下川田に残っていた小林文右衛門《ぶんうえもん》の所へ遣わした。小林は誘いに乗ったふりをして、北条方の情報を平井から聞き出し、それを下川田城主の根《ね》津幸直《づゆきなお》へ報告した。その情報によって、真田軍は北条軍の侵攻に備えたという。

このエピソードからも分かるように、真田・北条両氏の境目になっていた上川田・下川田では、地侍たちがそれぞれの陣営に分かれつつも、情報収集役・敵方の調略を担う者として大名から重用されていたのである。

(大貫　茂紀)

訪ねてみよう

下川田城跡(沼田市下川田町798)…利根川右岸に位置する下川田衆の拠点。上川田城もある。

第10章 伊勢崎・佐波地域の戦国人

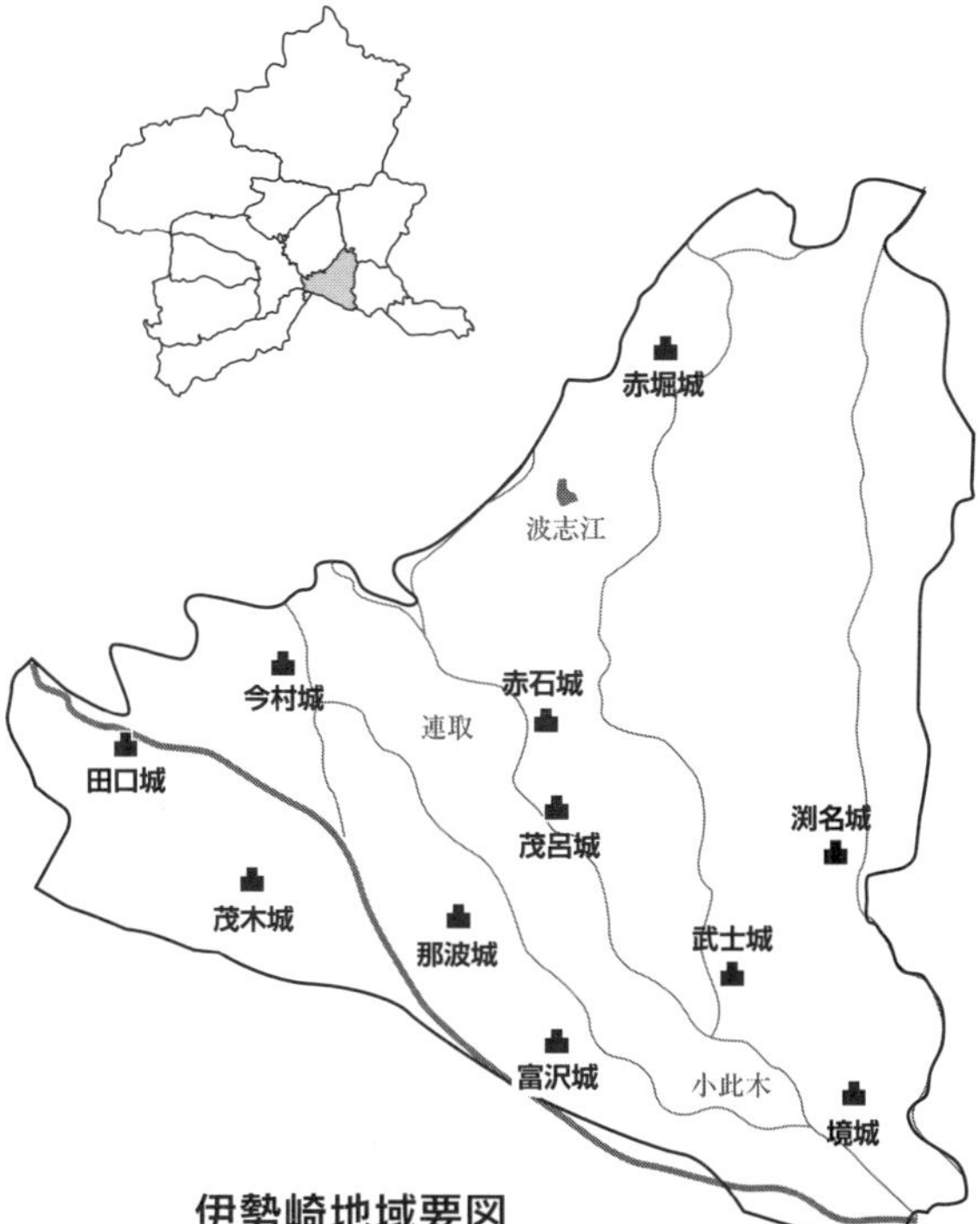

伊勢崎地域要図

戦国時代の伊勢崎・佐波地域

かつて利根川は、中世のある時期まで現在の桃ノ木川・広瀬川・韮川《にらがわ》筋を流れていたと考えられる。利根川がいつ現在の流路になったのか諸説あるが、応永三十四（一四二七）年の大洪水によって西遷《せいせん》したという説が近年有力になっている。この地域には広瀬川低地帯という広大な沖積《ちゅうせき》低地《ていち》が形成され、網目状に流れていたかつての河川流域は主に水田に利用された。他方で茂呂島《もろしま》（伊勢崎市）など島の付く地名はそれより若干標高が高い土地で、集落・畑が造られた。富塚《とみづか》城（伊勢崎市）・那波《なわ》城（堀口城、伊勢崎市）などの城郭が造られたのも、こうした微高地の上である。その後、十五世紀後半には、この広瀬川低地帯が東上野《こうずけ》（群馬県）と西上野の政治的境界となる。

そのため後述する那波《なわ》氏や赤堀氏といった戦国人たちは、境界の領主ともいうべき独自の活動を展開し、その時々の政治情勢に翻弄されながらも、したたかに生き残っていった。

また、東西上野の幹線道である上野大道が、渕名荘《ふちなのしょう》や那波郡を横断していたことも重要である。軍勢の通過路となり、時に大規模な戦闘の舞台となっているからである。特に応永年間の利根川西遷を機に、広瀬川低地帯が横断しやすくなると、その傾向は強まる。享徳の乱では、享徳四（一四五五）年に岩松氏など古河公方《こがくぼう》足利成氏《しげうじ》方の軍勢が東から上野大道沿いの小此木《おこのぎ》・富塚の在所《ざいしょ》・上宮《かみのみや》要害（以上、伊勢崎市）など上杉方の拠点を攻撃し、このルート上で利根川を渡る福島橋（玉村町）を成氏方の赤堀氏が警固している。その後、応仁二（一四六八）年には、上杉方の軍勢と成氏方の軍勢が激突した茂呂島・綱取原《つなとりはら》合戦（伊勢崎市）が起こる。広瀬川（旧利根川）の渡河点を巡る大規模な戦闘であった。

現在の佐波郡に当たる古代の佐位郡《さいぐん》・那波郡は、十二世紀に再編された。佐位郡は一郡規模で荘園化し法金剛院《ほうこんごういん》（京都市）領の渕名荘（佐位荘《さいのしょう》）となる。那波郡では、現利根川以南に伊勢神宮領の玉村御厨《みくりや》が建立されるが、利根川以北は公領の那波郡が中世を通じ存続したと考えられる。これらは平安末期に秀郷流《ひでさとりゅう》藤原一族の那波・渕名・佐位氏などが開発に関わったとみられるが、いずれも十二世紀末の治承《じしょう》・寿永《じゅえい》の乱で源義仲《よしなか》に味方し没落している。

那波氏には、鎌倉幕府政所別当《まんどころべっとう》の大江広元《ひろもと》の三男であった政広《まさひろ》を祖とする一族もあった。秀郷流の那波氏の勢力を継承し、幕府内で評定衆《ひょうじょうしゅう》を務めるなど官僚として活躍した。その系統の那波左近大夫《さこんだゆう》政家は建武二（一三三五）年に北条時行《ときゆき》の乱に荷担し敗れ、一時大打撃を受ける。しかし、室町時代には那波掃部助《かもんのすけ》が鎌倉公方奉公衆《ほうこうしゅう》となり、息子の上《かず》総介宗元《さのすけむねもと》は鎌倉公方足利持氏《もちうじ》の側近となり活躍するが、永享の乱で公方持氏と共に宗元ら那波氏嫡流は没落したようである。

代わって永享十二（一四四〇）年の結城《ゆうき》合戦（茨城県結城市）では、那波刑部少輔《ぎょうぶのしょう》・大炊介《おおいのすけ》・左京亮《さきょうのすけ》が上州白旗《しらはた》一揆の一員として、那波内匠助《たくみのすけ》が守護上杉氏の家臣として幕府側で活躍した。系図から刑部少輔は勝宗《かつむね》とみられ、戦国時代の那波氏へつながる人物と考えられる。享徳の乱では那波掃部助が古河公方方の岩松持国《もちくに》の攻撃を受け波志江《はしえ》郷・赤石郷（いずれも伊勢崎市）などを占拠され苦境に陥るが、関東管領《かんれい》上杉氏に従うことで存続したようである。戦国時代に那波宗俊《むねとし》が那波郡主と呼ばれ、今村城・赤石城（伊勢崎城）・那波城（堀口城、以上いずれも伊勢崎市）などを拠点とする国衆《くにしゅう》として登場する。

赤堀氏の鎌倉時代の動向は不明である。南北朝時代に秀郷流足利一門の嫡流が伊勢国《いせのくに》（三重県）に西遷後、山上《やまがみ》一族の香林《こうばやし》氏が赤堀氏を名乗り、渕名荘北部の赤堀郷・香林郷（いずれも伊勢崎市）・今井郷（前橋市）を本拠とする国人領主になったとみられる。結城合戦では赤堀左馬助《さまのすけ》が上州白旗一揆の一員として幕府方で活躍している。その後の享徳の乱に際しては、当初、古河公方方で活躍するが、後には上杉方に帰属するなど、両勢力の東西境目に位置する領主として重要な役割を担うようになる。

なお渕名荘南部では、小此木（伊勢崎市境小此木）を拠点とした小此木氏が享徳の乱頃に活動が見え、戦国時代には金山城主横瀬《よこぜ》氏（由良氏）に従っている。玉村御厨では、鎌倉時代には守護安達《あだち》氏の執事としても活躍した玉村氏がいたが、弘安八（一二八五）年の霜月騒動《しもつきそうどう》で安達氏と共に滅亡したようである。その後は玉村を拠点とする有力武士の活動は、戦国時代後半に宇津木《うつぎ》氏や石倉氏が配置されるまではない。

（須藤　聡）

赤堀時綱《あかぼりときつな》・政綱《まさつな》

享徳の乱に翻弄された父子
時綱？～一四五六（康正二）
政綱　生没年不詳

　赤堀時綱は、下野守《しもつけのかみ》の受領名《ずりょうめい》を名乗った。享徳の乱が始まると、一族を挙げて古河公方足利成氏《しげうじ》に味方して活躍した。享徳四（一四五五）年二月十七日、善信濃入道《ぜんしなのにゅうどう》・同三河《みかわの》守《かみ》庶子《しょし》らの拠点を焼き落としている。翌日には武蔵国村岡（埼玉県熊谷市）の成氏の陣所に参上し、三月三日に古河（茨城県古河市）に帰るまで警護をしていた。三月十四日に上州一揆の大半が上杉方に寝返った後も、成氏方に留まり警護を務めている。さらに同年内は下野国（栃木県）各地を転戦し、翌康正二年正月七日夜に那波郡福島橋（玉村町）を切り落し警護し、二十四日に植木・赤石（いずれも伊勢崎市）へ侵攻した敵と戦った。しかし、二月二十六日に深須（深津、前橋市）・赤堀（伊勢崎市）・大胡（前橋市）・山上《やまがみ》（桐生市）の各所で合戦があり、赤堀時綱・孫三郎兄弟ら親類や家臣は、深津《ふかづ》で長尾兵庫助《ひょうごのすけ》・沼田上野守《こうずけのかみ》に敗れ戦死した（写真）。

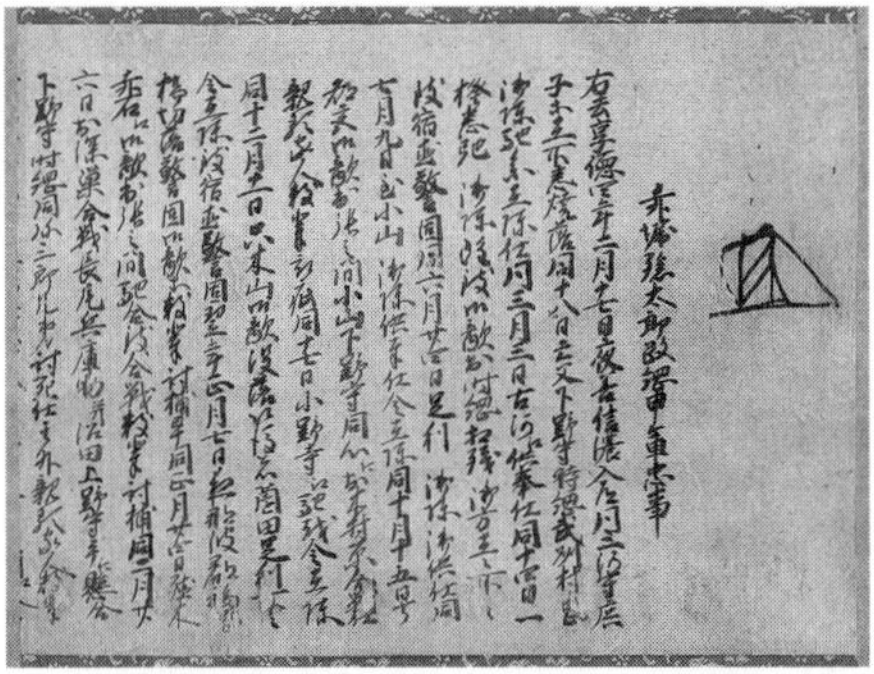
赤堀孫太郎政綱申軍忠事

赤堀政綱軍忠状（赤堀文書　群馬県歴史博物館蔵）

　なぜ時綱は命を懸けて、成氏に仕えたのだろうか。合戦の最中に時綱は、渕名庄内で以前に没収された所領のうち、今回、占領した土地については与えることを成氏から約束されている。渕名荘北部の一領主からすれば、これは大変魅力的な恩賞であったに違いない。また、この頃に新田荘北部の鹿田郷《しかだごう》・上阿佐見郷《かみあざみごう》（みどり市）も、赤堀氏が実力で支配していた。このように時綱の命を懸けた戦いは、息子政綱の時代に渕名荘はもちろんのこと、近隣の山上保《やまがみのほ》（桐生市）や新田荘などへも広がり、国衆へと成長していく基盤を築く。

　嫡男政綱は、幼名を亀増丸《かめますまる》、仮名《けみょう》を孫太郎と名乗る。康正二年三月、古河公方足利成氏から数日前に戦死した父の時綱への弔意と、一族家臣をまとめて味方するように伝えられている。亀増丸が恩賞として要求した寺領四カ所を、成氏から承認されたのもこの頃である。それは山上保内の所領・那波郡内の北玉村（玉村町）・大室荘多田郷内（前橋市）・足利荘大月郷（足利市）という

訪ねてみよう
赤堀城跡（伊勢崎市赤堀今井町2-1414他）…市指定史跡。赤堀氏の居城で高土塁が残る。

広範囲に及んだ。なお亀増丸が孫太郎政綱と改名したのは、父戦死に伴う家督相続から間もない頃であったとみられる。

長禄元(一四五七)年二月頃には、鹿田・泉沢(みどり市)へ侵攻した岩松家純《いえずみ》らの軍勢を赤堀政綱が迎え撃ち、古河公方から賞されている。さらに、公方は佐野氏らにも加勢を命じたので、その間も油断なく戦うよう政綱に伝えている。鹿田・泉沢も当時、赤堀氏の勢力圏に入っていた。

長禄二(一四五八)年に幕府は、伊豆国堀越《ほりごえ》(静岡県伊豆の国市)に足利政知《まさとも》を遣わし成氏方の諸将の帰順を進めると、上野国でも岩松持国《もちくに》父子がそれに応じている。政綱も一時、成氏を離れていたようである。その時期は不明だが、まだ孫太郎の仮名を名乗ることから、おそらく岩松氏が帰順した前後の時期と推定される。ただし、成氏方も以前のように味方するよう、盛んに政綱に使者を送っている。その際に政綱への仲介を務めたのが、桐生佐野氏の祖、佐野大炊助《おおいのすけ》であった。成氏は政綱に対し、再び帰順すれば名字地《みょうじのち》と当知行地《とうちぎょうのち》などを保障すると約束している。その後、成氏が政綱の再帰順と活躍を賞しており、政綱は再び成氏方となったらしい。さらに成氏は、速やかに古河に参上すれば、政綱の桐生内の所領や成氏方が押領した領地などを解決することを伝えている。

これ以後、孫太郎の出てくる文書はなくなるので、何らかの官途名・受領名を名乗ったとみられる。当時の赤堀一族には左馬助《さまのすけ》・掃部助《かもんのすけ》・上野介《こうずけのすけ》を名乗る人物が史料に見られることから、いずれかと考えられる。

(須藤　聡)

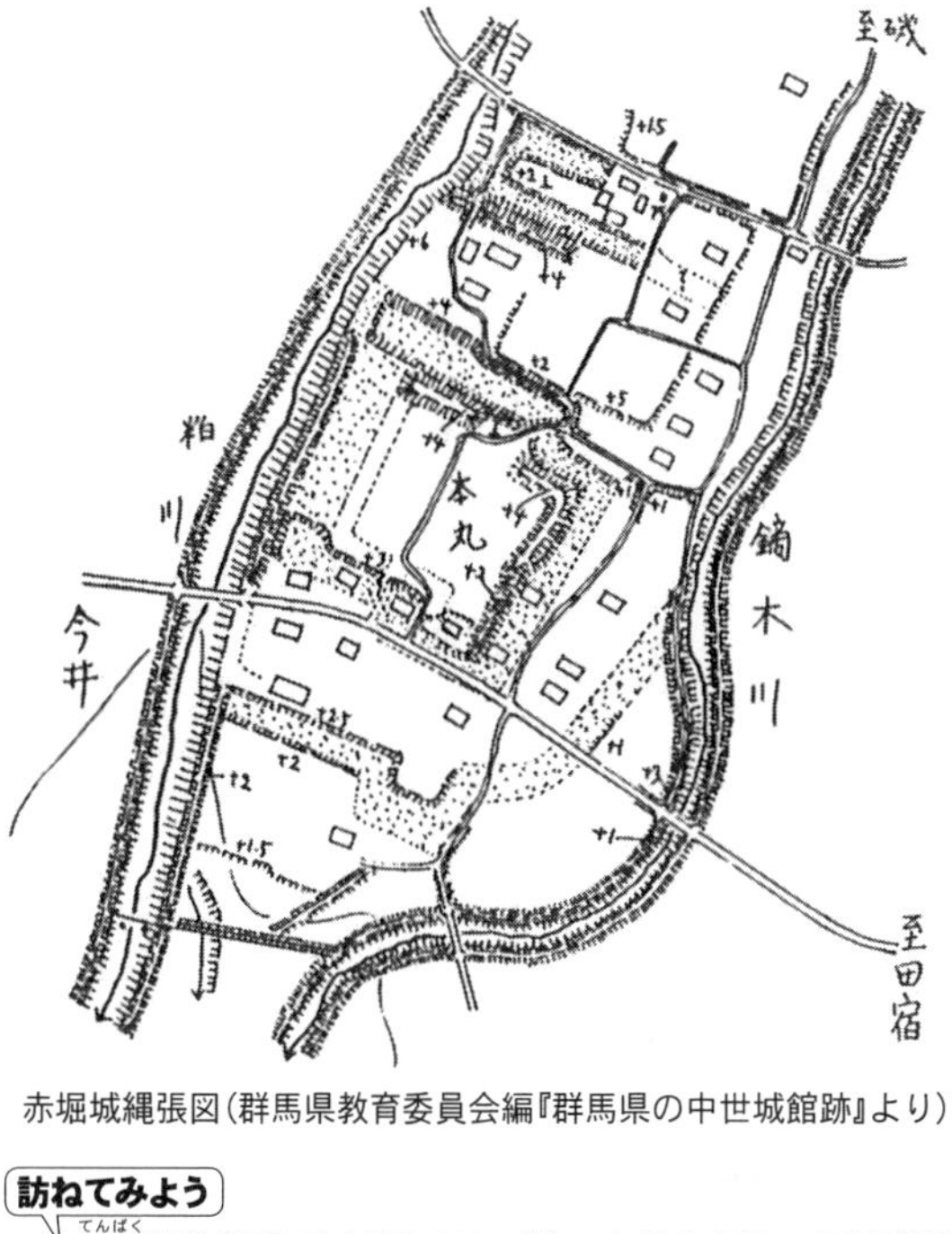

赤堀城縄張図(群馬県教育委員会編『群馬県の中世城館跡』より)

訪ねてみよう
天幕《てんばく》城跡(伊勢崎市磯町293-1他)…市指定史跡。赤堀氏関連の城ではないかと考えられる。

赤堀《あかぼり》 上野介《こうずけのすけ》

関東管領上杉氏に仕えた
生没年未詳

　息子が「彦」を通字《とおりじ》とすることから、「孫」を通字とする赤堀政綱《まさつな》とは違う一族の可能性もある。文明十四（一四八二）年閏七月、関東管領の山内上杉顕定《あきさだ》によって、赤堀上野介の息子である彦四郎が善三河守《ぜんみかわのかみ》の代理になることが認められている。これにより赤堀上野介が初めて歴史に登場する。善三河守は、享徳四（一四五五）年に赤堀時綱《ときつな》によって本拠を焼き討ちされた上杉方の国人で、赤堀一族が実質的に善氏を吸収したこと、上野介が顕定の旗下に属していたことが分かる。また、ほかの赤堀一族や家臣らに対し、上野介と相談して忠節を励むように顕定から命令されていることからも、上野介は顕定から頼みとされていたのであろう。なお興味深いのは、ある年の七月に上野介が送った熟瓜《うみうり》を味わったことへの顕定の礼状が残されている。両者の親密な交流と、すでに赤堀周辺に西瓜《すいか》ならぬ熟瓜の産地があったことが分かる。

上杉顕定書状（赤堀文書　群馬県歴史博物館蔵）

　扇谷上杉定正と山内上杉顕定が争った長享の乱では、赤堀上野介は顕定方の有力武将として活躍した。長享元（一四八七）年閏十一月、顕定の兄上杉定昌《さだまさ》は、足利荘勧農《かんのう》城（栃木県足利市）攻撃に従うよう上野介に命じている。十二月に定正方の佐野周防守《すおうのかみ》・長尾蔵人《くろうど》が顕定方の山上保葛塚《やまがみのほくずつか》要害（桐生市新里町）を攻撃すると、上野介は番衆の善《ぜん》・山上両氏に協力し撃退している。翌年二月には顕定方の鳥取（前橋市）在陣衆が長尾景春《かげはる》の陣地を攻め退散させ、三月には佐野周防守から葛塚要害を攻撃されているが、それを防ぎ勝利している（写真）。おそらくこの功績のため、深津《ふかづ》郷（前橋市）・橋江（波志江）郷（伊勢崎市）内にあった橋江掃部助《かもんのすけ》の旧領を上野介は望み通り与えられている。当時、赤堀氏にも那波氏にも掃部助がおり、波志江掃部助がいずれか確定できないが、赤堀掃部助なら敵対する陣営にも赤堀氏がいたことになる。

（須藤　聡）

訪ねてみよう

膳城跡《ぜんじょう》（前橋市粕川町膳83-2他）…県指定史跡。善氏の居城で郭の遺構がよく残る。

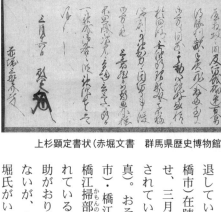

赤堀《あかほり》 上野守《こうずけのかみ》

戦国時代後半の渕名荘《ふちなのしょう》国衆
生没年未詳

仮名《けみょう》を又次郎といい、受領名《ずりょうめい》は上野守と呼ばれる。戦国時代後半の赤堀氏は弱体化し、境目の領主として翻弄される。地域ごとの武将が列挙された永禄四（一五六一）年作成の「関東幕注文」には、赤堀又次郎が新田衆由良氏の家臣として見える。同十三年には、又次郎は赤堀上野守と名を改め、厩橋領《まやばし》・総社領・白井領《しろい》を除く波《は》志江郷《しえ》・八寸《はちす》・小保方郷《おぼかた》・田部井村《たべい》・国定村《くにさだ》（以上伊勢崎市）・鹿田村《しかだ》（みどり市）を上杉謙信から与えられている。この結果、赤堀一族は上杉氏の保護のもと、由良氏から自立した領主に取り立てられたとみられる。元亀二（一五七一）年頃、上野守は謙信から再三、厩橋北条氏《まやばしきたじょうし》と一緒に赤堀城の防備を固めるように命じられており、厩橋北条氏に属していた。しかし、天正六（一五七八）年の謙信死後に越後国（新潟県）で御館《おたて》の乱が起きた後、小田原北条氏が上野国（群馬県）に勢力を伸ばす。すると、赤堀・善《ぜん》両氏は、北条氏からそれぞれ赤堀・善の地の安堵がいったんは認められたものの、翌年には由良氏の家臣に戻されている。

同十二年に由良氏が北条氏へ降伏したことを機に、赤堀氏は北条氏の旗本となったようである。そのため、上野守の嫡子《ちゃくし》又太郎が、同十五年に阿曽《あそ》の砦（昭和村）に在留するように北条氏直《うじなお》から命じられている（写真）。同十七年の阿曽の砦における交替での籠城の際も、赤堀氏家臣を城に置くように指示されている。その後に又太郎の活動は明らかでなく、赤堀氏嫡流は北条氏と共に没落したとみられる。

なお同十三年閏八月、赤堀左馬助《さまのすけ》が上杉景勝から指示を受けており、上杉方に留まった赤堀一族もいたことが分かる。現在でも上杉家文書に三通の赤堀文書が残されているが、左馬助の子孫が上杉家に仕官し文書をもたらしたのであろう。

（須藤　聡）

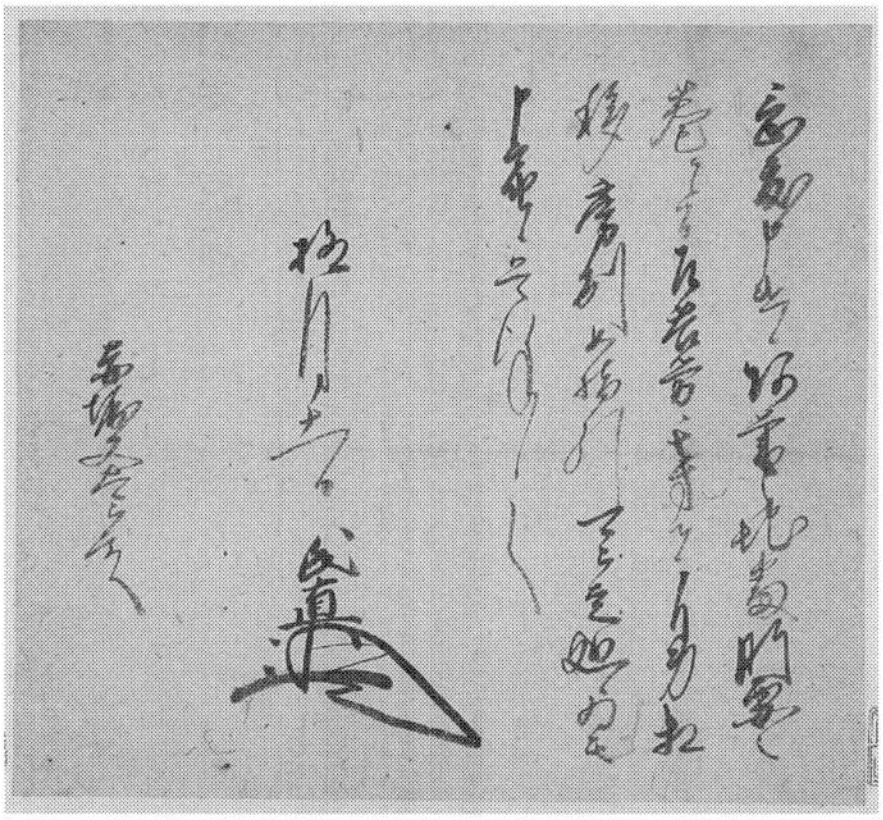

北条氏直書状（赤堀文書　早稲田大学図書館蔵）

訪ねてみよう
阿曽の砦跡（昭和村橡久保岩ノ上）…村指定史跡。赤堀一族も籠城した城。

コラム●赤堀上野守の娘

天文十五（一五四六）年四月二十七日、関東管領の山内上杉憲政《のりまさ》は勢力を北上させつつあった小田原（神奈川県小田原市）の北条氏康《うじやす》と河越（埼玉県川越市）で戦い、大敗を喫したといわれている。この河越合戦の実態については確実な史料からはよく分からないが、憲政が討ち死にした武将の息子などに宛てた古文書が数点残っているため、断片的ながら上杉方が打撃を受けたことがうかがえる。

そのような古文書の中に、憲政が赤堀上野守の娘に宛てたものが一点残っている（写真）。これが赤堀上野守の娘について現在知ることができる、唯一の史料になる。残念ながら赤堀上野守の娘の実名《じつみょう》を知ることはできないが、河越合戦で上野守が討ち死にしたため、急遽、その娘が代理として家督となったようである。

この古文書は竪紙《たてがみ》と呼ばれる寸法の大きい料紙《りょうし》で、憲政が上野守の娘を家督代理としてしっかりと保証しようとした意図を読み取ることができる。文書がひらがなで記されているのは、上野守の娘という女性に宛てられたためである。

上野守の戦死が突然であったため、赤堀家では家督を継承する男子の嫡子が見当たらず、そのために上野守の娘が代理となるように憲政に申請したようである。赤堀家としては当主が戦死する危機的な状況の中での対応であったが、この後の十六世紀後半にも赤堀上野守を称する別の人物が確認できる。そのため、この上野守の娘が中継ぎとしての役割をしっかりと果たし、赤堀家は以降も継続することができたのであろう。

（森田　真一）

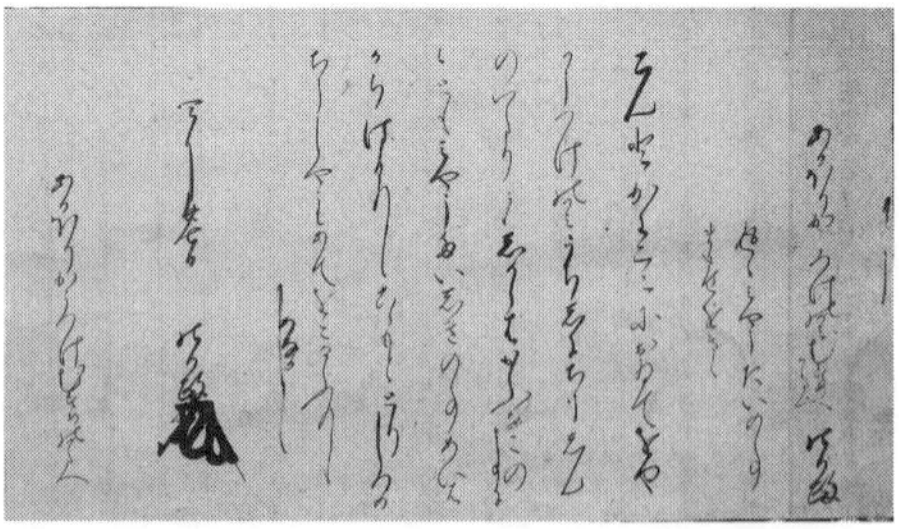

上杉憲政安堵状（赤堀文書　埼玉県立文書館蔵）

那波《なわ》 宗俊《むねとし》

上杉謙信に滅ぼされた那波郡主
生没年未詳

刑部大輔《ぎょうぶのたいふ》の官途《かんと》を名乗り、受領名《ずりょうめい》を讃岐守《さぬきのかみ》と記す史料もある。那波郡主《なわぐんしゅ》と呼ばれ、赤石城（伊勢崎城、伊勢崎市）を本拠に那波領（伊勢崎市周辺）を支配するのみならず、勢内《せいない》村（前橋市東善《ひがしぜん》町）も購入するなど、西の善養寺《ぜんようじ》領《りょう》にも勢力を伸ばしている。妻は足利長尾景長《かげなが》の娘とも、白井《しろい》長尾景誠《かげしげ》の娘ともいわれ、いずれも山内上杉氏の重臣である。こうした婚姻関係からも、那波氏は山内上杉氏を支える有力国衆であったと考えられる。

天文十（一五四一）年秋、庁鼻和《こばなわ》上杉氏・厩橋《まやばし》長野氏・桐生佐野氏らと横瀬泰繁《よこぜやすしげ》を共同で攻めたのが初見で、山内上杉氏配下の有力国衆間で何らかの争いがあったのだろう。しかし、小田原（神奈川県小田原市）の北条氏康《うじやす》が山内上杉憲政《のりまさ》の領国攻略を本格化し、同二十一年三月武蔵国御嶽城《みたけじょう》（埼玉県神川町）を攻め落とすと、宗俊はいち早く氏康に従ってしまう。これを機に憲政の馬廻衆《うままわりしゅう》も離反し、ついに憲政は本拠平井城を捨て越後の長尾景虎《かげとら》のもとへ逃走する。

赤石城（伊勢崎城）縄張図（群馬県教育委員会編『群馬県の中世城館跡』より）

以後、那波宗俊は上野国（群馬県）でも有力な親北条方とみなされ、これが不幸のもととなった。永禄三（一五六〇）年に長尾景虎（後の上杉謙信）が越山《えつざん》し上野国に攻め込むと、那波氏は北条方の立場を貫いたため、九月二十六日に赤石城への猛攻撃が始まる。北条氏も那波氏支援のため小泉城主（大泉町）冨岡氏らに出陣を命じるものの、赤石城は十二月七日落城し、同十二日には那波城（堀口城）も落城した。宗俊は十三歳の嫡子顕宗《あきむね》を人質として差し出して景虎に投降するが、全所領は没収され金山城主横瀬氏に与えられた。ここにいったん、那波氏は没落する。そして、宗俊もまもなく死去したという。

（須藤　聡）

訪ねてみよう

赤石城跡（伊勢崎市曲輪町）…伊勢崎城とも呼ばれる。あまり遺構は残っていない。

那波《なわ》顕宗《あきむね》

出羽《でわ》で散った最後の那波氏当主
一五四八(天文十七)年?〜一五九〇(天正十八)年

那波宗俊《むねとし》の嫡子。次郎、駿河守《するがのかみ》と呼ばれる。今村(伊勢崎市)城主。妻は厩橋《まやばし》(前橋市)城主北条高広《きたじょうたかひろ》の娘という。なお、厩橋北条氏も大江広元《おおえひろもと》の四男季光《すえみつ》を祖として越後に土着した一族で、那波氏と同族である。

永禄三(一五六〇)年十二月、那波氏が長尾景虎(上杉謙信)へ降伏するのに伴い、十三歳だった顕宗は人質として差し出され、厩橋の北条《きたじょう》氏のもとに置かれたとされている。顕宗が初めて史料で確認できるのは、天正五(一五七七)年に越後国へ供をした家臣の高橋氏を賞しているものである。この年に顕宗は上杉氏旗下の有力武将を列記した史料に厩橋北条高広・景広《かげひろ》父子に続いて登場していることから、上野国(群馬県)の有力国衆にすでに復帰していたと考えられている。

というのも、ややさかのぼる同二年四月、上杉謙信が小田原北条氏に味方した由良氏の赤石城(伊勢崎城、伊勢崎市)攻略のため、今村城(伊勢崎市)を取り立てた。その際、顕宗を今村城の城将として復活させたと考えられる。茂呂《もろ》・那波(堀口)両城(伊勢崎市)も顕宗の持ち城であることから、広瀬川西岸地域(伊勢崎市西部から前橋市東部)を所領として与えられたようである。義父の厩橋城主北条高広の後押しに加え、約十五年ぶりの復帰とはいえ顕宗には旧領主としてのブランドがあり、由良氏に仕えた那波牢人衆と呼ばれる旧那波家臣団を切り崩すのにも有効であったのだろう。

泉龍寺(伊勢崎市柴町)

しかし、同六年に越後国(新潟県)の上杉謙信死去に伴い上杉家を二分する御館《おたて》の乱が起こると、情勢が変化する。小田原北条氏と北条《きたじょう》高広らが支援した上杉景虎が上杉景勝《かげかつ》に滅ぼされた一方で、北条氏は上野領有を宣言。景勝と結ぶ甲斐国(山梨県)の武田勝頼も上野国の領有を目指し東上野に攻め込んできた。翌七年十月、北条高広・那波顕宗は武田氏に従属した。同八年四月、那波郡の今井郷・堀口郷・山王堂《さんのうどう》郷(いずれも伊勢崎市)において、武田氏により兵

訪ねてみよう

泉龍寺《せんりゅうじ》(伊勢崎市柴町945)…白崖寶生《びゃくがいほうしょう》禅師が開山し、那波氏の墓碑や供養塔がある。

士が勝手なことを行うことを禁じる禁制《きんぜい》が出され、同九年には那波郡沼之上郷《ぬまのうえ》(玉村町)を顕宗は武田氏から与えられている。

同十年に武田氏が滅亡し、織田信長の家臣滝川一益が上野国を任されると、顕宗もいったんは滝川氏に従う。神流《かんな》川《がわ》合戦で一益が敗北すると、顕宗は北条氏へ従属する。同十一年、北条氏から離反した厩橋北条《きたじょう》氏の攻撃を顕宗は撃退し、同年に北条方から離反した由良氏に備えて茂呂・那波城を守備している。続いて豊臣秀吉と北条氏の緊張が高まってくると、同十五年に那波氏は、那波郡内においては馬見塚《まみづか》・宮子《みやこ》・今井・山王堂(いずれも伊勢崎市)の各氏族、利根川南岸においては久々宇《くぐう》・毘沙土《びしゃど》・大河原の各氏族の家臣と一族を人質として、北条氏の拠点となった厩橋城に差し出している。このように一貫して北条氏に尽くすことで、顕宗は同十八年小田原合戦で北条氏が滅亡するまで有力国衆として生き残ることができた。

ではこの頃の顕宗は、どれほどの所領や家臣団を有していたのであろうか。北条氏のもとで一手役《いってやく》を務めていることから、およそ数千貫文《かんもん》の知行高《ちぎょうだか》を有し、数百人の軍役《ぐんやく》を負担していたとみられている。城郭では今村城を本拠に、那波(堀口)・茂呂両城を属城としていた。所領では那波郡の福島・今村・堀口・小泉・沼之上、佐位《さい》郡の茂呂・伊与《いよ》久《く》、群馬郡の柴崎(高崎市)が確認できる。那波郡では沼之上以外は、全て利根川左岸(広瀬川低地帯)に位置し、広瀬川低地帯と佐位郡(西庄《さいのしょう》)の一部は那波氏の根本領《こんぽんりょう》として一円支配が行われていたとみられる。また、同十五年には家臣の境野新丞《しんのじょう》に対し四十貫文の所領を認めるとともに軍役を命じているなど、貫高制《かんだかせい》をもとにした知行制を整備していたようである。一度没落した那波氏は、顕宗のもとで国衆として復活を遂げたのであった。

北条氏滅亡後の那波顕宗は越後の上杉景勝に仕えるが、同十八年十月に景勝に従い出羽国仙北《せんぼく》郡(秋田県)の一揆を鎮圧した際に嫡子元俊《もととし》と共に戦死し、那波氏は断絶したという。なお次男の俊広《としひろ》は毛利安田能元《よしもと》の婿養子となり、子孫は上杉家臣として存続している。

(須藤　聡)

今村城跡(伊勢崎市稲荷町)

訪ねてみよう

今村城跡(伊勢崎市稲荷町848-1)…市指定史跡。那波顕宗の居城。土塁がわずかに残る。

名和《なわ》無理助《むりのすけ》

長篠《ながしの》に死す！武田牢人衆頭《ろうにんしゅうがしら》
?～天正三（一五七五）年

縄とも呼ばれ、架空の人物のような名前である。しかし天正三（一五七五）年の長篠合戦（愛知県新城市）で戦死した武田方の主な人物中に「なはふり助」を公家が日記に記録するほど、高名な実在の人物であった。『関《かん》八州古戦録《はっしゅうこせんろく》』などでは、那波城主宗元《むねもと》の子宗安《むねやす》とする。

詳細に無理助を記録する『甲陽軍鑑《こうようぐんかん》』では単に関東出身としており、出自は明らかでなく、那波氏出身としても庶家出身とみられている。『甲陽軍鑑』では、戦場で縄の陣羽織を身に着けるなど、小身の異相者《いそうもの》（変わり者）として無理助を挙げている。なお、大名の異相者で著名なのが織田信長であった。一方で上申した武功は立派だが、武辺者《ぶへんもの》と呼べるほどの手柄は立てておらず、実力より名声が先行した者ともみられている。

那波氏滅亡後に牢人となり上野国（群馬県）から出奔し、武田氏に仕えたという。『箕輪軍記《みのわぐんき》』では永禄九（一五六六）年に武田信玄の箕輪城長野氏攻めに加わり、高浜砦・白岩砦の攻略と若田原《わかたはら》合戦（いずれも高崎市）で活躍したという。同十二年、武田氏の小田原攻めの際にも相模川《さがみがわ》を渡る牢人衆の中に無理助が見える。

元亀元（一五七〇）年に今川方の駿河国花沢城（静岡県焼津市）攻めではおじけづく無理助を、同僚が無理押ししない「道理之介」と揶揄《やゆ》した逸話が残されている。しかし、天正三年の長篠合戦では、鳶之巣山《とびがすやま》の砦（愛知県新城市）を守るが、酒井忠次《ただつぐ》率いる徳川軍に討ち取られたという。

武田配下の牢人衆の実態は、他国出身者を編成した正規の武田家臣団であり、知行も与えられていた。無理助ら三人が牢人衆の頭《かしら》で五十騎をそれぞれが率い、武田信実《のぶざね》隊に属していたことが『甲陽軍鑑』にも見える。無理助はただの素浪人ではなかったのである。

（須藤　聡）

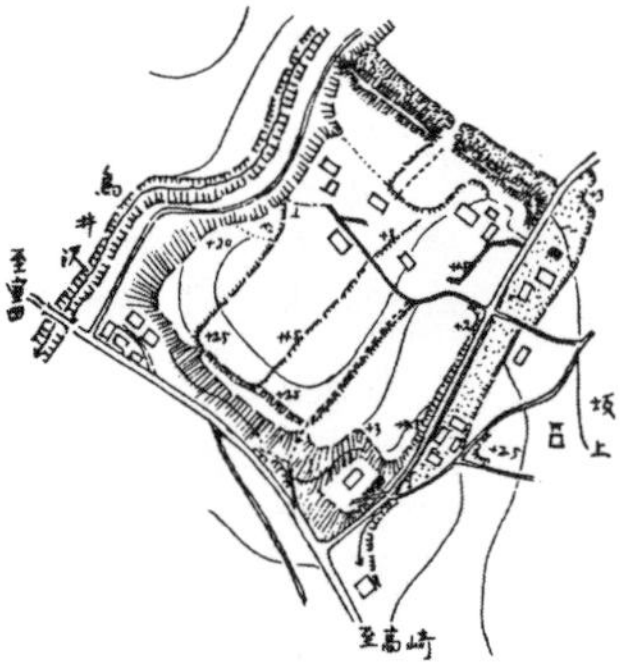

高浜の砦縄張図（群馬県教育委員会編『群馬県の中世城館跡』より）

訪ねてみよう
高浜の砦跡（高崎市高浜町）…那波無理助が攻略したとされる。あまり遺構は残っていない。

波志江掃部助《はしえかもんのすけ》

家中統一に抗《あらが》った赤堀氏の一門
生没年未詳

永享十二(一四四〇)年の結城合戦直後のことである。この頃、鎌倉の円覚寺黄梅院《おうばいいん》の所領武蔵国《むさしのくに》賀美郡石神村(埼玉県上里町)の桜堂在家《さくらどうざいけ》(所領の単位)が、何者かによって押領《おうりょう》(不法占拠)され、紛争に発展していた。黄梅院の訴えを受けた鎌倉府は、押領を排除する裁定を武蔵守護代長尾景仲《かげなか》に下した。それを受けた景仲が遵行使《じゅんぎょうし》(判決執行人)に任じたのが波志江掃部助《はしえかもんのすけ》と田中嶋修理助《たなかじましゅりのすけ》であった。両名は手勢を率いて現地に向かい、在家を黄梅院雑掌《ざっしょう》(下役人)に引き渡したのである。

波志江掃部助は戦国時代の最初期に活動した淵名荘《ふちなのしょう》波志江郷(伊勢崎市)の領主で、守護山内上杉氏の家臣である。波志江氏は赤堀氏の庶流であると思われる。赤堀氏の嫡流家は享徳の乱の当初から鎌倉公方足利成氏を支援し、成氏の古河(茨城県古河市)移座を実現した公方派であったが、庶子波志江氏は当初は上杉方であった。そのため、成氏が波志江郷の領有を新田岩松氏に認めてしまうということもあった。ところが、成氏から「前々から参陣を催促しているのに、応じないのはけしからん」と責め寄られて観念し、「赤堀掃部助」として成氏方に帰参を果たすのである。

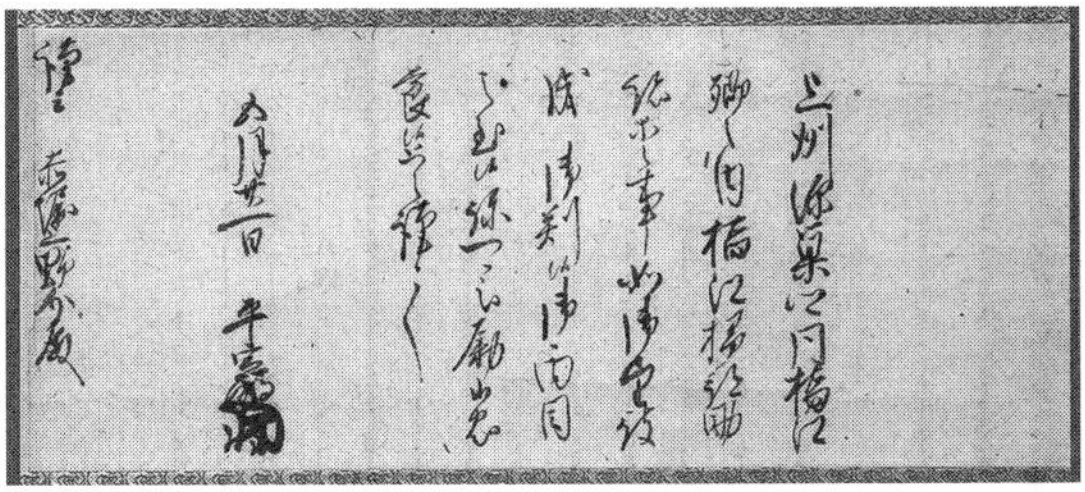

長尾定明書状(赤堀文書　群馬県立歴史博物館蔵)

長享の乱(一四八七〜一五〇五)が勃発すると、赤堀一族内では「赤堀の親類や同道の者はみな上野介《こうずけのすけ》に協力せよ」という上杉顕定《あきさだ》の強い意向を後ろ盾に、赤堀上野介が家中統一に乗り出す。こうした中、長享二(一四八八)年に一族内の公方派の重鎮となっていた波志江掃部助は討ち果たされ、「橋江郷」と「深巣郷」(前橋市)が「橋江掃部助跡」(没収領)として赤堀上野介に与えられたのである(写真)。降って元亀元(一五七〇)年、上野介の直系とおぼしき上野守が上杉謙信から「譜代の筋目」と認められ、「はしゑ郷」などの所領を承認されている。

(簗瀬　大輔)

訪ねてみよう
波志江館跡(伊勢崎市波志江町3-1525　金蔵寺)…鎌倉時代の「波志江市」の比定地とされている。

宇津木《うつぎ》 氏久《うじひさ》

倉賀野商人から井伊氏重臣に
生没年未詳

天正五(一五七七)年、甲斐の武田勝頼が信濃小諸《こもろ》城主の下曽根浄喜《しもそねじょうき》に対し、信州から「上州宇津木《うつぎ》」への俵子《たわらご》(海産物)五十俵を通行させるよう命じた。同日付で「上州松井田外郎《ういろう》」までの荷物の移送も許可するよう命じている。「外郎」とは松井田の商人陳外郎七兵衛尉《しちべえのじょう》のことを指すから、「上州宇津木」も「上州の商人宇津木氏」と読むのが正しい。そして、それは宇津木氏久を指す可能性が高い。

宇津木氏久はもと輸送業などに従事する商人で、おそらく倉賀野(高崎市)を拠点に活動していたと考えられる。武田勝頼に取り立てられて那波《なわ》郡玉村郷(玉村町)に所領を得て武家領主化し、その子孫は彦根藩(滋賀県彦根市)の井伊氏重臣となったり、玉村に土着したりしている。

商人氏久に最大の転機をもたらしたのが、同六年に成立した甲越《こうえつ》同盟である。この同盟によって武田勝頼は東上野《こうずけ》の北条領への侵攻が可能になったのだが、そのための兵站基地として利根川渡河点を擁する玉村郷に着目したのだ。さらに、戦争のための兵力不足を補うために、「倉賀野に居住する無足《むそく》の者(所領を持たない者)で、今度の戦で手柄を立てた者には玉村郷に所領を与える」という触れを出したのである。交通・物流の拠点である倉賀野には、武力を保持しながら、富の集積・運用や情報収集能力を併せ持った地侍《じざむらい》的な町人が多数集住しており、そこで取り立てられたのが宇津木氏久であるとみられる。

氏久はまず厩橋《まやばし》(前橋市)の毛利北条高広《きたじょうたかひろ》を武田方に引き入れることに成功し、恩賞として白井《しろい》(渋川市)と沼田に領地を得た。次いで、玉村郷の軍事要塞化の手始めとして、利根川北岸の「北玉村」に寄居《よりい》(足軽や武器を集める小規模城郭)を構築し、勝頼からその守備を任されたのである。そして、そのための財源として、国衆《くにしゅう》長井政実《まさざね》の所

江戸時代の宇津木氏墓所(玉村町福島)

訪ねてみよう
宇津木氏館跡(玉村町大字福島1251 満福寺)…利根川の福島の渡しの押さえの役割を果たす。

領から玉村・茂木《もとぎ》郷・上之手《かみのて》郷・森田郷・南玉村《なんぎょく》・飯塚半郷(いずれも玉村町)内に合わせて二八一貫文の所領を割いて与えられたのである。これにより、氏久は地侍的商人(非正規の武士)から武家領主(正規の武士)に転身するための足掛かりを得たのである。

同十年に武田氏と織田氏が相次いで滅亡すると、氏久は玉村に拠点を置いたまま北条氏に従った。玉村の福島《ふくじま》郷は北条氏の直轄となり、氏久がこれを管理した。氏久は直轄領の欠け落ち百姓(戦争難民)の帰村を促して生産力の復興を推進するとともに、福島郷の年貢を厩橋城の御蔵《おくら》奉行に納める任務を負った。その一方で、氏久は足軽隊や鉄砲衆を編成・引率して、北条氏の支城となった厩橋城・箕輪《みのわ》城(高崎市)・金山城(太田市)の警備や普請を行ったりしている。また、隣接する今村城(伊勢崎市)の那波顕宗《あきむね》の与力(家臣ではないが、軍事指揮下に入ること)となって、那波家中や周辺の国衆を監視する役目も担った。

同十七年十一月、豊臣秀吉が北条氏政《うじまさ》・氏直《うじなお》に宣戦布告をすると、氏久は小田原への人質の提出と参府を命じられた。その年明けには金山城への兵粮米《ひょうろうまい》の搬入・備蓄、郷中の種籾《たねもみ》・食糧以外の米の供出《きょうしゅつ》を命じられ、秀吉との戦争準備に奔走した。三月、ついに秀吉が京都を出馬すると、氏久は仁田《にった》(静岡県函南町)に、嫡子泰繁《やすしげ》は山中《やまなか》城(静岡県三島市)に出陣し戦闘に及んでいる。

北条氏の滅亡後、氏久は徳川家重臣で箕輪・和田領(高崎市)を治めることになった井伊直政《なおまさ》の家臣となった。文禄元(一五九二)年正月、氏久は井伊家から福島郷に二五八貫三三〇文の所領を、泰繁は福島郷に六〇〇貫文の所領を与えられ、近世大名の大身の家臣として奇跡的な再起を果たすのである。関ヶ原合戦の翌年の慶長六(一六〇一)年、氏久・泰繁父子は直政の転封に伴って近江佐和山《おうみさわやま》(滋賀県彦根市)へ、そして彦根へと移る。彦根宇津木氏は治部右衛門《じぶえもん》家と三右衛門《さんえもん》家の系統に分かれたが、それぞれ井伊家の家老、あるいは砲術の家として家中に重きをなした。

宇津木氏は本領である福島郷に屋敷を構えていたが、その跡に満福寺が営まれ、付近には江戸時代の宇津木氏の墓所がある。氏久・泰繁が近江に移った後も福島郷は宇津木氏の本領として保持され続け、元和元(一六一五)年まで彦根宇津木氏が支配した。そして、この間に現地の所領経営を担ったのが宇津木武左衛門《ぶざえもん》家で、その末裔が現在町内に在住する宇津木氏ではないかと想像できる。近世宇津木氏の祖、戦国人氏久はマルチな職能と身分を併せ持った中近世移行期社会を象徴する人物であった。

(簗瀬　大輔)

訪ねてみよう

山中城(静岡県三島市山中新田410-4)…国指定史跡。宇津木氏久も守護した北条氏の堅城。

渋沢内匠と平塚百姓衆《しぶさわたくみとひらつかひゃくしょうしゅう》

渋沢栄一の源流は川辺の船頭侍《せんどうざむらい》か
生没年未詳

伊勢崎市境平塚の周辺には多くの渋沢（渋澤）姓がある。利根川対岸の武蔵国血洗島《ちあらいじま》村（埼玉県深谷市）から出た「日本資本主義の父」渋沢栄一もその一人だ。境平塚の赤城神社では、毎年七月七日に氏子たちが利根川まで御神体《ごしんたい》を遷座させ、川で洗い浄める「お川入《かわい》れ神事」を行っている。御神体というのは永禄十三（一五七〇）年の銘をもつ二面の懸仏《かけぼとけ》で、かつては渋沢一族がこの神事を執り行ってきた。

平塚赤城神社に懸仏が奉納された頃、新田領平塚郷に渋沢内匠という百姓がいた。『長楽寺永禄日記《ちょうらくじえいろくにっき》』の同八年五月十四日、内匠は世良田長楽寺（太田市）から、下野国佐野（栃木県佐野市）の一貞《いちじょう》という客僧を舟で深谷領まで送り届けるよう依頼されている。内匠は渡し舟を操る「川辺の民」でもあったのだ。目と鼻の先とはいえ、敵地への舟行であるから、こうした時は斎藤主税《ちからの》助《すけ》や小此木左衛門二郎《おこのぎさえもんじろう》といった世良田駐在の武士が護衛するものだが、この日は内匠だけだった。

『長楽寺永禄日記』には渋沢源左衛門《げんざえもん》という百姓も登場する。源左衛門は長楽寺に独活《うど》の初物を献上したり、境内の囲久根《いぐね》（屋敷林）の結い付けに従事したりしている。宝永元（一七〇四）年に著された大沢政勝の『新田《にった》金山伝記《かなやまでんき》』には、金山城主の由良氏が新田領の周縁部を警固するために、百姓に十貫《かん》文《もん》程度の所領を与えて、「郷一揆衆《ごういっきしゅう》」という地侍《じざむらい》集団を編成していたとある。その中に、渋沢源衛門《しぶさわげんえもん》、安蔵次郎右衛門《あんぞうじろうえもん》、田部井《ためがい》助四郎の名がある。安蔵氏も田部井氏も平塚郷の百姓である。実際、『長楽寺永禄日記』には、第一次関宿合戦に出陣する安蔵弥七郎の姿が見える。

平塚郷の渋沢一族には百姓でありながら、由良家の軍役《ぐんやく》（軍備や従軍）を務める侍身分を保持している者があったのだ。そうであれば、渋沢内匠もただの丸腰の船頭で

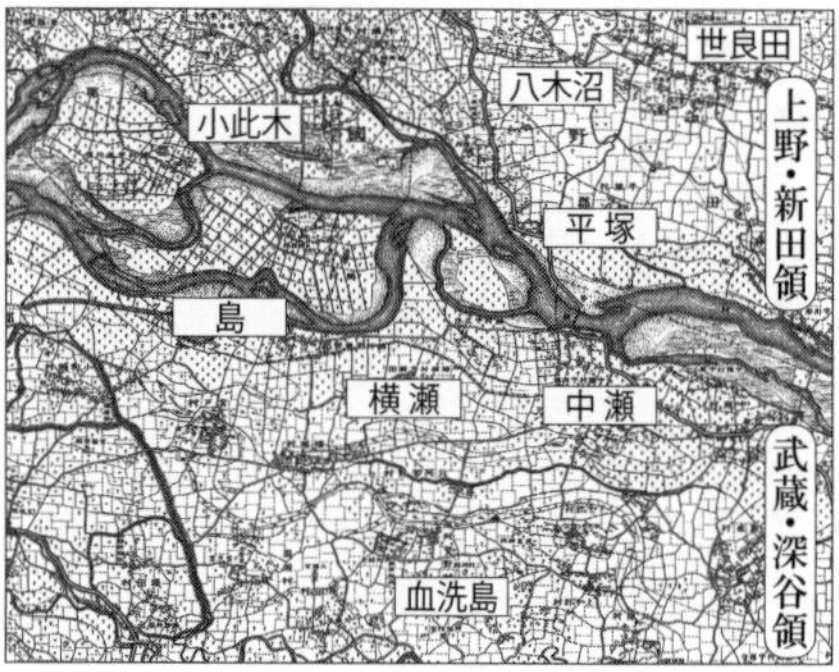

平塚・横瀬の渡しと利根川網状流路

訪ねてみよう

平塚赤城神社（伊勢崎市境平塚1206-2）…戦国時代には、平塚百姓衆の結集の場となる。

はあるまい。自ら具足《ぐそく》をまとい、鑓《やり》を携え、国境の渡河点を舟行する「川辺の船頭侍」だったはずだ。

平塚郷では渋沢氏のほかに、安蔵《あんぞう》氏と田部井《ためがい》氏、それに福嶋氏を加えた四氏が特権的な百姓衆で、武装する地侍であった。同八年二月、平塚百姓衆と矢場《やば》郷(太田市)代官石橋氏との間で、平塚産の大豆の取引を巡る紛争が勃発したことがある。この時、渋沢内匠は一族の「渋新」「渋縫」、安蔵弥七郎、福嶋弥二郎と「福源」、「田又」(「　」は日記に記された略称)ら、郷内の有力百姓と団結し、石橋の不正を金山城に提訴したのである。城主由良成繁《なりしげ》は、天文二十四(一五五五)年に平塚・八木沼両郷(伊勢崎市境米岡)の訴訟手続きを定め、領主である長楽寺に通達していた。それは、この二郷で耕作地に関する紛争があった場合、これまでは百姓たちが自分の主人(由良家家臣など)を頼って、自力で紛争を解決させてきた(自力救済《じりききゅうさい》)。しかし、今後はその慣習を排除し、金山城において裁判で解決するので、それに従うよう定めたものである。そして、平塚郷は渋沢・安蔵・田部井の三人の百姓に、八木沼郷は金井・栗原の二人の百姓に訴訟取次の権限を認めたのである。矢場郷との紛争は耕作地ではなく、商品作物の取引きに関するものだが、天文令が百姓の行動を規定した可能性はある。

それではここで、内匠ら渋沢一族のルーツを探しに、永禄からさらに百年ほど時代をさかのぼってみよう。関東の三十年戦争といわれる享徳の乱(一四五五~八三)は、新田《にった》荘《しょう》においては、新田荘の岩松持国《もちくに》(古河公方陣営)と京都の岩松家純《いえずみ》(上杉陣営)との本貫地争奪戦として展開した。長禄二(一四五八)年、家純は軍勢を率いて関東に下向し、武蔵五十子《いかっこ》(埼玉県本庄市)に着陣すると、重臣横瀬国繁《くにしげ》(由良成繁の祖)に持国の調略を命じた。その時、国繁の使者として持国方と交渉に当たったのが「渋沢入道」という人物である。京都横瀬氏の本貫地は平塚郷対岸の横瀬郷(深谷市)で、そこには「横瀬舟端《ふなばし》」という渡河施設があった。これこそ渋沢一族発展の基盤にほかならない。

境平塚を中心とする利根川沿岸の上武国境地域は、かつて平塚・中瀬《なかぜ》(深谷市)の水運と島村の養蚕で栄えた。平塚郷の田部井氏と八木沼郷の田島氏も初めは武家領主であったが、戦国時代に百姓化した。そして、田部井氏は近世平塚河岸問屋《かしどんや》の与惣兵衛《よそべえ》家(京屋)、儀右衛門《ぎえもん》家(西浦)へと続き、田島氏は島村(伊勢崎市)の養蚕家田嶋弥平《やへえ》家(世界遺産・絹産業遺産群)につながる可能性がある。

(簗瀬　大輔)

訪ねてみよう

華蔵寺(埼玉県深谷市横瀬1360)…横瀬(由良)氏の名字の地に位置し、伝新田義兼の墓がある。

小此木《おこのぎ》 左衛門二郎《さえもんじろう》

長楽寺と上武国境の番人
生没年未詳

戦国時代、利根川などの渡河点の警備を「瀬端《せばた》の備え」といった。永禄八(一五六五)年、上杉分国《ぶんこく》である新田領世良田(太田市)は、北条分国の深谷領(埼玉県深谷市)に利根川を介して面していたため、対岸の敵勢が渡河点後背地の八木沼・平塚・中嶋郷(伊勢崎市)から侵入して来ることがあった(二二〇頁・地図参照)。敵は十騎ほどで現れては、馬などを略奪していく。異常を発見した物見が法螺貝《ほらがい》を吹き鳴らす。すると、小此木左衛門二郎が長楽寺の「門前者《もんぜんのもの》」や「河辺者《かわべのもの》」と呼ばれる地侍《じざむらい》や足軽を率いて緊急出動し撃退するのである。「瀬端の備え」、これが左衛門二郎の日常的な軍役《ぐんやく》(軍備や従軍)である。

小此木氏は境城《さかいじょう》(伊勢崎市)を本拠とする小国衆《くにしゅう》である。小此木氏の本貫地は佐位郡小此木郷(伊勢崎市)で、鎌倉御家人の系譜を引く伝統的な小領主である。戦国時代には有力国衆由良氏の「同心《どうしん》」と呼ばれる自立勢力であった。この時期の境城主は誰か。その可能性が高いのが「関東幕注文」に見える小此木伊勢守《いせのかみ》(『新田老談記《にったろうだんき》』の左衛門二郎のおじ和泉守繁光《いずみのかみしげみつ》か)ではないかと思われる。

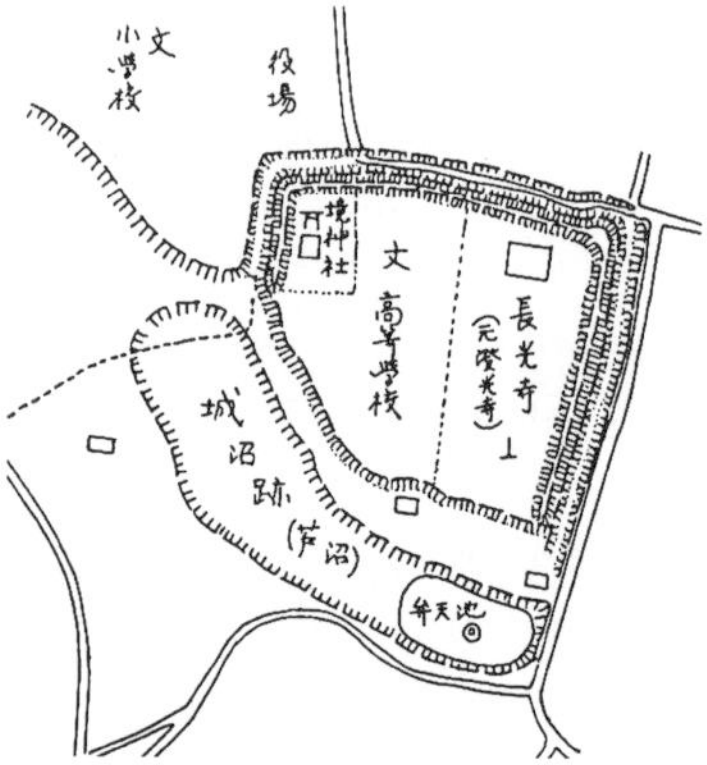

境城の縄張図
瑳珂比《さかい》神社・長光寺(群馬県教育委員会編『群馬県の中世城館跡』より)

戦陣に赴くことも左衛門二郎の重要な軍役であった。この年の三月六日に第一次関宿《せきやど》合戦(千葉県野田市)が勃発した時は、盟友の南小二郎と共に平塚郷(伊勢崎市)の地侍安《あん》蔵《ぞう》弥七郎らを伴って出陣した。その余波で八月十九日に鉢《はち》形《がた》城(埼玉県寄居町)の北条氏邦《うじくに》が成田氏長《うじなが》の忍《おし》城(埼玉県行田市)を攻撃した時も瀬端に出陣した。

左衛門二郎の務めは軍役ばかりでない。その最たるものが長楽寺の義哲《ぎてつ》の相伴《しょうばん》役(食事を共にすること)、次いで「馬責《うまぜ》め」(馬の調教)であった。さらに、「証人」(人質)として上杉家の厩橋《まやばし》城(前橋市)に出向かなければならない。この年は七月六日から八月六日まで務めている。

(簗瀬　大輔)

訪ねてみよう
境城跡(伊勢崎市境494・495　瑳珂比《さかい》神社・長光寺)…戦国時代の小此木氏の本拠地。

第11章 桐生・みどり地域の戦国人

桐生みどり地域要図

戦国時代の桐生・みどり地域

中世のこの地域には、須永《すなが》御厨《みくりや》・薗田《そのだ》御厨・桐生郷《きりゅうごう》・山《やま》上保《がみほ》などと呼ばれる地域が存在した。御厨とは伊勢神宮の荘園で、須永御厨はみどり市大間々町東部から桐生市川内《かわうち》町東部までの渡良瀬川左岸一帯の地域、薗田御厨は桐生市南部から太田市北部の旧山田郡域に当たると推定されている。郷や保は公領(国衙領《こくがりょう》)で、桐生郷は現桐生市街を中心とする桐生川に沿った地域、山上保は桐生市新里町《にいさとまち》山上を中心に前橋市粕川町も一部含む地域とみられる。主にこれらは秀郷《ひでさと》流藤原氏が開発に関わり、薗田氏・山上氏・桐生氏などの武士団が支配していた。なお、みどり市笠懸町は、主に新田荘に含まれていたようだ。

室町時代まではこうした小規模な所領に分かれていたが、戦国時代には主に桐生領という単位に再編成されてくる。これは、江戸時代の桐生領五十四カ村の原型に当たるとされる。桐生領とは、桐生城(柄杓山《ひしゃくやま》城、桐生市梅田町)を本拠とする国衆の桐生佐野氏の支配下にあった地域である。南北朝時代の桐生郷では、桐生六郎の子孫あるいは関係者とみられる桐生又六《またろく》法師《ほうし》行阿《ぎょうあ》・次郎三郎国光という人物が活躍しているが、十五世紀半ばに鎌倉《かまくら》府《ふ》奉公衆《ほうこうしゅう》だった下野国《しもつけのくに》(栃木県)佐野氏の一族が公方《くぼう》足利成氏《しげうじ》から御料所《ごりょうしょ》(鎌倉公方の直轄領)の桐生郷などを拝領して入部した。ここに桐生佐野氏が成立する。その後に桐生佐野氏は、桐生郷を中心に仁《に》田山郷《たやまごう》・広沢郷や黒川谷《くろかわだに》などを一円的に支配するようになり、この領域が桐生領と呼ばれるようになったようだ。

桐生佐野氏については、その滅亡の状況も含め不明なところが多いが、喜《き》連川《つれがわ》藩士佐野氏(桐生佐野氏子孫か)に伝えられた系図をもとに、次のような系譜が復元されている。AからFが佐野本家の当主で、①から⑤までが桐生佐野氏の当主である。両家は互いに養子を出し合うなど、極めて密接な関係にあったことが分かる。

戦国時代後期の桐生佐野氏は、北条氏・上杉氏の巨大勢力に翻弄され弱体化が進む。確実な史料で最後に確認できるのは永禄九(一五六六)年十月で、上杉謙信が桐生城に在番する上杉家臣の長尾源五《げんご》を通じ、佐野又次郎にも佐野城普請を命じている。又次郎(五代重綱《しげつな》か)は、桐生佐野氏家《か》督《とく》であるものの、上杉氏配下の国衆として辛うじて存続していた状況が分かる。その後の動向は明確でないが、通説では元亀四(一五七三)年三月に桐生佐野氏は、内紛を契機に金山城主由良《ゆら》(横瀬《よこぜ》)氏に滅ぼされたとされる。

この後、由良氏は桐生城に重臣の藤生紀伊守《ふじうきいのかみ》・金谷因幡守《かなやいなばのかみ》らを在城させ桐生領の統治を行う。一時由良氏は、新田領・桐生領・那波領《なわりょう》の一部を領し、足利領・館林領を支配する実弟長尾顕長《あきなが》と共に両毛地域に覇を唱えるが、天正十二(一五八四)年に北条氏との戦いに敗れ、金山城と城付領を奪われ桐生領に後退する。さらに同十六年由良氏は北条氏に再離反するも降伏し、翌年桐生城の破却・由良国繁《くにしげ》の小田原在府を命じられる。桐生領の戦国時代の終わりを飾るのが、国繁母の妙印尼《みょういんに》である。豊臣秀吉の小田原(神奈川県小田原市)攻めに際し、妙印尼は桐生城を守るが、同十八年にいち早く降伏したことで由良氏は存続し、常陸国《ひたちのくに》牛久領《うしくりょう》(茨城県牛久市)に退去することとなる。(須藤　聡)

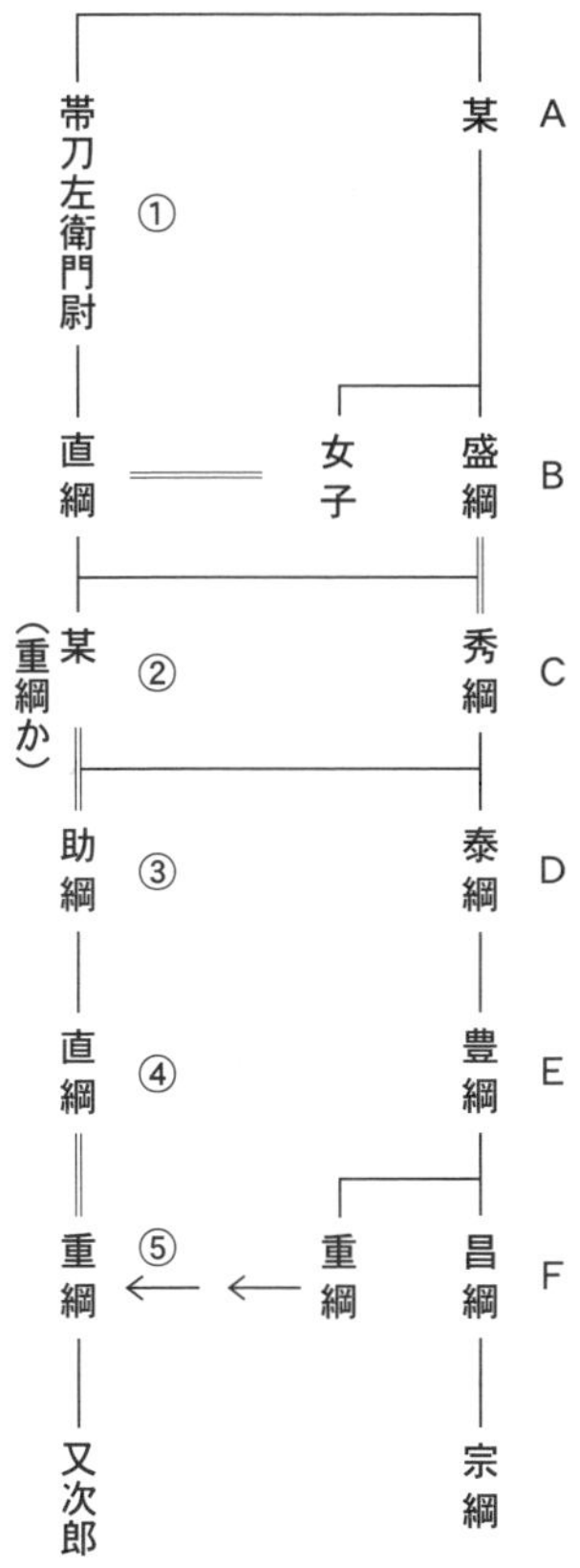

桐生佐野氏略系図

由良成繁の墓(鳳仙寺)

桐生佐野直綱《きりゅうさのなおつな》

桐生佐野氏の基礎を築く初代直綱
生没年未詳

桐生郷に入部し、桐生佐野氏の初代となった人物である。史料上では、初め又次郎《またじろう》の仮名《けみょう》、享徳の乱時には大炊助《おおいのすけ》の官途名《かんとめい》、長享の乱時には周防守《すおうのかみ》の受領名《ずりょうめい》で呼ばれた人物と推定されている。近年の研究により、実名《じつみょう》が直綱であることが明らかになった。下野(栃木県)佐野一族の帯刀左衛門尉《たてわきさえもんのじょう》が鎌倉公方足利持氏の命で、応永二十八(一四二一)年に佐貫荘《さぬきのしょう》(館林市)で桃井宣義《もものいのぶよし》・小栗満重《おぐりみつしげ》らと戦っているが、直綱はその子とみられる。

直綱は初め佐野又次郎と呼ばれ、享徳二(一四五三)年正月、鎌倉公方足利成氏《しげうじ》から御料所《ごりょうしょ》(公方直轄領)桐生郷一円・荒金郷(太田市原宿町付近か)を今度の抽賞により与えられている。南北朝時代の桐生郷にいた国人領主の桐生氏は、佐野氏から養子を迎えた伝承もあるように、以前から佐野氏と同族的な関係にあった。そうした関係もあってか、桐生氏の名跡を継承する形で佐野一族の直綱が桐生に入部することになったと推測できる。父同様、佐野直綱も鎌倉公方と密接に関わり、おそらく鎌倉公方の奉公衆《ほうこうしゅう》であったとみられる。

享徳の乱が始まると、古河公方足利成氏から西庄《さいのしょう》(伊勢崎市)の赤堀氏への取次として活躍した佐野大炊助が直綱とみられる。当時妻の兄弟であった佐野本家の越前守盛綱《えちぜんのかみもりつな》は、舞木《まいぎ》・岩松氏とともに三大将と呼ばれるほど、成氏方の有力武将であったが、直綱も東上野《こうずけ》における成氏方の一翼を担っていた。なお、応仁二(一四六八)年頃、下野国足利(栃木県足利市)の鑁阿寺《ばんなじ》へ書状を送った人物に大炊助《おおいのすけ》直綱がいることから、佐野大炊助の実名は直綱と推定されている。

しかし大炊助直綱は、文正元(一四六六)年六月、幕府方に加わったことを八代将軍足利義政により賞されており、一時は成氏方から脱落している。このせいか、義兄盛綱《もりつな》は大炊助成敗《せいばい》への合力を岩松三郎成兼《しげかね》に求めている。そのため、大炊助直綱は佐野宗家から自立した領主になったようだ。文明三(一四七一)年には、直綱は成氏方の足

山上城跡(桐生市新里町)

訪ねてみよう

山上城跡(桐生市新里町山上282他)…県指定史跡。山上氏の居城、葛塚《くずつか》の要害と考えられている。

利荘内赤見城（栃木県佐野市）攻略で戦功を挙げている。一方で、直綱は同十二年に松島十郎治郎に対し「黒川之内早利《そうり》之内」（みどり市沢入）の土地を、同十七年には松島次郎右衛門尉《じろううえもんのじょう》に「郷戸《ごうど》村之内」（みどり市神戸）の土地をそれぞれ与えている。このように直綱は、渡良瀬川上流の黒川谷にも勢力を伸ばしていた。

さらに長享元（一四八七）年に長享の乱が始まると、扇谷上杉方の足利長尾氏と共に佐野周防守が、たびたび山内上杉方の山上保《やまがみのほ》葛塚要害《くずつかようがい》（桐生市新里町）を攻撃している。山上・善《ぜん》両氏共に関東管領山内上杉氏の馬廻衆《うままわりしゅう》であった関係で山上保周辺にあった在所を桐生佐野氏ら成氏方により追われていた。康正二（一四五六）年には山上兵部少輔跡《ひょうぶのしょうあと》が佐野六郎に安堵《あんど》されている。山上・善両氏は横瀬氏を頼り、後に葛塚要害を取り立てた際に番衆として入城していた。結局、周防守は善・山上両氏や赤堀上野介《こうずけのすけ》・横瀬成繁《なりしげ》に撃退され、長享二年には山上保と桐生領の境目の奥沢（桐生市新里町）で横瀬氏らと戦い敗北している。

周防守はこの頃に古河公方足利政氏《まさうじ》の指揮下に復帰し、当時政氏が扇谷上杉氏と結んでいたために行った軍事行動とみられる。同三年以降に起きた佐貫雑乱《さぬきざつらん》に際し、佐野周防守は古河公方足利政氏の武蔵《むさし》出陣を下野小野寺氏へ伝達するよう命じられている。明応六（一四九七）年の政氏の武州上戸《うわど》出陣（埼玉県川越市）が長陣に及んだため、佐野・桐生の面々が古河帰陣を訴えている。

以上見てきたように桐生佐野氏は、享徳の乱から長享の乱という戦乱の中で、桐生郷を拠点に地域権力を確立し、黒川谷さらには山上保にも勢力を広げつつあった。その基盤となったのは、古河公方の権威であったとみられる。

（須藤　聡）

桐生城跡（柄杓山城跡　桐生市梅田町）

訪ねてみよう

桐生城跡（桐生市梅田町一丁目）…市指定史跡。柄杓山《ひしゃくやま》城とも呼ばれる。桐生佐野氏の居城。

桐生佐野助綱《きりゅうさのすけつな》

桐生佐野氏最盛期の当主
生没年未詳

永正～天文頃の人。初め又次郎の仮名《けみょう》、大炊助《おおいのすけ》の官途《かんと》を名乗り、晩年に周防守《すおうのかみ》の受領名《ずりょうめい》を名乗ったとみられる。佐野宗家の秀綱《ひでつな》の次男で、桐生佐野家二代某の養子に入ったようだ。桐生氏の菩提寺《ぼだいじ》として知られる桐生市梅田町にある西方寺《さいほうじ》の阿弥陀如来《あみだにょらい》座像《ざぞう》に、永正十八（一五二一）年に彩色修理を行った人物こそ彼である。重要なのは、胎内銘《たいないめい》に大旦那佐野大炊助助綱と刻まれていることで、戦国時代の桐生氏が佐野一族であることを示している。

佐野助綱も父祖と同様に、古河公方の奉公衆《ほうこうしゅう》として活躍する存在であった。ただし、この時期は古河公方内部で対立があり（永正の乱）、その去就に苦しんでいた。初め助綱は史料上「佐野又次郎」として見え、鶏足寺《けいそくじ》（栃木県足利市）で「懇切《こんせつ》」を遂げたことを古河公方二代目の足利政《まさ》氏《うじ》から賞されている。年未詳の史料だが、同九（一五一二）年に政氏方が息子の足利高基《たかもと》方と鶏足寺在所で戦ったことに関わる史料とみられる。その後に彼は、大炊助の官途名を三代古河公方足利高基から与えられていることから、政氏方から高基方に移ったとみられる。

桐生氏累代の墓（西方寺）

享禄元（一五二八）年十二月には古河公方足利高基の子晴《はる》氏《うじ》の元服式における御荷用役《ごにようやく》を務めている。天文六（一五三七）年前後には古河公方御料所《ごりょうしょ》の下仁田山郷《しもにたやまごう》・広沢郷（共に桐生市）を預けられる代わりに、厳密に走廻るよう古河公方足利晴氏に命じられている。おそらく晴氏の家督相続に伴い改めて安堵されたものとみられている。同十年に庁鼻和《こばなわ》・那波《なわ》・厩橋《まやばし》長野・成田各氏と共に横瀬氏を攻撃した中にいる佐野周防守は佐野助綱とみられ、この頃までに祖父と同じ受領名を名乗っていた。横瀬氏攻撃は山内上杉氏の命とみられ、桐生佐野氏も山内上杉氏に従うようになっていたことがうかがえる。

（須藤　聡）

訪ねてみよう

西方寺（桐生市梅田町1-266）…桐生佐野氏の菩提寺。市指定史跡の桐生氏累代の墓がある。

桐生佐野直綱《きりゅうさのなおつな》

上杉謙信に翻弄された二代直綱
生没年未詳

佐野助綱《すけつな》の子。大炊助《おおいのすけ》の官途を名乗った。天文二十三（一五五四）年、前古河公方足利晴氏《はるうじ》が新公方足利梅千代王丸《うめちよおうまる》（後の義氏《よしうじ》）を擁する北条氏康に反旗を翻すと、いち早く直綱は晴氏を支援した。しかし結局、晴氏の降伏によって翌年には直綱も北条氏康に従属した。その影響か、同年古河公方が広沢郷（新田堀）用水の引水権を横瀬《よこぜ》雅楽助成繁《うたのすけなりしげ》に再安堵《さいあんど》し、直綱側は争論に敗れている。渡良瀬川を桐生領から新田領へ分水するこの用水は、取水点の広沢郷（桐生市）を支配する桐生佐野氏と横瀬氏との間でたびたび争われてきた。

永禄三（一五六〇）年九月、長尾景虎（後の上杉謙信）が上野国（群馬県）に越山《えつざん》し、翌年小田原を目指し進軍すると、桐生佐野氏も従軍した。桐生衆として桐生殿・佐野殿以下九人が記されている。桐生殿は桐生佐野直綱であり、佐野殿は佐野宗家から直綱の養子に入った又次郎重綱《しげつな》とみられる。直綱・重綱が連署している文書が弘治二（一五五六）年から永禄六（一五六三）年にかけて残され、二頭体制のような状況になったようだ。なお桐生衆には、新居・薗田左馬助《そのださまのすけ》ら桐生の武士のみならず、松崎（島か）大和守《やまとのかみ》・阿久沢対馬守《あくざわつしまのかみ》という黒川谷の武士も含まれ、黒川谷も桐生佐野氏の支配下であった。一方で配下の山越《やまこし》・津布久《つぶく》氏は、重綱後見として佐野から来て後に専横《せんおう》を振るったと軍記物では悪者になっている。

梅原館跡（桐生市梅田町）

その後、桐生佐野氏は宗家の佐野昌綱《まさつな》（重綱兄）と共に上杉方を離れたが、永禄六年に謙信の攻撃を受け再従属させられた。同九年四月には養子重綱が単独で発給した文書があり、これ以前に直綱は隠居するか死亡していた。なお、直綱の実子為綱《ためつな》は、小弓《おゆみ》公方《くぼう》足利頼淳《よりあつ》の家老となり、子孫は喜連川《きつれがわ》藩士《はんし》となった。そして、為綱の姉妹は頼淳妻となり、豊臣秀吉側室となる嶋子を同十一年に産んでいる。

（須藤　聡）

訪ねてみよう

梅原館跡（桐生市梅田町1-25）…桐生佐野氏の館址で土塁・堀址が残り、一部が発掘調査された。

新居《あらい》豊前守《ぶぜんのかみ》と主税助《ちからのすけ》

桐生領の地衆《じしゅう》・桐生佐野氏家臣
生没年未詳

平成二十三（二〇一一）年に「新居家文書」が桐生市立図書館に寄贈された。その後の整理により、それまで真偽不明だった中世桐生の歴史が明らかになってきた。

その例が新居豊前守《あらいぶぜんのかみ》宛ての一連の文書で、十六世紀前半から新居豊前守が活動していた。新居系図によれば、豊前守の実名は繁綱《しげつな》で美濃守繁基《みののかみしげもと》の子という。最も年号の古いものは、永正十一（一五一四）年に桐生佐野重綱《しげつな》から受領名《ずりょうめい》豊前守を与えられた文書である（写真）。ほかに享禄・永正年間と推測される文書で、桐生城（柄杓山《ひしゃくやま》城）の堀切回りの植栽用として松苗木五百本を小倉衆と仁田山衆に申し付けるよう重綱から命じられた文書がある。このほか、古河公方足利義氏《よしうじ》が佐野大炊助《おおいのすけ》の申請により、豊前守に桐生郷内の知行を安堵した文書がある。永禄四（一五六一）年頃成立の「関東幕注文」にも桐生衆に新居氏の名前が記され、桐生佐野氏配下の有力武将とみなされていた。

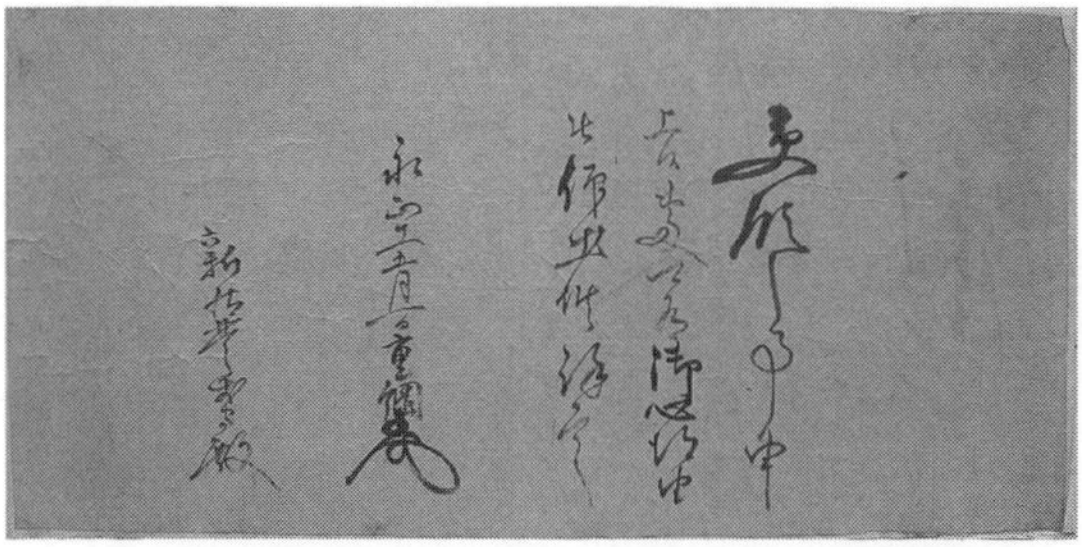

桐生佐野重綱書状（新居家文書　桐生市立図書館蔵）

「新居系図」によれば豊前守の子は、主税助繁治《ちからのすけしげはる》とある。天正二（一五七四）年十二月、桐生領を接収した由良成繁《なりしげ》は、桐生佐野氏旧臣で地衆の新居主税助らを柄杓山城内に番人として入れないように城将藤生紀伊守《ふじうきいのかみ》に命じている。桐生佐野氏滅亡後は、新居氏は由良氏の家臣となった。

なお、近年では新居家は、桐生佐野氏が入部する以前に存在していた桐生氏（前期桐生氏）である可能性が高まっている。南北朝時代に桐生行阿《ぎょうあ》・国光《くにみつ》の名前が見える文書が「新居家文書」にあることなどから指摘され、桐生郷を本貫《ほんがん》とする秀郷流《ひでさとりゅう》藤原一族とみられる。まだまだ「新居家文書」や新居家には謎が多いが、今後の研究の進展が望まれる。

（須藤　聡）

訪ねてみよう

桐生天満宮（桐生市天神町1-2-1）…桐生佐野氏より前の前期桐生氏が守護神として崇敬したと伝わる。

藤生《ふじう》 紀伊守《きいのかみ》

国衆《くにしゅう》由良氏の重臣で桐生城代
?〜一五九〇（天正十八）?

藤生紀伊守は桐生市広沢町の曹洞宗広沢山大雄院《だいゆういん》を天正十一（一五八三）年に開基したと伝えられ、桐生市梅田町・広沢町やみどり市に住む藤生姓の人たちの始祖とされている人物である。

実名《じつみょう》は善久《よしひさ》と伝えられる。金山城主由良氏の団扇御免《うちわごめん》の衆という重臣となり、阿佐美《あざみ》（みどり市）・薮塚《やぶづか》（太田市）を領地にしたという。永禄八（一五六五）年には由良成繁《ゆらなりしげ》の使者として佐竹氏らに派遣されたことや、長楽寺をたびたび訪問して贈物を受け取った記事が、『長楽寺永禄日記』に頻出している。天正元（一五七三）年の桐生攻めでは、総大将として由良勢を率いて参加し、半日の合戦で桐生を攻略したと伝えられている。

その後、紀伊守は金谷因幡守《かなやいなばのかみ》と共に桐生城代となり、翌二年六月には由良成繁から同城の備えを固めるように命じられている。さらに十二月には赤石城（伊勢崎城、伊勢崎市）の一部が火矢で炎上したことを受け、桐生の地衆《じしゅう》は桐生城中に入れぬように警備を厳重にすることと、赤石城普請《ふしん》のため桐生市内の久《ひさ》方《かた》・二渡《ふたわたり》・上比志《かみひし》（菱《ひし》）・山地《やまち》四ヵ村から板材を納入することも成繁から命じられている。また、小竹を上菱辺りで十駄《だ》ほど刈り取って送る命令と、広沢山・境野（いずれも桐生市）で勝手に竹木を伐採することを禁止する制札《せいさつ》を送ることを成繁から伝えられている。

大雄院（桐生市広沢町）

由良家にとって桐生領は材木・竹木・炭・薪《たきぎ》などの重要な供給地であり、その差配を中心的に担った人物こそ藤生紀伊守であった。なお、紀伊守は同十八年八月七日に没したとされ（法名は高厳全玖居士《こうげんぜんきゅうこじ》）、墓は桐生市梅田町二渡の長泉寺にある。

（須藤　聡）

訪ねてみよう

大雄院（桐生市広沢町3-3580）…藤生紀伊守が開基したと伝わる。茶臼山北麓にある。

阿久沢《あくざわ》能登守《のとのかみ》

交通の要衝を押さえる境目領主
生没年未詳

渡良瀬川上流域の黒川谷周辺（桐生市、みどり市）を支配していた領主。天正十二（一五八四）～十八年の史料で確認できる。以下では、阿久沢氏全体の歴史の中で阿久沢能登守の動向を考えてみたい。

阿久沢氏が史料で確認できるのは、永禄四（一五六一）年頃の「関東幕注文」に見える「阿久沢対馬守」からである。「桐生衆」として桐生佐野氏の配下に名前がある。

同十年には、根利道《ねりみち》の管轄を任された上杉家の家臣発智長芳《ほっちながよし》に対し、当時上杉方に属していた阿久沢氏が道理に外れることを行った、とされる。根利道は、沼田（沼田市）から赤城山東山麓を通り、根利（同市）を経て関東平野へと至るルートで、根利道の出入口部分に阿久沢氏の本拠深沢城（桐生市）があった。阿久沢氏はこの根利道に交通権益を持っていたと思われる。同年は、関東での上杉氏離反者が続出している時期に当たり、阿久沢氏はそうした状況を利用して、根利道への上杉氏の影響力を排除しようとしたのだろう。

同十二年の越後上杉氏と小田原北条氏との越相《えっそう》同盟交渉では、北条氏から阿久沢氏に対し、交渉の使者天用院《てんよういん》が沼田に至るまでの道中における奔走などが命じられている。北条氏と上杉氏の領国の境目にその所領が位置し、交通の要衝の根利道を押さえる阿久沢氏は、大名間交渉にとって重要な存在であった。

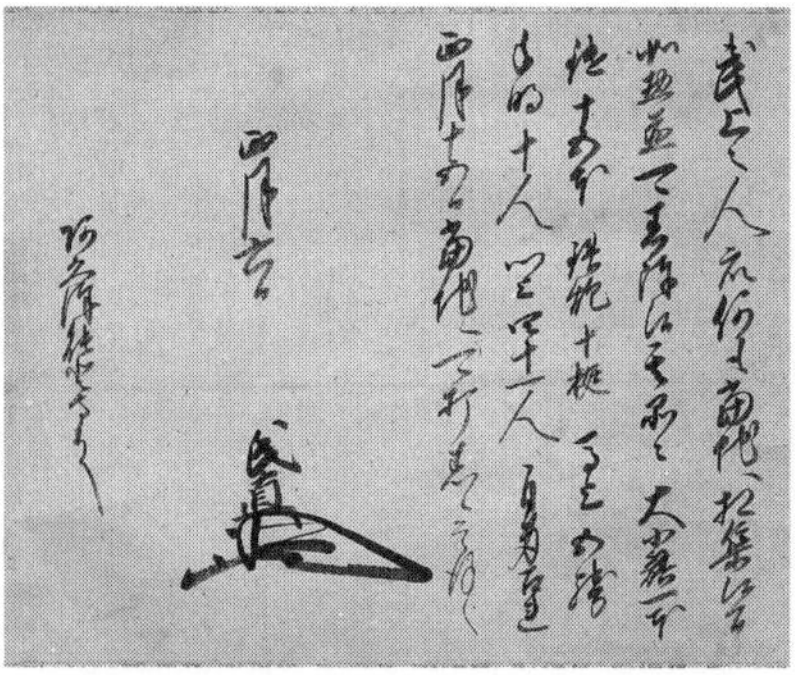
北条氏直書状（阿久沢文書　群馬県立歴史博物館蔵）

天正二年には、上杉謙信が深沢城を包囲したため、阿久沢氏は上杉方に付いている。上杉氏のもとでは、沼田城代の河田重親《しげちか》の指揮下に属していた。しかし、同七年には、北条方に寝返った重親によって阿久沢氏の所領は北条氏へ譲渡され、由良国繁《くにしげ》に管轄が移された。

ところが、同十一年、由良氏が北条氏に対して反旗を翻すと、翌年五月頃、阿久沢彦二郎は、北条方に寝返った。彦二郎は北条氏から根利道に近い五覧田《ごらんだ》城（みどり市）

訪ねてみよう

正円寺《しょうえんじ》（桐生市黒保根町宿廻564）…阿久沢能登守をはじめ阿久沢家の累代の墓がある。

の攻略を命じられ、味方に多くの負傷者を出しつつも七月にそれを成功させている。この彦二郎は、能登守と同一人物との説がある。

同年九月、由良勢が阿久沢氏の居城深沢城を攻めているが、阿久沢氏は敵百余人を討ち取り、これを退けている。阿久沢能登守の活動が確認できるのはこの時からで、能登守自身も敵一人を討ち取っている。

同十三年に由良氏が新田領などを没収されて北条氏に従属すると、阿久沢能登守は浅原《あさばら》（みどり市）・堤《つつみ》（桐生市）・吉田（桐生市か）を巡って由良氏と相論をしている。その結果、北条氏によって係争地は阿久沢氏の本領と認められた。

同十六年にも、再度北条氏から離反した由良氏が阿久沢氏と戦っている。このように、由良氏と阿久沢氏はたびたび対立しているが、阿久沢氏は北条氏に従属し、時にはその助力を得て自らの所領を維持していた。

その後、同十七年十一月には、能登守自身三十人を召し連れて阿曽《あそ》の砦（昭和村）の城番を務めるように北条氏から命じられている。しかし、翌月になっても何らかの理由を付けて城番を務めていない。

同十八年になると、豊臣政権の小田原出兵に備えて、計四十一人を能登守自身が召し連れて、小田原城（神奈川県小田原市）に来るよう北条氏直《うじなお》から命じられている（写真）。だが、結果的に北条氏は豊臣政権に降伏し、それに伴い阿久沢氏も領主としての活動が確認できなくなる。

阿久沢氏は、根利道を押さえる境目の領主として、戦国大名や由良氏などの自律的な領主の間で時には彼らに翻弄され、時には彼らを利用して戦国時代を生き延びてきた。しかし、最終的には、阿久沢能登守の代に従属する戦国大名が滅亡し、阿久沢氏の領主としての道は断たれることになったのである。

（新保　稔）

深沢城跡（桐生市黒保根町宿廻）

訪ねてみよう

深沢城跡（桐生市黒保根町宿廻）…阿久沢氏の居城。沼田に抜ける根利道と密接に関係。

黒川衆《くろかわしゅう》

黒川谷の地侍《じざむらい》

文明十二(一四八〇)年、桐生佐野氏当主の直綱《なおつな》が松島十郎治郎に黒川内沢入《そうり》(みどり市東《あずま》町)で所領を与えたのが、黒川谷の初見とみられる。松島氏は小夜戸《さやど》字松島(みどり市)を名字の地とする有力地衆《じしゅう》である。永禄四(一五六一)年に成立した「関東幕注文」では、阿久沢対馬守《あくざわつしまのかみ》・松嶋(崎)大和守《やまとのかみ》が桐生佐野氏の支配下で登場する。同十年、沼田盆地から根《ね》利《り》(沼田市)の峠を越え黒川谷の五《ご》覧田城《らんだじょう》(みどり市)付近に抜ける根利道が、軍用道路として整備された。これにより沼田と東上野《こうずけ》の距離が短縮され、黒川谷の重要度も高まった。特に深沢城(桐生市黒保根町)の阿久沢氏は、根利道の管理者として国衆に取り立てられ、自立していく。黒川谷の地侍も阿久沢氏を中心にゆるやかに連帯していたとみられる。

黒川谷の地衆が最も活躍したのは、桐生に入部した金山城主由良氏が天正十二(一五八四)年に北条氏から離反した時である。黒川衆は阿久沢氏に率いられ北条方として黒川谷を守備し、由良勢と戦った。七月三日行われた五覧田城の合戦、八月二十三日の深沢城の合戦での活躍に対し、北条氏直《うじなお》は阿久沢氏を介さずに直接、目黒織部丞《おりべのじょう》へ感状を出している。目黒氏は後に水沼村(桐生市黒保根町)に帰農していることから、この周辺の地侍であろう。同様の感状がこの時に松井豊後守《ぶんごのかみ》・同新左衛門尉《しんざえもんのじょう》、須藤主計《かずえの》助《すけ》、前原淡路守《あわじのかみ》、深沢次郎右衛門《じろううえもん》、尾池司馬丞《しばのじょう》、須浦又次郎にも出され、いずれも黒川谷の地侍であろう。

なお、同十六年二月、松井豊後守夫婦と結衆二十六人が奉納した六地蔵石幢《せきどう》が、今も深沢城の下に残り、黒川衆の信仰をしのぶことができる。

(須藤 聡)

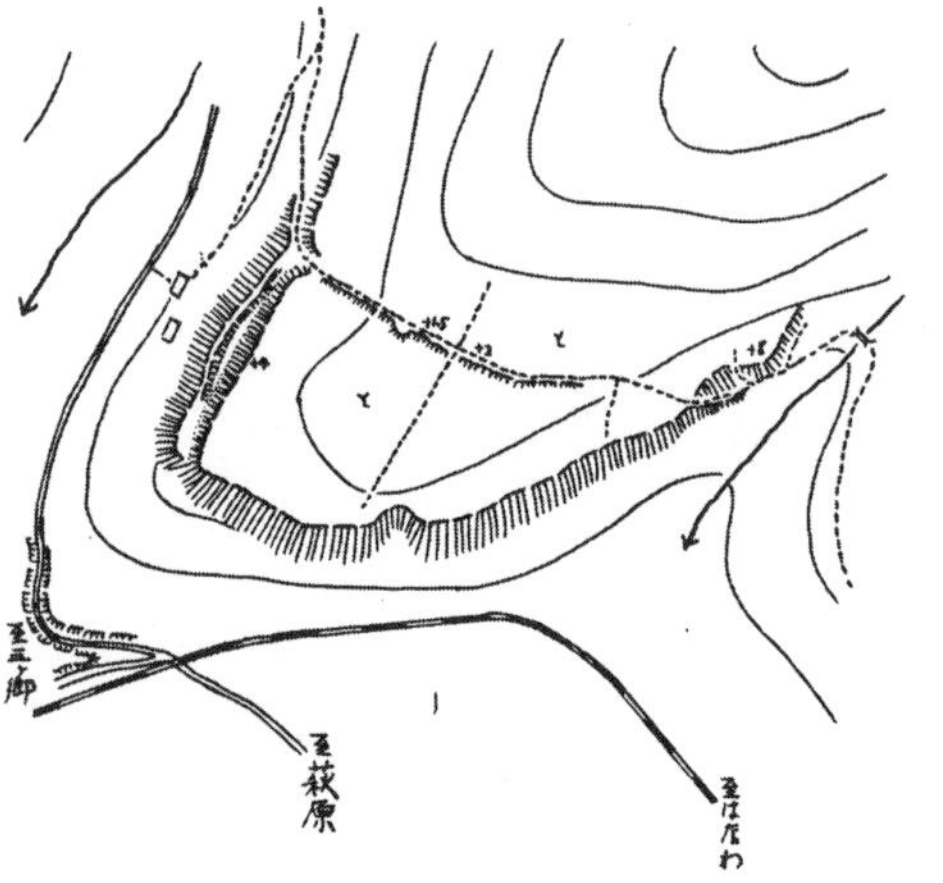

五覧田城縄張図(群馬県教育委員会編『群馬県の中世城館跡』より)

訪ねてみよう

五覧田城跡(みどり市東町荻原)…市指定史跡。黒川谷の要衝で、根利道と関連深い。

彦《ひこ》部《べ》 信《のぶ》勝《かつ》

桐生領の地衆《じしゅう》
一五三六(天文五)～一六一一(慶長十六)

平成四(一九九二)年八月、戦国時代の豪族の屋敷構えをよく残す桐生市広沢町の彦部家住宅が国指定重要文化財に指定された。この屋敷主である桐生彦部家の初代が、彦部雅楽頭晴直《うたのかみはるなお》の三男の弥太郎《やたろう》信勝である。

彦部氏の本姓は高階《たかしな》氏で、平安時代末期から源姓足利氏の執事で、高師直《こうのもろなお》も同族である。先祖光朝《みつとも》が鎌倉時代に陸奥国斯波《しわ》郡彦部郷(岩手県志波町)に移り、彦部氏を名乗ったという。室町幕府のもと彦部氏は奉公衆《ほうこうしゅう》となり将軍や鎌倉公方に近侍し、父晴直も十二代将軍義晴《よしはる》・十三代将軍義輝《よしてる》の側近であった。将軍義輝侍《じ》女《じょ》の小侍従《こじじゅう》は上の御所への進物として、仁田山紬《にたやまつむぎ》(川内町仁田山産)などの織物を彦部晴直に注文していた。

彦部家住宅(桐生市広沢町)

一方、彦部信勝は永禄三(一五六〇)年に関白近衛前久《このえさきひさ》と共に越後(新潟県)・関東に下向し、由良氏の客分になったとされる。同四年に信勝は桐生における軍功によって由良成繁《なりしげ》から広沢郷(桐生市広沢町)内に千疋の所領を与えられ、現在の彦部屋敷の地に住むようになったとされる。

同八年には畿内において三好義継《みよしよしつぐ》が謀反を起こし、十三代将軍足利義輝と共に父晴直・兄輝信《てるのぶ》が戦死すると、信勝は彦部本家を継ぐことになった。さらに、兄輝信の遺児四郎法師丸《ほうしまる》が信勝のもとに落ち延び、成長し信直《のぶなお》と名乗り、広沢彦部家を継いだという。信勝は、天正十六(一五八八)年に父晴直・兄輝信の菩提を弔うため手臼《てうす》山麓に福厳寺《ふくごんじ》を開基し、慶長十六(一六一一)年に七十六歳の波乱の生涯を閉じた。

(須藤　聡)

訪ねてみよう

彦部家住宅(桐生市広沢町6-877)…国指定重要文化財。彦部氏代々の住居。中世豪族の館が良好に残る。

コラム● 山上一族

山上保《やまがみほ》(桐生市新里町)を本拠としていた武士で、秀郷流《ひでさとりゅう》藤原氏の一族である。鎌倉時代には幕府御家人となり、南北朝時代には六郎左衛門《ろくろうざえもん》が新田義貞に仕えている。山上保内の善昌寺《ぜんしょうじ》(桐生市新里町新川《にっかわ》)に新田義貞の首塚とされる五輪塔と遺臣に関わる伝承があることからも、山上氏と義貞との深い関わりがうかがえる。

室町時代の山上氏は、上野国(群馬県)の守護上杉氏の馬廻《うままわり》衆《しゅう》(家臣)であったようで、享徳の乱では山上兵部少輔《ひょうぶのしょう》(公秀《きみひで》)の所領が古河公方方の桐生佐野氏に与えられている。長享の乱でも佐野周防守《すおうのかみ》に在所を追われた後、岩松氏家宰《かさい》の横瀬《よこぜ》氏の援助で葛塚要害《くずつかのようがい》(山上城か)に番衆として取り立てられ、以後は山上藤九郎・平六が横瀬氏の同心となった。その後は上杉氏や北条氏に従うなど、大勢力の狭間で弱体化したようである。

一方、一族とみられる人物が他国で活躍している。下野《しもつけ》佐野氏に山上筑前守《ちくぜんのかみ》・同美濃守《みののかみ》が重臣として仕え、山上城主一族とされている。中でも山上道牛《どうぎゅう》は、天正十四(一五八六)年に北条氏忠《うじただ》が佐野家の養子に入ると、これを嫌い上方《かみがた》へ行き豊臣政権に仕え使者として東国大名の元に派遣された。北条氏滅亡後、佐野氏名代《みょうだい》となった佐野一族の天徳寺《てんとくじ》宝衍《ほうえん》のもとで、同十九年に佐野領内の開墾を奨励している。

同十八年北条氏滅亡後に北条氏直《うじなお》が高野山(和歌山県)に蟄《ちっ》居《きょ》すると、山上強右衛門《すねえもん》がこれに従う。上野国の山上一族なのか明らかではないが、それ以前の同十二年に氏直から松井田(安中市)で百貫文を加増され、また上方に送る馬を上野国の新田で調達するなど、上野国内でも活躍した人物である。

なお、平成二十八(二〇一六)年には、第一回山上城郷右衛《ごうえ》門《もん》まつりが行われた。山上郷右衛門は北条氏や徳川家康に仕え活躍し、晩年に山上に住んだとされ、山上城跡そばの曹洞宗赤城山天正院常広寺《てんしょういんじょうこうじ》はゆかりの寺であるとされている。

(須藤　聡)

第12章　太田地域の戦国人

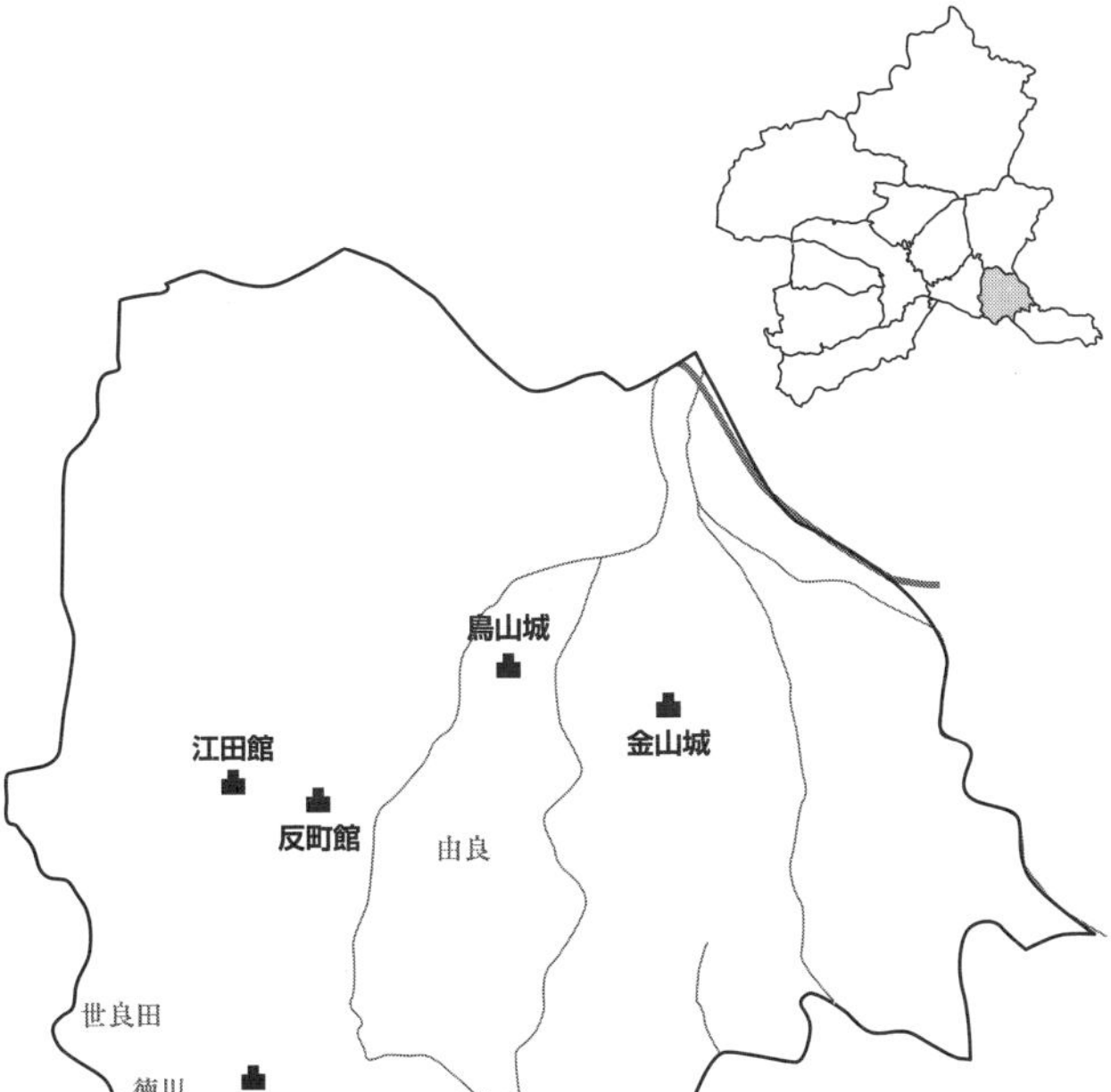

太田地域要図

戦国時代の太田地域

太田地域は群馬県の南東部に位置し、南端に利根川、北東端に渡良瀬川が流れ、全体として平坦な地形である。北部に八王子丘陵、市街地中央部に金山丘陵があり、戦国時代には金山に金山城が築かれた。西部には大間々扇状地が広がり、旧新田町域・旧尾島町域は新田荘の中心的な舞台となった。

東国の戦国時代は、十五世紀半ばに起こった享徳の乱から始まるといわれている。この争乱は、関東の諸領主が古《こ》河《が》公方《くぼう》方と室町幕府が支援する上杉方に二分して争うものであった。この頃、太田地域で動向が確認できるのが岩松氏であり、この頃には持国《もちくに》の京兆《けいちょう》家と家純《いえずみ》の礼部《れいぶ》家とに分かれて対立していた。そのため、文明元（一四六九）年に家純は金山城を築城し、統一した礼部家・京兆家の家臣の結束を図った。同三年頃も諸合戦が続いたが、太田地域の岩松家をはじめとする多くの領主は、従来通りに幕府・上杉方に属した。しかし、同八年に上杉方の内部で長尾景春《かげはる》の乱が起こると、家純は古河公方方に転換した。

その後、明応四（一四九五）年の岩松氏と横瀬氏の内紛である屋裏《おくり》の錯乱が起こる。古河公方の調停により、横瀬氏が岩松尚純《ひさずみ》の子息昌純《まさずみ》の後見人となって、実質的に勝利した。実権を握った横瀬氏は強権を発動し、金山城で昌純を殺害した。

こうして岩松氏に代わり、十六世紀前半を通じて、横瀬《よこぜ》氏（後の由良《ゆら》氏）が実権を掌握していった。ちょうど同じ時期、上野国《こうずけのくに》（群馬県）では関東管領《かんとうかんれい》の上杉氏が勢力を落とし、越後国《えちごのくに》（新潟県）の上杉謙信、甲斐国《かいのくに》（山梨県）の武田信玄、相模国《さがみのくに》小田原（神奈川県小田原市）の北条氏が上野国に勢力を伸ばしていった。そして、永禄三（一五六〇）年に謙信が関東へ本格的に出陣し、その際に謙信に味方する諸将の名と紋を書き上げた「関東幕注文」が作成された。それによると、横瀬成繁《なりしげ》（後の由良成繁）は三十人の新田衆の旗頭として記され、この時期は上杉方として活動していた。

その後、関東での上杉氏の影響力が低下したため、同九年頃には成繁は上杉方から北条方へと転換している。越後上杉氏と関東の北条氏との間に越相《えっそう》同盟が成立するが、成繁は両者の交渉の仲介役を務めて政治力を発揮している。越相同盟も元亀二(一五七一)年には崩壊し、同年に北条氏と武田氏の甲相《こうそう》同盟が成立する。天正二(一五七四)年には、新田領に対して上杉謙信による進攻が展開された。その後、上杉氏と武田氏の越甲《えっこう》同盟が成立する。同八年には、北条氏方の由良氏は、武田勝頼《かつより》や北条氏と対抗した佐竹義重《よししげ》から新田領太田宿などの攻撃を受けた。

武田勝頼が同十年に滅んだ後、北条氏は上野国における勢力を広げる。同十二年には北条氏は新田に進攻した。翌十三年には、金山城は北条氏により接収され、各曲輪《くるわ》に宇《う》津木下総守《つぎしもうさのかみ》などが配された。同十八年に北条氏は豊臣秀吉に降伏する。同年六月、由良成繁の室の妙印尼《みょういんに》は、前田利家《としいえ》によって「新田身上」(由良成繁の子の国《くに》繁《しげ》の進退)について豊臣秀吉に取り成すことを約束された。由良国繁は、秀吉により常陸国牛久《ひたちのくにうしく》(茨城県牛久市)の知行を与えられた。由良氏は妙印尼の対応により、その名跡が存続された。

(細谷　昌弘)

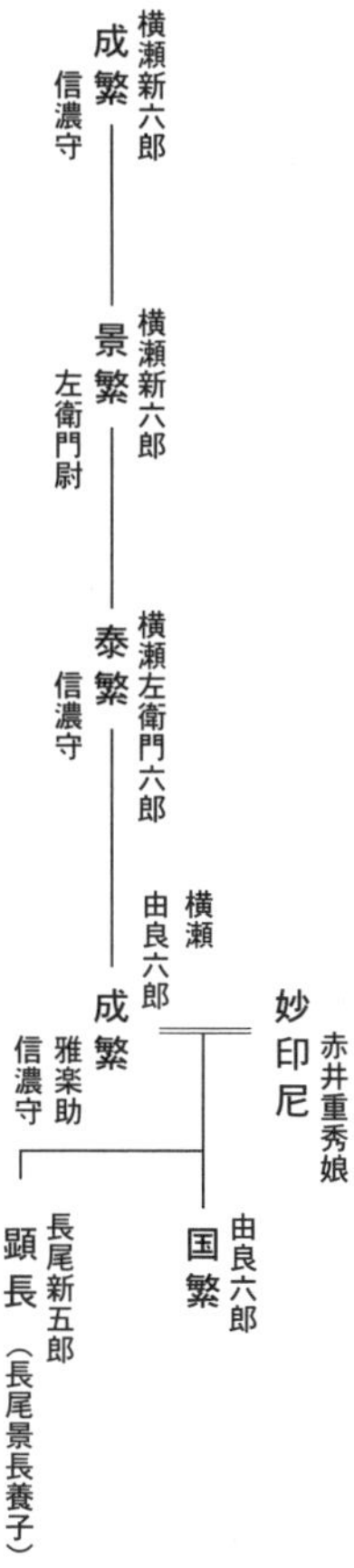

横瀬・由良氏略系図

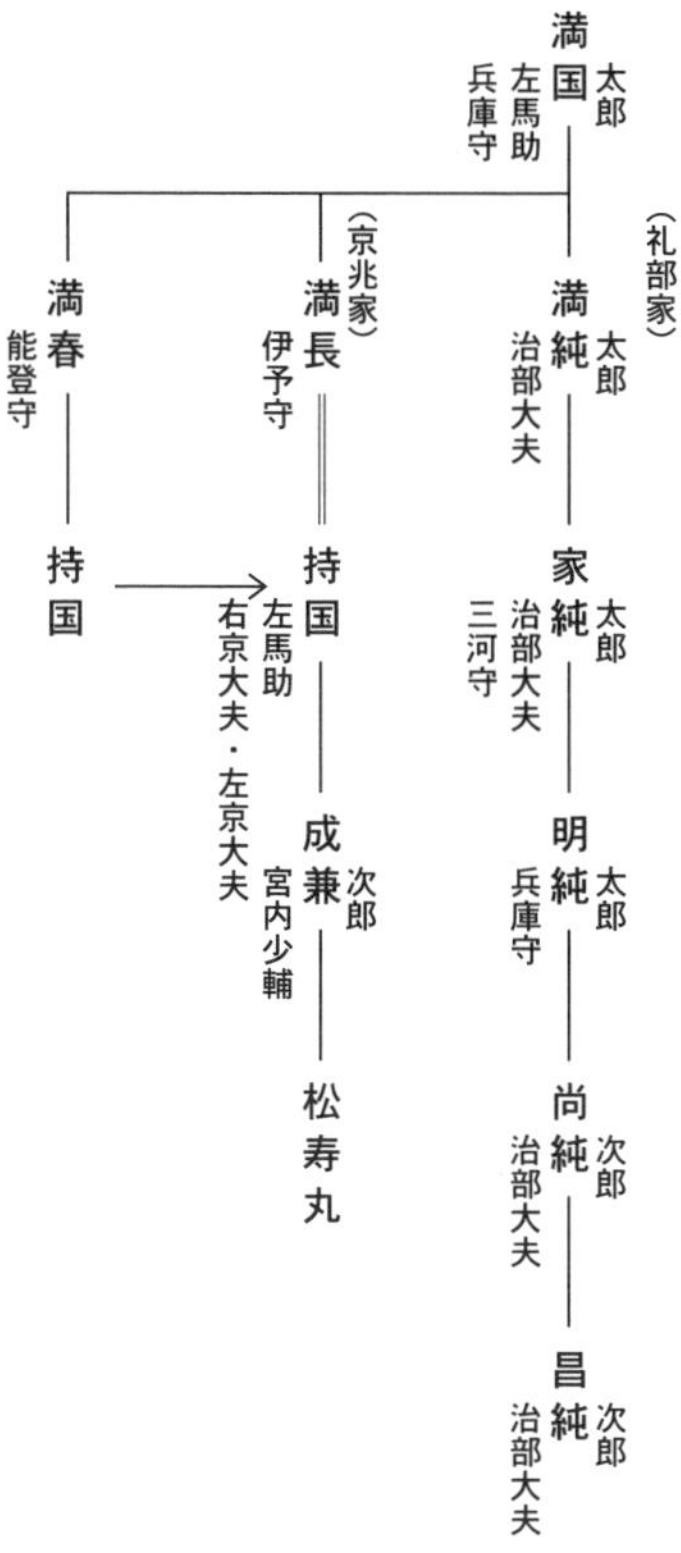

新田岩松氏略系図

岩《いわ》松《まつ》持《もち》国《くに》

骨肉の争いの末に殺害される
?〜一四六一(寛正二)

応永二十六(一四一九)年、土用安丸《とよやすまる》(持国)は祖父の岩松満国《みつくに》から、新田荘内外の本領を譲り渡されており、これが持国についての初見である。その後、永享八(一四三六)年の寄進状では持国を名乗っており、それまでには元服していた。同十二年には結城合戦(茨城県結城市)が起こる。結城合戦は前年の永享の乱で幕府に討たれた鎌倉公方足利持氏《もちうじ》の遺児が結城氏と結んで幕府に起こした反乱である。この結城合戦に際して、岩松持国・桃井憲義《もものいのりよし》・結城《ゆうき》氏朝《うじとも》以下の軍勢が幕府方を攻めており、持国は幕府と敵対した鎌倉公方足利方として活動していた。

享徳三(一四五四)年には、鎌倉公方(後の古河公方)足利成氏《しげうじ》と関東管領上杉氏を二つの頂点とした内乱が起こり、享徳の乱と呼ばれている。幕府は上杉氏を支援し、成氏に対抗するため、将軍足利義政の弟の足利政知《まさとも》を関東に派遣した(堀越《ほりごえ》公方)。享徳の乱において岩松氏では、京兆家《けいちょうけ》の岩松持国と礼部家《れいぶけ》の岩松家純《いえずみ》に分かれて争う状況にあった。そして、持国を古河公方足利成氏が支援し、家純を将軍足利義政や堀越公方足利政知《まさとも》が支援した。

岩松持国の花押

享徳年間に足利成氏が岩松持国に宛てた書状が、「正木文書」に複数現存している。享徳三(一四五四)年十二月二十九日付で成氏から持国に宛てた書状案によると、上杉方に攻め入り、自身も傷を負うほど戦ったことは神妙である、と記されている。さらに長楽寺の僧松陰《しょういん》が記した『松陰私語』によると、康正元(一四五五)年七月には、上野国穂積原合戦《ほづみはらかっせん》(伊勢崎市境保泉)などで持国は新田の面々と共に参陣したようである。このように、持国が享徳・康正年間には成氏方として継続的に活動していたことが分かる。

同年に持国は没収された所領を取り返すために、闕所注文《けっしょちゅうもん》を古河公方の足利成氏へ提出していた。その結果、上野国(群馬県)

訪ねてみよう

結城城跡(茨城県結城市結城2486-1　城跡歴史公園)…市指定史跡。結城城の跡地で公園として整備。

や武蔵国（埼玉県）の所領が、成氏から認可されている。さらに、成氏から新田荘における未来闕所《みらいけっしょ》についての権限と新田荘内の守護不入権も認められている。未来闕所とは、これ以降に主がいない所領が生じた場合の処分権であり、守護不入は守護の入部を拒否できる権限である。これにより、持国が新田荘における権限の拡大を進めようとしていたことが分かる。

　享徳・康正年間（特に一四五四～五六の間）には、足利成氏から持国に宛てた文書が多く残されているように、成氏方として活動してきた。しかしながら、長禄二（一四五八）年になると、持国は敵対していた幕府方のトップである将軍足利義政から接触されている。すなわち、成氏を誅伐《ちゅうばつ》するために馳《は》せ参じ忠節を尽くせば賞すと義政は述べており、持国への懐柔であった。その後、岩松家純や横瀬国繁《くにしげ》などの働きかけもあり、持国は幕府方（堀越公方・上杉方）に転じている。それは例えば同年九月二十四日付で、堀越公方の足利政知から持国に成氏の殺害について記した文書があることからも分かる。

　翌三年に足利政知から持国に文書が送られた。それによると、羽継原《はねつぐはら》（館林市）で身命を捨て合戦に及んだことは神妙であり、ますます忠功に励むようにとの旨が伝えられている。しかしながら、この後に持国は再び古河公方の足利成氏方になる。そして、寛正二（一四六一）年に持国父子が成氏に内通していたことが露見し、家純により殺害されたという。これにより、享徳の乱の終結を待つことなく、持国の生涯は幕を閉じた。

　このように岩松持国は一族の家純との骨肉の争いの末に殺された、悲劇の人物である。しかしながら、文書の残存状況が比較的よいために、その活動の様子がよく分かる。享徳の乱の狭間を生き、その足跡は「正木文書」（写真）を中心に確認することができる。

（細谷　昌弘）

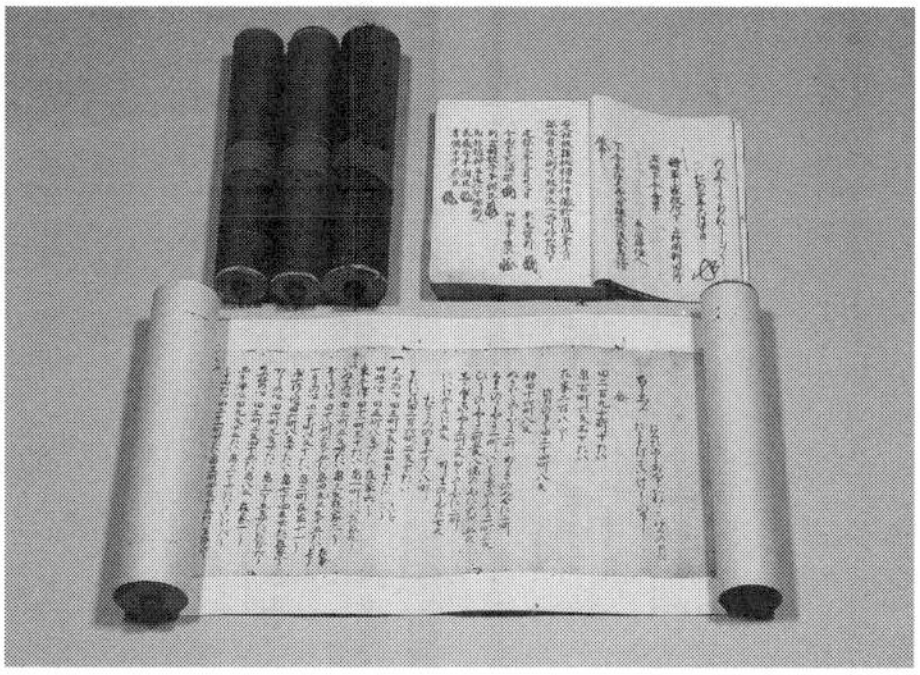

正木文書（群馬県立歴史博物館蔵）

訪ねてみよう

古河歴史博物館（茨城県古河市中央町3-10-56）…古河公方の歴史などを概説して展示している。

岩松《いわまつ》 家純《いえずみ》

敗者の子息から一転して家督に
一四〇九（応永十六）頃～一四九四（明応三）

岩松家純は「正木文書」や、長楽寺の僧松陰《しょういん》が記した『松陰私語』から、その動向が分かる。特に『松陰私語』では松陰が巻末に、源慶院殿《げんけいいんどの》（岩松家純）の御日記として記録したとあるように、家純の動向がよく分かる。これらの史料から岩松家純について見ていこう。

家純の幼少時に父の満純《みつずみ》は、上杉禅秀《ぜんしゅう》の乱において禅秀にくみし滅亡した。応永二十四（一四一七）年、九歳の家純は長楽寺（太田市）の万像庵《まんぞうあん》に匿われ、翌年十歳の時に甲斐国（山梨県）の武田氏のもとへ、その後に美濃国（岐阜県）の土岐氏のもとに隠れ暮らした。ところが、永享十（一四三八）年に鎌倉公方足利持氏と将軍足利義教の対立が起こると（永享の乱）、家純は義教に召し出され、元服して名を岩松長純《ながずみ》（後の家純）と名乗り、義教から太刀などが与えられた。それは、持氏討伐のための幕府軍の武将として派遣されるためでもあった。

永享の乱で鎌倉公方の足利持氏が没した後、永享十二（一四四〇）年に持氏の遺児が擁立されて結城合戦（茨城県結城市）が起こった。家純は幕府・上杉方として関東に下向し、同合戦では三大将の一人として活躍した。その直後の嘉吉元（一四四一）年に将軍の足利義教が赤松満祐《みつすけ》によって殺害され、このことは家純にも知らされている。義教は冷酷な将軍として知られているが、自ら見出してくれた義教の死は、家純にとってはショックであったろう。

その後、永享の乱で不在となった鎌倉公方を再興する機運が高まり、文安四（一四四七）年に足利成氏《しげうじ》が鎌倉公方となり、関東管領に上杉憲《のり》忠《ただ》が就任することで、鎌倉府は再興された。しかしながら、背後に幕府が控える関東管領の補佐を気に入らなかった成氏は憲忠を殺害し、享徳三（一四五四）年、東国を古河公方の足利成氏方と上杉・幕府方に二分する享徳の乱が起こった。

金山城跡の大手虎口（太田市金山町）

岩松家純の花押

享徳の乱の当初、岩松家では京兆家《けいちょうけ》の持国《もちくに》と

訪ねてみよう
金山城跡（太田市金山町40-106他）…国指定史跡。復元整備され、歴史学習の場ともなっている。

礼部家《れいぶけ》の家純とで、それぞれ古河公方方と上杉方に分かれていた。例えば、翌四年六月の上野国（群馬県）の三宮原《さんのみやはら》合戦（吉岡町）などで、礼部家は上杉方として参陣している。長禄年間（一四五七～六〇）になると、家純は持国の切り崩しを始める。長禄二（一四五八）年五月に家純から持国に宛てて書状が送られており、持国は上杉方（幕府・堀越公方）に転じた。その後、持国は以前にくみしていた古河公方方に再び内通するが、寛正二（一四六一）年に家純により殺害される。これにより、岩松家は家純のもとで京兆家と礼部家とが統一した。

こうした岩松家の統一という一大事を示すためにも、文明元（一四六九）年に金山城（太田市）が築城された。この頃はいまだに享徳の乱の最中であったが、岩松家統一の儀式が横瀬国繁《くにしげ》の邸宅で行われ、上座の中央に家純が、左は京兆家（旧持国の家臣）、右は礼部家（家純の家臣）が並んでいる。

同三年には上杉方が古河公方方の館林・足利方面に大規模に進攻しており、足利成氏を本拠地の古河から追いやるほどの戦果を挙げた。そのために将軍足利義政は足利荘内の赤見城（佐野市）ならびに樺崎《かばさき》城（足利市）攻めで活躍した家純らの活躍を賞している。同五年、足利義教の三十三回忌に当たり、家純は出家し、道建《どうけん》と名乗っている。

同八年頃になると家純を取り巻く状況が変化する。なぜならば、上杉方の内部分裂である長尾景春《かげはる》の乱が起きたためであった。その結果、上杉方の総本陣である五十子《いかっこ》陣（埼玉県本庄市）が崩壊してしまうほどであった。こうした東国政治史の画期に際して岩松家では動揺が広がり、家純とその子の明純《あきずみ》とで政治的立場が相違していった。すなわち、家純は古河公方方へ転換し、明純は上杉方へとくみしていく。

こうした岩松家の分裂に対処して一族・被官人を統制するため、家純は翌年七月二十三日に、金山城において神仏への誓約である一味神水《いちみしんすい》を行った。そうした内部統制と併せて、対立陣営のトップであった古河公方の足利成氏の許しを請うため、家純は松陰を古河に遣わしている。

晩年には路線対立をした子の明純とは決定的に対立してしまい、横瀬国繁父子が働きかけ、岩松尚純《ひさずみ》（家純の孫）を代理として金山に迎え入れることになる。

明応三（一四九四）年、八十歳を超えていたとみられる家純は死去した。死の前日に横瀬国繁父子・岩松尚純・松陰が枕元にいて最期の時を過ごしており、そこで尚純や松陰に遺言を残した。源慶院殿（家純）の御霊廟は呑嶺《どんれい》であり、御廟や石塔があったという。

（細谷　昌弘）

訪ねてみよう

古河公方館跡（茨城県古河市鴻巣399-1　古河公方公園）…地名から「鴻巣御所」とも呼ばれた。

鳥山式部大夫《とりやましきぶのたいふ》

成氏《しげうじ》方として活躍した新田一族
生没年未詳

　享徳の乱が幕を開けて間もない享徳四(一四五五)年六月、京都から越後国(新潟県)に下向した上杉方の上杉房顕《ふさあき》らは南進し、それを防ごうとする古河公方足利成氏方と三《さんの》宮原合戦《みやはらかっせん》(吉岡町)で激突した。その後、上杉方では大手(正面)からは五千騎、それ以外にも二千五百余騎で赤城山麓の堀《ほり》越《こし》(前橋市)に進軍した。その大手に打ち向かう古河公方方の武将は、岩松・鳥山・桃井《もものい》以下であり、鳥山氏が古河公方方として参陣していた。

　対立陣営である古河公方方のこの頃の書状が残されている。それは成氏が岩松持国《もちくに》に宛てた書状であり、大手合戦が火急であるために、鳥山式部大夫が成氏に持国の参陣を要請した内容のものである。このように鳥山式部大夫は、成氏方であったと考えられる。

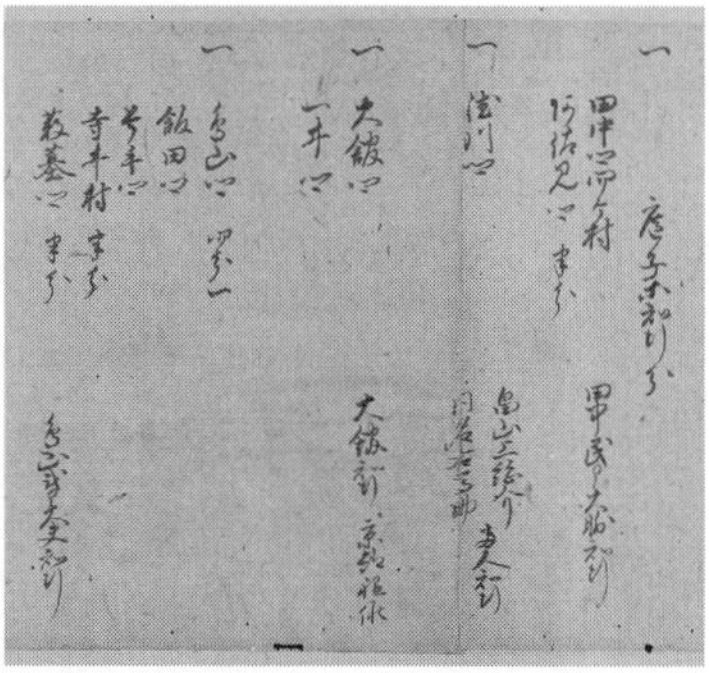

新田荘知行分目録(正木文書　群馬県立歴史博物館蔵)

　享徳の乱に際して鳥山氏と同じ新田一族の岩松持国が作成して成氏に提出した「新田荘知行分目録」が現存しており、その中で所領の分割の様子が分かる(写真)。初めに持国当知行分として二十七カ所が記され、その庶子など知行分で、鳥山式部大夫の知行が、鳥山郷四分一・飯田郷・長手郷・寺井村半分・薮塚《やぶづか》郷半分と記され、いずれも今の太田地域が鳥山式部大夫の知行地であった。

　享徳の乱が進み、足利成氏が滝・島名(高崎市)に在陣していた文明九(一四七七)年頃、松陰が鳥山の陣所に向かうと鳥山式部大夫が在陣していた。その五日前に鳥山陣所に松陰が忍び入って見物したとき、鳥山式部大夫は馬場に出て陣所の普請を指示していたという。松陰(岩松家純方)にとって、鳥山氏は看過できない存在であったことが垣間見られる。滝・嶋名の在陣は岩松家純《いえずみ》にとって上杉方から古河公方方に転換して初めての軍事活動であり、新田荘の知行権を得るため、利害関係のある鳥山式部大夫に隠密にする必要があった。（細谷　昌弘）

訪ねてみよう

三宮神社(吉岡町大久保1)…式内社で上野国三宮。この辺で三宮原合戦があったか。

横瀬《よこぜ》国繁《くにしげ》

岩松家純《いえずみ》の重臣で、文武の誉れ高い
一四二五(応永三十二)～一四八八(長享二)

東国を二分して争われた享徳の乱に際して、国繁は上杉方に属した岩松家純の家臣であった。康正元(一四五五)年の武州須賀合戦(埼玉県行田市)では、父の貞国《さだくに》(良順《りょうじゅん》)が討ち死にし、国繁自身も傷を負った。良順の死後、跡を継いだ国繁は岩松家純の重臣として活動する。

享徳の乱の当初、国繁の主家筋に当たる岩松家は家純と持国《もちくに》に分裂していた。ところが、古河公方足利氏方にくみしていた持国は上杉方であった家純と和睦して上杉方に転身した。両者が和睦交渉をしていた長禄二(一四五八)年、国繁は家純の意向を持国に述べるなど、家純方の交渉役として活躍した。

長楽寺の住持で岩松家純の顧問でもあった僧侶の松陰《しょういん》は、国繁のことを潔白で正直であり、文武に秀でた勇士であると記している。そうしたこともあって、文明元(一四六九)年に金山城(太田市)が築城されると、両岩松家の統一の儀式が国繁の邸宅で行われた。

同九年に岩松家では、同家の分裂を防ぐために金山城で神仏に誓約する一味神水《いちみしんすい》をしている。その際の起請文《きしょうもん》の一つでは、当家の条々(法令)は国繁が代官として執り行うと決められた。また、時期は不明ながら、江戸城築城で有名な太田道灌が金山城を訪れた際、国繁は対談していた。

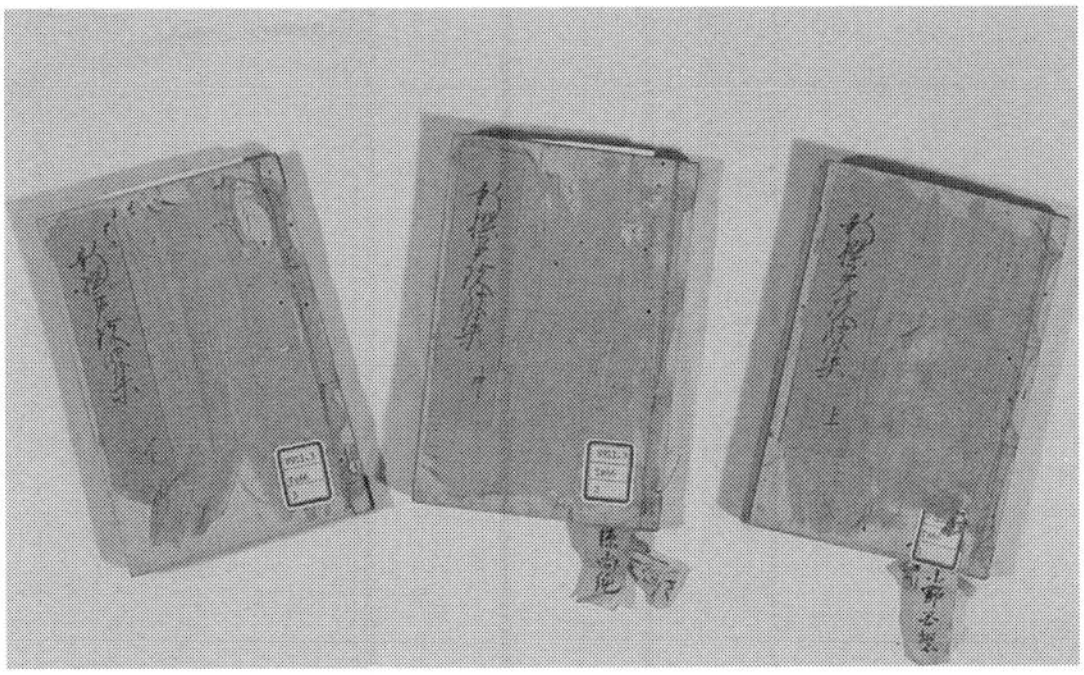

『新撰菟玖波集』(新田文庫　群馬大学総合情報メディアセンター蔵)

国繁には文化的な素養もあったようで、当時流行した連歌を嗜《たしな》んでいた。連歌師の宗祇《そうぎ》らが編さんして明応四(一四九五)年に成立した准勅撰連歌撰集《じゅんちょくせんれんがせんしゅう》の『新撰菟玖波集《しんせんつくばしゅう》』(写真)には、国繁の句が入集されている。

国繁の没年は供養塔銘により、長享二(一四八八)年である。しかし、長楽寺の僧松陰が記した『松陰私語』では、それ以降もその名が見え矛盾を来しており、今後検討が必要であろう。

(細谷　昌弘)

訪ねてみよう

金龍寺(太田市金山町40-1)…横瀬氏の菩提寺であり、横瀬(由良)氏の五輪塔や新田義貞の供養塔がある。

松《しょう》陰《いん》

長楽寺の僧侶で岩松家純《いえずみ》の顧問
一四三八(永享十)?〜?

　松陰は岩松家純の顧問として活躍し、『松陰私語《しょういんしご》』という回想風の記録を残した僧侶である。生年はよく分かっていないが、『松陰私語』が完成したのが永正六(一五〇九)年で、その時点で七十二歳であったといわれる。そこから逆算すると、松陰が生まれたのは永享年間である。没年もはっきりしないが、増国寺《ぞうこくじ》(埼玉県本庄市)に「前惣持当寺中興開山新田松陰西堂禅師」と記された位牌《いはい》が残っているので、晩年を同寺で過ごしたようだ。『松陰私語』では、松陰は自身のことを「愚僧」・「成福寺《じょうふくじ》」・「松陰」・「新田松陰軒」と記している。

　松陰の仕える岩松家純は、享徳の乱の初めは上杉方にくみしていた。享徳の乱の間もない頃に確認される松陰の動向として、応仁二(一四六八)年の師島合戦《もろじまかっせん》(毛呂島・伊勢崎市茂呂町)で使者となったことが記されている。

長楽寺(太田市世良田町)

　文明元(一四六九)年には主君の岩松家純は、金山城を築城した。この築城に際して、松陰は家純の代官として鍬《くわ》始めや地鎮《じちん》の儀式を実施し、七十余日の間、普請を行った。同三年には上杉方が館林・足利方面に大規模に進軍し、館林城合戦が起こる。同合戦では、松陰と横瀬成繁《なりしげ》が家純の代官として在陣している。同五年の家純の出家に際しては、松陰も剃刀《かみそり》を入れたという。

　同八年に上杉方の内部で長尾景春《かげはる》の乱が起き、それを契機に本陣の五十子陣《いかっこ》(埼玉県本庄市)が崩壊し、岩松家純は劣勢の上杉方から古河公方足利方へと転じていく。しかしながら、この岩松家の政治路線の転換を巡って家純とその子明純《あきずみ》との間で確執が生じ、その間で松陰が奔走している。

　翌九年七月二十三日、家純は不安定な岩松家をまとめるために、金山城において一《いち》味神水《みしんすい》を実施した。その際に子の明純と孫の尚純《ひさずみ》が金山城に現れないため、松陰が使者として明純の屋敷へ行き、家純の意を直

訪ねてみよう

長楽寺(太田市世良田町3119-6)…国指定史跡「新田荘遺跡」の構成要素で、文化財を多く所蔵している。

接伝えている。その後、家純が古河公方方にくみするに当たり、松陰が古河に直接参上し、上杉方陣営に属してきた長年の不忠を許して欲しいと願う家純の意を伝えている。

明応三(一四九四)年、松陰が長年仕えてきた家純が死去した。これ以前、家純は子息の明純を勘当しており、自らの後継者は孫の尚純であった。そのために家純の臨終に当たって、松陰は岩松尚純・横瀬国繁父子と共に家純の枕元に呼ばれ、「今後も信濃父子(横瀬国繁・成繁)と相談し物事を進め、落度がないように」との遺言を聞く。その後、尚純が家督を継承するに当たり古河(茨城県古河市)に出仕し、古河公方足利成氏と尚純との対面は、松陰や横瀬成繁の尽力によって無事に行われた。

ところが、家純の遺言も空しく、この後に岩松氏の実権は横瀬氏に奪われ、翌年に昌純《まさずみ》が岩松家の家督として擁立された。その岩松昌純が文亀三(一五〇三)年八月四日付で、松陰に長楽寺の所領を保証した古文書が『長楽寺文書』に現存する。『松陰私語』以外で松陰のことを知ることのできる、貴重な史料である。

松陰の果たした役割はいくつか考えられる。一つ目は、陣僧・使者としての役割である。合戦に在陣したり、古河公方方に赴いたりするなど活躍した。二つ目は、岩松家の内部の出来事に携わる役割である。金山城築城の際に鍬《くわ》始めや地鎮の儀式を実施するなど、岩松家の動向に欠かせない存在である。三つ目は、子孫の亀鏡《きけい》(手本)になるように『松陰私語』を記したと記述されているように、松陰は意識して後世に『松陰私語』を残したという役割がある。

松陰を取り巻く人物は、今まで見てきたように岩松氏(家純・明純・尚純・昌純)、横瀬氏(国繁・成繁・景繁《かげしげ》)、鳥山氏、古河公方足利氏、上杉氏などであり、当時の東国政治史において一級の人物と接触していた。さらに、江戸城築城などで著名な太田道灌とも接触していたようだ。

最後に、松陰が記した『松陰私語』と、そこから垣間見られる松陰の考えについて見ておこう。『松陰私語』は新田岩松氏の家記という体裁をとった回想録である。五巻の本文(第三は欠)とそれぞれの目録があり、松陰はそれを「仁義《じんぎ》礼智信《れいちしん》」と名付けている。松陰は『松陰私語』の冒頭に源慶《げんけい》院殿《いんどの》(家純)を「澆季《ぎょうき》無双之明将也」(澆季は末の世の意味)と記したり、巻末に『松陰私語』を家純の日記として書いたと記したりしたように、家純や岩松家への思い入れは強い。その一方で同時代の貴重な史料ではあるが、回想風の記録であるために曖昧な内容もある。これらの点を踏まえて『松陰私語』を見ていく必要があろう。

(細谷　昌弘)

訪ねてみよう

増国寺(埼玉県本庄市東五十子621)…松陰の墓所と位碑があり、松陰の最期の地と伝わる。

岩松《いわまつ》 明純《あきずみ》

京下りの岩松家当主
生没年未詳

岩松明純の父は家純である。母は江戸時代の記録ながら、『新田岩松之系図附録《にったいわまつのけいずふろく》』に比叡山延暦寺《ひえいざんえんりゃくじ》（滋賀県大津市）の杉《す》生坊《うぼう》の女と記されている（写真）。父家純は実は京都で過ごしている期間も長いため、母がそうした出自であっても荒唐無稽ではない。父母と同じく、少なくとも若い頃の明純は京都が生活圏であった。

文正元（一四六六）年十二月、明純は将軍足利義政から古河公方の足利成氏《しげうじ》を討つように命じられた。翌二年正月十日には、明純は後土御門天皇《ごつちみかどてんのう》によって新たに任官されている。また、公卿《くぎょう》の近衛政家《このえまさいえ》の日記『後法興院記《ごほうこういんき》』によって、政家とも接触していたことが知られる。こうした記録が現存することは、明純と京都政界との近さを示す。

文明三（一四七一）年五月、将軍足利義政は家純・明純父子に関東出陣を命じており、この頃には父子して将軍方（上杉方）として活動していた。その後、同年に上杉方が児玉《こだま》塚《づか》（栃木県栃木市）に発向した際、家純が総大将として、明純がその代官として出陣した。

同八年の長尾景春《かげはる》の乱を契機として、上杉方は劣勢となる。そのため、父の家純は古河公方足利方へ転じ、明純は上杉方へくみすることで、父子は袂《たもと》を分かつ。そうした状況下で家純は、同九年七月に金山城（太田市）において神仏に誓願して一味神水《いちみしんすい》を行い一族の統制を図るが、明純と子の尚純《ひさずみ》は山上に現れなかった。そのため、上杉顕定《あきさだ》に従って総社陣（前橋市）にいた明純と、家純の名代となった尚純との御一和が松陰らによって図られた。

その後、父の家純から勘当された明純は明応三（一四九四）年十一月の父の死を機として新田荘に入荘する。翌年に金山城の横瀬氏を倒そうと、子の尚純と屋裏《おくり》の錯乱《さくらん》を起こしたが、古河公方が調停することで、実質的に失敗した。

（細谷　昌弘）

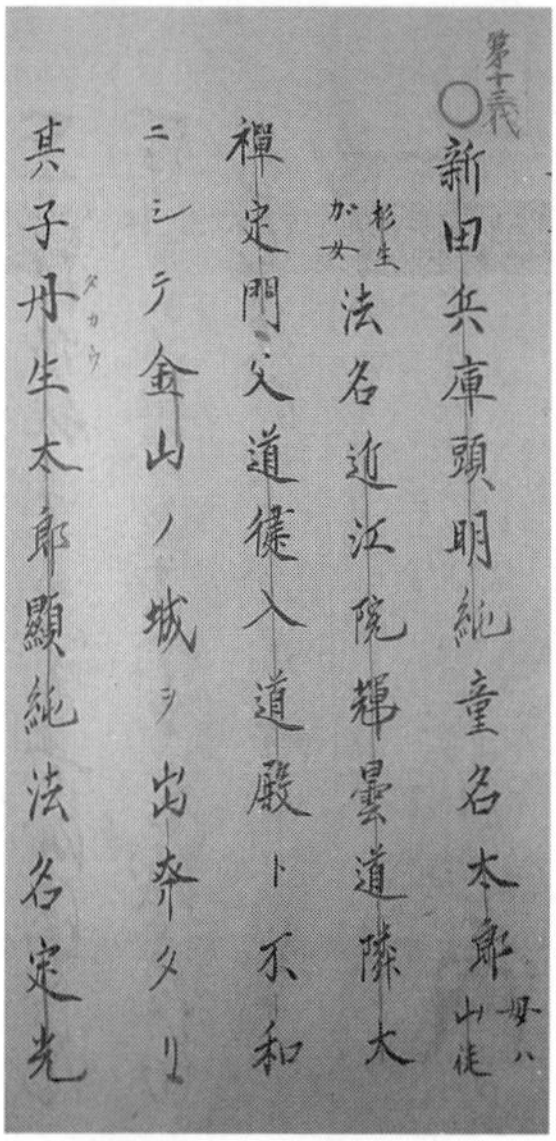

『新田岩松之系図附録』
（群馬県立歴史博物館蔵）

訪ねてみよう
太田市立新田荘歴史資料館（太田市世良田町3113-9）…岩松氏や横瀬（由良）氏に関する資料を常設展示。

岩《いわ》松《まつ》 尚《ひさ》純《ずみ》

岩松家の家督の座を降ろされる
一四六〇（寛正元）〜一五一一（永正八）

岩松尚純は明純の子である。明純は家純の子であるから、尚純は家純の孫ということになる。家純の家督は子の明純ではなく、実質的には孫の尚純に継承されていくので、この頃の岩松氏を理解するためには、こうした親・子・孫の関係を知る必要がある。

文明九（一四七七）年七月、家純は金山城（太田市）において神仏に誓願する一味《いちみ》神水《しんすい》をして一族をまとめようとしたが、子の明純と孫の尚純は金山城に現れなかった。その後、上杉顕定《あきさだ》の総社陣（前橋市）において、横瀬国繁《くにしげ》父子が明純・尚純父子を対面させる動きが出てくる。さらに、尚純が鉢形《はちがた》城（寄居町）に居城していた際には、やはり横瀬国繁父子の調法で、尚純を金山城へ移すという動きもあった。総社陣と鉢形の状況は、年未詳ではあるが、明純に代わり尚純を家純の後継者へと進める動きであった。

岩松尚純像（青蓮寺蔵）

明応三（一四九四）年の岩松家純の最期に際して、尚純はその枕元で遺言を聞いている。その後、家純の家督を継承した尚純は古河に出仕し、古河公方足利成氏と対面している。翌四年に横瀬氏を排除するために父明純と金山城で屋裏《おくり》の錯乱《さくらん》を起こしたが破れ、尚純は佐野荘《さののしょう》（栃木県佐野市）に蟄居、その子の昌純《まさずみ》が擁立された。

横瀬氏に権力を奪われた尚純であったが、文化的な業績を多く残した。例えば、准勅撰連歌《じゅんちょくせんれんが》撰集《せんしゅう》の『新撰菟玖波集《しんせんつくばしゅう》』には、尚純の句が多数入集されている。連歌師の宗長《そうちょう》の紀行文である『東路《あずまじ》の津登《つと》』にも登場し、永正六（一五〇九）年には新田荘に戻って隠遁《いんとん》していた。また、この時期の地方の武将としては珍しく、文亀元（一五〇一）年十月二十一日の日付が記された尚純の自画像も現存する（写真）。

太田市岩松町に尚純と夫人秋吟尼《しゅうぎんに》の墓があり、その銘文から没年は永正八（一五一一）年十月と知られる。

（細谷　昌弘）

訪ねてみよう

岩松尚純夫妻の墓（太田市岩松町661-2　尚純萩公園内）…市指定史跡。尚純と夫人秋吟尼の墓所。

横瀬《よこぜ》成繁《なりしげ》

岩松氏の重臣
?～一五〇一（文亀元）

横瀬成繁は、横瀬国繁《くにしげ》の子である。国繁と同様に岩松家に仕えた。

享徳三（一四五四）年以降、東国では古河公方足利成氏《しげうじ》方と関東管領上杉氏方（京都の幕府方）に分かれて争う享徳の乱が展開していた。成繁が仕えた岩松家では京兆家《けいちょうけ》の持国《もちくに》と礼部家《れいぶけ》の家純《いえずみ》に分裂しており、持国は古河公方足利方に、家純は上杉方に属していた。その後、家純が持国を殺害することで岩松家の統一がなり、文明元（一四六九）年二月二十五日に金山城事始《ことはじめ》が行われた。国繁・成繁父子は家純方として仕えており、同年八月に京兆家・礼部家の両岩松の統一の儀式が「国繁亭」で行われ、その座に成繁も同席している。このことから、横瀬国繁・成繁父子が岩松家純から信頼されていたことがうかがえる。

金龍寺（太田市金山町）

同三年には上杉方が館林・足利方面に大規模な軍事行動を行っており、館林城（館林市）での戦いでは、成繁は松陰《しょういん》と共に家純の代官として上杉方に在陣している。成繁は家純の代官を務めるまでになっていた。

ところが、同八年以降に上杉方の内部で長尾景春《かげはる》の乱が起き、総本陣の五十子陣《いかっこ》（埼玉県本庄市）が崩壊してしまった。こうした上杉方の劣勢に伴い、成繁の主君の岩松家純は上杉方から古河公方足利成氏方へと帰属を変えた。翌年、足利成氏が滝・島名（高崎市）に張陣すると、岩松家純は古河公方として初めて軍事行動をした。その際には、横瀬成繁が岩松家純の代官として参陣している。その後、広馬場《ひろばば》（榛東村）に陣は進み、成繁は公方方として在陣した。同年十二月に成氏と上杉方との和睦が成立して、成氏は本拠地の古河に帰座する途中に観音堂で休息した。その際に成氏は、横瀬成繁・横瀬新次郎・松陰の働きを褒め、直接自分の手で熟瓜《うみうり》を渡したという。

同十四年、三十年近く継続した享徳の乱

訪ねてみよう

金龍寺（太田市金山町40-1）…横瀬氏の菩提寺であり、同氏の五輪塔や新田義貞の供養塔がある。

が終結する。その後の平穏な時期は短く、長享元(一四八七)年からは、山内・扇谷両上杉氏が争う長享の乱が起こった。両氏が争った戦いの一つに、長享二(一四八八)年十一月の高見原《たかみはら》合戦(埼玉県小川町)がある。成繁は古河公方足利成氏から、同合戦での戦功を賞されている。

さて、文明八(一四七六)年の長尾景春の乱以降に岩松家純が上杉方から古河公方方に立場を変える際に、岩松家純の子息の明純《あきずみ》は上杉方の立場をとり、親子で対立した。そのため、例えば関東管領の上杉顕定《あきさだ》が総社陣(前橋市)に在陣の際、家純の孫・尚純《ひさずみ》を名代《みょうだい》(代理)とする動きがあった。また、尚純が鉢形《はちがた》(寄居町)にいた際にも、尚純を金山城へ移すという動きがあった。いずれにおいても、横瀬成繁は父国繁と共に尚純の家督継承に向けて活動していた。

明応三(一四九四)年の家純の最期に当たっては、成繁は岩松尚純・松陰・父国繁と共に家純の枕元にいた。家純は尚純に対して、「諸々の事は信濃父子(国繁・成繁)に任せて、私が在世のように取り計らえ」と遺言した。松陰に対しても「今後も信濃父子と相談し物事を進め、落度がないように」と遺言した。これらの遺言からも、家純の国繁・成繁への信頼が読み取れる。

家純の死後、家督を継承した孫の尚純は、明応四(一四九五)年に父明純と共に横瀬氏を排除するために金山城で屋裏《おくり》の錯乱《さくらん》を起こした。この岩松家と横瀬家の対立において、横瀬成繁は父国繁と共に金山城に立て籠もった。岩松・横瀬両者は古河公方の命で和睦しているが、実質的には岩松家方の敗北であった。古河公方は尚純の子の夜叉王丸《やしゃおうまる》(昌純《まさずみ》)を擁立するように、横瀬国繁・成繁父子に仰せ付けている。夜叉王丸は岩松八幡宮(太田市)で元服して昌純と名乗ったが、横瀬成繁がその差配をしており、以降は横瀬氏が実権を掌握していく。

成繁に関しては、連歌に関する史料でもその名を見ることができる。明応年間に成立した『新撰菟玖波集《しんせんつくばしゅう》』には、岩松尚純・横瀬国繁と並んで成繁の句が入集されている。

また、太田道灌が金山城を訪れており、国繁や松陰は道灌と対談したらしい。道灌が帰陣する時に父国繁は今井の大橋辺りまで送った。横瀬成繁は二十騎を引き連れ、間々田(埼玉県熊谷市)舟端まで送った。さらに、中間《ちゅうげん》一人を召して、道灌の陣下まで供奉《ぐぶ》した。

成繁の没年は金龍寺(写真)の供養塔銘によって、文亀元(一五〇一)年と知られる。法名の「宗忠《そうちゅう》」は、後の永禄九(一五六六)年の史料に、父国繁の法名の「宗悦《そうえつ》」と共に見える。

(細谷　昌弘)

訪ねてみよう

館林城跡(館林市城町23-1他)…市指定史跡。城沼を自然の要害とした城郭。別名を「尾曳《おびき》城」という。

由良《ゆら》 成繁《なりしげ》

越相《えっそう》同盟の締結に尽力
一五〇六(永正三)～一五七八(天正六)

由良成繁は永禄年間に由良姓に改姓するが、初め横瀬を名乗る。前頁で取り上げた横瀬成繁は、この由良成繁の曾祖父に当たる。『清和源氏新田由良系図』によると、由良成繁は天正六(一五七八)年に没した時に七十三歳であるという。ここから生年は永正三(一五〇六)年頃と考えられる。

父の横瀬泰繁《やすしげ》が天文十四(一五四五)年に没すると、その後に家督を継承し、同二十年頃から、横瀬雅楽助《よこぜうたのすけ》(成繁)として史料にその名が見える。この名は天文年間後半から永禄年間の由良改姓に至るまで見られる。

身延《みのぶ》文庫所蔵の『仁王経科註見聞私奥書』には、天文年間の上野国(群馬県)の様子が分かる記述がある。それによると同二十一年に北条氏康は上野国に侵攻し、山内上杉憲政を平井城(藤岡市)から追った。この頃に成繁は上杉方を支援していたが、憲政が平井城を退去するに当たり、成繁や足利長尾氏を頼ろうとしたが城に入れなかった。そのため、憲政は最終的には越後(新潟県)の長尾景虎(後の上杉謙信)を頼っていった。

同二十二年、成繁は室町幕府十三代将軍の足利義輝から鉄砲が送られている。この頃には将軍家とのつながりがあったことや、伝来から十年後には成繁は鉄砲を手にしたことが分かる。同二十四年八月には、古河公方の足利義氏から広沢郷(桐生市)の用水権を安堵されている。義氏は小田原の北条氏が擁立した人物であるため、この頃の成繁は北条方だったようである。

永禄三(一五六〇)年には、上杉憲政を奉じた長尾景虎が関東に越山《えつざん》してきた。同年十月、上杉方に付いた成繁を牽制するため、北条氏康は小泉城(大泉町)の冨岡氏に鉄砲と弾薬の補給を約束している。翌四年五月頃には成繁は年来不知行の所領を上杉謙信に安堵され、敵方の那波《なわ》氏一跡を知行して、

由良成繁の墓(鳳仙寺)

訪ねてみよう

鳳仙寺(桐生市梅田町1-58)…由良成繁の墓の他、山門も市指定の文化財になっている。

その勢力範囲を広げている。

同年に上杉氏は来属した諸将と家臣の名前をその幕紋《まくもん》と共に記した「関東幕注文」を作成した。それによると、新田衆として「横瀬雅楽助」(成繁)が筆頭に見え、新田領を統治していたことが分かる。そのほかに新田殿御一家・雅楽助親類・同心・家風《けふう》などの種類で新田衆の名が記され、家臣団の様子が分かる。

同六年六月、成繁は長楽寺(太田市)に軍勢の狼藉《ろうぜき》を禁じる制札《せいさつ》を下している。したがって、長楽寺にとって成繁は、自らの寺を護ってくれる存在であったことが分かる。同年七月には、成繁は正親町《おおぎまち》天皇から信濃守に任じられている。また、同じ頃に将軍足利義輝から刑部大輔《ぎょうぶのたいふ》に任じられ、さらに、一つの格式である御供衆《おともしゅう》に加えられている。いずれの官職・格式を獲得するにも莫大な資金を要したが、権力を固めるためには必要であった。さらに、この頃に成繁は横瀬から由良に改姓しており、由良という新たな家を確立していった。

さて、永禄八(一五六五)年の東毛の様子を知る上で、長楽寺の住持である賢甫義哲《けんぼぎてつ》が記した『長楽寺永禄日記』が有益である。そこでは、成繁の名は「旦那」・「実城《みじょう》」・「成繁」などと記されている。成繁は年始礼で義哲らを饗応したり、新茶などの進物が贈られたりしている。また、同年には由良氏は上杉方として活動し、武田氏の上州への出張に対して成繁は堀口(伊勢崎市)に出陣したり(二月)、北条氏の関《せき》宿《やど》城(千葉県野田市)攻撃(三月)があれば、その対応をしたりしている。

同九年閏八月の北条氏照《うじてる》の書状に新田(成繁)の名が見え、この頃には北条方へと転換していた。その後、北条氏は上杉氏との同盟である越相《えっそう》同盟の締結を図っていき、由良氏は両者を仲介するために重要な役割を果たす。成繁は上杉方の沼田在番衆に対して北条氏からの和睦締結の意向を打診しており、この成繁のルートは「由良手筋《ゆらてすじ》」と称された。同十二年の北条氏政の書状によると、由良成繁・国繁は誓約のために血判起請文《けっぱんきしょうもん》を提出したようで、北条氏からはその見返りとして上野一国をあてがうことを約されている。

元亀三(一五七二)年正月頃には、成繁は家督を国繁に譲ったようだ。金龍寺(太田市)および鳳仙寺《ほうせんじ》(桐生市)の供養塔の銘文から、天正六(一五七八)年六月三十日に没したことが分かる。

(細谷　昌弘)

訪ねてみよう

史跡金山城跡ガイダンス施設(太田市金山町40-30)…金山の麓に所在し、金山城について学べる。

コラム● 屋裏《おくり》の錯乱

屋裏の錯乱とは、明応四(一四九五)年四月十七日に金山城(太田市)で起こった岩松と横瀬氏の内訌《ないこう》(内紛)である。

前年に岩松家純《いえずみ》(尚純《ひさずみ》の祖父)が他界し、岩松家の中枢から退き総社陣(前橋市)に寄寓していた明純《あきずみ》(尚純の父)が新田荘へ復帰した。一方で、同じく明応三年に、家宰《かさい》の横瀬国繁《くにしげ》(成繁の父)は由良の旧宿(太田市)に隠居した。そうした折、明純と当主尚純は密かに横瀬氏打倒を計画し、この日、ついに金山城を急襲したのである。成繁が四月十三日から三百余人の一族・被官を率いて草津湯治(草津町)に出かけ、弟四郎を残し、金山城を留守にした隙を狙ってのことだった。岩松陣営には、尚純の妻の実家である佐野氏が支援に加わり、金井氏など主だった家臣が従った。対して横瀬陣営はほぼ横瀬一族であった。ところが、佐野一族の山越《やまこし》某の横瀬方への内通などもあり、岩松氏が実力で金山城を陥落させるには至らず、両陣営の膠着状態が続いた。

ところで、そもそも「屋裏」とは、家の中や室内を意味する語であったが、転じて一家・一門、さらには血縁関係のない家臣などを含んだ同じ家に属する集団という意味で用いられるようになった。「屋裏の錯乱」は史料用語であり、『松陰私語《しょういんしご》』の二ヶ所に確認できる。松陰は屋裏の錯乱を「誠獅子心中之虫」(恩を受けた者に仇《あだ》で報いることのたとえ)と評価し、「他家褒貶《ほうへん》・国家嘲弄《ちょうろう》」(世間の悪評)を嘆いた。

最終的に同年十二月、古河公方足利成氏《しげうじ》が仲裁に入り、生まれたばかりの尚純の子夜叉王丸《やしゃおうまる》(後の昌純《まさずみ》)を名代とし、尚純は佐野(栃木県佐野市)へ蟄居《ちっきょ》することで決着した。ここに岩松氏を推戴し続けなければならない横瀬氏の限界もうかがえる。とはいえ、一連の経緯を踏まえると、屋裏の錯乱は横瀬氏にとって最大級の危機であったが、結果的に横瀬氏が覇権を確立していく端緒となった政変であったといえるだろう。

(石川　美咲)

明純らが籠った丸屋敷跡(太田市東金井町)

コラム● 横瀬氏の源氏改姓

横瀬成繁《よこぜなりしげ》は永禄年間に由良成繁と改姓しているので、この経緯をみてみよう。

　横瀬成繁は、永禄六（一五六三）年七月二日に正親町《おおぎまち》天皇から信濃守《しなののかみ》に任じられる。翌七年または同八年頃には、成繁は室町幕府将軍の足利義輝から刑部大輔《ぎょうぶのたいふ》に任じられる。同じく永禄七年か同八年には、成繁は義輝から御供衆《おともしゅう》に加えられる。この頃の御供衆は一つの身分・格式であったと考えられ、そうした格式を成繁は得たのである。そして、こうした任官や格式を得ることで、成繁は横瀬家の家格を上昇させていった。

　その上で、横瀬（由良）成繁宛ての書状を永禄六年頃まで見ると、その宛所《あてどころ》（宛て先）には「横瀬雅楽助《うたのすけ》」と記されていた。しかしながら、先の永禄七年、もしくは同八年の史料によって、成繁は由良へと改称したことが分かる。

　このように家格の上昇と由良改姓は、密接な関連があった。こうした動向は由良氏だけではなく、例えば越後国（新潟県）の長尾景虎《かげとら》も同じように任官を経て家格を上昇させ、上杉の名跡を継いで改姓していた。

　では、成繁が源姓の由良名字に改姓したのは、なぜだろうか。嘉応二（一一七〇）年の目録を筆写したものと思われる、享徳四（一四五五）年閏四月の「新田荘田畠在家注文《にったのしょうでんぱたざいけちゅうもん》」という史料がある。そこには「由良の郷」と記されるように、由良は古くからある地名であり、また現在でも残る地名（太田市由良町）である。さらに、由良郷は新田本宗家《ほんそうけ》（新田家や岩松家）領であると推測されている。由良成繁の祖先、曾祖父の同名横瀬成繁《なりしげ》やその父横瀬国繁《くにしげ》は、享徳の乱の頃、主君の岩松家に仕えた。

　以上のような横瀬氏の家格上昇と由良への改称は、岩松家と同等の政治的地位を獲得し、その執事から、名実ともに地域権力として成長した出来事と捉えられるのかもしれない。

（細谷　昌弘）

由良氏五輪塔（金龍寺）

由良《ゆら》国繁《くにしげ》

渡良瀬川流域の領国化を夢見る
一五五〇（天文十九）～一六一一（慶長十六）

由良国繁は父成繁《なりしげ》の嫡子として、天文十九（一五五〇）年に誕生した。実弟に館林長尾氏に養子入りした顕長《あきなが》がいる。元亀元（一五七〇）年、上杉―北条氏間の越相《えっそう》同盟の成立を契機に、由良氏は上杉氏に従属した。この前後に成繁から国繁への家督継承がなされ、国繁による出仕が図られたと考えられる。しかし、翌年には越相同盟は崩壊した。代わって武田・北条氏間で甲相《こうそう》同盟が成立し、由良氏は上杉氏と決別し、北条氏へ従属した。

越相同盟の崩壊により、再び北条・武田氏と上杉氏の抗争が展開した。新田・桐生領は戦いの最前線に位置し、天正元（一五七三）年には国繁は上杉方の桐生城（柄杓山《ひしゃくやま》城）を攻略し、桐生領を併合するものの、上杉氏による激しい侵攻を受け、由良氏の支配領域は西庄《さいのしょう》（伊勢崎市南東部）・新田領・桐生領南部に縮小した。

ところが、同六年、上杉氏に内訌が惹起し、謙信の養子二人（景虎・景勝）が争った（御館《おたて》の乱）。由良氏は、景虎を支援する北条氏の先鋒として、上野国内（群馬県）の上杉方諸将の懐柔を行うとともに、上杉氏によって経略されていた所領の多くを回復した。御館の乱は景勝方の勝利に帰したが、上野国の混乱は収まらず、北条氏と武田氏の対立が激化した。武田氏は、常陸（茨城県）佐竹氏を盟主とする反北条勢力と連携したため、以降、由良氏はこれらの侵攻を毎年のように受けることとなった。

しかし、同十年、武田氏が滅亡し、織田政権下の滝川一益が上野入部を果たすも、同年六月に信長が本能寺の変により自害すると、北条氏と滝川氏は上野・武蔵国境付近の神流川《かんながわ》で激突した。北条氏はこれに勝利し、上野支配をより盤石にした（天正壬午《じんご》の乱）。一方で、これに危機感を強めた佐竹氏や宇都宮氏などによる反北条連合が形成されると、翌十一年、国繁は弟顕長と共に同調し、北条方の小泉城（大泉町）冨岡氏を攻撃した。これが発火点となり、翌年に宇都宮・佐竹軍と北条軍が、三毳山《みかもやま》（栃木県佐野市）西麓において対峙するに至った（沼尻合戦）。対陣は長

由良国繁の花押

訪ねてみよう

藤生家住宅（桐生市広沢町5-1179）…桐生城代の藤生紀伊守の子孫の近代邸宅で、国登録有形文化財。

期化するも決戦には及ばず、両陣営は引き上げたが、合戦の端を開いた国繁・顕長兄弟は弾劾され、金山・館林両城を明け渡し、桐生城（柄杓山城）・足利城へと退去した。この後、新田・館林領は北条氏の直轄領となった。

同十六年八月、国繁は再び顕長と共に北条氏から離反し、阿久沢氏などの隣接する北条方勢力と対立したが、翌十七年には再び北条氏に降伏し、小田原在府となった。同十八年、羽柴政権による小田原攻めに際し、国繁は弟顕長と共に小田原城に籠もった。同年七月、北条氏は秀吉に降伏し、滅亡した。戦後の関東仕置により、桐生・足利領を含む旧北条領国の大部分は徳川家康に与えられたが、秀吉は国繁の母妙印尼《みょういんに》の機転を評し、常陸牛久《うしく》（茨城県牛久市）に堪忍分を与え、由良家は家督の存続を認められた。慶長十六（一六一一）年、国繁は牛久で没した。その後、由良氏は高家《こうけ》に列せられ、江戸時代を通じて存続したのであった。

それでは、国繁はその時々の上位権力が主導する紛争に翻弄され、どの大名に味方するか腐心し続けた領主であったのだろうか。そうした捉え方は、あまりに一面的であろう。国繁は、大名領国下の一領主にとどまらず、弟顕長と共に独自に広域な地域支配を構築することを志向した、つまり「領国を夢見た」のであった。

こうした理解は、天正二年の上杉氏による新田・館林領攻めが一つの論拠となっている。謙信は金山城東麓の金井宿（太田市）に陣取り、「渡瀬より新田・足利へ懸る用水」の「堰《せき》四ツ」を破壊するよう命じた。すなわち、謙信は新田・館林領を灌漑《かんがい》する渡良瀬川用水こそが国繁・顕長兄弟に大打撃を与える急所だと承知していたのである。この兄弟が常に緊密に連携し、政治・軍事に対処していた背景に、渡良瀬川用水の広がりを一体的に扼《やく》することこそが由良氏の地域支配戦略の要であったことが大いに想定できよう。兄弟の夢、すなわちこの地域の包括的支配は、近世の榊原領国《さかきばらりょうごく》（初期の館林藩）へと継承されていった。

（石川　美咲）

桐生城（柄杓山城）遠景（桐生市梅田町）

訪ねてみよう

桐生城跡（桐生市梅田町一丁目）…市指定史跡。柄杓山城とも呼ばれ、由良氏の上野国における最後の拠点。

妙印尼《みょういんに》

新田衆のゴッドマザー
?〜一五九四(文禄三)

生前の名が分かる戦国時代の女性は、極めて少ない。お市の方や明智玉《あけちたま》(細川ガラシャ)くらいだろうか。「妙印尼」という名は、法名である。彼女の生前の名は、一説には「輝子《てるこ》」ともいわれるが、同時代の史料にその名を確かめることはできない。

妙印尼は金山城(太田市)主由良成繁《なりしげ》の室である。実家は館林城(館林市)主の赤井家であった。この時代の女性は婚姻後も父親の姓を名乗るのが通常なので、妙印尼も赤井何某と名乗っていたと思われる。妙印尼は成繁との間に国繁《くにしげ》・顕長《あきなが》兄弟をもうけた。ところが、兄弟がまだ元服前の永禄五(一五六二)年、上杉謙信の攻撃を受け、館林城は落城し、赤井一族は忍《おし》(埼玉県行田市)城主成田氏のもとへ落ち延びた。妙印尼は故郷へ帰る家を失ったのである。しかし、後述する晩年の活躍を鑑みると、妙印尼はこの出来事に屈せず、由良家の母としての人生を必死に歩んだと想像される。

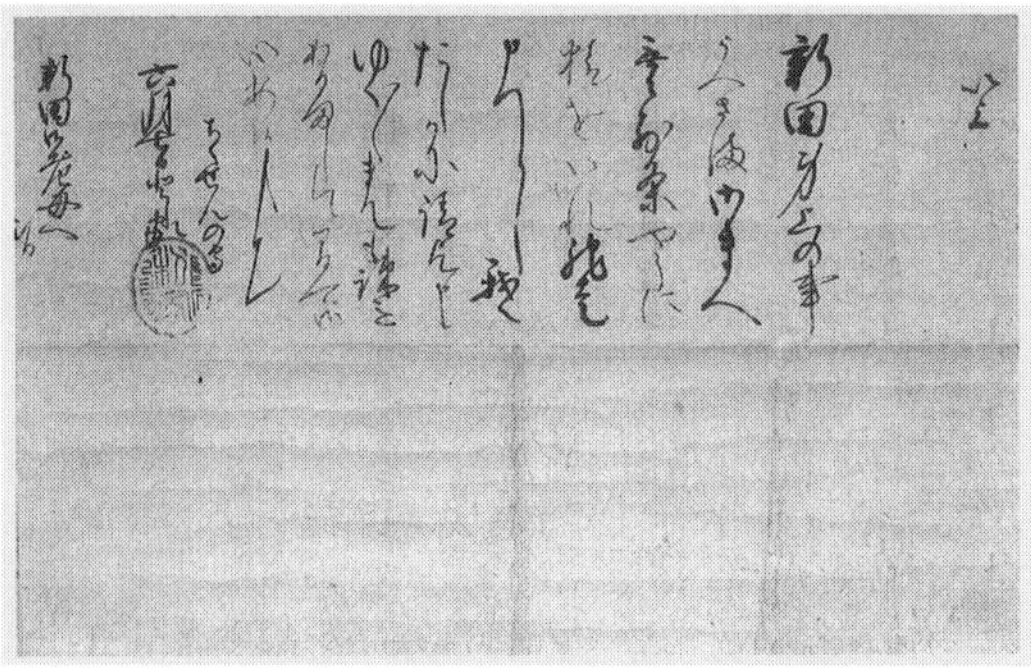

前田利家書状(金谷文書　個人蔵　桐生市教育委員会写真提供)

天正六(一五七八)年、夫成繁が先立った。同十一年、厩《まや》橋《ばし》城(前橋市)を訪れた国繁・顕長兄弟に対し、北条氏直《うじなお》は金山・館林両城を佐竹氏攻撃の拠点として利用するための「借用」を申し入れ、兄弟はこれを承諾した。しかしながら、これを「接収」と捉えた家臣たちが籠城支度を始め、これを謀反《むほん》とみなされ兄弟は小田原城(神奈川県小田原市)に連行されたという。金山城を守る妙印尼は、家臣たちに向けて、「私の首を取って北条殿へ持ってゆくか。それとも、国繁・顕長の子たちを擁し、新田・館林の両家中が団結して城を守るのか」と迫り、有無をいわせず忠誠を誓わせたという。

これは江戸初期の文献に記された話であるため、このような妙印尼の激励があったかどうかは定かでないが、おおよその経緯や金山籠城があったことは事実とみてよいだろう。翌十二年春には、金山城方は国繁

訪ねてみよう

得月院(茨城県牛久市城中町258)…曹洞宗の古刹で、市指定文化財になっている妙印尼の墓がある。

室の実父皆川広照《ひろてる》(下野国衆)を通じて徳川家康に働きかけたり、豊臣秀吉に仲裁を申し入れるなどして、北条氏との和睦の方途を模索した。これらを取り仕切ったのが、妙印尼だった。

その後、新田・館林は北条氏の直轄領となり、金山城は北条氏に接収された。そして、同十八年六月(北条氏滅亡の前月)、桐生城(柄杓山《ひしゃくやま》城)に籠もる妙印尼のもとへ、松井田城(安中市)攻めを行う豊臣方の前田利家から書状が届いた(写真)。宛所は「新田御老母」と表現されている。内容は、利家が「上様」(秀吉)に「新田身上」(国繁の進退)について粗略ないように取り次ぐ、と約束するものであった。同年八月、秀吉は「先年」(天正十一年)の金山城籠城の際に妙印尼が覚悟をもって城を守り、秀吉へ連絡を入れたことを讃えた上で、新田・桐生領はすでに家康にあてがったので、「堪忍分」として常陸牛久《ひたちうしく》(茨城県牛久市)の地を与えると妙印尼に申し送った。この秀吉朱印状の末尾は「母の覚悟に任せ全て領知すべし」という一文で締めくくられている。つまり、秀吉は妙印尼の対応が優れていたため、豊臣政権下での由良家の存続を許したのであった。この後、すかさず妙印尼は「綿二百把」を秀吉に贈り、九月には秀吉から礼状が届けられた。

主人不在の籠城時に、自ら指揮を執って兵を鼓舞し城をよく守ったという逸話を持つ戦国時代の女性は、妙印尼だけでなく、小松姫(真田信之《のぶゆき》室)や沼田麝香《じゃこう》(細川藤孝《ふじたか》室)などが知られている。しかし、妙印尼がほかとは違うのは、彼女の活躍が後世に創作された逸話ではなく、「史実」であるという点である。天下人秀吉を前にして、堂々と交渉を繰り広げたたくましさとしたたかさには、迫力を感じる。

文禄三(一五九四)年、妙印尼は牛久の得月院《とくげついん》(茨城県牛久市)で没した。同寺の過去帳に「法名得月院殿月海妙印大姉《ほうみょうとくげついんどのげっかいみょういんだいし》」と記録されている。上州戦国時代の終焉とともに、彼女も波乱の人生に幕を下ろしたのであった。

(石川　美咲)

妙印尼の墓(得月院)

訪ねてみよう

旧秋元別邸(館林市尾曳町8-1)…桃の節句の時期に妙印尼雛人形が展示されている。

賢甫《けんぽ》 義哲《ぎてつ》

戦乱の時代に長楽寺を運営
生没年不詳

戦国時代末期に長楽寺(太田市)の住持を務めた臨済僧。当時の北関東の寺院・地域社会の様子を伝える貴重な日記『長楽寺永禄日記』を残した(写真)。

生没年・出身、また若年時の経歴など生涯の多くが不詳。京都五山《ござん》の一つ東福寺(京都府)で住持を務めた彭叔守仙《ほうしゅくしゅせん》の書いた詩文に、義哲のことが出る。それによれば、義哲は天文六(一五三七)年から翌年にかけて、やはり足利学校(栃木県足利市)で学んでいた玉崗瑞璵《ぎょくこうずいよ》(号・九《きゅう》華《か》)、惟春真甫《いしゅんしんほ》と共に東福寺の彭叔に参禅。この三人は足利学校で優秀であったが、さらなる修行のためにやってきて、義哲は一途に研さんに励んだという。

九華は後に足利学校七世庠主《しょうしゅ》(学長)となり、その非凡な学識と小田原北条氏の後援により足利学校の全盛を招来させた人物。惟春は長楽寺の住持となる義海《ぎかい》の門人であった。このような仲間、そして坂東の大学として海外に知られることになる足利学校や五山文学僧の一人である彭叔のもとでの学問・修行といい、義哲が高度な学問・臨済僧であることを物語る。なお、佐竹氏の出であるとの説があるが、それは別人とみられている。

長楽寺(太田市世良田町)

同十七年六月、義哲は古河公方足利晴氏《はるうじ》から長楽寺住持に任じられた。長楽寺は新田氏一族の世良田義季《よしすえ》が承久三(一二二一)年、日本臨済宗の開祖栄西《えいさい》の高弟で上野国出身の栄朝《えいちょう》に開かせた禅・密教兼学の道場。五山に次ぐ禅寺《ぜんじ》・官寺《かんじ》である十刹《じっさつ》という破格の地位にある寺院で、世良田氏が衰亡すると岩松氏、さらに戦国時代には由良氏と、当地域歴代の支配者が庇護してきた。

義哲はその後、時期が不明ながら、いったん住持を離れ、再び長楽寺住持となって永禄十(一五六七)年九月頃まで務めたと考えられている。ただ、義哲のこの住持状況を巡っては、もう検討の余地がないわけではない。この間、同五年五月に将軍足利義《よし》輝《てる》から関東五山第一の鎌倉建長寺《けんちょうじ》住持に任

訪ねてみよう

長楽寺(太田市世良田町3119-6)…境内は国指定史跡・新田荘遺跡の一部となっている。

じられた。これは名誉職のいわば売買である坐公文《すわりくもん》(形式上の住持)で、実際には建長寺へ入寺していないようだが、坐公文を得るような上流臨済僧の一員であったことが分かる。

義哲が同八年正月から九月にかけて記した日記が長楽寺に伝存、『長楽寺永禄日記』と呼ばれる。内容からこの時期義哲は住持で、日々の禅院生活、大檀那《だいだんな》である由良成繁《なりしげ》や武士たちとの交流、鉄砲の音や利根川を渡ってくる軍勢など戦乱の様子を書き留めている。また義哲は病に侵されており、体調の悪さや養生・服薬の様子を記す。義哲はもっと日記を書いていて、その一部が伝来したものとみられている。

義哲が采配を振るう長楽寺の様子を見るに、四月十四日から七月十四日にかけて安居《あんご》の成就を祈る楞厳会《りょうごんえ》を毎日行い夏安居《げあんご》に入っている。ただ、禁足《きんそく》ではなく必要に応じ義哲らは外出している。また、食事の準備のほか寺内生活の維持に当たる常住《じょうじゅう》が見える。常住が働くから、ほかの僧は朝から晩まで修行・儀礼に打ち込める。禅院に欠かせない毎日の茶礼《されい》に必要な茶も寺内で栽培、葉を摘み、茶作りに励んでいる。茶は贈り物にも使われた。

『長楽寺永禄日記』(長楽寺蔵)

一方、義哲は四月、縁者の子を長楽寺に入れたいというある由良家中の老母の願いを断るのだが、そのとき「もとより、ねまる者さえ叶い難き為体《ていたらく》なり」といっている。「ねまる」とは黙座するの意で、禅院への入門作法「庭詰《にわづめ》」を指していよう。諸国行脚《しょこくあんぎゃ》の雲水《うんすい》が目的の禅道場で入門が許されるまで、入り口でひたすら低頭・懇願したまま数日過ごすことをいう。義哲が修行した東福寺の現代の例でも座って低頭のまま用便・斎《とき》・仮眠以外に動かず数日間で、かつて禅院によっては一週間にも及んだという。堅い決意の雲水を受け入れるという禅宗の基本を実行できる状況にないことを吐露したのであった。

かつて義哲を日本臨済禅最高ランクの道場である東福寺は受け入れてくれた。義哲時代の長楽寺は争乱の社会状況下、雲水を受け入れるのは困難であったが、禅に欠くことのできない安居や茶礼ほかの修行・儀礼を曲がりなりにも維持し、それを支える常住も機能していた。戦乱の日々に長楽寺はまさしく禅生活を営み、世俗と一線を画すところがあった。住持・義哲の手腕が想像される。

(久保　康顕)

訪ねてみよう

東福寺(京都市東山区本町15-778)…臨済宗東福寺派の大本山であり、かつて義哲も修行した。

金《かな》谷《や》筑《ちく》後《ごの》守《かみ》

上野国由良氏の重臣
生没年未詳

金谷筑後守の動向は、永禄八(一五六五)年の様子が記された『長楽寺永禄日記』や、江戸時代に著された『新田金山伝記』によって知ることができる。『長楽寺永禄日記』には、その名を略して「金筑《かなちく》」と記され、由良成繁《なりしげ》の家臣として活躍している。例えば金谷は由良氏の使者として、三月には桐生へ、五月には厩橋《まやばし》(前橋)へ派遣された。正月四日に金山城(太田市)で年始礼があり、長楽寺(太田市)の住持である義哲《ぎてつ》が金山を訪れている。その際に金谷は義哲を饗応《きょうおう》し、冷酒や燗酒《かんざけ》を飲んでいた。

この頃に由良成繁《なりしげ》は領主として、金山城の長手口《ながてぐち》(太田市)の堀の普請《ふしん》を進めようとしていた。そのため、正月二十一日には明後日までに人足《にんそく》を出すように、との金谷の書状が義哲のもとに届いた。しかし、当日は朝まで雪が降り、人足の派遣は延引となった。このように、金谷は長手の普請にも関わっていた。

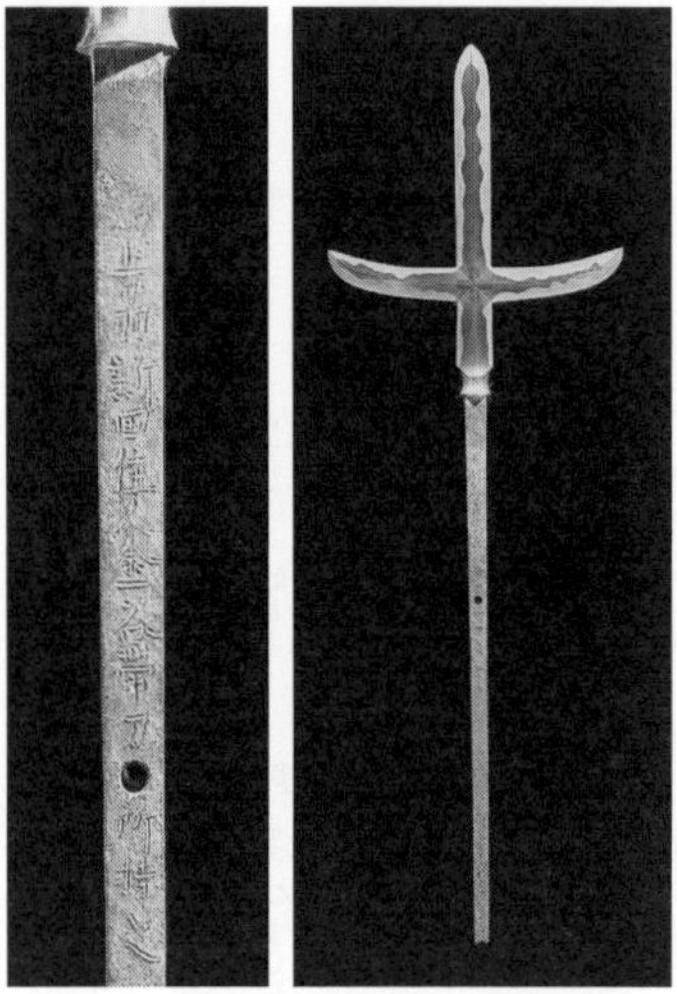
槍　兼定(群馬県立歴史博物館蔵)

『長楽寺永禄日記』には公事《くじ》(訴訟)の様子も記されている。二月に義哲は由良氏の公事(悪銭を巡る矢場公事)を催促するために金谷に書状を送るなど、金谷は由良家の裁判の担当者(窓口)のような存在であったと推測される。その後、義哲から金谷への書状は複数回見られる。また別の公事(僧観蓮《かんれん》が起こした観蓮公事)でも、金谷は大沢助兵衛《おおさわすけべえ》という人物と共に由良氏への窓口を務めている。

次に『新田金山伝記』に見られる金谷について見ていく。金谷の名は、「金山時代団扇御免之衆《うちわごめんのしゅう》」の一人として見える。また、「城持衆《しろもちしゅう》」の一人で、上田嶋《かみたじま》城主として登場する。同史料には、金山城の支城がいくつか記されており、上田嶋城もその一つである。金谷は上田嶋・藤阿久《ふじあぐ》(太田市)を知行し、家来には北爪《きたづめ》・金子・河内がいると記されている。金谷の嫡子を帯刀《たてわき》であるとも記している。

（細谷　昌弘）

訪ねてみよう

史跡金山城跡ガイダンス施設(太田市金山町40-30)…金山の麓に所在し、金山城について学ぶことができる。

馬場弥六の娘《ばばやろくのむすめ》

戦国上州の「山椒太夫《さんしょうだゆう》」実録
一五二一（大永元）頃～？

中世の「人買い」といえば、親子離散した安寿《あんじゅ》と厨子王《ずしおう》姉弟の説経節「山椒太夫」が有名だ。戦国時代、借財返済のための人の売買や、戦場での人の略奪は悪事ではなかった。そして、特に高額で売買されたのが女性と子どもである。

馬場弥六は世良田長楽寺（太田市）の奉公人である。弥六には大永元年か二年（一五二一・二二）に生まれた娘があった。その娘が天文四（一五三五）年頃、突然売られていくことになった。『長楽寺永禄日記』には「カノ者ハ童部《わらわべ》之時、十三四之時分ウラレ《（売）》」とある。関東は二年前に旱魃《かんばつ》、前年は諸国疫病の上、甲斐国（山梨県）で飢饉が発生している。人売りの背景にはこうした世情があった可能性がある。

弥六の娘は「寺家《じけ》ヲ出、真壁《まかべ》・佐貫《さぬき》コヽカシコニ奉公シ」とあり、常陸の真壁（茨城県桜川市）や佐貫《さぬきの》荘《しょう》の館林（館林市）などを転々と売り買いされた。「近年ハ佐野ニアツテ」というから、永禄五（一五六二）年二月の上杉謙信の館林城攻めの混乱の中、佐野（栃木県佐野市）に移ったのだろう。佐野では国衆《くにしゅう》佐野昌綱《まさつな》の家臣津府子駿河守《つぶこするがのかみ》の家に売られ、そこに奉公していた。

「さんせう太夫」（舞鶴市糸井文庫）

同八年の初夏、津府子駿河守の老母が人質として上杉家に預けられることになったため、弥六の娘が供をして厩橋《まやばし》（前橋市）にやって来た。上杉氏の関東の拠点である厩橋城には、周辺国衆が多くの人質を預けていた。由良家中からも、故郷世良田の人もあったろう。弥六の娘の胸に「生国《しょうこくの》一類床敷思《いちるいゆかしくおもゆ》」（生まれ故郷の親類に会いたい）という感情がにわかに溢れ、矢も楯もたまらず、城主毛利北条《きたじょう》高広の家臣「ヲヤ松《（小谷松）》」という人物の計らいで、再び故郷世良田の地を踏んだのである。長楽寺の住持義哲は、五月二十三日の日記に「馬場弥六女《むすめ》、自厩橋不図来《まやばしよりはからずもきたる》」と記しているから、おそらく父弥六とも三十年ぶりの再会だったろう。

（簗瀬　大輔）

訪ねてみよう
安寿姫と厨子王丸の供養塔（新潟県上越市中央3-11-21　琴平神社境内）…もとは荒川橋近くに建立。

林伊賀守《はやしいがのかみ》

金山城主由良氏の重臣
生没年未詳

『新田金山伝記』によれば矢内四郎左衛門《やないしろうざえもん》・大沢伊勢守《いせのかみ》・林越前守《えちぜんのかみ》と並ぶ金山家老衆と呼ばれ、赤石（伊勢崎）城代でもあった。『長楽寺永禄日記』にも頻出し、永禄八（一五六五）年当時、藤生紀伊守《ふじうきいのかみ》・金谷筑後守《かなやちくごのかみ》と共に由良氏重臣で、由良氏領内の訴訟を担当していたようである。元亀三（一五七二）年の越相《えっそう》同盟崩壊に際し、北条氏政《うじまさ》から由良成繁《なりしげ》・国繁《くにしげ》父子への取りなしを林伊賀守は感謝されている。

天正五（一五七七）年頃、おそらく赤石城（伊勢崎城）にいた伊賀守が越後上杉勢を撃退したことを北条氏政から賞されている。同十一年に厩橋《まやばし》城の毛利北条氏《きたじょう》が後北条氏から離反した際には、伊勢崎は敵方の大胡に近いので一途に戦闘に励み、決して裏切らないように北条氏直《うじなお》から厳命されている。厩橋城（前橋市）と金山城（太田市）を結ぶ重要拠点だった赤石城（伊勢崎城）を任されていたことから、林伊賀守は由良家中にありながら、北条氏当主から直接指示を受ける特殊な関係を築いていた。

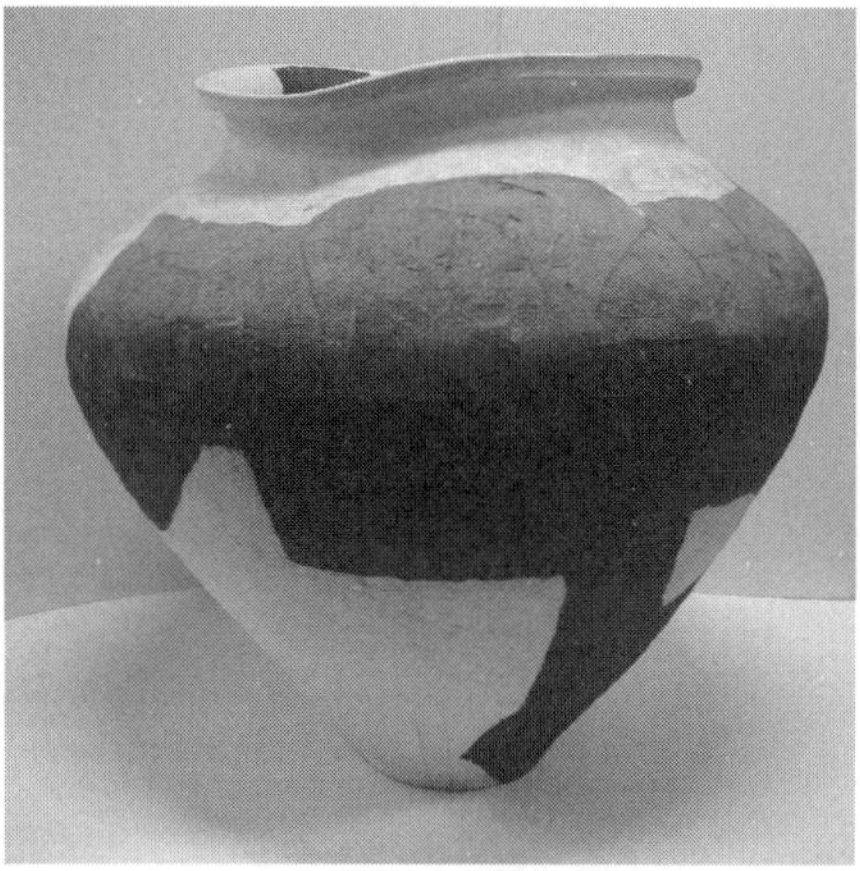
伊賀屋敷遺跡出土　常滑大甕（桐生市教育委員会蔵）

しかし、同年十一月には降伏したばかりの厩橋城の毛利北条氏《きたじょう》への書状の中で、林が裏切ったという情報を耳にした北条氏照《ほうじょううじてる》がその真否の確認を求めている。当時、由良氏も北条氏から離反していることから、結局、伊賀守も北条氏ではなく主家由良氏に従ったようである。この後の伊賀守の動向は明らかでないが、桐生市川内町《かわうち》に伊賀屋敷と呼ばれる所があり、由良氏家老林伊賀守の屋敷跡と伝えられている。北条氏に降伏し桐生に退去した由良氏に従い、伊賀守もこの地に居住した可能性がある。なお林伊賀守に宛てられた四通の文書は現在、山形県鶴岡市の致道《ちどう》博物館に寄託されている。

（須藤　聡）

訪ねてみよう

伊賀屋敷跡（桐生市川内町３丁目）…林伊賀守の屋敷跡と伝えられ、発掘調査が実施された。

第13章　館林・邑楽地域の戦国人

館林・邑楽地域要図

戦国時代の館林・邑楽地域

館林・邑楽《おうら》地域は群馬県の南東部に位置しており、県の形を鶴の羽ばたいている姿に見立てて、「鶴の頭」の部分と形容されることが多い。県の端にあるこの地域は、県内で唯一の東北自動車道のインターチェンジがあり、東武鉄道の路線が行き交うなど、栃木県・埼玉県をはじめとする周辺の県との交流が盛んな土地柄である。

東国における戦国時代の端緒とされる享徳の乱において、当時この地域の有力な武士であった舞木《まいぎ》氏は、古河公方《こがくぼう》の足利成氏《しげうじ》方の有力武将として活躍した。また、成氏方が本拠とした古河(茨城県古河市)と、敵対する上杉方が本拠とした五十子《いかっこ》(埼玉県本庄市)の中間に位置するこの地域は、長禄三(一四五九)年の海老瀬口《えびせぐち》・羽継原《はねつぐはら》合戦と文明三(一四七一)年の佐貫《さぬき》合戦の二つの激戦をはじめ、幾度となく戦乱の舞台となった。このように、館林・邑楽地域は戦国時代から上野国外の政治的情勢の影響を受けやすい地域であったといえる。

享徳の乱の後半になると、舞木氏の被官であった赤井氏が台頭し、さらには関東管領山内上杉《かんれいやまのうち》家の家宰《かさい》を務めた家柄の足利長尾氏が館林城に入る。戦国時代の館林領は、館林城を中心として、利根川と渡良瀬川に挟まれた邑楽郡東部一円に、下野国《しもつけのくに》(栃木県)梁田《やなだ》郡・安蘇《あそ》郡の一部を含んでいた。戦国時代後期になると、金山城(太田市)の城主である由良成繁《なりしげ》の子が、長尾景長《かげなが》の養子となって館林城主を継いだ。これにより、東毛地域に由良・長尾兄弟領国とも称される協調関係が成立し、新田領との繋がりが強まった。館林領の西隣には小泉領が広がっており、小泉城(大泉町)の冨岡氏が北条氏に従って同氏領国の北端のくさびを担った。

館林・邑楽地域の景観を特徴付ける重要な要素として、河川や池沼といった水辺が挙げられる。前近代の邑楽郡は、武蔵国《むさしのくに》(埼玉県)との国境を区切る利根川と、下野国との国境を区切る矢場川《やばがわ》・渡良瀬川に挟まれた範囲であり、館林・邑楽という地域自体、そもそも河川によって規定された領域といえる。岩松家の陣僧であった松陰の回想風の日記

『松陰私語《しょういんしご》』によると、岩松尚純《ひさずみ》の古河出仕に関する記事によって、戦国時代の古河・足利間の渡良瀬川に舟運があったことが分かる。また、『松陰私語』には、赤井氏の籠城する館林城周辺の景観が示されており、三方が湖水で囲まれ、城外の味方が舟で物資を運び込んで支援していたと記されている。館林から古河に拠点を移した後のことではあるが、舞木氏も舟運に深く関わっており、水害に頻繁に見舞われるこの地帯を生き抜くために、彼らは舟運技術を身に付けたものと考えられている。

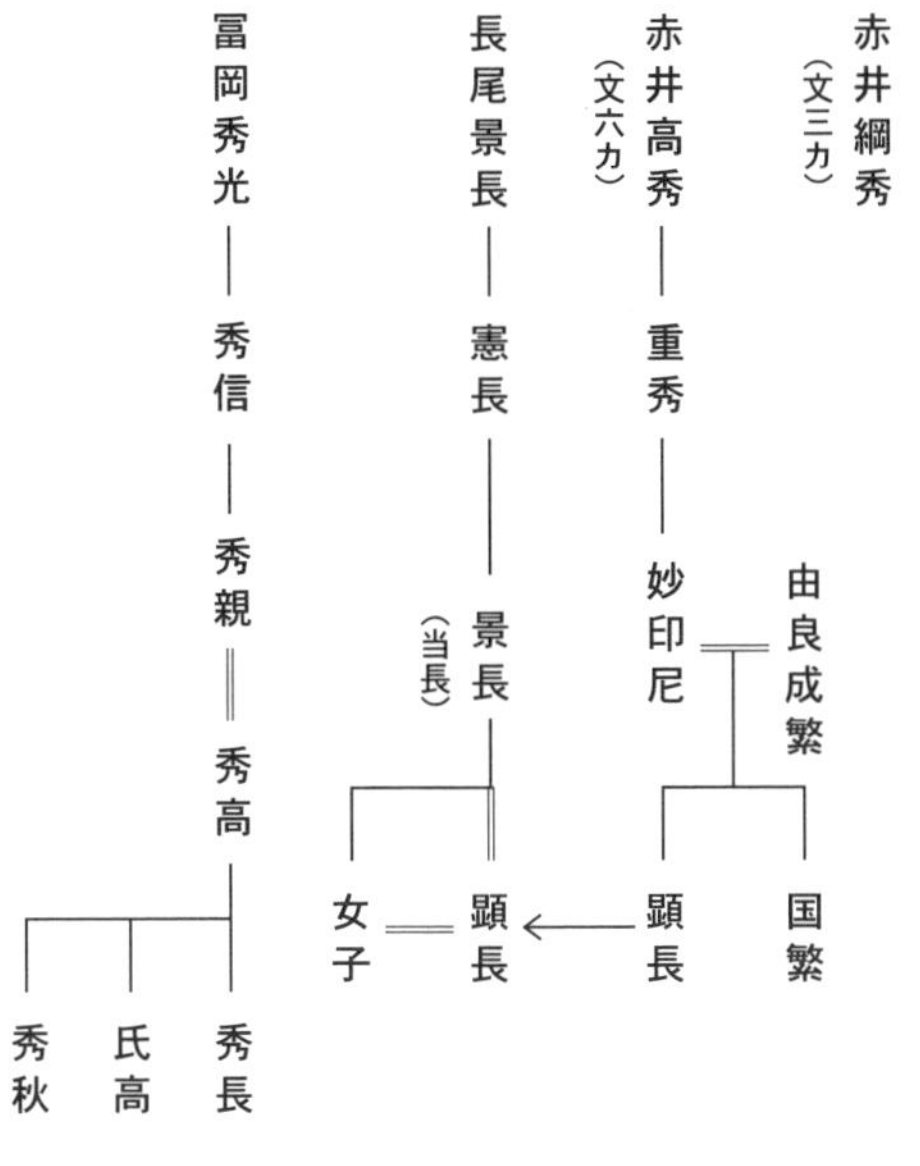

冨岡氏・足利長尾氏・赤井氏略系図

令和元（二〇一九）年、館林市が申請していた「里沼」が日本遺産に認定された。館林・邑楽地域にはほかにも、国の重要文化的景観に選定された「利根川・渡良瀬川合流域の水場景観」やラムサール条約の「国際的に重要な湿地」に登録された渡良瀬遊水地があり、低湿地景観が国内外から注目を集めている。「喜連川《きつれがわ》文書」には、天正五（一五七七）年の正月に、関東の領主が古河公方足利義氏《よしうじ》に献上した品々を書き上げた史料がある。この中で、館林城主の長尾顕長《あきなが》は太刀《たち》と酒のほかに白鳥を献上している。この年、白鳥を献上したのは、山川氏、結城《ゆうき》氏、千葉氏、高城《たかぎ》氏、小田氏、長尾氏といった、伝統的に格式高い家に限られている。彼らは自領内で白鳥を調達していたと考えられており、長尾氏も館林領内の池沼を猟場としていたものと思われる。

（長谷川　明則）

城沼から館林城を臨む

赤《あか》井《い》　重《しげ》秀《ひで》

妙印尼《みょういんに》の父　学究肌の館林城主
生没年未詳

　中世の行事や風俗、儀式などの有職故実《ゆうそくこじつ》について記した『職原抄《しょくげんしょう》』という書物がある。この『職原抄』の研究書である『職原仮真愚抄《しょくげんかなぐしょう》』の奥書《おくがき》に、赤井重秀の名は登場する。この奥書によると、京都で『職原抄』の相伝を受けた北武蔵(埼玉県北部)の武士、安保《あぼ》氏泰《うじやす》が関東に下向した。その後、氏泰は文屋高秀《ふんやのたかひで》から懇望されて講義を行い、その場には文屋重秀《しげひで》が同席していた、という。

　この場合、文屋は本来の姓である本姓《ほんせい》を示し、高秀・重秀は館林城主の赤井氏であったと考えられている。では、氏泰の講義はいつ頃行われたのだろうか。ある系統の『職原鈔』の奥書には、文明十四(一四八二)年に氏泰が草書《そうしょ》をした経緯が記されている。そのため、講義が行われたのは同年からそれほど遠くない時期のことであろう。

　その後、山内・扇谷両上杉氏の対立が古河公方や越後上杉氏などを巻き込んで展開した長享の乱が起こる。その争乱の中で、長享二(一四八八)年には高見原《たかみはら》(埼玉県小川町)で合戦が行われたが、『盧雪本御成敗式目抄《ろせつぼんごせいばいしきもくしょう》』の注釈から、赤井氏が参戦していたことが知られる。この赤井氏は年代からみて、先の重秀のことを指すと考えられる。

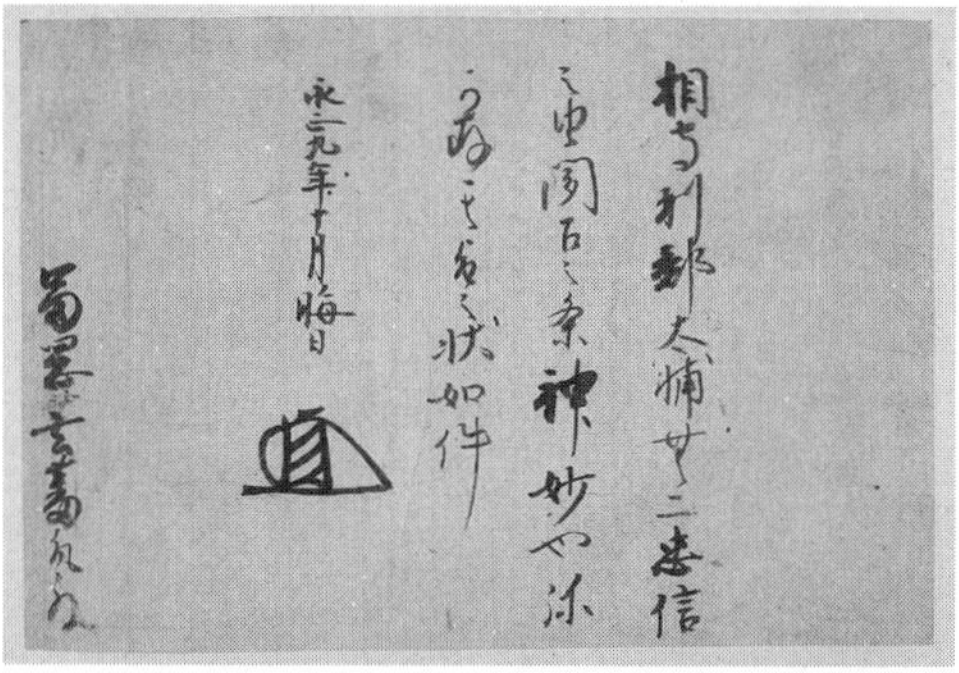

足利政氏感状(冨岡文書　群馬県立歴史博物館蔵)

　「清和源氏《せいわげんじ》新田由良系図」によると、重秀が官途名《かんとめい》の刑部少輔《ぎょうぶのしょう》を名乗っていたことが分かる。父高秀も刑部少輔を名乗っていることが確認できるので、重秀はそれを受け継いだのであろう。永正九(一五一二)年には、小泉城(大泉町)の城主の冨岡秀光が、足利政氏《まさうじ》から刑部《ぎょうぶの》太(大)輔《たいふ》に対する忠節を賞されている(写真)。これが重秀を指すとすれば、重秀は刑部大輔を称し、冨岡氏を統制下に置いていたと考えられる。

(長谷川　明則)

訪ねてみよう

高見城跡(埼玉県小川町高見1125他)…四ツ山城で県指定史跡に。高見原合戦の比定地を眼下に望む。

赤井文三《あかいぶんざ》・文六《ぶんろく》

本姓は文屋《ふんや》、館林城に籠城
生没年未詳

享徳の乱の最中の文明三（一四七一）年、上杉方の長尾景《かげ》信《のぶ》らの軍勢が館林城を包囲し、古河公方の軍勢と合戦になった。これを佐貫《さぬき》合戦といい、館林城は三方が城沼に接していたため、古河公方方は舟を使って城内の支援を行ったという。舞木《まいぎ》氏家臣の館林城主として、この場面に赤井文三と文六が登場する。

また、連歌師の宗祇《そうぎ》の連歌集『老葉《わくらば》』初編本には、赤井綱秀《つなひで》という人物のもとで詠まれた句が記されている。その句の説明である詞書《ことばがき》によって、赤井氏が六歌仙《ろっかせん》の一人として名高い文屋康秀《ふんやのやすひで》の子孫を称していたことが分かる。このことから、先の佐貫合戦で確認した文三・文六は、それぞれ文屋三郎・文屋六郎の省略された呼称と思われる。赤井氏は本姓として文屋《ふんや》を称していたのである。

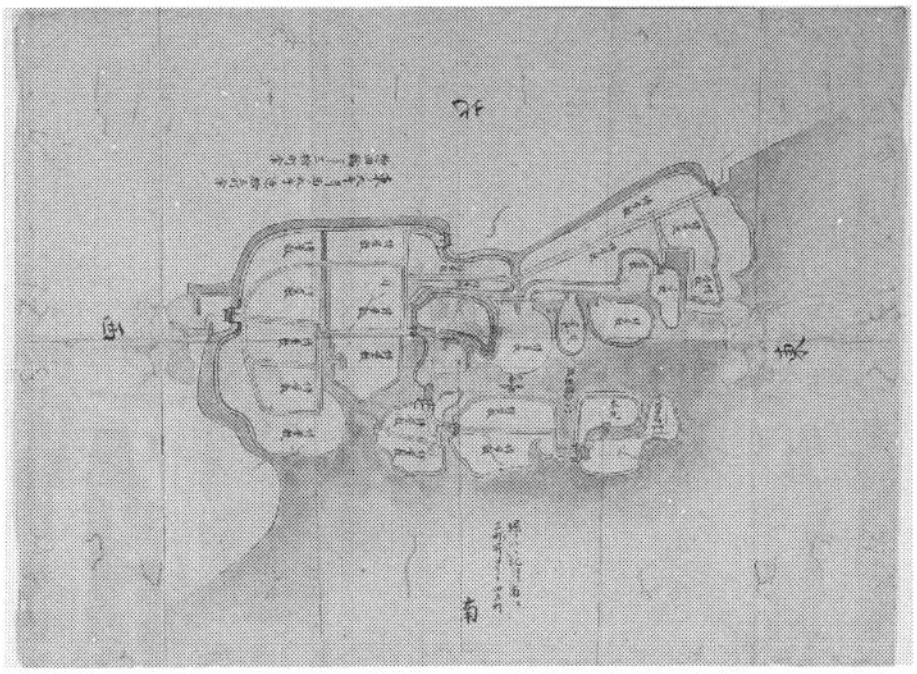

上州館林城図（群馬県立歴史博物館蔵）

さて、『職原仮真愚抄《しょくげんかなぐしょう》』という別の書物には、先の連歌集『老葉』で確認した綱秀とは異なる赤井氏の名前が見える。この書物は、南北朝時代に北畠親房《ちかふさ》が有職故実《ゆうそくこじつ》について著した『職原抄』の研究書である。この奥書には、安保氏泰《あぼうじやす》が赤井高秀の求めに応じて、『職原抄』の講義を行ったことが記されている。この高秀が赤井文六＝文屋六郎＝文六、先の連歌集『老葉《わくらば》』の綱秀は赤井文三＝文屋三郎＝文三に比定されている。

冒頭に戻ると、必死の籠城を行っていた古河公方方であったが、上杉方が城の対岸に当たる篠崎（館林市）の地に交代で見張り番を置いたため、外部からの支援を絶たれてしまい、赤井信濃入道《しなのにゅうどう》が惣代官として降伏したという。この信濃入道は、文三綱秀のことを指していると思われる（概説の系図を参照）。

なお、永禄五（一五六二）年に館林城が落城した際の城主も赤井文六と称されているが、これは高秀・重秀の子孫と考えられる。

（長谷川　明則）

訪ねてみよう

館林市第一資料館（館林市城町３‐１）…近世館林城三の丸跡にあり、地元の歴史や文化を学べる。

長尾《ながお》 景長《かげなが》

関東管領家宰《かさい》の家柄
一五二七(大永七)～一五六九(永禄十二)

足利長尾氏の四代憲長《のりなが》の次男。天文二十一(一五五二)年、浄法寺《じょうぼうじ》村(藤岡市)の土地を鑁阿寺《ばんなじ》(栃木県足利市)に寄進することで、景長は歴史上初めて登場する。この時は「当長《まさなが》」と名乗っているが、主君である関東管領上杉憲当《のりまさ》(憲政《のりまさ》から改名)から偏諱《へんき》(一字拝領)を受けたものと考えられている。

浄法寺村は河北根本《かわきたこんぽん》足利領と称される足利長尾氏の影響力が強く及ぶ地域で、当時は神流川《かんながわ》の対岸に位置する御嶽城《みたけ》(埼玉県神川町)が北条氏の攻撃を受けて落城寸前の状況にあった。神仏の力を頼ることによって、北条氏からの攻撃を防ごうとしたのであろうか。

その甲斐もなく御嶽城は落城させられ、北条勢は憲政の居城である平井城(藤岡市)に兵を進めた。憲政は金山城(太田市)の横瀬氏や足利城の長尾氏を頼ったものの、どちらにも入城がかなわなかったという。憲政が長尾景虎(後の上杉謙信)を頼って越後国(新潟県)に退去した後、当長《まさなが》は北条氏に従属したようで、憲政は当長の所領を白井《しろい》長尾氏の憲景《のりかげ》に与えると約束している。

長尾景長画像(長林寺蔵)

永禄三(一五六〇)年八月、謙信は来月越山《えつざん》して武田・北条と戦闘に及ぶので、参陣するよう関東の「長尾新五郎」に書状を送っている。また、同年六月付の書状には、「長尾新五郎政長」が確認できる。これらの人物は、これまで見てきた当長《まさなが》と同一人物であるのだろうか。

この前後において当長は、官途名として「但馬守《たじまのかみ》」または「前但馬守《さきのたじまのかみ》」を用いており、同年には当長と思われる「長尾但馬入道《にゅうどう》禅昌《ぜんしょう》」という人物が見えることから、「当長」と「政長」は別人であろう。したがって、政長は北条氏政《うじまさ》から偏諱《へんき》(一字拝領)を受けた当長の嫡子と捉えられている。

いずれにせよ、山内上杉氏の家宰職を歴任した足利長尾氏は、引き続き永禄三年には憲政を擁する越後長尾氏を重視して関東

訪ねてみよう
鑁阿寺(足利市家富町2220)…景長が所領を寄進し、もとは足利氏の館であったと伝える。

の反北条勢力との仲介をしていた。なお、同四年四月以降、当長の実名は「景長」に変わっており、越山した長尾景虎から偏諱を受けたものと考えられている。

この頃の足利長尾氏の家臣団の構造を示す史料に、「関東幕注文」がある。この中で足利衆を見ると、景長を筆頭にそのほか二十四人の名が書き連ねられている。この二十四人を本拠地の国ごとに分別すると、下野国（栃木県）八人、上野国（群馬県）六人、武蔵国（埼玉県）十人となる。この中で武蔵国出身者の多さが注目されるが、これは主君の山内上杉氏のもとで、足利長尾氏が家宰職や武蔵国守護代を務めていたことによるものだろう。

同五年二月、北条方の館林城が謙信の手によって落城し、城主の赤井文六は忍《おし》（埼玉県行田市）に追放された。謙信は館林城を景長に預け置き、四月には景長が館林で家臣の土地を保証するなど支配者として行動している。謙信から景長に館林城が預けられたのは、越山以前からの協力が評価されたものと推測できる。

景長と館林領の関係を今に伝えるのが、近世以降は雨乞いの神として関東地方の雷電《らいでん》信仰の中心となった、雷電神社（板倉町）である。雷電神社には、元亀四（一五七三）年銘の棟札《むなふだ》が残されており、社殿の造営は同年三月から始まり、大工・山崎兵庫助《ひょうごのすけ》と番匠《ばんじょう》二百十人の手で八月に竣工したという。景長は永禄十二（一五六九）年に死去していてこの世になかったが、棟札にはこの事業が景長の直営事業として実施されたと記されている。

景長の跡を継いだのは、金山城の由良成繁《なりしげ》の二男で、景《かげ》長《なが》の養子となった顕長《あきなが》である。足利長尾氏と由良氏はそれ以前から協調関係を保っており、由良氏からは、改姓前の横瀬氏の段階から足利長尾氏に女性が嫁いでいた。同九年、由良成繁が上杉氏から離反して北条方に寝返ると、景長をはじめとする東上野の国衆もそれに倣った。景長は上杉謙信から館林領を預け置かれていたこともあって、この離反に対し、謙信から受けた深い恩を裏切る所業であり、罰を受けるべきであると上杉方から非難されている。

景長の死の直前、一転して上杉と北条の間で同盟が成立し（越相《えっそう》同盟）、上野国は上杉の領分と取り決めがなされた。これを受けて、同十三年、謙信は足利長尾氏の館林城を広田直繁《なおしげ》に与えてしまった。そのため、景長は足利に退かざるを得なかったようだ。景長の跡を継いだ顕長が館林城に復帰するのは、越相同盟が破綻した元亀二（一五七一）年十二月以降と考えられている。

（長谷川　明則）

訪ねてみよう

雷電神社（板倉町板倉2334）…景長が造営に着手し、関係する戦国時代の棟札も残っている。

長尾《ながお》 顕長《あきなが》

兄の由良国繁《くにしげ》と後北条氏に抵抗
?〜一六二一(元和七)

顕長は長尾姓ながら、実は金山城(太田市)の由良成繁《なりしげ》の次男であり、母は赤井重秀《しげひで》の娘(妙印尼《みょういんに》)であった。

永禄五(一五六二)年に上杉謙信の攻撃を受けて館林城(館林市)が落城すると、赤井氏に代わって謙信旗下で養父となる長尾景長《かげなが》が足利(栃木県足利市)から入城した。顕長(当時は元服前のため史料上は熊寿丸《くまじゅまる》)は同八年の正月を館林で迎えており、すでに景長の養嗣子となっていたようである。

顕長が景長の後継者に迎えられたことに関連して、顕長の実母が赤井重秀の娘(妙印尼)であることから、赤井氏の血を受け継いでいた点が注目される。実家である赤井氏の没落を目の当たりにした妙印尼は、顕長が赤井氏の後継者であると館林領の地侍《じざむらい》たちに印象付けるように画策したようだ。

長尾氏歴代墓所(長林寺)

同十二年に義父景長が死去し、顕長が足利長尾氏の家督を継承した。隣の新田領の領主は父の由良成繁であり、兄国繁《くにしげ》が嫡男として活動していた。ここに、渡良瀬川流域の新田領と館林領にまたがり、由良・長尾兄弟領国と称される協調関係が成立したのである。

天正六(一五七八)年、上杉謙信の後継を巡る内紛(御館《おたて》の乱)を制するため、一方の後継候補であった上杉景勝は甲斐国(山梨県)の武田勝頼との間で同盟を結んで勝利した。これにより武田氏は、もう一方の後継候補だった上杉景虎を支持していた北条氏と対立し、新田・館林領は北条氏と武田氏が対立する最前線に位置することとなった。同八年には、由良・長尾両氏は北条方から武田方に離反したが、すぐに北条方に復帰したようだ。

同十年三月に武田氏が織田信長によって滅ぼされると、上野国(群馬県)は織田家重臣の滝川一益の領国となった。ほかの上野国衆と同じく、由良国繁と長尾顕長の兄弟も厩橋城《まやばし》(前橋市)の一益のもとに出仕し

訪ねてみよう
長林寺(栃木県足利市西宮町2884)…市内に2つある一方の長林寺で、足利長尾氏歴代の墓がある。

た。一方で、北条氏との関係も従来どおり継続していたようで、神流川《かんながわ》合戦では滝川方と手切れに及んで北条方への帰属を明らかにしている。

神流川合戦に敗れた一益が退去した後の旧織田領国を巡り、北条・徳川・上杉の三者による天正壬午《じんご》の乱が起きると、新田・館林領は徳川家康と協調する佐竹義重《よししげ》の攻撃を受けた。しかし、同年十月には北条氏と徳川氏との間で同盟が結ばれ、関八州《かんはっしゅう》を北条領、甲斐・信濃を徳川領とする国分け協定が結ばれた。

北条氏は、この協定で認められた関八州の権益を確保するため、北条高広《きたじょうたかひろ》が守る厩橋城を攻め落とした。そのため、国繁・顕長の兄弟が祝儀のために厩橋城の北条氏直のもとに参上したところ、氏直から、佐竹攻めのために二人の居城である金山・館林を借り受けたいとの申し出を受けた。それを聞いた両家の家臣は城に戻り、兄弟の母である妙印尼を中心に籠城を決めたため、兄弟は囚人として小田原(神奈川県小田原市)に送られたという。

妙印尼を中心にまとまった由良・長尾家臣団は、佐竹氏や佐野氏などの反北条連合と連携し、北条方の小泉領(大泉町)を攻めたが、同十二年四月には逆に北条方に足利城(栃木県足利市)を攻められている。北条勢と反北条連合は、同年五月から下野国三毳《みかも》山西麓の越名沼《こえなぬま》(栃木県佐野市)のほとりで対峙したが(沼尻合戦)、決着がつかずに血判状を交わして双方共に退陣した。しかし、北条方は八月上旬に新田・館林領に侵攻し、反北条連合側では協定に反することから前代未聞と批判している。とはいえ、翌年の年明けには、金山・館林の両城が北条氏照《うじてる》に引き渡され、長尾氏は足利城へ、由良氏は桐生城(柄杓山《ひしゃくやま》城)へ退去した。新田領と館林領は北条氏の直轄領となり、結果として、由良・長尾兄弟領国は大幅に勢力を減らしたのである。

足利領への退去の際、顕長は北条氏から切り取り次第で佐野領の領有を認められていたという。しかし、同十三年から翌年にかけて行われた佐野攻めで、顕長は敵将の佐野宗綱《むねつな》を討ったものの、北条氏政の弟がその跡を継ぐこととされた。顕長はこれを恨みに思い、兄国繁と共に再び北条氏に反旗を翻した。この離反は、今回も北条方によって鎮圧され、同十七年に桐生城並びに足利城破却の処分を受けた。翌十八年の豊臣秀吉による小田原合戦に際して、国繁・顕長は小田原への籠城が命じられた。合戦後、桐生領と足利領は没収され、顕長は国繁と共に常陸国牛久《うしく》(茨城県牛久市)の妙印尼の知行地に移った。

(長谷川　明則)

訪ねてみよう

足利城跡(栃木県足利市本城一丁目)…市指定史跡。両崖山《りょうがいさん》に広がる山城で、足利長尾氏の居城。

冨《とみ》岡《おか》秀《ひで》高《たか》

小山・結城氏をバックボーンに？
?～一五八五（天正十三）？

冨岡氏は、小泉城（大泉町）を本拠とした一族である。系図によると、下総国（千葉県）の結城久朝《ゆうきひさとも》（氏朝の弟）の子直《なお》光《みつ》を祖とするという。直光は明応二（一四九三）年には、古河公方足利政氏《まさうじ》の武井城（桐生市）攻めで軍功を挙げている。以後、二代秀光《ひでみつ》の永正年間（一五〇四～二一）までに小泉城を築き、邑楽地域に勢力を持った。同氏の受給文書である冨岡文書は、総数で九十四通（原本・写本を含む）が確認されている。戦国時代の邑楽地域を知る上で貴重な史料群である。

『冨岡家譜』によると、秀高は冨岡家の五代当主に当たる。小山高朝《たかとも》の次男として生まれ、重朝《しげとも》といったという。受領名《ずりょうめい》は対馬守《つしまのかみ》。冨岡氏は代々「秀」の字を通字《とおりじ》としているので、系図が確かならば、家督継承に当たって秀高に改名したとも考えられる。重朝の「朝」は結城氏の通字で、結城氏から小山氏の養嗣子になったという父高朝に由来するものであろう。なお、秀高の実弟とされる晴朝《はるとも》は、結城政勝《まさかつ》の養嗣子となっている。

北条氏直書状（冨岡文書　群馬県立歴史博物館蔵）

秀高の受領名「対馬入道」が見えるのは、天正十二（一五八四）年～十四年に比定される冨岡文書においてである。これ以前の文書の受給者は「六郎四郎」であり、六代秀長《ひでなが》の仮名《けみょう》である。しかし、この期間の「六郎四郎」を秀高とする見解もあるため、天正四年から同十四年にかけての「六郎四郎」「対馬入道」を秀高の動きとして追ってみたい。

同四年正月二十日の北条氏直書状で、六郎四郎は家督継承を祝されている。家督継承は前年の天正三年の暮れから同四年の年頭となろう。同六年三月に上杉謙信の後継を巡って越後国（新潟県）で御館《おたて》の乱（上杉景勝vs上杉景虎）が勃発すると、小田原北条氏の支配下にあった上野（群馬県）国衆《くにしゅう》は、北条家から養子に入っていた景虎を支援し、六郎四郎も鉢形《はちがた》城（埼玉県寄居町）主の北条氏邦《うじくに》の指揮のもと越後国上田荘《うえだのしょう》（新潟県魚沼市など）へ侵攻した。御館の乱は景勝の勝利に終わり、北条氏は景勝に味方した武田氏との甲相《こうそう》同盟を破棄。

訪ねてみよう
祇園城跡（栃木県小山市城山町）…国指定史跡。秀高の実家である小山氏の城跡。小山城とも。

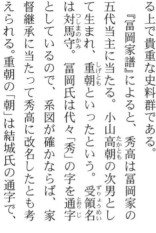

しかし、同十年三月には武田氏は織田氏により滅亡し、上野国は織田氏重臣の滝川一益の分国となった。しかし、そのわずか三カ月後の六月には本能寺の変が起こる。これを受けて六郎四郎は実情を一益に問い合わせた。一益はその返信に「京都の事について、その後は何も聞いていない。問題はないだろう」と記している。その数日後に発生した神流川《かんながわ》合戦（滝川軍vs北条軍）において、北条方に敗北した一益は上野国から敗走した。六郎四郎は、この後の北条氏による北上野侵攻の際には参陣せずに氏直から不審を買ったが、その後、再び北条氏に従属している。

同十一年十一月までに隣接する由良国繁《くにしげ》・長尾顕長《あきなが》が北条氏を離反すると、小泉領は佐竹氏を中心とする反北条連合との抗戦の最前線となった。六郎四郎は、氏直から「新田金山城が北条氏の支配下となった場合、新田領・総社領内の知行を与える」という約束を得ている。翌十二年には、沼尻合戦（北条軍vs反北条軍）が下野国沼尻（栃木県栃木市）で勃発。この年の二月、佐野氏の小泉城攻撃を新三郎（氏《うじ》高《たか》）・六郎四郎が撃退したため、冨岡対馬入道が賞されている。六郎四郎と対馬入道が同時に見えることから、秀高が出家して対馬入道を名乗り、嗣子の秀長《ひでなが》が六郎四郎として登場してきたものとみられている。同十三年には隠居分として浜田郷（太田市）内の地があてがわれているので、この頃に秀高は家督を退いたものと考えられるが、その後、翌十四年十一月まで史料上に散見する。

秀高の動きは、近隣領主が反北条方に懐柔される中、ほぼ一貫して北条方として活動している。実家とされる小山氏は、北条氏に対抗するも天正四年に祇園城《ぎおんじょう》（栃木県小山市）を明け渡し、佐竹義重《よししげ》のもとに身を寄せているので、秀高自身、独自の行動を起こしていることになろう。

『冨岡家譜』は天正十三年八月十二日没と伝える。法名は要津院殿天性長源大《ようしんいんでんてんせいちょうげんだい》居《こ》士《じ》。龍泉院《りゅうせんいん》（大泉町）に葬られたという。

（青木　裕美）

龍泉院（大泉町城之内）

訪ねてみよう

龍泉院（大泉町城之内3-11-2）…戦国時代に小泉城主の冨岡氏が創建したと伝わる禅宗寺院。

冨岡《とみおか》 秀長《ひでなが》

戦国末期を生き抜いた東の境目領主
?〜一六一五（慶長二十）

『冨岡家譜』によると、秀長は冨岡家の六代当主に当たる。冨岡秀高《ひでたか》の子。六郎四郎と称した。

天正十二（一五八四）年二月二十八日に佐野氏の軍勢が小泉領に侵攻した際に、弟の氏高《うじたか》と敵を多数討ち取った。この功績について実父秀高が北条氏直から賞されているのが、秀長の史料上の初見である。翌十三年四月頃には秀高が家督を退き、秀長が継承したと考えられる。

秀長が冨岡氏の家督にあった時期は、北条領国が終始羽柴秀吉の脅威にさらされていた時期である。同十七年十二月に秀吉による小田原征伐の陣触《じんぶれ》の情報が入ると、北条氏に対抗する佐竹氏への東の備えとして小泉城（大泉町）を守り、氏高が六十人の兵を率いて翌十八年正月十五日に小田原へ参陣するように北条氏から命じられている。しかしながら、実際に小田原に赴いたのは秀長だった。小田原城総構《そうがまえ》のうち、東南方面に関東の諸将が配置されたようである。四月十五・十六日に豊臣軍による奇襲が報じられると、秀長は十五日暁八ツ（午前三時半）の太鼓《たいこ》を合図に役所を防備するように命じられている。

当主である秀長が小田原で籠城する一方、一族や家臣が居城である小泉城を守った。留守を任された氏高は、豊臣軍の将、浅野長吉《ながよし》に書状をしたためて秀吉への取り成しを求め、「身上の保全を図るために尽力する」という約束を得ている。

小泉城跡（大泉町城之内）

同十八年七月一日、北条氏直《うじなお》が投降し、小田原合戦に終止符が打たれた。この後の秀長をたどる一次史料は確認できていない。『冨岡家譜』は、関宿《せきやど》城主（千葉県野田市）の松平忠良《ただよし》の軍勢に加わり、大坂冬の陣に参加。凱旋の日に病を患って大坂で没したと伝える。慶長二十（一六一五）年正月二十一日に五十六歳で逝去。法名は一峰院殿角翁正鱗大居士《いっぽういんでんかくおうしょうりんだいこじ》。

（青木　裕美）

訪ねてみよう

小泉城跡（大泉町2-24 城之内公園）…町指定史跡。冨岡氏が15世紀初頭に築城したと伝わる。

コラム●館林城主・広田直繁《なおしげ》

戦国時代の館林城主としては、赤井氏や館林長尾氏が著名である。ところが、数年間だけ、それ以外の人物が館林城主になったことがある。その人物が、広田直繁である。

直繁は、足利氏の被官である木戸氏の一族の出身で、元々の本拠地は、武蔵国の羽生城《はにゅう》(埼玉県羽生市)である。ところが、元亀元(一五七〇)年になると館林城(館林市)に移り、城主となっている。

直繁はなぜ居城を移したのだろうか。それを知るために、直繁の政治的な動きを追ってみよう。

永禄三(一五六〇)年、越後国(新潟県)の上杉謙信が関東に出陣したことで、謙信と北条氏の戦いが始まった。この時、謙信は関東の諸領主に参陣を呼びかけている。直繁もそれに応えて、謙信に従っている。

この後、謙信の関東出陣は続くが、同九年に下総国臼井《うすい》(千葉県佐倉市)で大敗してしまう。これを受けて、関東の多くの領主たちは、謙信から離反することを選んだ。しかし、直繁はこの後も謙信方に留まっている。

同十二年には、謙信と北条氏の間で越相《えつそう》同盟交渉が始まった。この交渉の国分けで東上野《ひがしこうずけ》を回復した謙信は、翌年に下野《しもつけ》佐野城(栃木県佐野市)を攻撃する。直繁はこれに従って戦功を挙げたことで、恩賞として館林城を与えられた。

直繁の政治的な動きを追うと、同三年から、一貫して謙信に従っていた人物であることが分かる。直繁のこの姿勢は、謙信から、「味方がいずれも北条氏に従う中、直繁の忠信は抜きんでている」と評価されている。

こうして、館林城主となった直繁であるが、その後、数年以内に死去したと考えられている。館林城には、後にかつての城主である館林長尾氏が復帰していることから、直繁の死去は、城を巡る長尾氏との抗争によるものとも考えられている。

(藤田　慧)

舞木《まいぎ》景隆《かげたか》

古河公方《こがくぼう》へのメッセンジャー
生没年未詳

舞木景隆は十六世紀後半に古河公方への奏者《そうじゃ》を務めた人物である。同じく奏者を務めた人物に舞木定綱《さだつな》がいるが、古文書に記された花押や筆跡が似ていることから、二人は同一人物とみられている（写真）。景隆は実名《じつみょう》を定綱に変えたようだ。その時期は、弘治三（一五五七）年九月から永禄三（一五六〇）年二月の間と考えられるが、以降は景隆で統一する。

次に、景隆が務めた奏者という立場について見ていこう。奏者とは、主君への取り次ぎを行う者のことを指す。景隆の場合、主君に当たるのは古河公方であるから、古河公方への取次役だった。

景隆は、下野国（栃木県）の鑁阿寺《ばんなじ》との関係が深く、鑁阿寺が言上するさまざまな用件を古河公方に伝えていた。例えば弘治元（一五五五）年には、鑁阿寺から、古河公方足利義氏《よしうじ》の元服祝いの贈物が届いた。この贈物は、景隆を通して義氏に披露された。義氏は贈物に一段と喜んでおり、義氏の喜びの言葉は景隆の書状を通して、鑁阿寺へと伝えられた。

このように、古河公方に対する言上や贈物を受け取って、公方に披露した上で、上意である公方からの言葉を相手に伝えることが、奏者である景隆の役割といえるだろう。

また、鑁阿寺はこのとき、公方だけでなく景隆にも贈物を送っている。奏者を務めることは、景隆にとっても利益のあることだったのである。

舞木景隆（上）・定綱（下）花押

ところが、永禄三年頃を境として、鑁阿寺宛ての書状の中に、景隆の名は確認できなくなっていく。代わりに登場するのが、瑞雲院周興《ずいうんいんしゅうこう》という人物である。周興は、古河公方の一族か血縁者とされる禅僧である。景隆の奏者としての役割は、やがて周興が務めるようになったと考えられている。この後の景隆の動向は不明で、奏者に復帰することはなかったようだ。

（藤田　慧）

訪ねてみよう
鑁阿寺（栃木県足利市家富町2220）…景隆と関わりの深い寺院。重文の鑁阿寺文書を所蔵する。

高《こうの》師《もろ》久《ひさ》

享徳の乱で奮戦した高一族
生没年未詳

高師久は古河公方足利成氏の奉公衆《ほうこうしゅう》(親衛隊)で、享徳三(一四五四)年に始まる享徳の乱で活躍した人物である。

師久は、その苗字が示すように、足利氏に仕えた高一族の出身である。高一族の中で著名な人物には、南北朝時代に活躍し、室町幕府執事にも就任した高師直《こうのもろなお》がいる。師直は、足利尊氏《たかうじ》・直義《ただよし》兄弟が対立した観応《かんのう》の擾乱《じょうらん》の最中に、一族の主な武将と共に殺害されるが、ここで高一族は滅亡したわけではなく、擾乱の後に活躍した人物もいた。その中の一人が、正平七(一三五二)年に尊氏から下野国足利荘《あしかがのしょう》(栃木県足利市)内に所領を与えられた高師業《もろなり》である。師業には師満《もろみつ》という息子がおり、師久はこの師満の子孫のようだ。

師久は拠点を早川田《さがわだ》(館林市)に設けていたようで、その地名にちなんで、自らの苗字を「佐河田《さがわだ》」とも称していた。

雲龍寺(館林市早川田町)

さて、享徳の乱における師久は、ほかの高一族と共に成氏方として上杉方と戦っていた。師久が参加した戦いを、二つ紹介しよう。

一つは、応仁二(一四六八)年十月、成氏方と上杉方が現在の伊勢崎市茂呂・連取《つなとり》で戦った、毛呂島《もろじま》・綱取原《つなとりはら》合戦である。この戦いで師久は怪我をするほど活躍した。

もう一つは、文明三(一四七一)年の四月から五月に、上杉方が足利荘にある赤見《あかみ》城(栃木県佐野市)や、館林城(館林市)を攻めた戦いである。師久は、このとき館林城に立て籠もっていた。だが、結果として両城は落城してしまう。生き残った師久は、この戦いで活躍した高一族への感状を、まとめて成氏へ要求している。この行動から、師久は高一族の惣領的な立場の人物と考えられている。

(藤田　慧)

訪ねてみよう

赤見城跡(栃木県佐野市赤見町3572他)…市指定史跡。高一族が立て籠もり、土塁や堀が良好に残る。

大林《だいりん》 正通《しょうつう》

禅問答のエキスパート
一四二七(応永三十四)頃〜一四九六(明応五)

分福茶釜《ぶんぶくちゃがま》の昔話で有名な茂林寺《もりんじ》(館林市)を開いた曹洞僧。

近世成立の僧伝『日域洞上伝燈録《にちいきとうじょうでんとうろく》』によると美濃国(岐阜県)の土豪土岐《とき》氏の人で、二十歳のとき父に従い鎌倉におり、円覚寺(臨済、神奈川県鎌倉市)で出家の志を起こし、剃髪。京都や相模国(神奈川県)の寺院で遊学ののち親の世話のために故郷の美濃国に戻り、龍泰寺《りゅうたいじ》(岐阜県関市)の華叟正萼《かそうしょうがく》に参禅した。

この華叟は双林寺《そうりんじ》(渋川市)開山の一州《いっしゅう》正伊《しょうい》と同門、つまり月江正文《げっこうしょうぶん》の法嗣《はっす》である。月江やその師である無極慧徹《むごくえてつ》らの門下は東国を中心とする地方に拡がりその地域の初、また中心的な曹洞宗寺院を開創した世代で、当時この法脈は東国における曹洞宗教線の中心かつ活力ある存在であった。大林は、こうした新鮮な宗風に身を置いたのであった。

茂林寺(館林市堀工町)

修行中、大林は華叟からの問いに十分な見解を示すことができず諸国行脚《あんぎゃ》に出て、伊香保温泉(渋川市)入湯中に悟るところがあり、急ぎ龍泰寺に帰り、華叟に見解を呈して、かなったという。こうして華叟に久しく付き従い、ついに華叟の法嗣となる。応仁元(一四六七)年には、無極の師である了庵慧明《りょうあんえみょう》が開いた関東・東海地方の曹洞宗教線の一大道場である相模最乗寺《さがみさいじょうじ》(神奈川県南足柄市)の住持に上り詰める。そして翌年八月、上野国青柳城(館林市)を拠点とする地域領主の赤井氏の当時の当主・正(照)光が茂林寺を建立、開山に最乗寺の大林を招いたのであった。なお寺伝によれば、大林は伊香保で出会った守鶴《しゅかく》(後に茶釜を茂林寺にもたらした僧。狢《むじな》の化身)を伴い、応永三十三(一四二六)年に館林を訪れ小庵を結び、それが茂林寺のもとになったという。

茂林寺のように領主・武士らが創建した地方の中核的禅宗寺院は、その領主(大檀《おおだん》那《な》)のための単なる菩提寺や祈願寺でなく、禅道場としての性格も持つ。領主は自ら参

訪ねてみよう
茂林寺(館林市堀工町1570)…大林正通の開山、上毛かるた「分福茶釜の茂林寺」で有名。

禅し住職の薫陶《くんとう》を受けつつ、そこで雲水《うんすい》（修行僧）を育成させるなど、禅の興隆を図るのも帰依《きえ》者・大檀那の務めである。そこには師匠クラスの僧が招かれることになる。ちなみに大林へは当時の関東管領・守護の上杉顕定《あきさだ》も帰依して茂林寺に寺領を寄進したといい、大林の名声、また当時の相模最乗寺とその住持の社会的位置が推察される。

臨済僧・歌人の万里集九《ばんりしゅうく》の詩集『梅花無尽蔵《ばいかむじんぞう》』に大林のことが出る。それによれば大林と万里は同年齢で、大林は明応五（一四九六）年に六十九歳で茂林寺において没したようである。文明十一（一四七九）年の頃から数年、大林は尾張《おわりの》国《くに》（愛知県）の長康院《ちょうこういん》（場所ほか不詳）にいて承国寺《じょうこくじ》（岐阜県各務原市）の万里と交流。大林は太田道灌との親交もあり、同十七年には道灌に万里を引き合わせた。大林には最乗寺を退いて茂林寺へ帰る動きもあったようで、長享元（一四八七）年ころ万里は大林の帰寺を祝う詩を書いている。『梅花無尽蔵』は大林と同時代の史料で、信憑性が高い。優れた大林の鋭い言葉に答えられる者がいないとも、そこには記される。五山文学の一翼を担う一流の文学僧である万里が、大林を賛嘆するに発する言葉を取り上げたことが興味深い。

最乗寺開山の了庵の法脈《ほうみゃく》（無極や月江またその門下たち）は下語《あぎょ》・代語《だいご》（禅問答の回答例を考え示すこと）を盛んに行って書き記し、研鑽する法脈であったことが知られている。その法脈にいるのが大林であり、しかも大林の代語録もあったという。優れた問答・法語（修行者を導く語り）をする僧であったことが推し量られる。曹洞禅は座禅に打ち込むのを旨とするが（黙照禅《もくしょうぜん》）、了庵の法脈は曹洞禅ながら公案《こうあん》（先哲の言行）を綿密・徹底的に究明する臨済禅の様式（看話禅《かんなぜん》）を取り入れていたといえようか。ともかくも了庵門下はこのような力を持っており、この法脈が東国で戦国武将らの帰依を受けて大きく発展したのは、単なる偶然ではなかろう。地方に積極的に進出し練り上げた問答・法語で武将らを導き、帰依を受けていた構図が浮かび上がる。

守鶴堂（茂林寺境内）

大林の法嗣は南渓正曹《なんけいしょうそう》。南渓は茂林寺住持（茂林寺二世）の後、北信濃の戦国大名・村上義清《よしきよ》に招かれ、義清が創建した龍洞院《りゅうとういん》（長野県上田市）の開山となった。

（久保　康顕）

訪ねてみよう

最乗寺（神奈川県南足柄市大雄町1157）…正通のほか、双林寺開山の一州正伊も住持となる。

坂田《さかた》 備前守《びぜんのかみ》

利根川端のゲリラ戦隊
生没年未詳

坂田備前守は戦国時代の初期、長享の乱(一四八七〜一五〇五)の時期を中心に活躍した武士である。佐貫荘《さぬきのしょう》坂田郷(大泉町)の小領主か地侍《じざむらい》で、新田荘《にったのしょう》の岩松尚純《ひさずみ》の重臣横瀬景繁《かげしげ》に従っていた。長享の乱は山内上杉顕定《あきさだ》と扇谷上杉定正・朝良《ともよし》の抗争であったが、その最中の明応四(一四九五)年、岩松家中で内紛が勃発する。世にいう「屋裏《おくり》の錯乱《さくらん》」である。岩松尚純の父明《あき》純《ずみ》が佐野氏の支援を得て、横瀬成繁・景繁父子を排除しようとしたのである。この内紛には備前守の同族(父、または兄弟)右馬頭《うまのかみ》が参戦している。右馬頭は景繁の要請で利根川対岸の長井荘《ながいのしょう》(埼玉県熊谷市)に働きかけてその助力を取り付け、「夜動《よばたらき》」で戦功を挙げるなどして、横瀬氏の勝利に貢献している。

長享の乱の終盤、永正元(一五〇四)年九月、武蔵立河原《たちかわはら》(東京都立川市)で上杉顕定と上杉朝良・伊勢宗瑞とが対戦した。合戦は扇谷勢が優勢であったが、ちょうどその頃、上武国境では山内方の横瀬景繁と扇谷方の深谷上杉憲清《のりきよ》が戦っていた。この戦闘に山内・横瀬方として参戦したのが坂田備前守である。九月十七日の朝、備前守は利根川を渡って「河むかい」の深谷領に侵入し、上杉憲清の本拠庁鼻和《こばなわ》城(埼玉県深谷市)に迫り、敵兵がこもる「国済寺《こくさいじ》の小屋」を落としたのだ。備前守はその日のうちに景繁から大いに賞賛され、「利根川の向こうに軍事拠点がないので、その小屋と周辺の道路をしっかり確保せよ」とも、さらにその二日後には「無用の土人《どじん》(関係の無い地元民)に扮装《ふんそう》して利根川を平然と渡り、河辺の敵陣に近付いて切り崩せ」とも命じられている。

古戸・長井の渡と利根川網状流路

川面を自由自在に行き来し、ゲリラ戦を得意とした坂田備前守は、渡河の技術と知識を身に付けた職人的な「川辺の武士」であったのだ。

(簗瀬 大輔)

訪ねてみよう
庁鼻和城跡(埼玉県深谷市国済寺521 国済寺)…坂田氏が襲撃した庁鼻和(深谷)上杉氏の本拠地。

コラム● 日本遺産「里沼《さとぬま》」を育んだ戦国人たち

令和元(二〇一九)年五月、館林市の歴史文化遺産が日本遺産「里沼(ＳＡＴＯ－ＮＵＭＡ)―『祈り』『実り』『守り』の沼が磨き上げた館林の沼辺文化―」に認定された。

応仁二(一四六八)年、青柳《あおやぎ》郷の東にたたずむ霊験《れいげん》あらたかな沼の畔《ほとり》に、美濃国(岐阜県)出身の僧侶大林正通《だいりんしょうつう》が赤井氏に招かれて曹洞宗の禅院を開いた。この禅院は大永二(一五二二)年に後柏原《ごかしわばら》天皇から定額寺《じょうがくじ》の寺格を受け、上野《こうずけ》の曹洞宗の中心道場の一つとして隆盛を誇った。そして、いつしかこの「祈りの沼」はその禅院の名を冠して「茂林寺《もりんじ》沼」と呼ばれるようになった。

文明元(一四六九)年、新田岩松家純《いえずみ》が金山城(太田市)を築いて入城した頃、敵対する古河公方足利成氏も古河(茨城県古河市)の西方の「立林《たてばやし》」の沼を取り立て、赤井氏に要害《ようがい》を築かせた。同三年には、赤井信濃入道・文三・文六と高師久《こうのもろひさ》が長尾景信と戦った。永禄五(一五六二)年には赤井文六が上杉謙信に攻められ、天正十二(一五八四)年には長尾顕長が北条氏直《うじなお》・氏照《うじてる》・氏邦《うじくに》と対峙した。沼の要塞化とともに「立林」は「館林」と表記されるようになり、いつしか沼は「守りの沼・城《じょう》沼」と呼ばれるようになった。

天正四(一五七六)年五月三十日、上杉謙信は「渡良瀬川から新田・足利へ引く用水を切り落とし、新田・館林・足利を亡郷にしてやる」と豪語し、「堰四つ」を破壊した。この四堰は、現在待《まち》・矢場《やば》両堰《りょうぜき》土地改良区が管理する、待堰(桐生市)、矢場堰(太田市)、市場堰(太田市)、三栗谷《みくりや》堰(足利市)の前身である。このうち、館林・邑楽地域の水田を潤すのが矢場堰の上休泊堀《かみきゅうはくぼり》(休泊川)と下休泊堀(新《しん》堀《ぼり》川)で、これを開削したのは伝説の戦国人大谷休泊《おおやきゅうはく》といわれている。この下休泊堀の水源の一つが、「実りの沼・多々良《たたら》沼」である。

戦国人を知ることは現代の人と文化を知ることにほかならない。

(築瀬　大輔)

多々良沼(館林市)の白鳥

佐川田《さがわだ》 昌俊《まさとし》

文武両道の歌人
一五七九（天正七）〜一六四三（寛永二十）

佐川田昌俊は、天正七（一五七九）年に早川田《さがわだ》（館林市）に生まれた。通称は喜六《きろく》で、壺斎《こさい》・黙々《もくもく》などと号した。

昌俊の先祖は、足利氏に仕えた高一族のうち、早川田に拠点を置いて佐川田氏と称した一族である。昌俊が生まれた頃の佐川田氏は、下野国（栃木県）の佐野氏に従っていた。

ところが、昌俊は幼くして越後国（新潟県）に向かい、上杉氏の武将であった木戸元斎《げんさい》の養子に入ることになる。元斎は、もとは武蔵国羽生《はにゅう》城（埼玉県羽生市）にいた武将で、和歌に長けていた。幼い昌俊は、元斎のもとで勉学に励み和歌を学んだとされる。

元斎のもとで成長した昌俊は、慶長五（一六〇〇）年、関ヶ原の戦いの前哨戦《ぜんしょうせん》とされる大津城（滋賀県大津市）攻めに西軍方として参加した。その後、昌俊は元斎のもとを離れて浪人になったとされ、慶長十二（一六〇七）年には、徳川家康の家臣、永井直勝《なおかつ》に仕えて駿府《すんぷ》（静岡県静岡市）に滞在している。この後、昌俊は永井家に仕えながら江戸や京都で活動し、元和・寛永年間（一六一五〜一六四四）にかけて、歌人として活躍していくのである。

方丈庭園北庭（一休寺）

昌俊が詠んだ和歌は多数存在する。中でも「吉野山、花待つ頃の朝な朝な心にかかる峯の白雲」という和歌は、後《ご》西《さい》天皇の勅撰《ちょくせん》にも選ばれるほどの高い評価を与えられていた。さらに、昌俊は多くの連歌会《れんがえ》、茶会などに参加し、林羅山《らざん》をはじめとする、当時の文化人たちと交流を持っていたという。漢詩人である石川丈山《じょうざん》と、「寛永の三筆」の一人といわれる松花堂昭乗《しょうかどうしょうじょう》とは親しい友人であったようで、現在の京都府京田辺市にある、一休寺《いっきゅうじ》の方丈の庭園を合作したと伝わっている。

寛永十五（一六三八）年になると、昌俊は永井家に仕えることを辞め、一休寺の境内に庵を結んで隠棲生活を送った。その五年後に死去している。林羅山は昌俊を悼《いた》み、墓碑を建立している。

（藤田　慧）

訪ねてみよう

酬恩庵一休寺《しゅうおんあんいっきゅうじ》（京都府京田辺市薪里ノ内102）…臨済宗の寺院で、境内には昌俊の墓地が存在。

終章　群馬県における戦国時代研究のゆくえ

はじめに

これまで十三章、計一五〇の人や集団の上州の戦国人についての記してきたが、どのような感想を持たれたであろうか。序章でも述べたように、執筆担当者によって書きぶりに違いはあると思うが、地域ごとに章分けを行い、おおむね時間軸に沿って戦国領主(国衆)・地侍《じざむらい》・僧侶などの上州の戦国人について通覧できたのではなかろうか。

終章では、今後の群馬県の戦国時代研究について、博物館の展示についても触れつつ述べていきたい。

戦国史研究のこれから

本章を執筆しているのは、令和二(二〇二〇)年八月である。今、世界は新型コロナウイルスとともに生活をしていく「ウイズ　コロナ」と呼ばれる状況で、群馬県立歴史博物館もその渦中にある。このような歴史的状況に置かれた博物館の一学芸員が、今後の群馬県における戦国時代の研究について三点触れてみたい。

①人が生存することへのまなざし

一点目は、新型コロナウイルスの感染拡大が進む中で、この二〇二〇年という年は、歴史的に大きな画期になりそうだという点である。そうした現況は歴史研究にも多大な影響を与え、対象が戦国時代であるかどうかを問わずに、今後は病気、とりわけ疫病についての研究が盛んになっていくであろう。もちろん以前から社会史などの分野で病気や疫病の研究は行われていたが、従来とは異なるレベルで進展していくに違いない。

その点に関連して一つエピソードを紹介したい。私の恩師でもある新潟大学名誉教授の矢田俊文氏は歴史学の立場から中近世の地震研究を進めているが、その出発点は明応七(一四九八)年に発生した南海トラフ沿いの明応地震についてであった。一九九〇年代に学生であった私は、宴席で恩師から「私は中世の地震研究の第一人者である。なぜならば、ほかに中世の地震研究者がいないから」という趣旨の話を聞いた記憶がある。

そうした状況は、二〇一一年三月十一日に発生した東日本大震災によって一変した。地震研究に携わる歴史学の研究者が従来よりも格段に増え、それは個人研究のみではなく、共同研究まで広範囲にわたっている。地震研究と疫病研究における歴史学の果たす役割を同等にはできないだろうが、それでも今後はそうした分野の研究が行われるであろう。

例えば、戦国時代の戦争に関しては、これまで「疫病や天候不順を原因とする食糧不足、そのための食糧調達のための戦争」という理解があった。本書でいえば、上杉謙信の関東への越山の原因を食糧調達のためとする理解に通じているが、近年ではそうした理解に見直しを迫る研究が現れている。しかしながら、今回の新型コロナウイルスの感染拡大という状況を受け、従来の学説の説得性が再認識されるかもしれない。

②史料を多角的に捉えるまなざし

二点目は、今後の戦国時代研究のあり方についてである。おおむね一九九〇年代以降、群馬県をフィールドとした戦国時代研究は大きく進展した。とりわけ進んだのは、戦国時代に多い無年号文書の年次比定、人物比定、地名比定、そして、そうした史料を検索するための史料集の刊行などの基礎的な研究分野である。

今後もこうした研究は精密・精緻に進展していくであろうし、新出史料が現れる限り、不断の見直しが要求されることになる。しかしながら、そうした研究も最終的には行き着くところまで行くであろう。その後、研究がどうなるのかといえば、やはり歴史研究の原点である古文書の原本に立ち返っていくのではなかろうか。なぜならば、文書の原本には、様式(フォーマット)・料紙(文書の紙)・紙の折り目・筆跡(筆勢)・汚れなどの情報があふれており、活字になった史料集からは引き出せない、無限の可能性を秘めているからである。

そうした状況とも符合するように、文書の原本や料紙、さらには折り目にまで着目する研究や研究会も近年には行われるようになってきた。古文書では崩し字を読解して活字にして解釈を行うという研究が重要ではあるが、総じていえば、そうした文字情報以外を引き出すことが求められるようになってきている。そのため、戦国時代には地域権力の自立化が進み、極めて多様な様式(フォーマット)の文書が独自に発給されるようになるが、一つにはそれらを原本に即して理解する研究が進展するのではないか。

「このフォーマットのこの料紙を用いた文書をこの領主がこの時期に出したものであるから、文字はほとんど読めなくても、だいたいこのような内容である」とそのカタチから、文書が正確に位置付けられるようになるかもしれない。

③現代社会を相対化するまなざし

三点目は、二点目とも関わることであるが、そうした極めて有用な情報を有している文書の原本を群馬県立歴史博物館においても積極的に研究し、展示を通して社会に示していくことである。とりわけ展示に際しては戦国時代の研究の成果を積極的に社会に還元することで、現状の社会認識を相対化させるような視点を示せるかもしれない。

例えば、当館では第九十二回企画展「関東戦国の大乱―享徳の乱、東国の三十年戦争―」(平成二十三年)を実施しているが、これは戦国時代の始まりとされる享徳の乱について取り上げたものであった。そこでの学術的な意義の一つは、関東を南と北ではなく、東と西で区分することで、政治史的な理解だけでなく、群馬の地域性の理解にも迫ろうとした点にあった。

この東西関東論は、政治的・文化的な関東の地域区分を現状の南北ではなく東西でした方が歴史的に理解しやすいというものであるが、その理解の範囲は近世や近代も射程に入っている。そのため、この地域区分論には現状の南関東や東京一極集中を歴史的に相対化させる可能性もある。また、先にみた戦国時代と疫病との関わりについての研究が今後、進展することで、同じく現状を相対化させるような視点が生まれるかもしれない。

いずれにしても、戦国時代の研究成果を展示や講座などを通じて積極的に示すことで、群馬県立歴史博物館が群馬県の歴史や文化の進展に少しでも寄与できるように努力していきたい。

展示における資料

これまで群馬県の戦国時代研究を展望してきた。それを踏まえた上で、群馬県立歴史博物館における将来的な戦国時代の展示について述べていきたい。

展覧会や展示に際しては展示の枠組み(あるいはストーリーともいえる)とは別に、やはり資料そのものの力に依拠する部分が大きい。どんなに大きな風呂敷を広げようとしても、そのことを説得的に示すだけのモノが実際に並んでいないと、展示は空虚なものになってしまう。そのため、誰でも知っている有名な戦国武将の肖像画や国宝・重要文化財を展示するということにもなる。

しかしながら、一見あまり知られていなくとも、上州において特徴的=上州らしい戦国時代研究の成果を展示に還元することは、やはり重要であろう。そうした観点から、ここでは上州甲冑師が制作した兜を挙げておきたい。上州甲冑師とは、上州を拠点に活動していた甲冑製作の集団のことであり、その兜が多数、伝存している。

「らしさ」の追求とその相対化

兜は頭部を覆うヘルメットの部分の鉢《はち》と首回りを護る𩊱《しころ》から成り立っている。その鉢の裏側に彫られた銘によって、いつどこで製作されたのか知ることができる。鉢は三十二枚あるいは六十二枚の細長い鉄板を矧《は》ぎ合わせて（重ね合わせて）前後左右のバランスよく作られており、美術工芸品としても優れている。現状では上州甲冑師が製作した兜はおよそ五十点確認されており、これだけまとまって資料が残存している戦国期の甲冑師は、東国ではほかに例がないようだ。群馬県立歴史博物館では既に十点近く収蔵しており、ほかの機関・個人の収蔵状況もかなり知られつつある。

製作地である八幡荘は守護権力の拠点であった板鼻（安中市）を含み、至近の距離の三ノ倉《さんのくら》や権田《ごんだ》（いずれも高崎市）には榛名権現の僧兵が刀工として存在していた。こうした点からすると、甲冑製作や作刀などの生業に武士などの権力者や寺社の宗教勢力を関わらせることによって、上州甲冑師が地域社会論にまで展開するかもしれない。

しかしながら、どうして東国の中の上州であったのかなど、不明な点も多い。やはり全国的な研究成果を参照しながら、冷静に上州甲冑師を位置付けることも重要であろう。近年には中国の明の史料の中で上州甲冑師についての間接的な記載が確認されており、より大きな視点も必要になってきそうだ。上州らしい資料の追求とその相対化が同時に要求される所以である。

おわりに

本書の姉妹編に当たり、先に刊行した『戦国史―上州の一五〇年戦争―』に書評を寄せて下さった元群馬県立歴史博物館館長（東京都立大学名誉教授）の峰岸純夫氏は、執筆陣の多さを上州一揆になぞらえたことを記憶している。今回も総勢十四人の多人数で執筆している点は同じだが、その年齢層は大きく若返った。

現在、群馬県内外で活躍している本県出身の若手の中世史研究者が多く輩出されている。今回の執筆に当たっても、なるべくそうした若手の研究者をメンバーとした。今後も優秀な人材に対して広く門戸を開き、展示活動や研究などのあらゆる機会を通じて協力・連携し、将来にわたっての持続可能な博物館活動につなげていきたい。

（群馬県立歴史博物館学芸員・森田真一）

参考文献

※一般書と自治体史の通史編を中心とし、副題などは省略した。

飯森康広編『ぐんまの城三〇選』（上毛新聞社、二〇一六年）
池享『東国の戦国争乱と織豊権力』（吉川弘文館、二〇一二年）
小川剛生『武士はなぜ歌を詠むか』（角川学芸出版、二〇〇八年）
奥野高広・岩沢愿彦校注『信長公記』（KADOKAWA、一九六九年）
亀田俊和『高一族と南北朝内乱』（戎光祥出版、二〇一六年）
久保田順一『新田一族の戦国史』（あかぎ出版、二〇〇五年）
久保田順一『上杉憲政』（戎光祥出版、二〇一六年）
久保田順一『長野業政と箕輪城』（戎光祥出版、二〇一六年）
久保田順一『上州白旗一揆の時代』（みやま文庫、二〇一八年）
黒田基樹『図説　太田道灌』（戎光祥出版、二〇〇九年）
黒田基樹『長尾景仲』（戎光祥出版、二〇一五年）
黒田基樹『太田道灌と長尾景春』（戎光祥出版、二〇一九年）
近藤義雄『箕輪城と長野氏』（戎光祥出版、二〇一〇年再版）
齋藤慎一『戦国時代の終焉』（中央公論新社、二〇〇五年）
齊藤慎一『中世を道から読む』（講談社、二〇一〇年）
笹本正治『信濃の戦国武将たち』（宮帯出版社、二〇一六年）
柴辻俊六ほか編『武田氏家臣団人名辞典』（東京堂出版、二〇一五年）
下山治久編『後北条氏家臣団人名辞典』（東京堂出版、二〇〇六年）
戦国人名辞典編集委員会編『戦国人名辞典』（吉川弘文館、二〇〇六年）
高橋有音『かたつむりの詩』（禅文化研究所、一九八四年）
冨田勝治『羽生城と木戸氏』（戎光祥出版、二〇一〇年）
野々村馨『食う寝る坐る　永平寺修行記』（新潮社、一九九六年）
萩原進編『伊香保志　下巻』（みやま文庫、一九八九年）
彦部家編『改訂版　彦部家の歴史』（群馬出版センター、二〇一三年）
前澤正之『館林中世史を探る』（私家版、二〇〇九年）
松本雲舟『奇僧風外道人』（真鶴町外二ケ村組合役場、一九三五年）
松本赳『奇僧風外の事績』（真鶴町外二ケ村組合役場、一九三三年）
丸島和洋『真田一族と家臣団のすべて』（KADOKAWA、二〇一六年）
峰岸純夫『中世災害・戦乱の社会史』（吉川弘文館、二〇〇一年）
峰岸純夫『享徳の乱』（講談社、二〇一七年）
峰岸純夫・齋藤慎一編『関東の名城を歩く　北関東編』（吉川弘文館、二〇一一年）
森田真一『上杉顕定』（戎光祥出版、二〇一四年）
矢田俊文『上杉謙信』（ミネルヴァ書房、二〇〇五年）
簗瀬大輔編『戦国史』（上毛新聞社、二〇一二年）
簗瀬大輔『上野の戦国地侍』（みやま文庫、二〇一二年初版、二〇一八年改訂版）
山口武夫『真田藩政と吾妻郡』（西毛新聞社、一九七四年）
山崎一編『文献による倉賀野史　第一巻（城砦編）』（倉賀野雁会、一九八四年）
山田邦明『戦国のコミュニケーション』（吉川弘文館、二〇〇二年）
図録『織田信長と上野国』（群馬県立歴史博物館、二〇一八年）
図録『関東戦国の大乱』（群馬県立歴史博物館、二〇一一年）
図録『真田家の姫たち』（真田宝物館　二〇一七年）

図録『戦国の真田』（真田宝物館　二〇一六年）
図録『戦国の上州武将』（群馬県立歴史博物館、一九八五年）
図録『風外慧薫』（群馬県立歴史博物館、一九九三年）
図録『風外慧薫』（安中市学習の森ふるさと学習館、二〇一八年）
図録『風外慧薫』（松永記念館、二〇一八年）

『金山城と由良氏』（太田市教育委員会、一九九六年）
『草津温泉誌　第一巻』（草津町役場、一九七六年）
『群馬県剣道史』（群馬県剣道連盟、一九九八年）
『群馬県の中世城館跡』（群馬県教育委員会、一九八九年）
『群馬の遺跡7　中世～近代』（上毛新聞社、二〇〇五年）
『増訂　群馬県立歴史博物館所蔵　中世文書資料集』（群馬県立歴史博物館、二〇一四年）
『前橋風　創刊号』（まやはし、二〇一五年）
『箕輪城跡』（群馬県教育委員会、一九八二年）
『歴史の道調査報告書　鎌倉街道』（群馬県教育委員会、一九八三年）
『歴史の道調査報告書　鎌倉街道上道』（埼玉県教育委員会、一九八三年）

『安中市史　第二巻　通史編』（安中市、二〇〇三年）
『大泉町誌　下巻　歴史編』（大泉町誌刊行委員会、一九八三年）
『大間々町誌　通史編　上巻』（大間々町誌刊行委員会、一九九八年）
『甘楽町史』（甘楽町役場、一九七九年）
『群馬県史　通史編3　中世』（群馬県、一九八九年）
『子持村誌　上巻』（子持村、一九八七年）
『新編高崎市史　通史編2　中世』（高崎市、二〇〇〇年）
『館林市史　通史編1　館林の原始古代・中世』（館林市、二〇一五年）
『嬬恋村誌　上巻』（嬬恋村役場、一九七七年）
『富岡市史　自然編　原始・古代・中世編』（富岡市、一九八七年）
『長野原町誌　上巻』（長野原町、一九七六年）
『沼田市史　通史編1　原始古代・中世』（沼田市、二〇〇〇年）
『榛名町誌　通史編　上巻』（榛名町誌刊行委員会、二〇一一年）
『藤岡市史　通史編　原始・古代 中世』（藤岡市、二〇〇〇年）
『松井田町誌』（松井田町誌編さん委員会、一九八五年）
『箕郷町誌』（箕郷町教育委員会、一九七五年）
『宮城村誌』（宮城村、一九七三年）
『吉井町誌』（吉井町誌編さん委員会、一九七四年）
『鷲宮町史　通史編　上巻』（鷲宮町役場、一九八六年）

重要語句

あ

安堵	あんど	幕府や領主が家臣などの所領を認めること。特に代々受けついだ所領の承認を本領安堵という。
位階	いかい	もともとは古代の令制で規定された官人の序列。戦国時代においては有力者が朝廷に資金を払って任じられており、自らを権威化するために重要であった。
五十子陣	いかっこじん	東国を古河公方足利方と上杉方に二分して争われた享徳の乱に際しての上杉方の総本陣。東西数キロに及ぶ長大なもので、埼玉県本庄市に所在した。
一味神水	いちみしんすい	一味同心のために、そのことを誓った起請文(きしょうもん)を焼き、その灰を入れた神水を飲むこと。領主の一揆的な結合が盛んであった上野国においてもなされた。
印判状	いんばんじょう	印判・印の捺してある文書のこと。戦国時代には畿内や西国とは異なり、東国において広く用いられた。
馬廻衆	うままわりしゅう	主将の馬のまわりを警護する親衛隊。自らの由緒を馬廻衆であったと記す例があるように、名誉のある精鋭部隊という意で用いられることもある。
永享の乱	えいきょうのらん	永享十(一四三八)年に鎌倉公方足利持氏が室町幕府に背いたことで起きた争乱。幕府の援軍を受けた関東管領上杉氏によって攻められ、持氏が自害して終結した。
永正の乱	えいしょうのらん	十六世紀初頭の永正年間に古河公方家や関東管領家の一族の分裂を機に生じた争乱。古河公方が交代し、関東管領上杉顕定が死去するなど政治的な画期となる。
『長楽寺永禄日記』	ちょうらくじえいろくにっき	長楽寺(太田市)の住持であった義哲が、永禄八(一五六五)年に記した日記。九ヶ月分が現存し、当時の新田荘周辺の状況を知ることができる一級史料。
越山	えつざん	高い山脈のある国境を越えて軍勢や人が動くこと。越後の上杉謙信が三国峠を越えて関東へ出陣する際、しばしば用いられた。
越相同盟	えっそうどうめい	永禄十二(一五六九)年に越後の上杉謙信と相模の北条氏政が、甲斐の武田信玄に対抗するために結んだ軍事同盟。
御館の乱	おたてのらん	天正六(一五七八)年の越後の上杉謙信の死後、その家督を巡って養子の景勝と景虎が争った争乱。越後一国のみでなく周囲の国々も巻き込んで展開し、景勝が勝利した。
御供衆	おともしゅう	もとは室町幕府の職制で、将軍に近侍して外出の供をしたり、饗宴のときに陪席する者を指した。戦国時代にはそうした実態がなくとも一つの格式として機能し、任官を望む有力者が多かった。

か

花押	かおう	自己の名乗りを判読できないほどに図案化したサインのようなもの。領主の文書は署名までは右筆(書記官)が記し、花押は自ら据えたと考えられている。
家宰	かさい	守護分国が複数の場合、守護代とは別に守護のもとで分国内を統括する役職。山内上杉氏における長尾氏などの例がある。

『加沢記』	かざわき	近世の沼田藩で真田家の家臣であった加沢氏によって、戦国時代の真田氏の動向が記された歴史書。一次史料ではないが、利根・吾妻地域の状況を知ることができる。
過所	かしょ	関所における通行証。戦国時代においては、通行税免除証というよりも通行安全保証の意味合いが強い。
鎌倉公方	かまくらくぼう	室町時代の東国に設置された統治機関である鎌倉府の首長のこと。やがて公方を補佐する関東管領と対立するようになり、戦国時代に突入していく。
鎌倉府	かまくらふ	室町時代に東国を統治するために設置された機関で、その首長を鎌倉公方という。戦国時代には古河に移り、古河公方府となるが、以降も重要な役割を果たした。
河越合戦	かわごえかっせん	天文十五(一五四六)四月、関東管領の上杉憲政と小田原の北条氏康によって河越(川越市)で行われた合戦。上杉方が敗れ、北条氏が勢力を北上させていった。
関東管領	かんとうかんれい	鎌倉府の首長であった鎌倉公方を補佐する役職。途中から上杉氏が独占し、戦国時代には公方との関わりも少なくなるが、なお政治的に重要な役割を果たした。
「関東幕注文」	かんとうまくちゅうもん	永禄三(一五六〇)年に長尾景虎(後の上杉謙信)が関東に出兵した際、自らに属した武将を領ごとにまとめたもの。上野国を中心とした戦国時代の領主の支配領域を知るための重要史料。
官途名	かんとめい	もともとは、官人の官職名であったが、戦国時代になると地域の領主まで称するようになる。例えば由良成繁は受領名として信濃守、官途名として雅楽助を称した。
神流川合戦	かんながわかっせん	天正十(一五八二)年の本能寺の変後、厩橋(前橋)を拠点としていた織田方の滝川一益(かずます)と小田原の北条氏が武蔵国北部で争った戦い。天正壬午(じんご)の乱における戦闘の一つにも数えられる。
起請文	きしょうもん	自分の行為、言説に関して嘘、偽りのないことを神仏に誓い、また、相手に表明する文書。料紙には熊野神社などの発行する厄難除けの護符である、牛王(ごおう)宝印などが用いられた。
寄進状	きしんじょう	神社や寺院などに金品を寄進する時、その趣旨を書き付けて奉る文書。
享徳の乱	きょうとくのらん	東国を古河公方足利方と上杉方に二分して争われた争乱。争いは断続的に三十年近く継続し、東国の戦国時代の始まりともされる。
禁制	きんぜい	戦乱の際に寺社などが自らを守るために権力者のもとに赴いて、危害を加えないことを認めてもらったもの。金銭の支払いが生じることが多い。
曲輪	くるわ	城などにおいて、一定の地域をかぎり、その周囲と区別するために設けた囲いや領域のこと。
軍役	ぐんやく	武士が上位権力に対して負う軍事上の負担。戦国時代には知行高に応じて、一定の武器と要員を負担した。
家風	けふう	武士の中の階層で家臣や家来のことをいう。戦国時代の東国では「関東幕注文」において、領主支配下の階層の一つとして記されている。
仮名	けみょう	武士や僧侶が実名のほかに付けた呼び名。通称ともいう。例えば上杉四郎顕定の場合、「四郎」が仮名で「顕定」が実名(じつみょう)となる。
検地・検地帳	けんち・けんちちょう	土地の面積、また、その土地からの収穫量、生産高などを調査することを検地といい、それを帳面としてまとめたものを検地帳という。

公領(国衙領)	こうりょう(こくがりょう)	中世以降に増大した私的な支配領域である荘園に対して、朝廷などの国庫に納める税を徴収する支配領域。名称は異なるが、支配構造は荘園と類似していた。
古河公方	こがくぼう	東国の戦国時代の始まりともされる享徳の乱以降、鎌倉公方足利成氏(しげうじ)は拠点を鎌倉から古河へ移し、以降に古河公方府の首長として用いられた呼称。
黒印・黒印状	こくいん・こくいんじょう	黒い印のことを黒印といい、その印が捺された文書を黒印状という。朱印状よりも相手に対して薄礼とされる。
御内書	ごないしょ	室町幕府将軍が発給した一つの形式を整えた文書。もともとは内々に用いられたが、戦国時代には正式に将軍の意志を伝達する文書として機能した。
御料所	ごりょうしょ	もともとは貴人の所領という意味合いであったが、戦国時代には室町幕府・鎌倉府・有力な領主の公的な所領という意味合いで用いられるようになる。

さ

在番	ざいばん	交代で一定の期間、遠隔地に滞在して勤務することをいう。それに従う人々を在番衆、そうした人々が赴任する城を在番城という。
地侍	じざむらい	おおむね郷規模を統治した武士。時と状況によって農民になる場合もある。戦乱や一揆の際に現地を統率し、土豪などともいわれる。
実名	じつみょう	通称に対して本名をいう。上杉四郎顕定の場合、通称(仮名)は四郎、実名は顕定となる。
「下之郷起請文」	しものごうきしょうもん	永禄九~十(一五六六~六七)年に武田氏が諸将に提出させた起請文。長野県上田市下之郷にある生島足島(いくしまたるしま)神社で保管されているため、このように呼称される。
朱印・朱印状	しゅいん・しゅいんじょう	朱色の印のことを朱印といい、その印が捺された文書を朱印状という。黒印状よりも相手に対して厚礼とされる。
守護	しゅご	室町幕府や鎌倉府によって各国を統治するために任命された職名。税の徴収や軍事・裁判などの強い権限を持ち、戦国時代に活躍した例も多い。
守護代	しゅごだい	守護の統治において、守護の代官として守護を補佐した職名。守護権に密接に関与しながら、戦国時代には守護に替わって勢力を伸ばした例も多い。
『松陰私語』	しょういんしご	岩松氏の顧問のような役割を果たした僧侶の松陰が記した回想風の日記。岩松氏の動向や十五世紀後半の東国政治史を知る上での一級史料。
上州白旗一揆	じょうしゅうしろはたいっき	上野国の中小領主が結集した一揆。南北朝時代~戦国時代前半くらいまで確認できる。旗頭(旗本)として長野氏などが活躍した。
城代	じょうだい	戦国大名や戦国領主(国衆)などの領主に代わって、その城の諸事を統轄した家臣の長。
相伴衆	しょうばんしゅう	本来は室町時代において、将軍と宴席をともにする者を指した。戦国時代にはそうした実態がなくとも一つの格式として機能し、任官を望む有力者が多かった。
庶子	しょし	一族の中心であった惣領以外の者のこと。室町時代までは惣領を中心に一族でまとまった惣領制が機能していたが、戦国時代には庶子もかなり独立していた。

署判	しょはん	名前を記した「署名」とそこに据えられた花押である「判」を組み合わせたもの。自筆文書でなければ、署名は右筆（ゆうひつ）（書記官）が記し、判は自ら据えることが多かった。
正文	しょうもん	もとになる文書。正式の文書をさし、草案・控え・写しなどに対していう。
所領宛行	しょりょうあてがい	所領を与えること。自力救済社会の中世においては、与えるというよりも所領を認めるだけで、その実効性は当事者に委ねられる。
受領名	ずりょうめい	戦国時代、武士が願い出て、名乗ることを許された国守名のこと。受領名とその支配地は一致しないことが多かった。
た		
知行宛行状	ちぎょうあてがいじょう	田畑山野などの所領を与えた文書。自力救済社会の中世においては、与えるというよりも所領を認めるだけで、その実効性は当事者に委ねられる。
知行・不知行	ちぎょう・ふちぎょう	田畑山野などの所領から税を徴収して、支配を行うこと。不知行はそれが実現されていないこと。
長享の乱	ちょうきょうのらん	山内・扇谷両上杉氏が上野・武蔵・相模の西関東を舞台に行った争乱。古河公方や伊豆の堀越（ほりごえ）公方・伊勢宗瑞（そうずい）も関与し、戦国期的様相が形作られていった。
天正壬午の乱	てんしょうじんごのらん	天正十（一五八二）年の本能寺の変により、織田氏の勢力範囲（分国）であった甲斐・信濃・上野において、政治勢力の空白を巡って行われた争乱。
伝馬	てんま	人や物資の輸送用の馬。戦国時代には、領主は領域支配や軍事のために伝馬制を整備した。戦国時代後半の伝馬手形が多数残存しているように、盛んに往来した。
伝馬手形	てんまてがた	戦国時代に、領主の支配領域内で伝馬を仕立てて使用することを許可する文書。印判状を用いたものが多数伝来している。
同心	どうしん	武士の中の階層で、家臣や家来のことをいう。戦国時代の東国では「関東幕注文」において、領主支配下の階層の一つとして記されている。
当知行	とうちぎょう	土地などを所有している者が、現実にその土地を支配していること。当知行が実現されない場合、不知行と記す。
通字	とおりじ	人の実名の二文字のうちの、祖先から代々伝えて付ける一文字のこと。例えば山内上杉氏では、「顕」や「憲」などの文字が該当する。
都鄙和睦	とひわぼく	東国を古河公方足利方と上杉方に二分して争われた享徳の乱の最終的な和解のこと。文明十四（一四八二）年十一月に幕府将軍足利義政と古河公方足利成氏とが和睦することで成立した。
取次	とりつぎ	戦国時代においては、在地からの要求を領主との間において仲立ちする人を指す。権力や権益を掌握する上で、重要な役割を果たす。
な		
長尾景春の乱	ながおかげはるのらん	文明八（一四七六）年以降、関東管領上杉氏の重臣であった長尾景春が起こした反乱。同乱によって上杉方の本陣、五十子（いかっこ）は崩壊し、享徳の乱の大きな画期となった。

は

発給	はっきゅう	発行して給付すること。逆に発行してもらって受け取ることを受給という。戦国時代には、文書の遣り取りに際して用いられる。
判物	はんもつ	おもに戦国時代以降、領主が花押(かおう)を捺して権利を保証するために発給した文書。戦国時代の東国では印判状が多く用いられたが、判物も重要であった。
分国	ぶんこく	領有する国や領土のこと。「領国」と同義で用いられることが多い。
分国法	ぶんこくほう	戦国大名が分国支配・家臣団統制のために制定した法令のこと。甲斐武田家の信玄家法などがある。
偏諱	へんき	実名の二文字の中のいずれかの拝領した一文字という意味合いで用いられる。
奉公衆	ほうこうしゅう	室町幕府や鎌倉府において、将軍や鎌倉公方に直属して、守護を牽制して将軍や鎌倉公方を支えた親衛隊のこと。
奉者	ほうじゃ	上位者の意をうけたまわって出す文書である奉書において、その意をうけたまわっている人物のこと。
奉書	ほうしょ	主人の意をうけて従者が自らの名を記して出す文書のこと。上位者の意をうけたまわっているという文言が、文中に記されることが多い。
堀越公方	ほりごえくぼう	古河公方(こがくぼう)に対抗するため、将軍の足利義政が伊豆堀越に派遣した弟の足利政知(まさとも)のこと。享徳の乱における上杉方の一翼を担った。
本貫地	ほんがんち	出身地や名字の地のこと。
本姓	ほんせい	元来の名字といった意味合いで用いられる。例えば上杉氏の場合、先祖が勧修寺(かじゅうじ)流の藤原氏にさかのぼるとされているため、本姓は藤原を称した。

ま

『正木文書』	まさきもんじょ	新田荘を拠点とした岩松氏が受給した文書群。多くの文書は持国(もちくに)以下の京兆(けいちょう)家に限定されるが、岩松氏や戦国時代前半の東国について知ることが出来る一級史料。
御厨	みくりや	伊勢神宮に神饌(しんせん)を貢進(こうしん)する所領。東国に数多く所在し、とりわけ上野国には玉村御厨や須永御厨などの多くの御厨があった。

や

結城合戦	ゆうきかっせん	永享の乱に敗れた鎌倉公方足利持氏(もちうじ)の遺児を擁し、永享十二(一四四〇)年に結城氏が幕府に対して挙兵した戦い。翌年に結城氏方は敗れている。

ら

領国	りょうごく	領有する国や領土のこと。「分国」と同義で用いられることが多い。
連歌・連歌会	れんが・れんがえ	連歌は五・七・五・七・七の和歌形式を、ふたり以上で応答してよむ詩歌の一種で、連歌会とは複数の仲間が寄り集まって連歌をつくる会合。連歌会を行うには、資金が必要であった。

あとがきにかえて

いま、お城ブームだという。

なぜかと言われると説明は難しい。日本百名城の選定やガイドブックの発行、スタンプラリー、はたまた城アプリやSNSの活用など、実にさまざまな取り組みが行われている。しかし、姫路城や熊本城あるいは松本城など立派な天守がそびえたっている名城なら納得できる。単に山にしか見えない、あるいは単に窪地でしかないような城跡でさえ人が行く。

戦国時代、お城には戦国武将がいた。戦時には華やかで立派な甲冑を身に着け、どっしりと床几に腰かけて采配を振るう。鉄砲隊や足軽などの戦闘部隊も詰めていた。そして領地には彼らを支える農民や商工人もいたはずだ。領土を拡張しようとする戦国武将、他国からの侵入者に怯える領民、そんな構図が脳裏に浮かぶ。しかし、時代はそんな単純なものではなかったことを証明することが本書の狙いである。

群馬県立歴史博物館の「モーニング講座　上州の戦国人」では、さまざまな人物が紹介される。戦国時代とはいえ、戦争ばかりではなかった。日常の生産・文化活動もあったわけだ。武将クラスには和歌や連歌をたしなむ者もいた。深く宗教に帰依する者もいた。講座の内訳をみると圧倒的に武士階級が多いが、文化人、職人なども混じる。少ないのは残存する資料の多寡に関係するのだろう。

近年、地元太田で顕彰の機運が高まっている妙印尼輝子などは、いかにも上州女らしくていい。金山城に立てこもって北条の大軍を迎え撃ち、一歩も退かなかった。その後、紆余曲折を経て、由良氏の家名を徳川の世に存続させた。映画、小説が大ヒットした『のぼうの城』の舞台、忍城で成田長親らと共に豊臣勢に対し勇敢に戦った甲斐姫の祖母でもある。

私たちの知らない上州の戦国時代を人物を通じて知ることができる、そんな講座のエッセンスを一冊にまとめる。それは『戦国史―上州の150年戦争』(二〇一二年)、『ぐんまの城三〇選―戦国への誘い』(二〇一六年)を発刊した弊社の役割と言っていい。また、群馬の中世史研究においては気鋭の研究者がたくさんいる。本書が彼らの研究成果の発表の場、さらなる跳躍の場になることを願う。本業でお忙しい中ご執筆いただいたことに感謝申し上げる。

群馬県立女子大学准教授簗瀬大輔氏、群馬県立歴史博物館学芸員森田真一氏には特に直接的な編集に関わっていただき、本書の精度を高めていただいたことに深く感謝申し上げる。

二〇二一(令和三)年三月吉日

上毛新聞社デジタルビジネス局出版部　富澤隆夫

〈執筆者〉

青木　裕美(あおき・ひろみ)
1975年生まれ。群馬県立伊勢崎商業高等学校 教諭

飯森　康広(いいもり・やすひろ)
1962年生まれ。群馬県地域創生部文化財保護課 補佐(係長)

石川　美咲(いしかわ・みさき)
1991年生まれ。福井県立一乗谷朝倉氏遺跡資料館 学芸員

大貫　茂紀(おおぬき・しげき)
1967年生まれ。中央大学商学部 特任准教授

久保　康顕(くぼ・やすあき)
1968年生まれ。日本山岳修験学会 理事

近藤　聖弥(こんどう・せいや)
1992年生まれ。群馬県立高崎商業高等学校 教諭

新保　稔(しんぼ・みのる)
1994年生まれ。國學院大學大学院文学研究科 特別研究生

須藤　聡(すとう・さとし)
1965年生まれ。群馬県立文書館 指導主事

長谷川　明則(はせがわ・あきのり)
1992年生まれ。群馬県教育委員会事務局 主事

藤田　慧(ふじた・けい)
1993年生まれ。みどり市岩宿博物館 会計年度任用職員

細谷　昌弘(ほそや・まさひろ)
1977年生まれ。太田市立毛里田中学校 教諭

森田　真一(もりた・しんいち)
1974年生まれ。群馬県立歴史博物館 学芸員

簗瀬　大輔(やなせ・だいすけ)
1965年生まれ。群馬県立女子大学 准教授

山中　さゆり(やまなか・さゆり)
1972年生まれ。真田宝物館 研究員

戦国人　―上州の150傑―

2021年７月15日　初版第１刷発行

編者　群馬県立歴史博物館
〒370-1293　高崎市綿貫町992-1

発行　上毛新聞デジタルビジネス局出版部
〒371-8666　前橋市古市町1-50-21
Tel 027-254-9966　Fax 027-254-9906